我的围棋之路

聂卫平◎著

成都时代出版社

图书在版编目(CIP)数据

我的围棋之路/聂卫平著.—成都:成都时代出版社,2015.3(2017.5重印)
ISBN 978-7-5464-1311-2

Ⅰ.①我… Ⅱ.①聂… Ⅲ.①聂卫平-自传 Ⅳ.①K825.47

中国版本图书馆CIP数据核字(2015)第002955号

我的围棋之路
WO DE WEI QI ZHI LU

聂卫平　著

出 品 人	石碧川
责任编辑	李　林
责任校对	李　航
装帧设计	林元旭
版式设计	华彩文化
责任印制	干燕飞

出版发行	成都时代出版社
电　　话	(028)86619530(编辑部)　(028)86615250(发行部)
网　　址	www.chengdusd.com
印　　刷	成都翔川印务有限责任公司
规　　格	165 mm×230 mm
印　　张	27.25
字　　数	450千字
版　　次	2015年3月第1版
印　　次	2017年5月第2次印刷
印　　数	5001—8000
书　　号	ISBN 978-7-5464-1311-2
定　　价	46.00元

著作权所有·违者必究。
本书若出现印装质量问题,请与工厂联系。电话:(028)82633929

致 读 者

　　1975 年，我获得全国冠军以后，几家报刊就陆续发表了一些报导我的文章。尽管这些文章只是简略地介绍了我的生平，但仍引起许多围棋爱好者的兴趣。我想这一方面也许是因为，比起陈祖德、吴淞笙、王汝南、罗建文等著名棋手，自己的经历更为坎坷、更有戏剧性的缘故；另一方面，人们对我这么一个名不见经传的无名小卒，居然在短短数年间，一跃而居榜首，自然而然地会感到惊讶与好奇吧。

　　正因如此，早在 1980 年，就有不少朋友希望我能将自己奋斗棋坛的经历如实地写出来。他们认为，这样既可以满足广大爱好者希望了解我国新一代棋手的愿望，又可以对棋界人士以及立志报效祖国围棋事业的青少年棋手有所启迪。朋友们的观点当然不无道理，然而踟蹰再三，我始终未敢动笔。因为，无论我这个人是多么争强好胜，多么不甘人后，但对自己还是有自知之明的，自己只是一名普普通通的棋手，不过是为祖国围棋事业尽了一点微薄之力，有何资格著书立说呢？

　　直到 1984 年春节，一位新闻界的棋友来我家拜年，情况才有所改变。谈话中，我提到了中日两国围棋水平的差距，谈到自己在棋艺上的发展过程，并且就有关围棋技艺的一些问题，谈了些看法和感想。他听了十分感兴趣，力劝我将这些看法和感想在书刊上披露，并感慨地说："在日本，凡是著名棋手全都出版过'打棋集'（即对局选），这些棋书中的精彩对局，不仅是棋手个人心血的结晶，而且成为了整个日本棋界的宝贵财富，对日本围棋水平的提高，起了不可估量的作用。相比之下，作为围棋发源地的中国，这方面的工作反倒落后了。前人留下的棋谱本来就不

我的围棋之路

多，而我们新一代围棋手的对局专著更是一本没有，这种状况和我国围棋发展形势实不相符！为什么我们的优秀棋手就不能写出自己的'打棋集'呢？"一席话使我改变了初衷，终于拿起笔来。

　　这部书中所讲评的四十局棋，是我从1973年至1985年的历次重要比赛中精选出来的，自认为下得比较好的，是有纪念意义的对局。在我撰写本书而重新研究这些对局时，当时那些激烈紧张的比赛情景，无一不是异常清晰地浮现在我的脑海之中，使我热血沸腾，兴奋不已，情不自禁地想把它们一一记录下来。于是，我便写出了本书的第一部——我的围棋之路。尽管如此，我对自己是否有资格来写围棋著作，仍持怀疑态度。论思路敏捷，我不如才华横溢的陈祖德；论品格修养，我不如洒脱大度的吴淞笙；论学问见识，我不如博学广记的华以刚；论为人处世，我不如灵活变通的罗建文……唯一可以自慰的是，作为一名棋手，我是称职的。在攀登围棋这座艺术高峰的竞赛中，我未落人后，这也是我所以斗胆撰写本书的原因之一。

　　从1974年第一次正式参加全国比赛到1985年为止，我已经在棋坛上整整奋斗了十余个春秋。十余年光阴在历史的长河中，虽然只是短短的一瞬间，但对一个人来说毕竟是一段漫长的时光，当我回顾自己所走过的"刀光剑影"的征途时，那棋坛拼搏的往事仍给予了我许许多多的启示。如果读者们也能从中多少得到一些好处，本人将深感荣幸。

聂卫平
1986年2月于北京

目 录

第一部 我的围棋之路

- 一 难忘的一刻 ……………………………………… (3)
- 二 "赌徒"和围棋 …………………………………… (4)
- 三 陈毅伯伯和我 …………………………………… (11)
- 四 我的恩师们 ……………………………………… (13)
- 五 初生牛犊 ………………………………………… (22)
- 六 噩梦 ……………………………………………… (24)
- 七 农场生涯 ………………………………………… (28)
- 八 命运的转折点 …………………………………… (33)
- 九 棋盘之外的收获 ………………………………… (38)
- 十 夺冠之艰难 ……………………………………… (40)
- 十一 心理战和盘外招 ……………………………… (44)
- 十二 乐山惨败的启示 ……………………………… (50)
- 十三 背水一战 ……………………………………… (52)
- 十四 棋手与自信心 ………………………………… (58)
- 十五 天才与勤奋 …………………………………… (64)
- 十六 对青年棋手的期望 …………………………… (66)
- 十七 对业余棋手的忠告 …………………………… (70)
- 十八 我所敬佩的棋手 ……………………………… (74)
- 十九 中日棋战 ……………………………………… (79)
- 二十 崭新的一页 …………………………………… (85)
- 二十一 对抗时代 …………………………………… (90)

1

我的围棋之路

　　二十二　我期望着新的飞跃 …………………………（94）

第二部　难忘的四十局
一　初露锋芒的时代　（1973—1974）
　　第一局　华丽的中盘战……………………～吴淞笙（100）

　　第二局　积极进取的构思……………………～王汝南（109）

　　第三局　精神较量的失败……………………～陈祖德（114）

　　第四局　几经反复的胜利……………………～黄德勋（121）

　　第五局　刻骨铭心的惨败……………………～陈祖德（128）

　　第六局　功亏一篑……………………………～罗建文（133）

　　第七局　新起点………………………………～陈祖德（139）

　　第八局　向日本九段冲击…………～宫本直毅九段（148）

二　夺取冠军的征途　（1975）
　　第九局　争夺出线权的激战…………………～吴淞笙（155）

　　第十局　棋风形成的代表作…………………～陈祖德（160）

　　第十一局　如履薄冰的夺冠…………………～王汝南（168）

　　第十二局　两强相遇勇者胜……～窪内秀知九段（175）

　　第十三局　一气呵成的胜局……～户泽昭宣七段（182）

　　第十四局　先发制人的杰作………～高川格九段（188）

三　"旋风"时代　（1976）
　　第十五局　勇克"天元"秀行
　　　　　　　　　　　　　　　……～藤泽秀行九段（195）

　　第十六局　无懈可击的黑棋……～加田克司九段（204）

　　第十七局　一路之差的教训……～桥本昌二九段（213）

　　第十八局　卓越的布局构思……～岩田达明九段（219）

目 录

  第十九局 震撼日本棋坛的一战 ……………………………
    …………………………………～石田芳夫九段（226）

四 "战国"称雄的时代 （1977—1979）

  第二十局 令人钦佩的对手 ………………………………
    ………………………………～桥本宇太郎九段（235）

  第二十一局 兵不血刃的胜利…………～江鸣久（245）

  第二十二局 漂亮的腾挪战法 ……………………………
    …………………………………～仓桥正藏七段（251）

  第二十三局 第一届世界业余锦标赛决胜局 ……………
    ……………………………………………～陈祖德（258）

  第二十四局 第四届全运会冠军争夺战 …………………
    ……………………………………………～华以刚（267）

五 艺无止境 （1980—1983）

  第二十五局 与小林的激斗……～小林光一九段（274）

  第二十六局 虎头蛇尾之局……～本田邦久九段（282）

  第二十七局 力胜"克星"…………～黄德勋（291）

  第二十八局 夺取"国手战"冠军的前哨战 ……………
    ……………………………………………～曹大元（297）

  第二十九局 "天杀星"的魔力 …………………………
    …………………………………～加藤正夫九段（303）

  第三十局 严峻的挑战…………～马晓春（312）

  第三十一局 得意的攻击战例…………～王汝南（321）

六 重量级的决斗 （1984）

  第三十二局 与"超一流"棋手的差距 …………………
    …………………………………～小林光一九段（326）

3

第三十三局　令人遗憾的失败……～赵治勋九段（334）

第三十四局　不可思议的失败……～赵治勋九段（344）

第三十五局　再战"天杀星"………………

………………………～加藤正夫九段（354）

第三十六局　感觉与计算的较量………………

………………………～坂田荣男九段（364）

第三十七局　大意失荆州……………～马晓春（373）

七　我期望着新的飞跃　（1985）

第三十八局　兵于死地而后生…………………

………………………～小林光一九段（380）

第三十九局　勇闯雄关…………～加藤正夫九段（399）

第四十局　惊心动魄的擂主决战………………

………………………～藤泽秀行九段（412）

第一部

我的围棋之路

一　难忘的一刻

"本因坊"、"名人"两大冠军荣衔，哪怕只得到其中的一项，也足以使日本职业棋手为之奋斗终生。能够同时集两大荣衔于一身的棋手，当然称得上是日本棋界的英雄。然而，令日本棋界人士瞠目结舌的是：正是这样一位曾如疾风般横扫棋坛的"天之骄子"，居然被以前未曾放在眼里的中国棋手打败了……

"黑胜七目。"

神情严肃的棋赛公证人语音未落，东京日本棋院会馆二楼大厅里立时响起了一阵热烈的掌声。在新闻记者们镁光灯的闪烁下，我和石田芳夫本因坊同时站起身来，隔着棋桌握手致意。这让我永生难以忘怀的一刻，发生在1976年4月19日。

我察觉出石田九段眼中一闪即逝的懊丧，也注意到了在大厅观战的人们（其中有许多日本的高段棋手）脸上表现出的惊讶而又迷惑的神情。"号称'电子计算机'的堂堂本因坊冠军石田九段，怎么可能输给一个毫不起眼的中国人呢？"不仅在场的人会这么想，而且全日本一千多万围棋爱好者也许都会产生这样的疑问，遗憾的是这是事实。在一场双方全力以赴的真正决战中，石田本因坊失败了。不仅如此，在同一天里，中国围棋队又报佳音：1976年访日比赛的56局棋，中国队以27胜、24负、5和的总成绩，第一次战胜了日本队。这一空前胜利，标志着中国棋手终于冲出了赶超日本的起跑线，尽管这场竞争对每一个中国棋手来说，都是漫长而又极其艰难的。

战胜石田本因坊后，当时的心情，直到现在我都无法用语言恰如其份地表达出来，但是，有一种感受我却记得非常清楚，那就是"痛快"——一种为中国人争了气的痛快感。如果读者了解

我的围棋之路

一下 1976 年以前中日围棋比赛的情况和石田九段在当时日本棋坛的显赫地位，就会理解为什么我会产生这种强烈的感觉。

仅仅在三年前，也就是 1973 年，以坂田荣男九段为团长的日本访华代表团，竟把我们杀了个不亦乐乎，全部 56 局比赛，我们只胜了 14 局、和 2 局，而且战胜的大都是日本的业余棋手。当时，对于绝大多数中国棋手来说，曾获得几十个大小棋战冠军头衔的坂田九段，简直就是一尊棋界的"战神"，至于说要战胜他，更是许多人想都不敢想的事。虽然那时我连上场和坂田九段交手的资格都没有，但看着比赛中的坂田九段穿着拖鞋，悠闲地在赛场内来回巡视的神态，看着他漫不经心略微扫一眼棋盘就随手丢下一子的傲然举动，看着与他对阵的中国棋手对此只有抱头苦思的情景，便感到有一种说不出的压抑。尽管凭资历、声望、实力，坂田九段有这种表现也无可指责。但是，我相信当时在场的有志气的中国棋手都会觉得面上无光。也许就是从那时起，我心中的目标突然变得明确了：努力奋斗，一定要战胜日本最强棋手，打败日本的冠军。

此后数年的呕心沥血，终于让我盼到了这一天。在这具有历史意义的日子里，我想了很多很多，想到了陈毅副总理生前对中国棋手的期望，想到了我少年时代的启蒙恩师，也想到了我所走过的道路——一条布满了荆棘的围棋之路。

二 "赌徒"和围棋

也许不少围棋迷对我为什么会选择围棋这项事业感兴趣，那么就围绕着这个问题，开始我的回忆吧。

我觉得自己所以走上棋弈之路，性格方面的因素是起了决定性作用的。一位朋友曾半开玩笑地说我是一个天生的"赌徒"，当时我很佩服他的眼力。尽管"赌徒"这个名词不大好听，但确实是一语道出了我性格中的最大特点：争强好胜，而且是极端的争强好胜。

这种性格使我从小就对能比出输赢的游戏感兴趣，遗憾的是，由于我有先天性心脏病，所以任何一种凭体力来争胜负的游戏，我从不敢问津，偶尔因心痒难熬参加一下，也总是扮演失败者的角色。有时，为了某种原因和同学争论起来时（这种争论如发生在男孩子之间，很快就会变成争吵，而结果不管有理没理，力气大、拳头硬的往往是当然的胜利者），一旦对方拔拳相向，我便只好立即偃旗息鼓，逃之夭夭。

像我这样一个先天不足的男孩子，自然也就成了学校里的"淘气大王"们欺负的对象。为了免受欺负，我不得不时常向班上的"霸主"进贡一些小东西，如铅笔啦，橡皮啦等等，以表"臣服"之心。那时候，我对那些跑得快，跳得高，力气大的男孩子简直羡慕得要命，也曾不止一次地幻想过自己突然之间能长得又高又壮，好去教训一下那些"霸王"。可惜羡慕和幻想全都改变不了现实，一有了好吃的东西，我仍然得乖乖地送上门去，虽然心里是一百个不愿意。总之，这些事大大刺伤了我的自尊心，促使我把全部兴趣转移到凭智力取胜的活动中去。

从小学到初中，我最喜欢的一门功课就是数学。我认为数学课最能让人比出高低来，数学题的答案从不模棱两可，对就是对，错就是错，所以一道难题，看谁能够又快又准地解答出，本身就是一种激烈的竞争。记得那时，我常常把解数学题当作一种游戏，这样做的结果使我在上数学课时，往往轻而易举地解出了不少难题，引来许多同学既羡且妒的目光，于是我的好胜心便也多少得到了一些满足。

我喜欢数学课还有一个原因，由于努力用功，几乎每次数学考试我都能得100分，而班上欺负我的"武林高手"们恰恰是数

我的围棋之路

学成绩差。每当公布数学考试成绩时，看到他们垂头丧气的样子，我就会偷偷地幸灾乐祸。这种情景往往让我很开心，让我感到自己存在的价值。

现在回想起来，当初从兴趣出发爱好数学，竟对日后我在围棋技艺上的提高起了极大的作用。

事实上，除了数学，在凭智力争胜负的游戏中，我确实称得上是佼佼者。无论是猜谜语、智力测验，还是下棋打牌，只要是动脑筋的活动，我都表现突出，经常大获全胜。虽然对比输赢我有一种特殊的喜好，但在少年时代，却从未想到自己将来会成为一名棋手。那时，我的理想是当科学家，尤其想当数学家，这一方面是出于对数学的偏爱，另一方面则是受了父母的影响。

我的父亲是学理工的大学生，母亲是高中毕业生，由于他们很早便投身于中国的革命解放事业，所以都未能继续完成自己的学业。对此，父母多少感到有些遗憾，于是便把希望寄托在自己的孩子身上。在他们心目中，我的道路绝对应该是：小学——中学——大学——工程师。在此熏陶下，我也把这当成面前的唯一道路，并满怀信心地准备走到底。要不是一场"文化大革命"把一切都搅得乱七八糟，说不定我的理想会变成现实的。未能成为一名数学家，至今仍是我的一大憾事。虽然在围棋这个领域里我已有了一定的成就，但如果时光能倒流，可能我还是会选择去研究数学，这大概是许多人所意想不到的吧。

不过，我从来没有为走上围棋之路而感到过后悔，毕竟是在围棋的世界里，我淋漓尽致地发挥了自己的才能。回顾往事，在过去的二十多年中，始终不渝地陪伴着我的正是围棋，我的喜怒哀乐无一不和围棋紧密相连，围棋似乎已经和我的生命融合在一起了。

我常常这么想："天生我材必有用，老天爷大概就是要把我这块料用之于围棋吧。"现在，我确实干得还不坏，一想到我能继陈祖德之后，把中国的围棋水平推到一个新的高度，心里就感到自豪。真希望在我五六十岁真正回顾自己的一生时，仍会有这种自豪感。

我最终成为了一名棋手虽然出乎父母和我本人的意料之外，但其中却有很大的必然性。首先，我的好胜性格和围棋这项技艺可以说是一拍即合；其次，我的父母和外公都是热心的围棋爱好者。据说日本的高川格、坂田荣男、藤泽秀行等大棋士，都因为父母亲朋是围棋迷才学下棋的。

我的父母，还有外公下围棋的瘾头都不小，一有空闲就要摆开棋桌杀上几盘。每逢这种时候，平时不苟言笑的大人们就像换了个人似的，忽而喜笑颜开，忽而摇头叹气，甚至还会争吵起来，这让我感到非常好奇。当时在我幼小的心目中，棋盘上星罗棋布的黑白子充满了一种神秘感，尽管什么也看不懂，但小小的棋桌仍使我久久不忍离去。那时，我特别盼望过夏天，因为吃过晚饭，全家人照例都要去小院里乘凉，而此时一张棋桌是绝不可少的；当大人们在盘上杀得难解难分时，在一旁观战的孩子们就会分成两派，通常是姐姐们为妈妈助威，而我们男孩则为爸爸或是外公加油，有时还走上一两步让大人们哭笑不得的"高招"。那时的热闹情景真使我感到其乐无穷。

虽然父母并没有教过我们下围棋，但经常看他们下棋，久而久之，自然也就看会了。大概是在我9岁的时候，我和弟弟继波便常常乘父母不在家的机会，偷偷地把围棋拿出来，学着大人的样子下起来。尽管那时我只是刚刚学会了"吃子"，但围棋所表现出的强烈的胜负感却一下子迷住了我。和下围棋相比，我感到所有游戏全都不值一提了。

由于继波也是个好胜心很强的人，所以他学围棋的兴趣并不在我以下，无形中我们在学围棋时，各自都把对方当成了一个竞争的对手。可是我怎么也没想到，同时起步的继波竟然很快就超过了我。刚一开始，我们旗鼓相当，拼杀得十分激烈，输赢也基本上差不多，逐渐地情况就有些不对头了。再和弟弟下棋，不但很难吃到他的棋，而且自己的棋却遭"毒手"。到后来，尽管我使出全身的解数也无法取胜。一向以智力竞争的佼佼者而自负的我，对于惨败在弟弟手下当然不肯罢休，于是，"打败继波"成了我十岁左右时的唯一奋斗目标。

也许因为当年在很长一段时间里我是继波的手下败将，所以后来围棋界有人认为，如果继波继续下棋，肯定会成为中国的一流棋手，并且很可能超过我。不过对此我并不以为然。虽然继波思路敏捷，反应很快，确实比我更具有下棋的才华，但是他的性格的弱点决定他很难成为一名优秀的棋手，只能赢不能输，经不起挫折是他的致命伤。继波常常是输了棋就兴趣索然，拂手而去，而我则是越输越要下，拼命争取"翻本"。正是这两种对待失败的态度，决定了后来我们终于各自走上了不同的道路。

说句题外的话。在一般业余爱好者的心目中，专业棋手的生活又轻松又惬意，简直是神仙过的日子，这实在是一个误解，实际上，和其他职业相比，下棋也许要苦得多。

一位想上进的棋手平时的训练是艰苦的，不仅要绞尽脑汁去打谱研究，而且还要费尽心思去解各种死活题，常常在棋桌旁一坐就是一整天。可以说这种训练的单调和枯燥是一般人所想象不到的。然而，就算是始终如一地这样做了，究竟能取得什么样的成效却是个未知数，由于各人的"悟性"不同，成效的显示就有快慢之分，甚至有的人一生不见成效。正因如此，专业棋手的内心深处时时刻刻担心着自己是否能有进步，是否会被同行们抛在身后。这种无形的压力是专业棋手所必须承担的，虽然它使许多棋手吃不香，睡不着。如果某位棋手突然之间没有了这种压力，也许就意味着他的围棋生命结束了。

但是，对于棋手来说，所有这一切和正式比赛失败时的痛苦相比，则又算不上什么了。

在围棋这个胜负世界中，"物竞天择，适者生存"的自然法则表现得极为强烈。在专业棋手之间的激烈竞争中，决无任何老本可吃，无论你过去多厉害，只要停止不前，立时就会被打翻在地，淘汰出强者的队伍。从某种意义上讲，棋手是以赢棋为"天职"的，只有赢棋才能显示出自己存在的价值，才能得到人们的承认。因此，一局棋的胜负，对业余爱好者和专业棋手完全是两码事，前者输棋尽可一笑了之重新再下，而后者很可能会因输掉关键的一局棋悔恨终生。特别是日本的职业棋手，每一局的比赛都直接关系到他们的名誉地位，关系到衣食住行，所以他们之间的竞争更为激烈。尤其是在日本的几个大比赛，如"棋圣战"、"名人战"、"本因坊战"、"十段战"等，巨额奖金使职业棋手的竞争成了名符其实的"生死之搏"。在日本棋界，职业棋手在输了棋后，当场就痛哭流涕的事是屡见不鲜的。中国的专业棋手虽然不会因输棋而影响吃饭问题，但被对手打翻在地的滋味也是难以忍受的。中国的女棋手为比赛失利而落泪是常事，虽说我从未见到哪个男棋手因输棋而哭，但他们所感到的沮丧和痛苦往往更加刻骨铭心。

总之，输棋的滋味是不好受的。当然，在以胜负为核心的围棋天地里，即使是名家高手，失败也是无法避免的，尤其是成长中的棋手，输棋更是家常便饭，因此，要想成为一名优秀棋手，就必须准备在不知多少次的失败和失望的痛苦中翻滚。由此可见，我们专业棋手的生活并不是那么舒服吧？

现在书归正传。

在立志打败继波的一段时期内，我下围棋已达到了如醉如痴的地步，连做梦也是满脑子的黑白子。每天放学回家的第一件事就是向继波挑战，好斗的弟弟当然也是有战必应，因为把我这个当哥哥的"下手"杀个落花流水常使他感到乐不可支。

我的围棋之路

有一天，我们从清早开始，一盘接一盘连续不断地一直下到傍晚。不知是由于疲劳过度，还是屡战屡败后急火攻心，我忽觉眼前一黑，竟然休克过去。这一来，可把父母吓坏了。

严格地说，我的父母并不支持我们下围棋，只不过因为他们也热衷此道，认为围棋是一项陶冶性情、帮助思维的有益活动才未加反对。不过让自己的儿子专门从事它，简直想都不曾想过。大概是1965年的时候，由于当时我在北京棋界已小有名气，北京棋社便有意加以培养。棋社的负责人曾到家中征求我父母的意见，结果刚一说明来意，就被父母断然拒绝。其中的道理，至今我也没弄明白。

当初对我和弟弟无师自通学会下围棋，父母感到又惊讶又有趣，偶尔还屈尊和我们下一盘。后来发现我们总下个没完，连觉都不想睡，便开始加以约束。不过由于我们在学习上还算争气，这种约束还只是象征性的，等到我因下棋而昏倒，情况就不同了。妈妈立即给我们定下许多规矩，其中"不许天天下棋，晚上9点必须关灯睡觉"的两条着实把我憋得够呛。有时心痒难熬便关了灯假装睡觉，等妈妈一回自己房间，就悄悄起床，打开台灯和弟弟杀几盘过过瘾。当然，干这种事如被妈妈发觉，一顿训斥总是免不了的。

小时候，我在父母面前确实称得上是个老老实实的乖孩子，从不让他们为我操心，可是为了围棋，我却不止一次让他们感到头疼。

1965年，日本围棋代表团访华比赛，有两场安排在北京。我费了好大劲儿才弄到一张刘仁伯伯（当时的北京市委书记）的请柬，可一看日期我就傻眼了，两场比赛的时间都不是星期天。是去看比赛还是去上学？犹豫再三，我还是舍不得放弃这一难得的机会，于是向班主任谎称生病便溜出学校直奔赛场。生平第一次干这种"违法勾当"，真有点心惊肉跳哩。

在赛场观棋时，我心里忐忑不安，生怕熟人会追问怎么来的，可谁都没有注意我，回来居然也平安无事，原来逃学是如此简单。于是，第二天我放心大胆又去了赛场。我在赛场正看得津津有味，猛然发现妈妈的身影出现在赛场门口，不禁大吃一惊，急中生智，一头钻进了厕所。原来，因为我连续两天没去上学，好心的老师给家里打电话探问我的病情，顿时拆穿了我的"西洋镜"。对我的逃学憋着一肚子火的妈妈，遍巡赛场没有看到我的影子更是火冒三丈。事后听说，火头上妈妈还和国家围棋队的领队李正洛吵了起来。

爸爸、妈妈平时对我们管教很严，尤其对我们在学校的表现更是毫不含糊。这次妈妈亲临赛场，我感到事情有些不妙了。事情的结果果然是非常不妙——我被妈妈用鸡毛掸子痛揍了一顿。从此以后，我再没有逃过学。

当时，父母不仅让我给学校写了书面检查，而且声色俱厉地宣布，以后禁止我再摸棋子。不过，事后不知是因为父母自己本身就是围棋爱好者能理解我的心情呢，还是出于别的什么原因，总之，他们并没有真正执行这条"禁令"。

三 陈毅伯伯和我

实际上，那时就算父母心里真想禁止我下棋，也很难办到了，因为我有了一位十分关心我、爱护我的大棋友，他就是敬爱的陈毅元帅。

我成为陈老总的小棋友是在 1962 年的夏天，那一年我只有十岁。

有一天，爸爸郑重其事地告诉我和继波，陈老总来电话邀请我们明天去下棋，我们听了高兴得蹦了起来。爸爸亲自出马带我

我的围棋之路

们去下棋，这可是破天荒的事。

第二天，我和弟弟由爸爸领着，来到了北京体育馆东楼，一进大厅，我的眼睛就不够使了，什么都觉得新鲜，而最让我感兴趣的则是被沙发围绕着的桌子上的棋盘棋子。恨不得立刻坐在沙发上，痛痛快快下一盘，连爸爸再三叮嘱过的"去了先向陈伯伯问好"的话都忘了。直到爸爸忍不住连声催促我时，才发觉陈老总已笑眯眯地站在了我们的面前。

陈老总问了我们许多问题，像有几岁啦，学棋时间啦，棋力如何等等。记得有一个问题使我很难堪，就是"你下得过弟弟吗？"虽然我确实不如弟弟，但"下不过"这三个字就像哽在喉咙里，怎么也吐不出来，幸亏爸爸救了急，代我回答了陈老总。

简单交谈过后，陈老总便邀请我们入座对局。对局的结果真让我喜出望外，因为继波输给了陈老总，而我却战胜了陈老总，对我来说，这可是个双重的胜利。在对局过程中，陈老总和身旁的国家体委负责人以及一些棋界高手，就如何发展围棋事业的问题交换了意见，也谈到了许多有关围棋的事情。可惜当时我年纪还小，谈话的内容还听不大懂，否则一定会得到很大的教益。

这次会见的许多细节，现在我已经记不清了，但对陈老总鼓励我们努力学习，将来战胜日本九段，为国争光的话印象却极为深刻。也许就是从那时起，我的心中便埋下了"打败日本九段"的种子，懂得了下围棋并不单纯是玩。

自从和陈老总相识后，只要有时间，他便把我接去杀几盘。在陈老总面前，一开始我还有些拘束，后来见陈老总脸上老是笑眯眯的，胆子就大起来。有一次对局，陈老总刚刚下了一步棋，可能发觉不妥，就伸手要把棋子拿回来。不曾想被我一把拉住了手腕，硬是不让他悔棋，当时我气急败坏的样子逗得陈老总哈哈大笑，周围的人都哭笑不得。后来，这件事不知怎么传了出去，成了棋界的笑谈。

四 我的恩师们

和陈老总的交往中，我得遇了几位名师，并在陈老总的关照下有幸受到他们的精心辅导。现在我常常想起这些提携我成材的恩师们，没有他们是不会有我的今天的。

我的第一个启蒙老师是张福田先生。

张先生是当时的棋坛名手，曾作为中国围棋代表团的成员赴日比赛。他在围棋教学上颇有独到之处，不仅是我，北京现在的高手程晓流、谭炎午、吴玉林等，也多多少少地受过他的教益。我拜张福田先生为老师这件事，说起来还真有点戏剧性。

在我十岁的时候，我和弟弟的围棋水平已远远超过了父母，外公为了让我们长长见识，便带我们去劳动人民文化宫的棋艺室去玩。当时，文化宫有一个少年围棋训练班，张福田先生恰好任训练班的辅导员。我们去的那天，正逢训练班在活动，外公便向张先生讲明来意，希望找两位小棋手和我们随便下下。谁知"随便下下"竟成了我们拜师之前的考试。

那时，除了爸爸、妈妈这些"家庭棋手"，我和弟弟还是第一次和外人下棋，兴奋之余便使出了"家传本领"。大概对手受的是循规蹈矩的正规训练，从未碰过我们这样的"野战军"，一场混战之后双双败下阵去。于是乎训练班的少年棋手轮番上阵，结果"正规军"居然全军覆没。张先生颇感意外，当他得知我们学棋还不到一年，并且没有良师辅导时，更是大为惊讶，当即表示愿将我们收到训练班加以培养。就这样，我成了张福田先生的学生。

其实，我当时的棋艺水平简直连"雕虫小技"都称不上，可战胜了文化宫训练班的少年棋手后，却神气十足，飘飘然起来。

我的围棋之路

如果用"夜郎自大"来形容当时的我，真是再贴切不过了。记得张先生和我下的第一盘辅导棋是让十七子，我心里哪肯服气，拼命想杀败他，可他好像故意气我一样，东下一着，西投一子，弄得我手忙脚乱，最后还是一败涂地。这下我可领教了高手的厉害，赶忙把逞强之心收敛起来。

训练班活动时，张先生通常是给大家讲解，并不常下辅导棋，唯独和我下了不少局，后来我才知道，张先生是有意这样做的。他曾向人谈起过我的一件事。

训练班的孩子们自由活动时全都跑到外边去玩。只有我喜欢留在训练室里摆棋。一次，张先生突然发现我打开了他的提包，不由得吃了一惊，结果见我只是拿出一本棋书，全神贯注地看起来，过后又悄悄放了回去。这事引起了张先生的注意，后来见我经常如此，不禁大为赞赏。他认为一个十岁的孩子便知用功，不肯贪玩，将来必定能成材，所以对我格外垂青。

这件事我自己都不记得了，可张先生却一直记忆犹新。

尽管张先生教我的时间并不长，可是在他的培养下，我的棋艺进步很快。可以说，张福田先生是第一个把我领进围棋大门，并使我看到那变化万千的围棋世界的人。

我的第二个老师是雷溥华老先生。

雷老是围棋界的前辈，早年和著名高手顾水如齐名。雷老的棋是一种"功夫棋"，即讲究布局和收官，棋风比较接近日本棋手。而当时国内比较有名的老一辈棋手，如崔云趾、金亚贤等，大都继承了我国的古典棋风，不十分注意布局、收官，热衷于中盘大杀大砍。因此，在五十年代"斗力"的棋风盛行时，雷老的棋并未受到重视。可我却从雷老的棋中得到了许多宝贵的东西。

雷老对我和继波很严格，从拿子的姿势到坐的神态都要求规规矩矩。用棋子敲棋盘，摇头晃脑，手伸在棋盒里把子弄得哗哗响等等的事，是绝不允许的。

第一部 我的围棋之路

雷老教棋很重视基本功训练。有时摆一个定式或一种变化，往往要摆很多遍，直到我们能举一反三为止。那时，我们棋瘾很大，听一会儿手就发痒了，便缠着雷老要下棋，但这种时候，他是从不肯迁就的，回忆起来，正是雷老严格的基本功训练，为我打下了牢固的基础。

雷老不仅学识渊博，而且为人也很正直。虽然他那时在棋院不很得志，但从未背后说过别人的是非长短。和别人交往时，雷老总是那么谦虚有礼，就连对我们这样的孩子，也从不摆出师尊架子瞪眼发火。记得我们下棋得意起来，有时也会足登椅子大呼小叫，把棋子抓得乱响，这时雷老总是默默地看着我们，直到我们不好意思地从椅子上爬下来，坐端正了，才耐心地和我们讲道理。这些事给我留下的印象是难以磨灭的。

遗憾的是，虽然我学到雷老的棋艺，但未能学到他温文尔雅的品格。现在，我对青少年棋手要求严格，可以说是受了雷老的影响，然而作为老师，我的修养则远不如他。一见到别人下了"臭棋"便忍不住大加训斥，甚至连"太臭啦"、"唉呀！这简直是糟蹋围棋艺术！"等等的过激语言都用出来了，至于别人是否能下台我是不大考虑的。许多少年棋手曾被我训得眼泪汪汪，别人不说，马晓春就被我"骂"过许多次。

不仅在围棋上，在其他事情上我也经常如此。比如，我很喜欢打扑克，对方的牌技越高我越来劲，虽说玩牌纯属娱乐，但我也要每战必胜，因此对同伴甚是苛求。尤其打桥牌时，同伴一打出"臭牌"，我就会火冒三丈，以至于棋队的人都很怕和我搭档。当然，我出"臭牌"时，大家也会"以其人之道，还治其人之身"，多亏这种时候不太多。这不能"容人"的坏脾气使我得罪了不少人，但总也改不好，真是"江山易改，秉性难移"啊！

和陈老总相识的同时，我认识了过惕生和过旭初两位高手。这两位高手是兄弟俩，过旭初年长，人称"大过老"，过惕生则

我的围棋之路

被称为"小过老",凡是爱好围棋的人大概没有不知道"大、小过老"的。后来,他们也成为我的老师。

过旭初先生虽然没有正式地教过我,但我和他下的棋比其他老师要多得多。那时,由于过旭初先生在位于南河沿的政协文化俱乐部工作,而我家住在相距不远的南池子,所以我常去他那儿下棋。从1963年到1965年,"大过老"和我下了不知多少盘棋,最初他让我六子,到后来我已能执黑棋平下了。如果当时下的棋能留下来的话,是很有纪念意义的,可惜我一盘都没有记录下来。

"大过老"的棋风很细腻,布局、中盘和收官都有许多巧招,我现在棋里的一些细腻的地方就很受他的影响。

在老一辈棋手中,过惕生先生名气很大,棋艺也是出类拔萃的。比起前几位老师,过老的棋更接近日本现代棋手的风格,如果说雷溥华先生的棋像日本大正时代的棋,那么过老的棋则更像日本昭和年间的棋。正因为先后受到这两位老师的熏陶,所以后来日本朋友评价我的棋时说:"在中国棋手中,聂选手的棋,尤其是布局,风格很像是日本棋手。"

我向过老学棋时,最初是乘公共汽车去他家,过老的住处很远,往返一趟需要很长时间。后来,父母得知过老生活环境不太好,住房比较差,出于对他的敬重,便把他们夫妇接到家中来住。这一下我可高兴了,此后天天泡在过老房间里,连饭也不愿回家吃。时间一长,妈妈怕影响过老夫妇休息,又担心我误了学习,便不准我天天去过老那儿,可过老住的房间离门口最近,我一回家抬腿就能溜进过老的房间,妈妈根本管不住。有一次,妈妈气极了,一把揪住我问道:"你是姓聂还是姓过?"吓得我张大了嘴,怔在当地。过了很久我才知道,当时妈妈所以那么生气,其中还有一个小小的"秘密"。说来有点好笑,她怕我没日没夜地泡在过老那儿,过老夫妇没有孩子又喜欢我,当真要将我认成儿子岂不糟糕。虽然我总惹妈妈生气，但她心里却最疼爱我，宝贝儿子无视她的存在，天天不着家，当然要又急又气。后来在提到此事时，妈妈自己也感到又好气又好笑。

和过老朝夕相处使我受益匪浅。首先，我学棋有了一种安定感。原先无论向哪一位老师学棋，总要考虑时间，天色一晚便坐不住了，现在，老师就在家中，所以坐得住，听得进，有了问题还可随时去问个明白。其次，由于过老住在我家，陈祖德、吴淞笙等国家队的名手经常来和过老切磋棋艺，于是我也大沾其光，每逢他们来，总能下上一两盘辅导棋。和这些第一流的棋手对弈，使我大大开阔了眼界。

过老在我家的那段生活，许多细节回忆起来已经有些朦胧了，但有关棋的事我都记得清楚。

众所周知，过老的棋很灵活，擅长弃子。他有句名言"都丢了，就赢了"，意思就是把成为负担的子通通弃掉，丢掉了包袱，下起来自然轻松得多，取胜的希望也就大了。过老曾给我摆过一盘晚清国手陈子仙与方秋客的对局，其中有一段精妙的弃子，他在讲解时说："你看，这块棋逃出来多苦呀！给他吃就赢了。"这件事给我的印象很深。由于我常被过老的弃子战术搞得狼狈不堪，往往吃子不少，棋却输了，所以对弃子很感兴趣，总想下出些漂亮的弃子来。有一段时间，我简直迷上了弃子，一盘棋如没用上弃子战术，即使赢了也感到十分乏味，久而久之，竟被我悟出了其中的一些名堂。直到现在，弃子仍是我的有效武器。

顺便提一下，我认为弃子最能体现棋手的心胸。有人仅仅把弃子看作是摆脱对方攻击的腾挪手段，这种理解未免狭窄了一些，实际上，精彩的弃子往往是攻击型的，是主动送给对手吃，让他不得不吃，吃了又难受，这才是真正的弃子战术。

过老下棋时落子很快，他也要求我尽量下得快一些，不要举棋不定，因此，我从小就养成了把棋下快的习惯。这一习惯使我后来在有时间限制的比赛中处于有利地位。从我的实践来看，棋下得快好处很多。

首先，下得快可以使对手产生压迫感。试想一下，当对方苦思冥想好容易投下一子时，你却很快甚至立即就回敬一着，会给他多大的震动。"啊！他早料到我的意图了。"这么一想，对方就会沮丧起来。其次，节约的时间可用在关键时刻。对局时常常出现"不是鱼死，就是网破"的决战，需要投入大量时间判断和计算，如果事先将时间用得差不多了，此刻就会慌了手脚。再有，下得快可抢先把对方逼入"读秒"，从而摧毁他的斗志。凡是观看围棋决赛的人，大都见过棋手因"读秒"而连发恶手痛失好局的情况吧？参加过比赛的棋手，对那催命般的"读秒"声体会尤深。那种心乱如麻而又无可奈何的痛苦心情，想起来都觉得恐惧。因此，如果不想陷入"读秒"的困境，就必须千方百计争取把棋下快。

当然，如果是盲目地追求快，就毫无意义了。任何一个业余爱好者都可以把棋下得飞快，甚至一天能下上二三十盘，可其中的破绽、漏洞比比皆是，这根本不能称之为下棋。我所说的"快"是建立在下得好的基础上的"快"，要想做到这一点，必须注意基本功的训练，包括对"棋形"的感觉和计算能力。另外还有一个诀窍——和对手抢时间，对方思考时，自己也要开足马力动脑筋，对他有可能落子的地方的变化，事先加以计算，不要消极地等着对方下子。这也是我所以下得快的极重要的原因之一。

也许有些喜欢长考的人会问："既然下得快好处无穷，为什么日本仍有许多'长考型'的九段高手呢？"

确实，日本是有许多"长考型"的高手，而且威震日本近代棋坛的一代宗师秀哉名人就是一位长考专家。不仅如此，我国清代极有名的大国手施襄夏也可谓"长考型"，据有关资料记载，施在和另一位与之齐名的大国手范西屏对弈时，范常常落子飞快，而施一再沉吟，往往一步棋要想好几个时辰。那么对这些名家高手的长考应如何解释呢？我认为，这一方面是和棋手的性格、气质有关，另一方面也和当时的围棋历史紧密相连。像比赛限时，我国是新中国成立以后才开始采用。日本虽早一些，但也是在秀哉时代之后，而在此之前，棋手对弈从不受时间限制，一局棋下几个月甚至几年是常有的事，因此，当时的棋手很容易养成长考的习惯。另外，必须认识到，这些名家（包括日本一些九段）的长考，蕴藏着"艺不惊人死不休"的精神，绝不是没有能力把棋下快。我相信，假如当真给施襄夏和秀哉名人限制时间，他们同样会下出非常漂亮的棋。

纵观中日棋坛，虽然棋手历来就有"感觉型"和"长考型"之分，但从目前围棋的发展趋势来看，也许不久的将来，"感觉型"将完全占据主导地位。

现在，日本的重大棋战都是采用"两日制"比赛，即每方限时9小时左右，我国的比赛限时通常是不到3小时，于是有人认为所以下不出好棋是因为比赛时间太短。实际上，就连日本的一些著名棋手，如藤泽秀行、石田芳夫、加藤正夫等，都对"两日制"提出质疑，希望能缩短时间改为"一日制"比赛。我认为，棋的质量固然和时间长短有一定关系，但并不等于必须时间长才能下出好棋。日本许多优秀棋手（其中包括"长考型"）在"NHK"杯赛中的卓越表现就是明证。我们一些棋手之所以常为比赛时间不够而苦恼，重要原因是关键时刻不能果断地下决心。棋是千变万化的，每一种局面都会有许许多多不同的下法，而且每一种下法又都有利有弊，古往今来，还没有人能穷尽这些变化，因此，想在比赛的有限时间里，面面俱到地把"所有"变化都细算一遍是不现实的。结果可能越算越没把握，越算越不敢下决心，时间不知不觉就耗费了很多。实际上，比赛中的许多"恶手"常常出现在棋手的"大长考"之后。

我的围棋之路

总而言之，在下快棋方面我是过老的"忠实信徒"，也希望成长中的青少年棋手养成下快棋的习惯。

向过老学棋阶段，他常给我讲一些古今中外的围棋名手的故事，如范西屏、施襄夏、黄龙士，以及日本的秀策、丈和等等。记得过老十分崇敬秀荣名人，曾特地借我一套《秀荣全集》，嘱咐我要好好打打秀荣名人的谱。

本来我是不大喜欢打谱的，可老师既然吩咐过了，也只有照办。不料，秀荣名人的棋很快就使我入了迷，不知不觉就把《秀荣全集》从头到尾打了一遍。虽然以我当时的水平，秀荣名人的棋的奥妙之处十成中未必能领会一成。但那段时间的打谱对我的帮助还是相当大的，最起码使我熟悉了各种类型的小目布局。此外，秀荣名人卓越的感觉和轻妙的转身也给了我一定程度的影响。

既然提起了打谱，我就顺便谈一下对打谱的看法。

毫无疑问，打谱是学棋的一个重要途径，无论是专业棋手还是业余爱好者，要想提高棋艺都必须打谱学习，但我想强调一点，即打谱必须要得法，千万不能只求数量，不求质量。

我常常看到有的人，打谱十分刻苦，一天能打许多盘，而且谁的谱都打。我不敢说这种方法毫无效果，但从我的切身体会来说，效果不会很大吧。

我觉得成长中的棋手，打谱必须注意以下事项。

第一，选择和自己棋风相近的棋手的谱，进行系统的研究。比如，喜欢大模样作战的人可选武宫正树九段的谱，喜欢取实地的可选木谷九段的谱，喜欢攻杀的可选加藤正夫九段的谱……不要谁的名气大就打谁的谱，只有这样才能见效。

第二，切忌贪多，不要"小和尚念经，有口无心"，对每一盘谱都要钉住了反复研究，力争完全弄懂。如果打谱时你能够钻进去，每一个新发现都会使你感到其乐无穷。

第三，全力以赴去猜测对局双方的意图，找出其中的破绽，因为再高明的棋手也不会招招是妙手。经常站在"挑毛病"的立场上，对棋力的养成无疑是一种极好的办法。

第四，不要迷信棋谱中的解说，更不要死记硬背钻牛角尖。据说秀行九段打谱是从来不看解说的。我们有的棋手记忆力极好，甚至随便摆出一盘棋（当然是由著名棋手下的）便能大致说出对局双方是谁，这说明他的打谱是下了相当苦功的，但有时有人对他下的某一步棋提出疑问，他便说："某某就是这么下的呀！"言外之意，名家都曾这么下过，你还敢有异议？这便成了教条主义的学习方式了。由于棋艺是不断发展、不断进步的，所以过去的好棋，现在也许就不大用了；过去从没人下过的棋，现在很可能下出来就是好棋。譬如，吴清源、木谷实开创新布局之前，黑棋起手就下在星和三三上是无法想象的，而现在这种布局却成了主流。陈祖德首创"中国流"布局时，开始还被人认为是"左道旁门"，曾几何时，便风靡世界棋坛。因此，仅仅满足于模仿前人一招一式的打谱是不可取的。

第五，不要总是一个人闷头打谱，适当地进行集体研究是很有益处的。俗话说"人多出智慧"，集体研究可以互相促进、互相启发，对青少年棋手尤其适用。听说日本的藤泽秀行、加藤、武宫、赵治勋等超一流棋手就经常定期聚会研究棋艺。

就我本人来说，除了集体研究时，我很少用棋子在棋盘上打谱，而是"看谱"。过去上学时我很喜欢看小说，后来看小说就变成了看棋谱，现在，临睡前看一两盘谱已成了我的习惯。我感到"看谱"很能加强记忆力和培养快速计算的能力。不过，学习方法是因人而异的，我的方法是否适用于其他人却不得而知，因此并不打算推荐。

关于打谱，还有一个问题要注意，打谱固然重要，但更重要的是实践，只有在实战对局中，才能检验自己的认识和想法是否正确。我主张下棋和打谱比例应该是七比三，甚至八比二、九比一，我们有些棋手把大量的时间用在打谱上，却很少下棋，未免有点本末倒置了。日本棋手的"感觉"之所以普遍比我们强一些，关键就在于他们棋下得多。

关于向诸位老师学棋的经历就大致谈到这里。当我成年以后，尤其是了解到日本一些著名棋手拜师学棋的情况时，更加感到了这段经历的可贵。

现在活跃在日本棋界的高手们，当初大都经过艰苦奋斗才得投于名师门下，而且入门以后的生活和修业也是很艰苦的。据赵治勋棋圣回忆，他入木谷门后的修业是极苦的，每天必须按师父严格的，甚至是苛刻的要求去做，稍一疏忽，立刻会遭到严厉的训斥。例如，师父和师兄们出的死活题，他如做不出来就不能回屋睡觉。在当时的日本，即使是入了名师之门，也很难得到师父的亲自辅导，能与高水平的师兄学上一盘就很不错了。据说，加藤正夫九段入木谷门以后，仅仅和木谷先生下过一盘棋。另外在日本棋界，职业棋手的等级森严，低段者一般难得和高段棋手下上棋。赵治勋棋圣就因为林海峰九段在他少年时就与他下了一盘让五子的辅导棋，至今念念不忘，感激万分。

相比之下，从小就受到许多国内第一流棋手指教的我实在是太幸运了。

五　初生牛犊

正是名师们的尽心辅导，使我的棋艺水平迅速提高。1962年时，张福田先生还让我十七个子，到1965年，我已能执黑棋与过老一争高低了。在这段时间里，我参加了几次正式比赛，并取得了不坏的成绩，其中最佳一次是1965年获得在成都举行的

"十单位围棋邀请赛"儿童组冠军。由于这一战绩，我有幸参加了北京棋社为选拔参加全国比赛的运动员的集训。

集训是1966年初春开始的，北京市的高手几乎全部参加了。对我来说能参加这一集训实是一件"露脸"的事，意味着我从此步入了北京高手的行列。

在集训期间，棋社组织了一场双循环选拔赛，赛场就安排在棋社院内的环境清幽的研究室。当我以参赛者的身份随同高手们步入赛场时，不禁大为得意。曾几何时，我连到这研究室里来看看棋，都会被崔云趾老先生轰出来。这件事得从棋社的规矩说起，当时棋社有两个下棋场所，一个是普及室，也就是群众活动室，这是谁都可以来的，在此下棋的人水平自然也不高。另一个就是研究室，是高手们对弈和研究的地方，等闲之辈是不允许去的。我当然不承认自己是"等闲之辈"，仗着关系熟，所以经常溜进去看棋。对此，别的人碍着过老的面子都睁只眼闭只眼，唯独崔老不肯通融，只要被他看见，就非把我赶出去不可。那时我对崔老又恨又怕，每次被他赶出研究室，总要暗地咬牙发狠："哼！有什么了不起？早晚让你尝尝我的厉害。"实际上崔老并不是对我有什么恶感，也不是单单对我这样。他很讲究"棋份儿"，而且脾气很固执，凡是他认为不够"份儿"的人都无法进研究室，其中自然也包括我这个无名小辈。后来，我终于得到了崔老的承认，接触一多，我才发现他是个相当可敬的老先生，而且心胸豁达。在老一辈名棋手中，第一个主动把白棋让给我的就是崔老——要知道，对成名的老棋手来说，能够这样是多么的不容易啊！于是我对崔老的最后一点"积怨"也烟消云散了。

那次选拔赛，我下得非常顺手，竟然把过惕生老师都赢了，最后获得了第三名。究其原因：一来我是"初生牛犊不怕虎"，什么招都敢下；二来，高手们碰上我这个十四岁的小孩都很头疼，赢了无什么光彩，输了却实在难看，所以下起来不免患得患

我的围棋之路

失,缩手缩脚,结果反被我乘虚而入。不过,我最想赢的崔老却把我杀得大败而逃,成为那次选拔赛的唯一憾事。

选拔赛结束后不久,我代表北京参加了在郑州举行的全国围棋赛。

本来,以我的年龄可以参加少年组比赛,并且十有八九能获冠军,但棋社领导为了培养我,决定让我参加成人组的比赛。对于刚刚尝到与大人们比赛的乐趣的我,此决定正中下怀,所以在棋社领导征求意见时,我立时满口答应。

不过,我当时的水平实不足以和那些久经战阵的成年棋手抗衡,像陈祖德、吴淞笙等一流棋手还要让我二子,所以比赛成绩平平,最后只获得第三组第一名,总名次为全国第四十一。尽管成绩不理想,但我在比赛时所表现的计算能力和顽强作风仍引起了围棋界的注意,许多前辈认为我很有发展前途,我也憋足了劲要在下一次全国比赛中卷土重来。然而,我怎么也想不到,这下一次全国比赛,竟然会一隔八年之久。

1966年初夏,一场使中国人民整整遭受十年浩劫的"文化大革命"突然爆发了。

六 噩 梦

在"文化大革命"这股洪流的冲击下,整个世界似乎全被卷进了一个疯狂的漩涡……凡是经历过"文化大革命"的人,回想起当时那惊心动魄的大混乱,都会感到像是做了一场噩梦。

就在运动开始后不久,我便迎来了使我永生难忘的一段艰难岁月。

最初,我也参加了"红卫兵",并且满怀革命豪情参加了"破四旧"、"横扫一切牛鬼蛇神"的"革命"行动。可是,随着运动的逐步升级，接二连三的打击使我的革命热情日趋低落……

那时，红卫兵组织常在大街的墙上、电线杆上张贴一些"通令"，内容五花八门，无奇不有。可这些"通令"极有权威，无论什么，一旦被它们点了名，就要倒霉了。有一天，我突然发现一张"通令"上赫然写着：围棋是"四旧"，是封建帝王将相、士大夫和资产阶级臭老爷们的黑货……必须坚决取缔云云。这"通令"就像迎头浇下的一桶冷水，使我的心凉了半截。我无论如何也想不通，陈老总大力提倡、关怀，毛主席和周总理也全都支持的围棋项目，怎么会转眼之间变成了"封、资、修"的黑货呢？

雷溥华老先生的死是对我的又一个打击。当我得知雷老被打成"牛鬼蛇神"，不明不白死去的消息时，几乎惊呆了。这么一位正直、善良、从未伤害过任何人的老人，竟会是什么"牛鬼蛇神"，谁能相信呢？！回想起和雷老朝夕相处的日子，回想起他对我的关心和教诲，心里就像被剜了一刀似的……从此，我再也不去参加任何打击"牛鬼蛇神"的"革命行动"了。

接着，我最感恐怖的事终于发生了——我的父母被打成"黑帮"关押起来。

在此之前，我所熟悉的许多叔叔、伯伯就陆续被打成了"黑帮分子"，连敬爱的陈老总也突然被"造反派"揪斗，这些都使我隐约有了一种危机感，但没想到令人担心和害怕的事这么快就成了事实。这"五雷轰顶"般的打击使我万念俱灰，心中一片茫然。抄家时，被剃成"阴阳头"的父亲胸前挂了一块写着"黑帮分子聂春荣"的大木牌，在几名"造反派"的呵斥下，被迫弯着腰，低头站在我们居住的小楼的阳台上。他脸上的肌肉痛苦地抽搐着，黄豆大的汗珠，一滴滴落在脚前的水泥地上……这痛心的一幕，我永远也忘不了。

父母既成"黑帮"，我也从"红五类"变成了"狗崽子"，地

我的围棋之路

位急剧的变化使我饱尝了人世的炎凉。从这以后，什么革命造反，什么运动，我一股脑全抛在九霄云外，成了名符其实的"逍遥派"。

被抄家后，我的家已不成其为家了，到处破破烂烂，谁也无心收拾。那时，我最怕回家，家里人那愁云密布的脸和屋里沉闷的空气，压得我几乎喘不过气来，所以，只要有地方可去，我就不回家。

万幸的是，那时我还有一个绝妙的"避风港"。不知是因为"革命任务"太忙，还是其他什么原因，总之，"造反派"们居然没有去光顾北京棋社。棋社的人几乎个个是下棋出身，对什么"下棋是四旧"等等说法，只作耳旁风，因此，尽管社会上已闹得天翻地覆，棋社里照样可以安然下棋。于是，我成了棋社每日必到的常客。只有坐在棋桌旁，在噼啪作响的棋子声中，我才能暂时忘掉心中的凄苦，感到活着还有一些乐趣。

可惜好景不长，"革命的铁扫帚"到底还是伸进了这个幽雅的小院——棋社被查封了。失去了棋社这块"宝地"，很长时间，我像丢了魂一样，整天毫无目的地东游西逛。

自从父母被关押后，家里经济断绝了来源，生活顿感困难。父母单位发的一点生活费，除去要交的房租水电费，每月只剩下三十多元钱，这点可怜的钱却要养活爷爷、姥姥和我们五个孩子，其艰难程度是可想而知的。万般无奈，只好卖东西。俗话说"坐吃山空"，家里值点钱的东西很快就卖光了，我也开始尝到了挨饿的滋味。

我自小就嘴馋，尤其是爱吃肉，可家里那苦行僧似的伙食不但见不到肉星儿，而且还吃不饱。有时实在忍受不住，就只得去棋友家"蹭饭"，但"蹭饭"终究是没把握的，如果碰上人家不在或已经吃过饭了，那就只好咽咽唾沫，自认晦气。

记得有一天，我为饥饿所迫，竟然跑到我的母校（现在的历学胡同小学），想把我参加1962年全国儿童比赛获得的奖杯要回来，卖钱买东西吃，结果被人家当成了"小疯子"而毫不客气地赶出来。当初，这个奖杯还是陈老总嘱咐我送到母校，向培养、教育我的老师们表示感谢的，又谁能想到日后我竟会落到这种地步。现在看来，"拿奖杯来填肚子"实在是小孩子不懂事的愚蠢举动，但我相信，再不懂事，如果不是逼急了，我也绝不会想出这条"妙计"。

在对前途彻底绝望了的情况下，为了寻求刺激，填补精神上的空虚，我曾干过许多无聊的事，像跟随"哥儿们"去打群架；为了赢顿饭甚至于几根冰棍去和别人下棋赌博等等。这些事由于和本文的主题无关，所以我并不打算多说，不过，那段浑浑噩噩的经历仍给我一个刻骨铭心的启示：没有奋斗目标的生活是多么的可悲而又可怕！

1968年春天，学校开始分配工作。"红五类"当然可以优先参军或留城工作，一般家庭的学生或多或少也有留城工作的希望，但我这样的"可教育好的子女"唯一的道路是"上山下乡，去接受贫下中农再教育"。不过，学校也许考虑到我的身体状况，既不动员我"上山下乡"，也不给我分配工作。对此，我倒毫不在乎，反正已经"泡"了两年，但父亲却吃不住劲儿了，因为父亲单位的"造反派"说他"纵容儿子对抗接受贫下中农再教育"。这顶"大帽子"一扣，我顿时乖乖地自动交了"上山下乡"的"申请书"，而且很快就被分配去黑龙江省的山河农场。

1969年9月23日早上，我向父母告别后（他们刚刚被放回来），站在客厅里，最后环顾了一下将要离开的家。看着那熟悉的一切，想起在这里所度过的美好时光，我突然觉得"家"对我是那样的宝贵，而我就要失去它，可能再也回不来了，忍不住心里一酸，眼泪夺眶而出……

从记事以来我极少哭过，然而，这次却像要把郁积了多年的泪水一齐哭出来似的，两年来的种种磨难在心里留下的苦恼、悲伤全都爆发出来。我失声痛哭，客厅里充满了我悲哀的哭声。父母谁都没有出来安慰我，此刻，他们又能说什么呢？我能想象到他们心里什么滋味。作为父母，有什么比无力保护自己的"爱子"更让他们伤心呢？

直到现在，对我临行时的痛哭流涕，家里人从未提起过，但我始终未曾忘记，因为在那时，我领略到了人在绝望时的心情。也正是从那以后，遇到别人有困难需要帮助时，只要力所能及，我总要伸手帮助。

七　农场生涯

我去东北农场虽然绝非自愿，可那里到底是什么样子呢？心里不只一次地描绘过。还在上小学时，我看过曲波的小说《林海雪原》，主人公们在茫茫雪原、莽莽林海的传奇式的生活，曾让我无限神往。再加上农场来京招工人员的"三寸不烂"之舌，几乎把农场说成是"世外桃源"，因此，在我的脑海中，农场生活被勾画成这样一幅绚丽多彩的画面：神秘的原始森林，广阔无边的原野，一排排整齐、洁净的营房，热情洋溢的农垦战士……这种对未来生活的憧憬，多少冲淡了我离家时的哀伤之情。

然而一到目的地——山河农场四分场一连——我马上就从自己所编织的玫瑰色的梦境中清醒过来。出现在眼前的只不过是东北平原上的一个简陋的"屯子"（东北把村叫屯）。屯内高矮不齐的各式房屋（有砖砌的、土坯垒的、茅草搭的）杂乱无章排列着；路是那种一下雨就使人联想起"芝麻酱"的那种土路；广阔的田野倒确实存在，但原始森林却连影子也看不见……虽然环境和想象的差距是那么遥远，可经过两年多的磨炼，我倒很懂了

"既来之，则安之"的道理。"男子汉大丈夫四海为家，好好干吧。"这就是我当时的想法。

不过，我很快就发现，在这里，衡量一个人是以能否干活为标准的。对知识青年来说，能不能干活更是检验是否"扎根边疆，铁心务农"的唯一标准。根据这一标准，我一踏上农场的土地，被当成怕苦怕累的落后分子的厄运就已在劫难逃了。

我们到达连队时，正好赶上收割大豆。为了让我们尽早地在"广阔天地炼红心"，连领导仅让大家休息了两天，便把我们拉到田里，参加了"战斗"。

在农场，割大豆是数得上的累活。这活看似轻巧简单——左手一拢豆秧，右手的镰刀一搂，"嚓"，豆秧便乖乖倒下。其实干起来却分外吃力。我左右手的配合怎么也和谐不了，不是镰刀砍进土里，就是将豆秧连根拔起，眼看着人家超过自己，心里一急，越发手忙脚乱。渐渐地，我感到腰部像针扎似的疼痛，直起腰身后，再一弯腰，全身的血液似乎都涌到了头部，眼前阵阵发黑……这一天我也不知道是怎么熬过来的。

尽管我尽了全力，结果仍是全连割大豆的倒数第一名。为了挽回"名誉"，我咬紧牙关又拼搏了几天，但终于不得不承认：在割大豆的领域，我是个低能者。因为心脏病的缘故，割大豆时，我眼前发黑，喘不过气的症状时常出现，实在坚持不住了，只好去找连干部讲明原因，要求调换轻点的工作。按说这个要求并不过分，可连领导干脆拒绝，并毫不客气地告诉我："除了割大豆，别指望分到别的活儿。"一怒之下，我便歇了病假。这样，我和连干部的关系一下子就紧张起来。

事后我才知道，一开始连干部还认为，我完不成任务是因为从小娇生惯养，不适应艰苦的劳动，锻炼锻炼也就好了；后来发现我总是倒数第一，就怀疑我故意"装傻"，企图偷懒耍滑；等到我"自称"有病（而且是什么心脏病），要求换工作时，便确

我的围棋之路

信我是个颇有心计的"大滑头"。这结论一下,不但"美差"好活从此与我绝缘,而且分给我的总是又脏又累的活儿。作为"可以教育好的子女",干活不行,还敢顶撞领导,受到这种"破格"待遇是毫不奇怪的。

脏活累活我并不怕,身上脏了可以洗,干累了可以歇着,可是精神上的歧视使我痛苦万分。别的不说,连里的知识青年几乎人人皆可参加的基干民兵,我都没资格参加。那时,我最难以忍受的是人们对我的那种冷漠的态度,那种冷漠无时无刻不在提醒我:你是低人一等的。

……

在农场的这段经历确实令人不堪回首。不过,我并不想过多责难当时的连领导,在那种形势下,他们的做法也是很自然的。相反,我还要感谢他们,因为那艰苦的日子磨炼了我的意志,激发了我的奋斗精神。

后来,在我面向棋枰全力拼搏的时候,那段"逆境"给予我的精神财富大大发挥了作用。国内不少棋手感到和我比赛是很辛苦的事,也许就因为我比他们更顽强一些。无论盘面上局势如何变化,只要还有一线希望取胜,我就会拼命地顽抗到底。这种顽强的精神,常常使我在劣势的情况下反败为胜。比如,1983年在兰州的国手赛,我对马晓春的一局棋。布局双方咬得很紧,谁知刚刚进入中盘,我就误算了一步棋,被他断吃了一大块。观战的人顿时大哗,可我审度了一下局势,觉得盘上广阔的地方还不少,虽然对手很强,但坚持下去未必没有希望,于是又振作起来,咬牙拼下去,到底幸运地反败为胜。这局棋虽然赢了,但赢得异常艰苦,我一边要搜肠刮肚思考最精妙的下法,一边要耐住性子去一点一点地缩小差距,还要和自己不时地想推枰认输的念头作斗争,那时斗志只要稍一松懈,立刻就会土崩瓦解。

顺便提一下,能达到一流水平的棋手,像新秀马晓春、刘小光、江铸久、曹大元、钱宇平、邵震中等，单纯在棋艺上的差距是微乎其微的，风格也各有所长，他们之间的较量，与其说是靠技术，不如说是比斗志。谁更能忍受劣势下的艰苦战斗，谁就会冲在前面。在日本"超一流"棋手身上也同样存在着这一问题。例如，藤泽秀行九段的棋艺堪称出类拔萃吧，可他高居"棋圣"的宝座期间，在别的比赛中表现平平，唯独在"棋圣战"中，却接连击败了加藤正夫、林海峰、大竹英雄等猛将，创造出六次蝉联"棋圣"的奇迹。据秀行棋圣自己说，他之所以能如此，全靠着"卫冕失败，就不如去死在荒野"的精神的激励。我觉得秀行这发自肺腑的真情实感，说明了一流棋手比赛的真髓。因此，凡是有志攀登围棋高峰的人，除了钻研棋艺，必须要把培养坚韧不拔的意志作为重要课题。

言归正传。

我在农场也有过"昙花一现"的荣耀时光，那是在1971年的春节之后……

当时，农场刮起了一股"返城风"，许多高干子弟凭着各种各样的关系，纷纷离场而去，留下的知识青年顿时"军心动摇"。对此，农场领导也慌了手脚，对走的，他们想管也管不了，只好对剩下的拼命加强"扎根边疆，铁心务农"的教育。

事实上，我很羡慕那些有"门路"的"飞鸽牌"，可父母问题还没解决，当然不敢有什么非分之想。不料这一来反倒"因祸得福"。

我这个高干子弟不走"门路"返城的革命行动，为分场新来的领导所赏识，于是，我摇身一变，成了"扎根边疆志不移"的先进典型。分场的负责人亲自找我谈话，帮我总结到农场后思想转变的过程，还决定让我在全分场巡回宣讲学习马列、毛著的心得体会。对于一直企图改善自己处境的我来说，这一切真像是在做梦一般。

我的围棋之路

就在我的地位日趋上升之时,继波的一封来信又把我的生活步调完全打乱了。

继波在信中告诉我:据吴淞笙讲,日本围棋代表团即将访华,不日便可到达北京……我把信反复看了好几遍,确信没看错时,不禁欣喜若狂。"国家还是要发展围棋事业的,我有用武之地了。"这个念头在我胸中翻腾着,激动得我坐立不安,我决定无论如何也不能错过这个宝贵的机会。不过,我很清醒,如果以"回京去看棋赛"为理由去请假会落个什么样的结果,所以我没跟任何人打招呼,便偷偷地溜回北京。在当时的情况下,这么做简直是在拿自己的前途作"赌注"。

当我风尘仆仆从千里之外赶回北京,才发觉是空跑一趟。不知是弟弟听错了,还是吴淞笙的消息不准确,总之,日本围棋代表团访华是根本没影的事。我一下就傻了眼,这才意识到自己的行动是何等的荒唐,真是哭都来不及了。我在京仅呆了两天,便又匆匆返回农场。在飞驰的列车上,我心急似火,恨不能一步迈进连队,可那时就算我真能长翅膀飞回连队,也无济于事了。

果然,我这"先进典型"的"失踪"成了连里的一大新闻,许多人议论纷纷,猜测我会不会一去不复返。最感恼火的是分场负责人,好不容易树立的典型竟然不辞而别,这不等于自己打自己嘴巴吗?所以我一回到连队,就马上被他叫去,训了个不亦乐乎。从此,分场领导对我的态度来了个180度大转变,本来就对我有看法的连干部更是幸灾乐祸。我重新成了落后分子,而且是极善伪装的落后分子,这一"恶名"甚至在农场场一级的领导那儿挂了号。

刚刚从艰难的处境中挣扎出来,耳边似乎还回响着"讲用"时人们报以的热烈掌声,就一头栽进了比以前更为凄惨的境地,这一突变,几乎毁了我的一生。"哀大莫过于心死",我开始自暴自弃,学会了抽烟喝酒,学会了和"哥儿们"一起偷鸡摸狗,甚至因为打伤了人（尽管是对方不讲理），被戴上手铐，送进专为小偷、流氓开设的"学习班"。就这样，顺着一条危险的道路，我迅速地滑了下去……万幸的是，不久，命运又给了我一个"转机"。

八　命运的转折点

1972年，久违的命运女神终于向我微笑了。

当时，国家经济已被"四人帮"一伙搅得一塌糊涂，各种物资奇缺。农场所必需的农机配件等等，采购员跑断了腿也弄不到，不得不号召知识青年"八仙过海，各显其能"，为农场弄点物资，这正好给了我一个机会。

原先，我只是想借出差的机会到北京下下棋，所以凭着母亲的老关系，给农场解决了一些急需的物资，没想到会因此而引起省农场管理局的重视，于是我身价倍增，一下子成了省农场局的"驻京全权代表"。

"全权代表"可是个大大的美差，所负责的工作，只不过是催催货，或者给省农场局来京出差的高级一些的干部安排食宿。除此之外，时间就全归我自由支配了。这段充裕的时间，为我下棋创造了极好的条件。

1972年时，国家围棋队早已被解散，陈祖德、吴淞笙、王汝南、华以刚等七名队员被分配到北京第三通用机械厂当工人。由于他们那时大都没有结婚，所以全住在工厂的单身宿舍，于是，陈祖德等人的宿舍便成了我这个"全权代表"的"棋室兼办公室"。巧的是，他们七个人上班是"三班倒"，宿舍里总有闲人，我是"如鱼得水"，谁在找谁下，从早到晚几乎一刻也不停。

只要是喜欢上围棋的人，此生便再难与围棋分手，更不用说

我的围棋之路

是专门从事过这项运动的棋手。陈祖德他们虽然已是工人，但每天"手谈"仍是绝不可免的。在他们中间，除了陈祖德被公认为"霸主"外，其余人等各自"雄踞一方"，谁也不肯甘居人下，等我这个生力军加入战团后，这场竞争更加激烈不说，还平添了几分"惊险"。

最初，诸位国手并未将我放在眼里，几度交手后才感到，不施展出"毕生绝学"就难以取胜，不由得紧张起来。对于以陈祖德为首的这些早已蜚声棋坛的国手来说，他们之间的争斗，胜虽欣喜，败亦不丢面子，可和我这无名之辈对弈，情况就完全不同了，万一输了，传将出去那还了得，因此每逢与我下棋总是全力以赴，妙着纷呈，常常把我杀得汗流夹背。回忆起来，当时下棋的激烈、紧张的程度，丝毫不亚于现在的全国正式比赛。

秀行九段曾强调过，成为优秀棋手的一个重要条件是：棋手在15岁至25岁期间，要有一个激烈竞争的环境，木谷门下为什么涌现出众多的一流棋手，关键就在于创造了这个环境。我认为秀行九段的见解完全正确，正因为我在20岁时就和陈祖德等著名棋手终日厮杀，所以才有可能进入一流棋手的行列。

那时，我白天拼命下棋，晚上再把日间所下的棋摆出来反复研究，直至深夜，有时思路一钻进棋里，我就会忘记一切。譬如，下完棋骑车回家，常常因为脑子里还在苦苦思考棋里的变化而"闯红灯"或者骑错了路。渐渐地，我惊喜地发现，除了陈祖德，对其余几位国手我已略占优势了。也就是从这时开始，"呕心沥血、赶超日本"的远大目标，在我心中形成了。

1973年的春天，发生了一件决定我一生命运的大事。由周总理提议，邓小平副总理批准，中国国家围棋集训队重新组建了。我荣幸地被选入由三十多名全国各地的高手组成的集训队，从此掀开了我围棋生涯的新篇章。

1972—1973年是我学习围棋最狂热的时期。那时，我下起棋来几乎从不感觉到累。集训队的训练安排是很紧张的，一周至少要下三四局（训练比赛），对有的棋手来说，三四局正规的比赛已觉得相当累了，但远远满足不了我的需要。除了训练比赛，我把全部的业余时间都用来下棋，只要有人奉陪，我能从早上一直下到深夜。这"车轮大战"的精力常常使许多集训队员招架不住，不得不中途休战。当时，集训队里的高手们最怕被我缠住下棋，因为一下起来，他们赢了，我自然不肯放他们走；输了，他们自己又不甘心，所以往往是下个没完没了。以致于一到周末，诸位国手便对我"敬而远之"，晚饭后立即逃之夭夭，唯恐被我缠住而不得脱身。我敢肯定说，那一段时期我下棋的局数之多，超过任何三名集训队员加起来的对局总数。这种拼命式的努力当然也得到了报偿，在集训队的内部比赛中，我常获第一名。

近来，我偶尔翻看了一下自己1973年的对局记录，感到很有意思。从棋风上来说，1973年时的下法和我现在的下法颇有不同，那时我的棋纯属"力战型"，爱好赤裸裸的拼斗，总是开局就到处寻衅，一有机会便搏杀起来。打个比方，就像是拳击比赛，对手一拳猛击过来，我不闪不避，也向对方身上猛击一拳，如此打法，自然是谁的拳头有力，谁就占便宜。而现在，我再碰到这种情况，就会首先考虑如何躲闪，保证自己不挨打，然后看准对方弱点再出拳，从棋风上看，就是变稳健了。不管说我现在的棋是"灵活型"也好，"感觉型"也好，总之，过去那种猛冲猛打的下法，我已极少采用了，这也许是因为和日本高段棋手对局多了，受他们影响的缘故吧。

在日本成名的高段棋手中，属于"力战型"的人较少，大都是讲究先布好阵势，占据有利地形，然后再寻找战机，表面看上去温文尔雅，暗中却在积蓄力量，就像参加"马拉松"赛的运动员，并不在途中某一段路上疾奔猛跑，而是均衡地分配着力量，为最后冲刺作准备。这种不露锋芒的含蓄下法，日本棋手称之为

我的围棋之路

"软打"。我现在的下法似乎就属于"软打"一流。比起"力战"来，我认为"软打"更能显示出一个棋手的技艺。

不过，并不是说"软打"就一定比"力战"更高明。就拿当代日本棋界"力战型"的代表加藤正夫九段为例，他的"力战"就让日本的高段棋手叫苦连天，而且他至今还是"王座战"的冠军保持者。我国的棋手黄德勋、刘小光等的棋风也属"力战型"，同样取得了相当不坏的成绩。可见，"力战型"棋手也有其独到之处。

我在1973年的棋，不仅仅是"斗力"，而且下出的着都有一股"横行霸道"的味道，别人虽觉得我的下法有些无理，但也无可奈何。唯独碰上陈祖德，我就傻了，因为他的力量比我还大，也更加"霸道"。我这"小霸"碰上"大霸"，只得甘拜下风。尽管如此，1973年—1974年期间，我确实下出了不少好棋，以我现在的水平来衡量，质量也都不坏。虽说那时的棋还不成熟，但从中表现出的强烈的进取心则是极为可贵的，遗憾的是，这种进取心，现在在我身上多少有些淡薄了。

1973年是值得怀念的一年。国家围棋集训队的组建标志着中国围棋事业的重新起步。作为集训队员的我也重新认识到了自己的社会价值，恢复了做人的尊严。整整一年期间，我为有充分的对弈时间及众多的高水平的对手而陶醉，除了下棋，似乎世上其他一切都不复存在了。"功夫不负苦心人"，我的名字被列入定于1974年4月访日的中国围棋代表团的名单。"访日比赛"，这是多少棋手梦寐以求的事，也是我自认为可望而不可及的事，竟然来临了。是喜悦、激动，还是感叹、迷惘？总之，当时的心情是无法用语言所描绘的。然而，我忘记了一点，当时国内的一切事物，无不为政治所左右……

正当我像一部开足马力的机器，为访日做准备时，意想不到的事发生了。1974年2月，所谓的"批林批孔"运动开始了。在这个运动的波及下，山河农场拒绝给我作出国鉴定，并对国家体委决定让我参加访日代表团一事提出质疑。他们认为，让我这么一个落后分子出国访问简直是在开玩笑。就这样，某几个最基层领导的偏见便轻易地断送了我出国比赛的良机。

现在看来，这种事简直有点可笑，可那时，比这更荒唐的事多得不胜枚举，所以，当领导通知我时，我既没有暴跳如雷，也没有痛哭流涕，只觉得一股寒流迅速地通到全身。我忽然明白了，我这风筝飞得再高，线却仍握在农场的基层领导手里，这正是最感恐怖的事情。

在山河农场的严令催促下，我不得不返回连队去"抓革命，促生产"。连干部对我仍然是冷若冰霜，甚至认为我参加什么集训队是走的后门。他们以省农场管理局无权不经过基层组织的同意，就让我在京长驻为理由，不但把我在京时间全算作旷工，而且给我来了一个"下马威"——派我去砌猪圈。别人都是干几天就有人换，偏偏没人来接替我。为了能参加即将到来的1974年全国围棋邀请赛（这仍需要农场的批准），对那些不公平的待遇，我全都默默地忍受下来。可在我提出"希望给点时间，为参加全国比赛作准备"的要求时，连干部的表情就像在听"天方夜谭"似的，惊奇地瞪着我，然后无比干脆地命令我去老老实实干活。后来，多亏省农场管理局的党组织干预了此事，我才得到半天劳动、半天练棋的机会。

1974年7月，我如期赶到成都，参加了全国围棋赛，并获得了第三名。赛后我返回农场，不久便接到黑龙江省体委发来的借调令，调我到哈尔滨市集训，准备参加第三届全运会。坐在送我去场部的拖拉机上，望着逐渐远去的连队，喜悦之中也颇有几分惆怅。我意识到，从此时起，我的农场生涯结束了，今后在我面前只有一条路——一条深远的围棋之路。

九　棋盘之外的收获

1979年，我被评为全国"十佳"运动员后，许多采访记者对我在农场的经历都很感兴趣。由于1969年我离开北京去农场时，棋艺水平并不很高，陈祖德等国手们要让我二子左右，可到了1974年竟然跃居全国第三。于是，有些报道文章提到"因为聂卫平在农场的艰苦环境中，仍然坚持刻苦训练，所以一回到北京，便脱颖而出……"实际上，在农场时，根本没有条件钻研棋艺，尽管我心里很想这样做。记得为了活跃一下业余生活，我教会了同宿舍的几个知识青年下围棋，大家下班后便聚在一起下棋取乐，可这样，在全连"革命大批判会"上我还被点了名。后来，我带去的唯一的一副围棋子，也在同宿舍的人打架时被当作兵器扔得无影无踪，使我想偶尔打打谱也不成了。

然而，在农场的时间里，我的棋确实是进步了，这又是因为什么呢？当然不会是像"达摩面壁"一样，于冥冥之中就悟出了什么围棋真谛，我觉得有两个因素对我的棋艺大有帮助。

首先，虽然我在农场没条件研究棋艺，但农场的生活给了我许多棋盘之外的宝贵东西。俗话说："吃得苦中苦，方为人上人。"如果抛弃其中的封建色彩，此话是极有道理的。正是农场的这段"逆境"生活锻炼了我的意志，使我在攀登崎岖的棋艺高峰时，经受住了失败与挫折，而且至今还在向顶峰冲击。扪心自问，假如自己的经历一直是太太平平，一帆风顺，那么还会有那种"不达目的，誓不罢休"的奋斗精神吗？我没有自信。

其次，农场的自然环境似乎对我的影响也很大。先前，我曾听过这样一个故事。古代有位大国手，青年时期棋就下得很好，但后来无论怎样努力都无法"百尺竿头，更进一步"，他苦恼极了。他的老师知道后便去见他，老师的突然光临使他喜出望外，立即请求指教。谁知，老师不但绝口不谈棋艺，反而带他出门去遍游名山大川。茫茫大海、巍巍群山使他精神为之一振，心胸顿感宽阔了许多。有一天，在跨过一条清澈的小河时，老师指着那淙淙流水，对他说："你知道吗？棋理就如同这流水一般，应该顺其自然才是啊！"他听后豁然醒悟，从此一举成名。

对这个传奇故事，当时我并没在意，听听也就过去了，现在回想起来，却感到其中很有一些哲理。

我所在的连队四周都是平原，我常常喜欢晚饭后漫步村外，去看看那一望无际的绿色原野。那原野实在太大了，辽阔得让我惊讶，叫我入迷。过去住在北京，终日出没于街头巷尾，见到的总是熙熙攘攘的人群。偶然随父母去一趟颐和园，还为颐和园面积之大所折服。可眼前这块土地却不知能装下多少个颐和园，使我觉得在它面前还能有什么想不开的事呢？北国的天空也是美好的。没有去过东北农场的人很难想象出那种令人心旷神怡，仿佛是透明般的蔚蓝色天空究竟是什么样子的。那种纯净得没有一丝杂质的蓝色，会使人情不自禁产生想飞腾升空的感觉。在这样的天空下，人似乎都会被净化。傍晚，西坠的太阳逐渐变得又红又大，这时天空和云彩被映照得似乎在燃烧，整个大地也都罩上了一层桔红色……真美极了！在这种用语言所无法形容的大自然壮景面前，我总感到胸中有一股力量在翻腾，感到自己的悲伤痛苦、个人的恩恩怨怨是那样的渺小，于是，思想境界好像高了许多。也许就因为大自然的启示激发了我的灵感，潜移默化地影响了我的棋艺吧。

从目前来说，我对自己的大局观是很自信的。对局时，我很少计较细小的得失，沉溺于局部的纠缠，总想尽力"腾身而起"，高高地俯瞰全盘，因此我能敏感地抓住大势上的要点。这种思考方法大概就是得力于农场广阔天地的熏陶吧！说起来，好像有些

我的围棋之路

故弄玄虚，可我确实是这样认为的。

十　夺冠之艰难

在青少年时期，我从来没敢想过将来自己能成为一位全国冠军，因为我觉得那些冠军们都是才华出众、高不可攀的人物。但自从加入集训队以后，不知什么时候开始，我已把夺取全国冠军当成了"义不容辞"的责任。随着对局胜率的提高，这一愿望也起来越强烈。1975年在北京召开的第三届全运会恰好给我提供了机会……

9月24日，景山公园的围棋比赛大厅里，坐在我对面的陈祖德久久地注视着棋枰，然后轻轻地揿下按钮，停止了比赛计时钟的走动——这是棋手认输的表示。我顿时感到狂喜的热流迅速地涌到身体的各个部分，强作镇定地向他颔首致意。由于激动，当我在裁判员递过来的对局记录上签名时，手颤抖得怎么也无法把字写工整。离座之际，连腿都发软了。这就是我在争夺全运会冠军征途中最激动人心的时刻。尽管这只是决赛的第一局棋，但我已看到通向冠军宝座的大门为我打开了。

第三届全运会围棋决赛，由获得分组循环赛的小组第一名的四位棋手参加，其中有陈祖德、王汝南、赵之云和我。决赛采用循环赛的方法。虽然舆论界一致认为，冠军将在陈祖德和我之间产生，但一想到又要和他作一番生死搏斗，我就有些心惊胆颤。没有和陈祖德比赛过的人，是很难想象他在盘上那种咄咄逼人的威势是如何压得人喘不过气来的。

陈祖德曾三次荣获全国冠军，又是第一个战胜日本九段的中国棋手。虽然1973年时我已异军突起，锐不可挡，但唯有陈祖德俨似一堵钢墙，任我百般冲击，始终巍然不动。

在此次决赛之前，尽管我明知迟早要和陈祖德相遇，但心情上很希望能把我们之间的决战向后拖一拖。只要我赢了前两场比赛，那就能以有利的姿态与他一争高低，最起码心里能踏实一些。不料，"冤家路窄"，9月23日的抽签结果，我第一轮恰恰撞上了陈祖德，不禁暗暗叫苦。

9月23日晚，未能进入决赛的棋手全都出去尽情玩耍，而我一想到明天的激战，心里就一阵阵地发慌。一年前，在成都惨败在陈祖德手下的情景，又浮现在脑海之中……

1974年，在成都举行的全国围棋比赛是自"文革"以来的第一次正式比赛，距上一次郑州举行的全国比赛，间隔已八年之久。因此，所有参加比赛的人，无一不把这次盛会作为一个"亮相"的绝好机会。"文革"前就大名鼎鼎的国手们自然要全力以赴，许多初出茅庐的年轻棋手更是跃跃欲试，希望能表现自己的才华。在这种形势下，比赛分外激烈。

战幕拉开后，我弈得颇为顺手，很快就五战全胜一马当先。正欲再谋进取时，却碰到四胜一负的陈祖德拦住去路。按当时的情况，我们之间的比赛胜负直接关系到争夺冠军，实在是事关重大，尤其对户口仍在农场的我来说，更是非同小可。为了养精蓄锐，全力拼搏，在这场比赛的前夜，我一反常例，早早就上床了。可是，越想赶快入睡越睡不着，各种念头像扑灯的飞蛾，赶都赶不开。就这样，我思前想后，像"烙饼"似的在床上翻来覆去直至深夜。

睡眠不足加思想包袱，使我第二天坐在比赛的棋桌旁，觉得头昏脑胀、眼皮发沉。而陈祖德却精神抖擞、从容不迫，似乎充满了自信。这一来，我越发慌乱了。比赛开始后，我突然觉得脑子里仿佛一片空白，往日的灵感全都不知飞到哪儿去了。陈祖德下一着，我就机械地跟在后面下一着，可他的作战意图是什么，我却根本定不下心来仔细想一想，终于演出了我对局史上最丢人

我的围棋之路

的一幕——81手就认输投降!

本来,激烈拼杀是我的拿手好戏,对局时,一碰到棋子接触的"肉搏战",我的力量便会迸发出来,可这一局,在角部的第一个战斗中,我就溃不成军。好像是决斗的剑客,我的剑还没来得及出鞘,对方的利剑就已刺穿了我的胸膛,竟然连还手的余地都没有。在认输的一刹那,我真恨不得一头钻进地里去。

本来等着看一场精采好局的棋迷们,对我如此不堪一击,无不感到惊讶和失望,纷纷扫兴而去。

比赛的惨败,人们的议论,使我陷入了难以自拔的沮丧之中,以后又接连败给了王汝南、罗建文等人,结果只获得了第三名。

想到此处,我霍然一惊——1974年的比赛和现在的情景是何其相似啊!那令人痛苦的一幕还会再演吗?我鼓励着自己:"养兵千日,用在一时。"一年来的苦练不就是为了这一天吗?输了也要拼出个样儿来给大伙看看。

"拼"就是我和陈祖德对局时的唯一念头。由于克服了心理障碍,这一局我充分发挥了水平,顶住了陈祖德尖刀般的攻击,终于第一次在正式比赛中战胜了陈祖德。这一胜利为我夺冠奠定了基础,之后又胜赵之云、王汝南,以十四连胜获得了第三届全运会围棋比赛冠军。

从1966年的全国第四十一名,到1975年荣获冠军,这一飞跃对我来说真像是腾云驾雾一般。冠军到手,当然高兴万分,然而,夺取冠军的艰难征途,使我深深感到自己棋艺未精,只不过是运气好而已。回顾一下吧,哪一局比赛我不是浴血奋战才得以过关的,有时几乎可以说是绝处逢生。比如和王汝南争夺冠军的那局棋,局势几经变化,最后形成了极细微的局面,正常收官,我可能要输一点点,可他过于紧张,出了一个小漏洞,反而被我险胜$\frac{1}{4}$子。事后,王汝南难过得顿足捶胸,而我在胆战心惊之余，不能不暗自庆幸运气好。不然的话，全运会的冠军桂冠就会戴在王汝南的头上了。

一想到从此以后，自己将成为所有优秀棋手的攻击目标，便感到肩上的担子是那样的沉重。我只有更加努力，别无他法。

1975年到1979年，可以说是我的全盛时期。在此期间，我一次又一次地击退了优秀棋手们的挑战，把全国冠军的桂冠死死地抓在手中；在国家围棋集训队的内部训练赛中，我创造过23连胜的出色纪录；对日比赛，亦有突出表现。于是，棋界人士把这五年称作"聂卫平时代"。

回顾1975年—1979年的比赛，对一般棋手我已不用苦斗再三，就能高奏凯歌。然而，有一个对手最让我头疼，他就是在1976年到1980年的全国比赛中连胜我六局，被称为"聂卫平克星"的黄德勋。

黄德勋年纪与我相仿，但资格比我老得多。他的棋凶猛好杀，极善计算，是"力战型"的代表人物之一。按说，1975年时，黄德勋的实力和我已有一些差距，平常训练比赛，他几乎赢不了我，可是一在全国比赛中相遇，我就会糊里糊涂地输给他。头两次失利，我心里十分恼火，因为都是在优势很大的情况下输掉的。尤其是1977年在哈尔滨举行的全国比赛我对黄德勋的那局棋，简直使我哭笑不得。当时，我决心报1976年的"一箭之仇"，所以执黑棋也下得非常慎重，很快就把他逼入绝境。白棋一个大角被"点死"，胜负大致上已成定局。可他紧皱双眉，抱头苦思，就是不肯"投降"。"难道他还有什么高招不成？"我疑惑地又把局势仔细地分析了一遍，确信他已"难逃法网"，就满心欢喜地等他离座认输了。就在这时，他忽然走了一步谁也没有料到的怪着，居然把这个角走成一个"后手死"，然后拼命缠绕攻击我外围的两块黑棋。其实这种怪诞的下法，对他来说也是出于无奈，我还有不少胜机，但急躁之下，到底还是昏头昏脑地败下阵来。以后每逢全国比赛遇到他，我心里总是别别扭扭的，越想赢越赢不了。以致在后来的比赛时，如果第二天是对黄德勋，便会有人来通风报讯："明天对黄德勋，你可得留神啊！"并且，当天晚上的话题也全是围绕着这件事，弄得我狼狈不堪。幸亏黄德勋除了对我成绩极佳外，对其他人倒还"手下留情"，否则，我将多了一个更加可怕的冠军争夺者。

对于我总是输给黄德勋，棋界议论纷纷，有的人说我轻敌，有的人说黄德勋运气好，还有的人说是棋风的关系，认为黄德勋的棋专克我的棋，换句话就是"一物降一物"。对此，我也甚感不解。后来，黄德勋在《围棋》月刊上发表的一篇文章中，一语道破真情。他写道："聂卫平确实比我棋高一筹，但他背着冠军的包袱，一方面急于求成，想很快取得优势，另一方面，想利用技术全面的优势，稳中取胜，这原是两种互不相容的心理，撞在一起，枪法就有些乱了。而我没有任何包袱，一上来就竭力拼杀，所以常常能乱中取胜。"细想一下，此话果真有些道理，我确实是输在心理上。看来黄德勋的"心理战"相当厉害啊！这件事给了我一个教训：切不可小看心理因素对棋局胜负的影响。

十一　心理战和盘外招

事实上，心理战历来就为棋手所采用，越是重大的比赛，心理战的作用就越明显。这就需要棋手在对局时，尽可能地去了解对方的心理状况。做到对方欲求战时，你偏偏迂回腾挪，避其锋芒；对方想稳扎稳打，你却四处寻衅，主动出击。这样，对手处处不顺手，便会急躁起来，而急躁正是棋家之大忌。听说日本的桥本昌二九段，在一次比赛时曾面对着空无一子的棋盘，整整想了一个多小时，才下出第一着棋。这大概就是一种心理战。一方面是稳定自己的情绪，培养必胜的信念；另一方面要搅乱对手的心神，造成一种莫测高深的气氛。要说这种心理战也真是够厉害的，如果我在没有任何思想准备的情况下，碰上这么一位开局长考一两个钟头的棋手，大概急也会把我给急死了。

众所周知，棋手很不愿意"读秒"，因为一进入"读秒"，自己必须要在一分钟内走出一步棋来，否则就会被判输，所以棋手惨败在秒针催促之下的情况是屡见不鲜的。但是，实战经验极丰富的棋手，甚至能把"读秒"也当成心理战的手段。1978年在厦门的全国比赛，陈祖德对刘小光的一局棋，就有过这种情况。中盘过半刘小光形势大优，轮到陈祖德走棋，他便开始了一个多小时的大长考，把以后的变化，定型、收官的办法仔仔细细地算了一遍，一直到时间用光进入"读秒"为止。本来就处于优势的刘小光，一见他已"读秒"，更觉胜利在握，于是，在不让对手有喘息余地的心理下，一步紧似一步地下得飞快，岂不知这正好中了圈套。一方是经过周密准备而主动迎接"读秒"，另一方是放着时间不用而盲目求快，后果自然是可想而知，这局棋以刘小光败北而告终，这就是心理战的威力。

说起心理战，还有这样一个笑话。

黑龙江队的国际象棋名将李中健和其他省的一位也是很有名气的棋手，在全国比赛中对阵，棋弈至残局：李中健少兵少子已成必败的局面，正好有一个"长将"的机会，他使用"王后"一个劲儿地将"王"；对方心想，"只要你无法构成'长将'，这局棋我就必胜"。于是，李中健"将"一着，对方就赶紧躲一步，希望尽快把"王"转移到够不着"将"的安全地带。这时，早已猜透对方心理的李中健，突然把"王后"放在对方的"王后"所控制的棋格里"叫将"。本来这等于是个自杀行动，对方的"王后"只要把他的"王后"一杀，这局棋就立刻结束了，可对方却像条件反射似的躲了一步"王"，期待已久的李中健立即反扑，把对方的"王后""请"出了棋盘。那个棋手目瞪口呆,只得自认倒霉。李中健对我叙述此事时,我笑得前仰后合,心理暗暗佩服他工于心计。不过,对这种赢棋方法,我实在不敢恭维,虽说这是没有办法的办法,但棋下到这种程度,不如痛痛快快地认输,然后重整旗鼓,再干一场。如果把希望寄托在对方出大漏着上,即使赢了,也会有从人家怀里抢东西的感觉。

以上所说的心理战,多少还属棋艺的范畴,如果应用得当,确实作用不小,但这毕竟不是真正的技术,所以不要尽在这方面动脑筋。此外,有的棋手常常有意无意地使用一些完全不在棋艺之内的"心理战",也就是所谓的"盘外招"。譬如,有的人在比赛时,明明想的是左下角的变化,可偏偏要把脑袋远远地伸到右上角,作出拼命思考右上部分棋变化的样子,企图给对方造成错觉。本来,要想不让对手发觉自己在想什么,以及从哪儿入手,是无可非议的,但是,非要用动作来扰乱对方的视线,就有些过分了。有的人在对方走出一着时,便会做出大吃一惊的神态或倒抽一口凉气,或鼻孔里"嗯"的一声。"究竟是怎么回事?是我走得好出乎他意料之外,还是下得太臭而让他吃惊呢?"对方就会这样地狐疑起来,于是他的目的也就达到了。还有的人,明明对面坐着的是势均力敌的对手,可偏偏摆出一副不把对方放在眼里的面孔,像比赛中举着水杯在赛场四处转,或者轮到对方落子时就站起身去看别人的棋。这样,对手只要介意到了,往往会生气上火,"臭招"自然就出来了……

凡此种种表演,对棋艺的进步实无益处,经营此术,反而有害,还是改之为妙。回过头来说,使用"盘外招"的作法固然不可取,但因受"盘外招"的影响,而把棋输了的人,未免也太可悲了。你为什么总要去注意对方的举动和神情呢?如果把全部精力都贯注在棋盘之上,排除一切杂念,那么,对方的"盘外招"再厉害不也是毫无作用吗?其实,在比赛时,总去观察对手的神情，希望能从中判断出形势好坏来，是最愚蠢不过的事。除非对方是一个初入棋道的新手，一般来说，有比赛经验的棋手，是不会把内心的感情在脸上表现出来的。高明的棋手，哪怕局势已危急万分，也能表现得悠闲自在，毫无惊慌之容。相反，如果真的碰到对手在唉声叹气，你倒要加倍小心，也许他是在为你无法摆脱困境而唉声叹气呢。

我在比赛时，就从不去注意对手的举动和神情，形势如何，只看棋就够了。记得向雷溥华老师学棋时，他就反复向我强调：要有一个好的棋品，棋品不正，将来难成大器。他最欣赏"胜败不形于色"的棋手。每当我因赢棋而得意洋洋时，立刻就会遇到他那严厉目光的制止。因此，在他的严格要求下，我很早就能做到"胜败不形于色"，久而久之，也就成了一个善于掩饰对局心理的老手。对局中，有时会出现这种情况，我刚刚落子，突然发现走的是一招"臭棋"，将会遇到对方的严厉反击。在对手思考时，尽管我如坐针毡，紧张得像个听候判决的犯人，但脸上的表情仍能保持镇静。只可惜，我的耳朵常常给我"泄露天机"，这还是我偶然得知的。

有一次，比赛刚结束，一位低段棋手就来问我，中盘的某个阶段是不是形势不大好，我心里一惊，因为中盘战时，我确实出了一个非常不明显的破绽，如果对方抓住机会，很可能会取得优势，可对方并没有察觉，很快就被我补救过来。"这一刹那的微妙胜机，他怎么看得这么准？"我正在暗自称奇，他告诉我说，是因为当时看到我的耳朵红了一阵。我这才知道，形势不利时我耳朵就会红起来，早已成了国家围棋队公开的"秘密"了。尤其是我和日本高段棋手对局时，如果局势相当复杂，观战的队友们就干脆把我的耳朵是否红了，当作形势判断的一个根据。幸亏日本棋手还不知道，否则真还有点麻烦。

还有这样一些棋手，虽然平时对"盘外招"的伎俩一清二

我的围棋之路

楚，但事到临头仍会生气上火，不自觉地上当受骗。而且，他们很容易受外界因素的影响，如比赛环境不甚安静，围观的人多等等，都会让他们心烦，所以一出漏着便抱怨比赛条件不好。我认为这有两个原因：一是他们感应性强，二是缺乏涵养方面的锻炼。按说，日本的重大比赛的赛场条件是非常好的，能去现场观战的人极少，可有些身经百战的高段棋手，仍然感到有干扰，只不过他们大都能从容应付而已。感应性强似乎是天生的，也和人的性格、精神类型有关，因此这些棋手也不必为此苦恼，只要外界干扰不致影响自己棋艺的发挥，就不要去介意它，要学会克制。

我本人在对局中是不大为外界因素所影响的，因为一坐在棋桌旁，我便会进入一种"入静"状态。那时，除了想棋，无论周围发生了什么事情，都很难转移我的注意力。

然而，比赛时也有让我感到烦恼的事，那就是照相机的闪光灯，那种令人目眩的闪光使我很不舒服。如果赶上记者来拍电视就更糟了。照相机的闪光灯引起的不舒服，还只是一刹那的工夫，而拍电视的强光却照得时间很长，并且忽开忽关。灯打亮时，刺得眼睛睁不开，关灯时，又会使眼前一片黑暗，什么也看不见。记得1981年的第三届新体育杯的决赛，我就因为灯光的刺激，差点儿输了关键的第三局。

那次决赛安排在北京劳动人民文化宫的大殿内，挑战者是新锐曹大元。前两局我都赢了，如果第三局再胜便可宣告卫冕成功，因此，来访的新闻记者很多。对局一开始，劈里啪啦的闪光灯就弄得我很头痛，下到中局，电视台的记者突然又来拍电视，顿时灯光通明，我的汗一下子就冒了出来，昏头昏脑地走了一连串的坏棋。最后好不容易才镇静起来，险胜过关。事后想起来还有点害怕，如果一旦输了形成二比一的局面，那么稳住了阵脚的曹大元，很可能会士气大振，结局就难说了。

在这里，我还想说一下棋手下棋的习惯问题。每个人下棋都有自己的习惯，这本来也没有什么，但是，如果这习惯使对手感到不愉快，就需要改一改了。比如，对局时的"打子"（把子用力拍在棋盘上），用力拍比赛计时钟的按钮等等。

以前，正式比赛时有不许"打子"的规定，后来大概是受了日本棋手的影响，"打子"逐渐成了一种时髦的举动，不许打子的规定也就变得有名无实了。实际上，"打子"确实对别人有干扰。试想一下，在安静的赛场里，所有的对局者全都拼命地"打子"，所产生的噪音该有多么大。假如是在复杂的局面下，经过长时间的艰苦思考，终于下了决心，于是带着一种必胜的情绪，不由自主地"打子"，是可以理解的，但每一步棋"打子"就不好了。

有的人喜欢拍计时钟，尤其是走出了一步得意的招法，更是拍得来劲儿。这实在是个不好的习惯。第一，那"拍"的一声，动静着实不小；第二，比赛计时钟也经不起这种拍法。我常常看到计时钟被当场拍坏，而影响比赛的情景。出于爱护国家财产的角度，"拍钟"的习惯也应改掉。至于用手把棋盒里的子弄得哗哗乱响之类的做法，更是街头巷尾里，棋品不佳之人的恶习，专业棋手中绝对应杜绝。

我认为我国的棋手都应该注意培养良好的弈棋习惯，做到举止神态落落大方，胜败不形于色。这样才能和古雅的围棋相适合。围棋之所以被列为"琴、棋、书、画"四大艺术之一，就因为它是一种高雅的技艺。如果输了棋就怨天尤人，火冒三丈；赢了棋便得意洋洋，不可一世，和围棋这项艺术就大相径庭了。

我的围棋之路

十二　乐山惨败的启示

　　1979年，我在围棋事业上似乎达到了巅峰状态。这一年里，我不但在第五届全运会上，第四次蝉联了全国冠军称号，还获得了第一届新体育杯赛冠军和在东京举行的第一届世界业余围棋锦标赛冠军，除此之外，在和日本九段高手的全部25局比赛中，我胜16局，和2局，负7局。为此，我荣获了国家体委颁发的体育荣誉勋章，并被评选为1979年的全国"十佳"运动员。

　　根据我的比赛成绩和竞技状态，当时棋界有很多人认为：今后的十年仍将是聂卫平的天下。就这种看法，曾有人问过我的感想，我回答："十年毕竟太长了，我不敢说就没人能超过我，但是，起码五年之内，不会有人能够威胁我。"说这话的时候，真是踌躇满志啊。

　　不料，就在我笑傲棋坛之际，一阵冲击聂卫平的疾风已在我脚下卷起……

　　1980年初秋，全国比赛在四川省乐山县的凌云寺东坡楼举行。凌云寺是著名的旅游胜地，闻名中外的"乐山大佛"就在此处。

　　由于前不久，在昆明举行的"云子赛"中，我又以全胜获得了冠军，所以，对此次全国比赛是信心十足，大有"冠军非我莫属"之势。没有想到，第二战对河南小将刘小光就马失前蹄，顿时给我的卫冕投下了一道不祥的阴影。

　　本来胜败乃兵家常事，可我卫冕之心太切，一受挫折就急躁起来。第四局对马晓春，竟然一反自己的棋风，主动去和对方乱拼乱斗，结果再度败北。以后便"兵败如山倒"，接连败给了陈祖德、华以刚、黄德勋，最后连前六名都未能进入。

这真是一次名符其实的惨败，不仅我做梦都想不到，而且整个棋界都感到震惊。《体育报》还将我的乐山惨败列为一九七九年的十大体育新闻之一。舆论界的看法是：乐山之役，无疑标志着聂卫平独霸棋坛的时代已成为过去。刘小光夺冠，马晓春等新秀跃居前六名，说明了青年棋手的迅速崛起。今后，驰骋棋坛的将是这些年轻人。更多的人在惊讶之余，感到十分迷惑，纷纷猜测："聂卫平是怎么搞的？"

"这是怎么一回事？"从乐山铩羽而归的我，也在苦苦地思索着。

"是刘小光、马晓春等青年人的实力，已迅速地提高到足以击败我的程度了吗？"我确信目前还没有。

"是比赛失常吗？"对于身经百战的我，连输五局，已不能简单地归结为失常。

"是因为乐山闷热、潮湿的气候，讨厌的蚊虫和拥挤的住宿条件吗？"不，所有的棋手都同处这一环境，显然不是理由。

"那么，真的是由于我结婚的缘故吗？"在离京之前，北京的棋界朋友曾和我开玩笑说："喂，石田九段就是因为结了婚，才从顶峰一下子滑下来，丢掉了'名人'和'本因坊'。你可别步他的后尘哟。"当时，我只是一笑了之，谁知现在竟应验了。不过，我和孔祥明结婚是1980年春，事隔已半年之久，而且回想起来，虽然婚前的准备和婚后的社交应酬，确实牵扯了我不少精力，但那段时间，我的训练比赛成绩，并没有受多大影响，不！这显然也不是理由。

那么，乐山之败究竟意味着什么呢？为了寻求正确的答案，我一局一局地仔细研究了自己在乐山比赛的全部对局，到底得出了结论：尽管我有急躁、失常的现象，但不可否认，刘小光、马晓春等青年棋手确实有了长足的进步，我们之间的差距大大缩小了。严峻的事实使我的头脑清醒过来，要想夺回失去的冠军绝非易事，今后等待着我的将是更为艰难的征途。

十三　背水一战

1981年，我似乎又恢复了本来面目，不但重新夺回了全国冠军，而且在"新体育杯赛"中，以三比零的压倒优势击败了挑战者曹大元，此外还获得北京棋院举办的第一届"国手战"冠军。这样，我一年之内把国内的围棋比赛冠军，通通夺了过来，集三冠于一身，又成了棋坛的"霸主"。不过，"霸主"的宝座未待坐稳，就经受了一场更为严重的危机……

1982年是我最倒霉的一年。3月份，在北京举行的全国比赛中，我败给了邵震中，丢掉了决赛权，退居第四名。马晓春和邵震中分获冠亚军。那次比赛，预赛时我一局未失，邵震中预赛是连输三局，九死一生才进入决赛圈的，可偏偏在决赛中击败了我。而我仅输他一局就失去了问鼎的机会，运气也真是太坏了！同年7月，我败给马晓春、刘小光，丢掉了"国手战"的冠军。8月，在承德举行的"避暑山庄杯"赛中，我又名落孙山。短短的几个月工夫，我就被马晓春夺去了二项冠军，只剩下"新体育杯赛"的最后一项了。

由于我的接连失利，以及马晓春的异军突起，棋界人士一致认为：十一月份举行的"新体育杯赛"的挑战者，十有八九是马晓春。那么，聂卫平的卫冕将是自"新体育杯赛"开创以来的最艰难的一战。如果马晓春再把"新体育杯赛"冠军夺到手，就意味着"马晓春时代"的到来。

在此，我先介绍一下"新体育杯赛"的情况。"新体育杯赛"是由《新体育》杂志社举办的，开创于1979年，以后每年举行一次。比赛方法，第一届是采用"双淘汰制"，最后由甲组和乙

第一部　我的围棋之路

组的第一名决战三局，胜者为冠军。从第二届开始，先进行"本赛"，也就是决出挑战者的比赛，荣获挑战权的棋手再向上一届的冠军挑战三局，胜者获当届"新体育杯赛"冠军。

　　"新体育杯赛"对参加比赛者资格要求很高。参加第一届、第二届的全部是国内最强手。1982年段位试行以后，只有本年度的全国比赛的前六名，上一届"新体育杯赛"的前六名，六段以上的棋手以及特邀的强手，才有资格参加比赛。因此，参加"新体育杯赛"的棋手虽不多，但荟萃了全国的精华，故而是围棋界最重视的一项比赛。

　　"新体育杯赛"冠军可以说是我最珍惜的一项冠军。一来是因为它的规格高，影响大；二来是作为"新体育杯赛"冠军不必参加争夺挑战者的"本赛"，可以"以逸待劳"，"坐山观虎斗"，心理上大占优势。我自第一届"新体育杯赛"以二比〇战胜陈祖德，登上冠军宝座之后，又以三比一和三比〇击退了吴淞笙和曹大元的挑战，蝉联了第二届和第三届的冠军。只有在"新体育杯赛"中，我还没有受到过冲击，一直"稳坐钓鱼台"。但是，1982年的卫冕，是在我连吃败仗的形势下开始的，前景如何，心里实在没有多大把握。

　　在这一年的九月底，《围棋》月刊社在上海市举办了一次"国手夺魁赛"。参加者有我和马晓春，以及孔祥明、杨晖两名女棋手。由我和马晓春进行五局对抗，孔祥明和杨晖进行三局对抗（结果杨晖以二比〇取胜）。由于我心里已把马晓春看作未来的"挑战者"，而身拥三冠的马晓春对获取挑战权也自信满满，所以，对我们来说，这一次五局对抗具有双重意义，一是争取"国手夺魁赛"的优胜，二是双方都把此战看成"新体育杯"的前哨战，胜负对双方的心理将产生很大影响。五局对抗的结果，我以三比二取胜，但是赢得异常艰苦，第五局决胜仅以"半目"险胜。这一结局，使马晓春虽败犹荣，反倒鼓舞了他的斗志，而我

我的围棋之路

却更加感到了卫冕的艰难。就在这种阴云密布的暗淡形势下，我迎来了第四届"新体育杯赛"。

1982年11月7日，决定第四届"新体育杯赛"挑战者的"本赛"，在福州市拉开战幕。因为我只需等待着挑战者诞生后的决赛，所以，"国手夺魁赛"后，我并没有和马晓春一起赶赴福州，而是接受了中国象棋名手胡荣华等人的邀请，在上海盘桓了数日。原来想利用这几天稳定情绪，作一下赛前的调整，可我心中一直挂念着福州的赛事，到底还是于10日提前赶到了福州。

恰巧这一天，比赛爆出了"大冷门"——北京程晓流击败了呼声最高的马晓春。不过，八轮的积分循环赛只进行了三轮，尽管马晓春输了一局，但我猜测，挑战者很有可能还会在马晓春、曹大元、刘小光三人中产生。不料，程晓流越战越勇，把曹大元、刘小光、华以刚等全部撇在身后，成为挑战者。客观地说，程晓流的实力比起马晓春、刘小光等新锐似乎稍逊一筹，在争夺异常激烈的"新体育杯赛"中获挑战权的希望并不大。而且，在此之前，他的竞技状态也不太好。从三月的全国比赛到七月的"国手战"，他表现平平，并有过"九连败"的不光彩记录。因此，他八战全胜获得挑战权，不能不让棋界上下为之瞠目。

程晓流和我是老相识了，从六十年代起就在一起下棋。当时，吴玉林、程晓流和我都是北京棋界小有名气的青年棋手，吴、程的名气似乎还在我之上。作为竞争者，每逢比赛，我们之间的争夺总是非常激烈。不过，1973年以后，我就逐渐领先了。以前虽然程晓流曾取得过全国第三、第六的好成绩，但在正式比赛中，他还未胜过我一局。根据这一情况，舆论界对我们之间的决赛是完全倾向于我，认为：既然马晓春被挤出决赛圈，那么聂、程决战，聂将稳操胜券，问题只是三比零还是三比一取胜。

本来我严阵以待，准备与马晓春再决雌雄，可冲上来的却是程晓流，多少有些遗憾，同时也松了一口气，程晓流虽然以顽强著称，但凶猛锐利却不如马晓春，对于他的挑战，我很有自信。尤其是这种五局三胜制的长距离比赛，更使我充满了必胜的信心。

决赛前夜，《围棋春秋》杂志的记者请我谈谈对卫冕之战的感想，我回答："卫冕问题不会太大，但程晓流锐气正盛，我要全力以赴，不能掉以轻心。"可惜我说归说，做归做，记者前脚走，我后脚便跑去大玩扑克牌，早把"全力以赴"抛到"爪哇国"去了。当时，我哪能想到以后的决赛会是那样的艰难啊！

按比赛规程，决赛的前两局是在福州下的，结果一比一战平。老实说，一比一并没有引起我的重视，尤其第一局是在优势的情况下，一步看错，走死了一块棋才输的，所以，对将移到北京下的后三局，我仍然非常乐观。

1983年1月7日，决赛在北京再次开战。第三局，程晓流执黑先行。布局阶段是我领先，但关键时刻却出现了错觉，第62着下出了坏棋。程晓流敏锐地抓住机会，竟走出了一连串的妙手，顿时形势逆转。"程晓流的棋艺怎么会如此高超呢！"我陷入惊慌之中。幸亏后来他求胜心切，连出败着，我才赢了这一局。

1月12日的第四局，由我执黑棋。同前三局一样，布局我又领先，而且程晓流的第72着下出了大缓手。这时，我只要把下边的阵地补上一手，便是必胜局面。谁知"恶手招恶手"，我鬼使神差地走出第77手更坏的一着。程晓流的缓手毕竟捞到了角上的空地，而我的"恶手"几乎可以说是一步"单官"，还被他趁机凶猛地打入我下边的阵地。这一来，我心情大坏，虽然此时仍是难分难解的胜负未决的局面，但程晓流的顽强却使我沮丧起来，终于丢掉了第四局。

"聂、程之战迎来决胜的第五局"这一消息轰动了整个棋界。由于前三届"新体育杯赛"决赛，我都是以压倒优势获胜，而这次却被程晓流给逼到了"背水一战"的境地，所以，已不大为人

我的围棋之路

注意的"新体育杯"决赛重新成了围棋爱好者热衷的话题,程晓流也变成了众人瞩目的新闻人物。

1月19日下午一时,在北京体育馆的贵宾休息室,决赛第五局正式开始。因为前四局我们双方都执两次黑棋,所以要"猜先"。众所周知,执黑棋先行是颇占主动的,相比之下,白棋要难下一些。本来我"每逢猜先,必猜黑棋"是有名的,可这一次却不灵了。程晓流猜到黑棋使我精心构思的黑布局,全无用武之地。在决战之前,我的心情就很不平静,五局三胜制的长距离比赛,意外地变成了一局定胜负,精神压力本来就相当大。此时,更觉紧张。"难道这是不祥之兆?"我暗自嘀咕,点烟的手都微微颤抖了。

程晓流的心情大概也并不轻松,其紧张程度绝不在我之下,但从他那没有一丝笑容的脸上,我感觉出他要拼死一战的决心。"两强相遇,勇者胜。"在这场极其关键的比赛中,我"赌徒式"的好胜心,终于千呼万唤,魂归显灵了。

对程晓流的"中国流"布局,我大胆地采用了自己近来探索的一种下法——以小目对抗。局势的进行和我预料的一样。一开始双方就寸土不让,很快便进入了"热战"状态。由于程晓流一着棋过分,被我控制了局面的主动权,并且毫不手软地穷追猛打。至第106手围上中空,我出了一口长气,胜负基本定局了。当时在场的全部高段棋手也确认是白棋胜势。不过,鉴于对方前四局的顽强表现,我仍然不敢有丝毫的松懈。

就在胜利在望的时刻,我却几乎因为"拉弓过满崩了弦"。

……

在高水平的围棋比赛中,即使已获得优势,但要想把优势转化为胜势,最后赢下来,还要付出艰苦努力。因为对方决不会轻易地放弃抵抗,如果差距还不是很大,他就会顽强地一手一手地努力追赶;如果差距很大,那么他就会孤注一掷,采取"玉碎"

战法，这就是棋手常说的"胜负手"。这是最让优势一方头疼的，因此，处于优势的一方时刻要提防对手突如其来的"拼命"，心情往往比对手更紧张。

由于我的优势是如此明显，程晓流也摆出了"拼命"的架式，走出了127、129手，希望突破中央白地。其实，我只要退让一下便可平安无事，但当时一种本能的反击意识，促使我在未细算的情况下，就贸然出击，结果顿生波澜。被黑145手严厉地断，我猛然一惊，冷汗立刻冒了出来。"完了！"这个念头在我脑海中电光石火般闪过。整个比赛大厅气氛顿时紧张起来。周围观战的棋手都屏住呼吸全神贯注地注视着棋盘，没有人走动，没有人说话，寂静得我似乎都能听见自己急剧的心跳声。

与此同时，赛场外的公开挂盘讲解的场地上，观众的情绪也达到了高潮。

当天晚上七点，在我们决战的同时，北京体育馆内进行了公开挂盘讲解，由王汝南、华以刚担任解说。北京的围棋爱好者闻风而至，创造了观看围棋表演人数的最高纪录。因为事先没估计到观众会如此踊跃，所以票都不够了，只得临时再去准备。据说，在观看比赛的全过程，观众自始至终无一人退场，而且随着战局的发展，气氛越来越热烈。在黑145手断时，王汝南激动得嗓子都哑了，当即宣布："白棋面临困境，形势不明了。"这时，观众大哗，议论声、叹息声、惊讶声几乎把解说的声音淹没了。

赛场内，我还在搜肠刮肚地苦思冥想，但并没有找到什么好办法，万般无奈，只得听任黑棋吃掉了我边上二子。直到第148手，我才逐渐从震惊中恢复过来，意外地发现，尽管这一战役损失很大，白棋依然稍稍领先，顿时精神大振。此后，尽管程晓流奋力追赶，也未能扭转败局。结果我以二目半胜了第五局，宣告卫冕成功。

比赛结束后，我和程晓流步入挂盘讲解场地，参加发奖仪

我的围棋之路

式。当我接过"新体育杯"时全场数千名观众掌声雷动。此时此刻，回想起刚才那惊险的一幕，不禁心惊肉跳！

十四 棋手与自信心

从1982年开始，除了我还顽强地战斗在第一线，中国棋坛似乎已成了二十岁左右的年轻人的天下。

从比赛名次看：1982年全国联赛的前六名中，青年棋手占了四人，马晓春、邵震中分获冠亚军。同年的"国手战"前六名，青年棋手占了五人，马晓春又获冠军。"新体育杯赛"本赛的前六名，青年棋手占了四人。1983年各项重大比赛的前六名，青年棋手仍占绝对多数。

从升段情况看：1982年国家体委根据棋手的比赛成绩及对围棋运动的贡献，给十名棋手评了段位，陈祖德、吴淞笙和我被评为九段；王汝南、华以刚为八段；罗建文、沈果孙、黄德勋为七段；孔祥明（女）为六段；何晓任（女）为五段。段位试行以后到1984年承德段位赛结束为止，这十名棋手中，除了九段不能再晋升外，只有孔祥明一人晋升为七段。而青年棋手在这两年中却突飞猛进。马晓春不到两年时间便从暂定七段升到九段，刘小光、曹大元从六段升为八段，江铸久从五段升为七段。他们升段的速度是惊人的，显示出了雄厚的实力。相形之下，我们的"老"棋手们却似江河日下，大有被全部淘汰出"强者"队伍之势。因此，有许多棋界的朋友向我提出这样的问题："日本优秀棋手在三四十岁时正是鼎盛阶段，为什么我国棋手不到四十岁就不行了呢？"

老实说，这个问题很难回答。造成这种情况的因素很多，中日棋手的情况也不尽相同。比如，我国棋手一过三十岁大都成家立业，有了孩子，必然会被繁杂的家务牵扯许多精力，脑袋里塞满了住房啦、孩子入托啦、油盐酱醋啦等等的问题，几乎没有了棋艺的容身之处。就拿我自己来说吧，自从结婚以来，社交活动突然多了好几倍，几乎天天都有客人来访。而且训练时间找我的电话也很多。尤其是1981年我的儿子出世后，业余时间更是忙得团团转，星期天再没有动过棋子。而以前的星期天我常常是在下快棋中度过的。细算起来，这丢掉了多少宝贵的时间啊！

不过，如果让我坦率地说，社交、家务固然牵扯精力，但真正使"老"棋手们迅速衰退的原因似乎是由于他们自己失去了自信心。

事实上，中国的"老"棋手充其量也不过是四十岁左右的年纪，从搞围棋这项技艺来说，再干五年，甚至十年应该说是问题不大。一些"老"棋手总感到自己的精力不行了，并以此为理由，心安理得止步不前。我承认，在围棋比赛中，精力十分重要，但围棋毕竟不同于其他体育项目，如球类、体操等，岁数一大便会心有余而力不足。日本的桥本九段、高川九段、秀行九段在四五十岁时正是称霸棋坛、八面威风的时候。尤其是桥本宇太郎九段，七十岁的高龄依然宝刀不老，取得了"棋圣战"的决赛权，让全日本的青年棋手佩服得五体投地。桥本九段有一句名言："我在和二十岁的棋手下棋时，就把自己想成是十九岁。"这是一种什么样的干劲啊！为什么我们的"老"棋手们就不能拿出这种干劲来呢？

说句题外话，围棋队相互之间的称呼也有些奇怪，老队员的姓氏后面都被加上个"老"字的尊称，如吴淞笙被称为"吴老"，华以刚被称为"华老"，连我这三十岁刚刚出头的人也被荣升"聂老"。年轻人这么叫，老队员之间也这么称呼，这等叫法，人不"老"也要被叫"老"了。这似乎也说明点问题吧。

在围棋这个胜负世界里，人人都是争强好胜之辈，要想取胜，只有马不停蹄地向前疾奔，容不得半点犹豫。就像百米冲刺一样，稍一愣神便会落后。我们的"老"棋手们就是在犹豫的瞬间，被青年棋手赶到了前面。

实际上，在"老"棋手中间并不乏才智之士。就拿吴淞笙和罗建文来说吧，就很有才能，如果一直奋斗不止，我相信他们决不会落在年轻人的后面。

吴淞笙九段在六十年代就很出名，连日本棋界对他的评价都很高。我在学艺之时曾受过他的不少教益，直到现在，我还尊称他为"大师兄"。从棋上看，吴淞笙似乎是一种"求道派"，也就是说追求棋的艺术胜过追求胜负，因此，他在重大比赛中常走出令人拍案叫绝的新奇着法。读者如有兴趣，可翻阅一下他在1982年的《围棋》杂志上发表的题目为"新奇的一手"的文章，便可领略到他的创新精神。遗憾的是，1980年以后，他好像是固执走向了追求艺术的极端，战绩每况愈下。久而久之，也就失去了自信。

罗建文七段也是棋界的出名人物，他棋下得非常聪明，是一种飘忽不定、令人难测的棋风。我在"轻灵转身"方面向他学到了不少东西。可惜他的棋有时轻妙得有些过分，显得力量不足。我常开玩笑地把他的棋称为"轻骨头"。如果罗建文能把棋下得厚一些，他的棋一定很厉害。不客气地讲，罗建文是个不太用功的天才。1980年以后，他的兴趣转到了"烹调术"上，拿他自己的话来说，就是"烹调技术越高，棋下得越臭"，当然，这是他的自嘲。可有趣的是，1981年的全国比赛，他连吃败仗，偏偏把分获冠亚军的我和马晓春给赢了，这也真够绝的。于是他诙谐地宣称，这是由于刀下不斩无名之将的缘故。不过从中也可表明，罗七段到底不寻常啊！

此外，华以刚、王汝南两位八段，也各有其独到之处。这些老棋手大都有二十年以上的实战经验，并且棋风各异，是我国棋界的宝贵财富。一想到很快就要看不到他们的精湛棋艺，便感到非常痛心。我衷心希望老棋手们能重振雄风，东山再起，与青年人再争高低，这也是有关我国围棋事业昌盛的大问题啊！

在前面，我提到了"缺乏自信"是老棋手们停滞不前的真正原因，因此，我想再强调一下棋手的"自信"问题。

所谓的"棋手的自信"包括两个方面：一、在与水平相当或稍高的棋手比赛时，相信自己的能力，确立必胜的信心；二、碰到高强的对手，决不气馁，相信自己终归能打败他。我认为，"自信"应该是棋手绝对的必备条件。

由于围棋这种竞技，纯粹是一对一的单兵作战。比赛一开始，棋手就只能依靠自己的力量去奋斗，任何人都不可能来帮助他。其他的体育运动单项比赛，最起码还有个暂停时间，教练员可以出谋划策，想办法稳定运动员的情绪，鼓舞运动员的斗志，但围棋比赛连这个机会都没有。能够支持着棋手全力拼搏的，大概只能是"自信心"吧。这情况，很像是单身一人驾舟去漂洋过海，在惊涛骇浪之中，只有对战胜风浪充满自信的人，才能勇敢地不屈不挠地和风浪搏斗，最终胜利到达目的地。而缺乏自信的人，一遇风浪就会张皇失措起来，结果必然会惨遭灭顶之灾。因此，在不是你输就是我赢的围棋比赛中，缺乏自信就意味着失败。

我本人就是一个非常自信的人，在围棋上恐怕已达到了极端的程度。然而，这正是我至今还没有被新锐棋手们打翻在地的重要原因。不过，任何事情都存在着"物极必反"的法则。真理再前进一步，也会变成谬误；"自信"再进一步，则会成为"狂妄"。假如自信与狂妄之间真有一条界线的话，那我就是正好站在这条界线的边沿，并且时常会"越界犯规"。

大概从1982年起，"聂卫平过于自信"的说法开始多起来，不少人认为我"太狂"。说来这并不奇怪，因为1974年以前，我

我的围棋之路

还是个无名之辈，没人会去理会我是否"过于自信"。1975年夺取了全国冠军以后，一直到1979年，是我的全盛时期，别人很难赢我，所以不管我是如何自信，自然也不会有人说我"狂妄"。但是，1980年以后，青年棋手迅速地赶了上来，情况便不同了。尤其是1982年，我被马晓春"连拔三城"，输得一败涂地。在这种情况下，我依然像以前那样自信满满，复盘研究之际，胆敢"说三道四"，难免会给人留下狂妄的印象。

在这里，我并不是想为自己辩护，有时我确实把自信和狂妄搅到一起去了。

比如，有一次训练比赛，我执白棋对上海的王群，下至中午封棋，在去吃饭的路上，别人问："这局棋形势如何？"我居然脱口回答说："我拿白棋要赢，拿黑棋也要赢。"这种态度，当然会让对方无法容忍。类似的事还有过好几回。

还有一次，大概是1979年的一天早上，我半开玩笑、半认真地宣称，可以同国家围棋队的男队员"十面打"（同时下十盘棋），并且有取胜的把握。这一下，顿时激起"公愤"。要知道，有资格进国家队的棋手哪个不是身怀绝技？结果那天上午，有十名队员真的接受了挑战，而且，国家队的几乎全部队员也都赶来助阵。后来，"十面打"因为到了吃中饭时间，没有继续下完。现在回想起来，这件事我实在孟浪，开开玩笑也就算了，竟然当真去下"十面打"，如此"视群雄如草芥"。说不定，我的"狂妄"名声，从那时起就已经不胫而走了呢！

再有，在对局之后的复盘研究时，如果大家一致认为我的棋形势不好，我是不肯轻易认账的。有时明知人家说得对，也要硬着头皮和对方摆下去。这时，我的自信又和"好面子"搅在一起。因为好面子而得罪人，有这么一件事。

1981年的全国比赛，我和罗建文对弈。那时罗建文的水平和我已有差距，可那盘棋他下得相当出色，局面一直领先，最后因走了个漏着才输了。按道理,对走了漏着而痛失好局的罗建文,说一句"哎呀!赢得真侥幸"的话并不失身份,也是人之常情,可我偏不肯承认他是在优势下,因失误而输掉的。听说,这件事大大刺伤了罗建文的感情。

以上这些,都是我从"自信"越界到"狂妄"时所干的蠢事。现在我虽百般注意,但有时好胜心一发,又会口没遮拦,只好请棋界的朋友们多多谅解了。

不过,我想强调一点,尽管我在私下里,在互相"斗气"的场合,说过一些言过其实的大话,但是,一到真正探讨棋艺的场合,或在报纸杂志上发表有关棋艺的文章时,我的态度是严肃认真的。尤其在辅导少年棋手时,更不敢粗心大意而误人子弟。我认为,围棋是艺术和科学的统一体,它的科学性就表现在棋艺之中,决不能掺假,好就是好,不好就是不好,任何名家高手都不能把不好的东西硬说成是好的。如果在研究棋艺时,出于什么考虑而违心地承认这个、批判那个,到头来会害人又害己。在研究棋艺时,也不应夹杂着个人的感情色彩,只有这样,才能得出正确的结论。

然而,围棋又是奥妙无穷的。如果把围棋比作一座其大无比的迷宫,那么我们这些第一流的棋手,也只能算是刚刚摸进大门口的瞎子。因此,在复杂的实战对局中,棋手的看法必然不尽相同,有时出入还会相当大,这就需要棋手们大胆地讲出自己的见解,创造出一个"百家争鸣"的研究气氛来,才有利于棋艺提高。

在棋艺上,我对自己的观点从不隐瞒,而且不管别人怎么想,我都会直言不讳地发表自己的意见,为此,也引起过别人的误解……

1983年在兰州举行的"国手赛"中,我执黑棋败给了邵震中七段,失去了夺冠军的机会。后来,邵震中在上海《围棋》月刊上，我在北京《围棋春秋》杂志上，各发表一篇文章，对这局棋进行了讲评。结果双方的观点分歧很大。邵震中认为，布局他"稍有落后之感"，而我认为布局是黑棋压倒优势。邵震中在讲评时说"黑173手后，白棋已稍稍有利了"。而我认为：此时黑棋还领先十目左右，后来因连走坏棋才输掉的。由于对同一局棋，双方观点如此不同，使许多读者迷惑不解。棋界同行对我的观点颇不以为然。《围棋春秋》的编辑同志也特地来问："为什么高段棋手的看法，差距会这么大？"我是这样讲的："由于各人棋风不同，形势判断的基点不同，棋艺水平不同，看法有差距很正常，甚至还会有完全相反的判断……"

其实，日本棋界这样的事也很多。像第二期棋圣战，秀行棋圣和挑战者加藤九段的决赛第二局。对中盘一个转换结果，名誉本因坊高川九段判断："黑棋不坏。"而秀行棋圣判断："白棋好。"连他们这种赫赫有名的大棋士，都会作出完全相反的形势判断，那我们之间有分歧又有什么奇怪的呢？

1982年，在北京举行的"国手战"中，我执白棋对马晓春的一局棋，也有过类似的情况。布局于黑45手，在场的全部高段棋手一致认为白棋形势不好。而我认为不但没坏，反而是白棋有利。为了表明这一立场，我在《围棋》月刊上发表了自己对这局棋的讲评。于是有人说："棋都输了，还争什么面子？"实际上，我丝毫没有利用讲评来争面子的念头，我只是为了共同探讨棋艺，说了自己的真实想法而已。

十五　天才与勤奋

"怎样才能成为优秀棋手呢？"许多人曾向我提过这个问题。开始时，我真有些不好回答，后来问的人多了，我想得多了，也就慢慢地理出了个头绪。我认为，要想成为一名优秀棋手，首先是必须具备下棋的才能。"天才出于勤奋"虽然是众所周知的至理名言，但是，作为一门艺术的围棋却有其特殊规律。比如，任何一个智力正常的人，经过刻苦学习，都能学会一门熟练的技术，成为优秀的车工、钳工、电工等等，但棋手就不同了。尽管有些人的刻苦钻研达到令人感动的程度，却总也无法达到优秀棋手的水准。其原因固然是多方面的，如学习不得法，性格的因素等等，但最重要的原因，就是缺少下棋的才能。这道理就像学跳舞的人，再努力也不一定能成为舞蹈大师；学拉提琴的人，再用功也不一定成为优秀的独奏演员的道理是一样的。

然而，在才能相当或相差不多的情况下，勤奋就成了决定性的因素了。不勤奋，再好的才能也没有用。我弟弟继波就是一个很好的例子，虽然继波下棋的才能出众，但不用功，最终在围棋的领域中成了失败者。我国的一些颇具才华的青年棋手，在勤奋这一点上还有欠缺之处，以致影响了自身的进步。

与此相反的例子是吴清源先生，吴先生是世界棋界公认的首屈一指的大天才，论才能当然是无与伦比的，可他还要每天坚持打谱研究，数十年如一日。这种勤奋精神，难道不值得我们深思吗？

还有，要想成为优秀棋手，必须要有强烈的自信心和持之以恒的精神。要相信自己的才能，坚信自己最终能够"横扫千军"。对成长中的青少年棋手来说，因棋艺不精而输棋并不可怕，可怕的是不仅输棋，而且把信心也输掉了。在这里我想举个例子。

福建赵之云是一位很有才华的棋手，曾获第四届全运会的第四名，那时他凶猛的搏杀使许多人为之胆寒。1976年在合肥的全国比赛，他与并不出名的北京常振明对阵，赵之云开始下得非常漂亮，几个回合后，盘面竟然领先了三四十目。可对方最擅长的是"软磨硬泡"，硬是死不交枪，杀来杀去，反倒是他输了半目。

优势的棋输了，心里当然不是滋味，不过想开了，明天再去杀个痛快也就罢了。可他居然难过得无以复加，逢人便叹息："唉！这种棋我都赢不了……"完全失去了"全国第四"的威风。这种心理状况使他连遭败绩，结果丢掉了决赛权。我敢说，根子就在于这盘棋粉碎了他的自信。

我是不大因输棋而垂头丧气的，而是每输一盘棋，就想方设法去赢回十盘来。不但现在是这样，以前水平不高的时候也是这样。在被陈祖德、吴淞笙等让三子时，每次输棋，我都憋足了劲要在下一次赢回来，而且我那时就下决心，不但要赶上他们，而且要超过他们。如果当时有人知道我胆敢有这种狂妄的念头，一定会哑然失笑，说我不知天高地厚吧。后来我一直把陈祖德等一流棋手作为目标，开足马力地追赶，现在不是如愿以偿了吗？

在"成材"这个问题上，我很欣赏拿破仑的名言——不想当元帅的士兵，就不是好兵。俗话说："师傅领进门，修行靠个人。"既入围棋之门，就必修棋艺之道，不敢想当冠军的棋手，也就不是个好棋手。虽然能得冠军的人，毕竟是少数，但如连拿冠军的念头都不敢有，那还不如趁早改行，另谋出路。

事实上，奋斗数十年也没能得到冠军称号的优秀棋手，不但在我国，而且在日本棋界也是大有人在。然而，正是由于这些优秀棋手向冠军冲击的不懈努力，才使整个围棋世界出现了百花争艳的蓬勃景象，这些无冕棋手对围棋的进步与繁荣所作出的贡献，是任何人也抹煞不掉的。

十六　对青年棋手的期望

近年来，我国的围棋事业发展很快，整个棋艺水平也明显提高，涌现出了不少的围棋新秀。其中最优秀的是：马晓春、曹大

第一部　我的围棋之路

元、刘小光、江铸久、邵震中、钱宇平等人。现在，他们不但在国内的重大比赛中，是举足轻重的大人物，而且在中日围棋比赛中，也成为第一线的中坚力量。但是，如果从肩负着赶超日本的重任，肩担着中国棋界希望的角度来说，中国青年棋手们仍需努力。

请看下面这张1982年日本《围棋俱乐部》杂志办的"中日新秀对抗赛"成绩表。

刘小光	1—2	片冈聪	六段〈当时〉
钱宇平	1—2	依田纪基	三段〈当时〉
曹大元	0—2	小林觉	六段〈当时〉
邵震中	2—0	神田英	五段〈当时〉
马晓春	0—2	山城宏	七段〈当时〉

从表中所示的胜负差距如此之大，说明我国青年棋手落在了日本青年棋手之后。更何况，日方出场的棋手，除了获"天元赛"冠军的片冈聪，其他人还都没有达到日本的一流水平。因此，要想实现赶超日本的规划，中国棋手必须全力以赴地奋斗！

随着新秀们的迅速崛起，一些朋友在和我的谈话中，常常涉及这个话题："中国第一流的青年棋手与你比较如何？"

对此问题，我在1982年发表的一篇《没得到冠军，我也高兴》的文章中是这样写的："……这些小将的提高速度如此之快，连我也感到有些意外。我原来预计，再过几年，他们方能与我争胜，但这些小将勤奋好学，肯下功夫，在围棋界老前辈的指点和帮助下，成长迅速……"不过，严格地说，虽然优秀青年人的水平与我的差距越来越小，但是，目前真正能够威胁我的，还只有马晓春一人。

我第一次和马晓春下棋是在1976年，当时他作为浙江队的少年棋手参加了合肥举行的全国比赛，那年他只有十二岁。虽然我和他下的是让三子的辅导棋，但他落子速度居然和我不相上

我的围棋之路

下，而且下出的棋形也相当漂亮，这给我印象很深。对局结束后，我就对浙江队的教练说："马晓春是下棋的材料，将来大有前途。"果然1979年他就锋芒毕露，到1982年已经成了我国顶尖的高手之一。

目前，马晓春在攻杀、计算等"细"的地方都超过了我，如果他在大局观上再有突破的话，将意味着"马晓春时代"的真正到来。可是，他也有明显的弱点。比如不大善于吸取别人的长处，比赛时意志还不够顽强，碰到不顺手的情况，便草草收兵，随随便便就认输了。这些都是他急需改进的地方。

其他新秀，虽然也能对我构成一定的威胁，而且他们在某些地方也同样赶上或超过了我。像曹大元、邵震中的坚实、细腻，刘小光的凶狠攻杀，钱宇平的开阔思路等等。但是，从和他们的对局中，我感到他们还不成熟，水平发挥得不稳定，似乎缺乏要打败我的自信。因此，在我们对局时，一旦出现了需要比拼耐力的长距离的胜负局面，那么，他们很少能坚持到最后。这一点，在我们之间的一对一的决战时，表现得尤为突出。例如，曹大元和钱宇平都曾在"新体育杯赛"中以优异的成绩获挑战权，可与我的五局决赛，却都是以〇比三的悬殊比分失败。这完全是水平问题吗？不！与其说他们输在棋艺上，不如说是输在心理上——缺乏信心。所以，新秀们要想打败日本的"超一流"的高手，请先过我这一关。我希望青年棋手们以我为"靶子"，猛烈冲击。不过，要想把我打翻落马，也必须得拿出真功夫才行。

日本的著名棋手大竹英雄九段在评价我国棋手时指出："中国棋手的长处是算路很深，有相当的'肉搏战'实力，而且胜负意识强烈。至于短处，用我的话来说，他们看棋盘的眼光，用棋盘的明快程度还不够，这既是将来的问题，也是与日本超一流棋手的差距所在之处。应该怎样具备观察盘面时的一刹那的灵感，怎样保持下去，这对中国棋手来说必定是一个难题。日本的超一流棋手都有自己特殊的划时代的棋风,像藤泽秀行善于明快地掌握盘面,坂田快刀斩乱麻的利索劲儿,高川的流水不争先的自然流,吴清源的缩小棋盘、扩大思路的思维方法,石田被称为'电子计算机'的准确度,武宫的无人能模仿的坦荡之心等等。中国选手还看不到这些辉煌的艺风。我们期待着中国诞生一批具备这些优点,并加以揉合在一起的棋手,比如,坂田加武宫,高川加藤泽那样的棋手。也许二十一世纪的一流专业棋手就是这种类型。"

大竹九段的见解是很中肯的。我的理解,他所说的似乎是超出棋技之上的思想境界的问题,我以为优秀的棋手都应努力达到这个境界。

尽管胜负是棋手的重要依据,但是,优秀的棋手决不能仅仅满足于赢棋,而应该致力于围棋艺术的创新,只有如此,才能登上围棋艺术的高峰。如果一个棋手只是跟在前人后面,坐享前人留下的宝贵财富,就算他胜率很高,也很难说他对围棋艺术的发展有了什么贡献。就像世界名画的临摹者,哪怕他能临摹得惟妙惟肖,达到以假乱真的程度,到头来,也不过是一个画技纯熟的画匠而已。在艺术的领域中是没有这种人的地位的。

值得注意的是,目前,在我们棋手中间有一种不良倾向——迷信日本高段棋手。对日本著名棋手的下法,采取了全盘接收的作法,难得有人对他们的见解提出质疑。对日本棋界已成定论的下法,更没有人敢"越雷池一步"。这种现象束缚了我们的头脑,影响了我国优秀棋手的进一步提高,我们研究日本棋手的对局时,应该一是吸取他们的长处,二是要找到他们的短处,采取既吸收又批判的辩证的学习方法。当然,这是很难的。

在这方面我有一点体会,譬如,对一种日本棋手称之为"妖刀定式"的变化,日本棋界已有定论,认为黑棋不行,但我经过研究发现,如果考虑到周围的配合,变化结果,黑棋并非不行,

我的围棋之路

就大胆地在国内正式比赛和中日比赛中，采用了这个定式，结果效力意外提高。梶原九段与我的对局，就失败在这个定式上，于是这个本已无人问津的定式，很快在国内流行起来。而且在1978年的访日比赛中，中国棋手执黑棋时，也大都采用了这个"妖刀"定式。不过，走的人多了，我反倒不怎么采用了。

在老棋手中间，凡是具有能在重大比赛中打破常规，走出前人未曾下过的新手的创新精神的人，都使我倾慕不已。在青年棋手中，马晓春的创新精神也值得赞扬，他敢于对日本名手的下法提出不同的见解，敢于走人家都认为不好的着法。其效果如何姑且不论，但这种独创性，自然使他在青年棋手中间成为佼佼者。

希望青年棋手也能学习他们，多一点"创新"，少一点"教条"。

十七　对业余棋手的忠告

从事围棋事业使我认识了许多各行各业的围棋爱好者。有趣的是，他们在认识我之后，往往是讲不了几句话就必定会问："我怎样才能提高棋艺呢？"有的人干脆说："教我两手绝招吧。"大概他们心里在想："你所以能当上冠军，而且棋艺提高得那么快，肯定有什么窍门和绝招，让我们也来学学吧。"然而，在我们彼此熟悉了以后，他们就发现自己想错了。因为我确实没有什么"长棋"的窍门和绝招。不但是我没有，任何人也不会有。

对一心想提高棋艺并愿意为此付出心血的爱好者，我想告诉他们，唯一的办法是"多下、多看、多听"。其中关键在多下，而且是尽可能地和比自己水平高的人下棋。这样，有关棋的知识及实战的经验就会越积越多，棋力自然而然也就提高了。千万不要企图去找什么窍门，或指望学几个新鲜定式去骗人家。

初学围棋者最容易犯的一个毛病是"眼高手低"。基本的技术，如吃子的方法、联络的方法、做活的方法、杀棋的方法等等还没有掌握，就去学布局、中盘的高深战法。结果必然会"事倍功半"。对初学者来说，与其花费大量的时间去打名家高手的棋谱，不如老老实实先掌握围棋的基本技术，做些简单的死活题，锻炼自己的计算能力为好。基本技术一旦熟练了，理解布局和中盘作战的问题就会容易得多。

不过，业余爱好者的学习和专业棋手的学习毕竟不同，对一般的爱好者来说，学习围棋主要还是为了娱乐，因此，完全没必要整天沉溺于围棋之中，为提高棋艺而费尽心思。

现在，学围棋的人似乎越来越多，据日本新出版的《围棋杂学》一书介绍，中国围棋人口已达到五百万（日本为一千万）。我也不清楚这数字他们是如何统计出来的，但不管怎样，学围棋的人大大增多这一事实是毫无疑问的。就拿北京来说，近年来，学围棋的人就很多，尤其是在知识界（包括大学生）、文艺界、体育界，爱好者的人数增长更为显著，而且各种业余比赛也层出不穷。听说，新出版的围棋书一到书店就被抢购一空。

但是，与此相反的是，学围棋的少年人数却在急剧下降，这一现象真让我迷惑不解。后来我才了解到，主要原因是家长不愿意让孩子学下棋，怕影响学业，影响将来考大学，结果使许多很有才能的少年失去了学习围棋的机会。北京的少年棋手杨靖就是一个典型例子。论才能他并不比马晓春、曹大元等人差；论棋艺他和马晓春等也在伯仲之间。如果一直学习下去，他肯定能成为第一流的青年棋手，可他的家长却让他去考大学。虽说"人各有志，不能勉强"，但对杨靖的半途而废，我一直深感遗憾。

实际上，这些家长怕学棋而影响学业的想法是对围棋的一种误解。让孩子们学下围棋不但不会影响他们的学习，反而能锻炼他们的思维能力，促进智力的发育。对将来想学理工科的孩子来

我的围棋之路

说，学围棋更是培养计算能力的最佳方法之一。现代科学证明，许多五六岁的孩子的智力商数之高，远远地超出了人们的想象，因此，中小学的课程，对一个智力发育正常，学习得法的学生来说，根本不算一件难事，他们完全可以有充裕的时间，从事各种有益的活动。假如硬要把他们整天关在屋里学功课，搞疲劳战术，不但效果不好，反而会把天真活泼的孩子变成"书呆子"。希望家长们支持自己的孩子学围棋，千万不要打击他们学下围棋的热情。我本人就决心要让自己的儿子学围棋，虽然他还不足三岁，可我已经开始为他物色良师了。

其实，下围棋对成年人也有很大益处。著名足球运动员容志行和乒乓明星郭跃华都曾讲过，下围棋对他们的球艺启发很大，他们灵活多变的球路就很得力于围棋的一些战略战术。顺便提一句，容、郭二位都是我的棋友。容志行很早就迷上了围棋，有空儿总要找围棋队的人下几盘。现在虽然学习紧张，事务繁多，但只要有下棋的机会，他是决不肯轻易放过的。郭跃华也是一个极为热心的围棋爱好者。1981年，他被选为全国"十佳"运动员后，还特意在《体育报》上发表一篇《我和围棋》的文章。大书特书围棋对他的帮助，字里行间充满了对围棋的热爱。

郭跃华是个很有意思的人，我们刚刚结识的时候，由于双方的"名头"对对方来说都似"如雷贯耳"，所以大有相见恨晚的味道。那时，他学棋时间并不长，我大致要让他十几二十个子。按说这种水平，围棋队的任何一个少年棋手都有资格做他的"高师"，可他偏偏只找我一个人下棋。大概是作为世界乒乓冠军的他觉得，只有和我这个围棋冠军下棋才够味。不过他的频频来访使我很快就招架不住了，于是，只要远远听见他的声音便想方设法躲起来。

后来，郭跃华知道我喜欢打扑克，就来了个"投其所好"，提出教我一种叫"五十分"的玩法，条件是我必须和他下围棋。

"五十分"这种玩法比北京人最爱玩的"打三家"更具有竞争性,在国家乒乓球队很盛行,所以他一说我就动心了。最后达成协议:我学会后,先和他打一局"五十分",如果输了,我要陪他下一盘棋;如果他下棋输了,再回过头来打"五十分"。

最初,郭跃华大为得意,因为我打"五十分"总输给他,只好陪他下棋。但我的"五十分"水平很快就超过了他,后来他发觉自己不但一盘棋都下不上,反而成了我打"五十分"的义务陪客。于是,他又想了一个主意——用书交换。郭跃华有许多有趣的书,不肯轻易外借,可为了和我下棋,居然主动提出,只要我答应和他下棋,就把所有的书都借给我。这种学棋的热情到底打动了我,以后,他再来时,我总要尽量抽时间和他下一局。

郭跃华学棋认真,进步也不慢,现在我大约只能让他九个子了。在他的带动下,国家乒乓队的围棋爱好者已达二十多人。有时,我应郭跃华的邀请到乒乓队去玩时,总会受到"英雄"式的热烈欢迎。

谈起和郭跃华的交往,还有一件有趣的事。郭跃华曾在上海一家报纸发表了一篇文章,其中写到"下围棋聂卫平要让我九子",这个说法竟然在上海复旦大学的围棋爱好者中引起了一场争论。一方认为,"让九子"是郭跃华先在棋盘上放九个子,然后再下(这是正确的);一方认为,先放九子是不可能的,因为白方无论如何也赢不了,一定是下完棋后数子时,聂卫平再让给郭跃华九子。双方争论不休,谁也说服不了谁,于是就特意来信,请我答复。这问题看似极简单,但要想对没有接触过高手的人,说清楚"为什么白棋能让黑方先放上九子",真需要大费唇舌。但是,对于复旦大学爱好者的热情,我还是给他们回信详细地解释了这一问题。

十八　我所敬佩的棋手

假如有人问我："在现代的优秀棋手中，你最敬佩谁？"那么，我将举出以下三人：吴清源、坂田荣男和藤泽秀行。

吴清源先生是中国福建闽侯人，八岁开始学棋，十三岁便无敌于中国棋坛。

当时，日本五段棋手高部道平来华，发现他天生异质，便竭力劝他去日本深造。1928年吴清源（十四岁）东渡扶桑，拜在濑越七段（当时）门下。

吴清源挟"神童"之誉到达日本，日本棋界已在严阵以待，高手们磨拳擦掌，极欲较量他的棋艺。首先是关于他的段位审定。早年的日本棋院对职业棋手段位的审定极严格。比赛成绩够标准后，还要经过一个审核委员会审定，始能入段或升段。极赏识吴清源的濑越七段，向棋院进言，说他已具有三段实力，可授以三段段位，但棋院的许多人并不以为然。遂由棋院安排了三局审定棋赛，由身拥"名人"、"本因坊"两大荣衔的秀哉（让二子）、篠原正善四段（让先）、村岛谊纪四段（让先）出马审核。结果，吴清源初度亮相，就势如破竹连败三名高手，震撼了日本棋坛。因此日本棋院毫无异议地授予他三段段位。

此后，吴清源成绩更是惊人。到1935年就顺利地升为八段，在此期间，他还参加了日本棋院和各家新闻社举办的特别棋赛，他锋芒毕露，俨然已是一位顶尖的高手了。据日后与他频频争霸的坂田荣男回忆说："在昭和十年（1935年）我十五岁刚入段的时候，吴先生已是高高在上的风云人物。"其实，那时的吴清源只有二十一岁。

1949年—1963年是吴清源的巅峰时期，这十余年间，他好似摆擂台一样轮番迎战日本最优秀的棋手。藤泽朋斋、桥本宇太郎、木谷实、高川格、坂田荣男都曾在"十番棋"或"五番棋"中和他拼搏过,都曾是他的手下败将。当时,日本棋界公开叫出"打倒吴清源"的口号,人人都以打倒吴清源为目标。然而他从容应战,纵横驰骋而罕逢敌手。这时期,日本棋界称之为"吴清源独走时代",尊称他为"天下无敌的吴清源"……

关于吴清源的事迹实在是太多了,而且足以使他成为围棋史上的一位传奇式的人物。然而我最敬佩他的是他那刚正不阿的品格和崇高的民族气节。

从"九一八"到1937年,吴清源正以初生牛犊不怕虎的雄姿在日本棋坛崭露头角时,也正是中日关系最险恶、最紧张的时候,气焰万丈的日本军阀当然不能容忍一个中国人在日本棋坛耀武扬威。"既然日本棋手奈何不了他,那就干脆把他吞并过来好了。"于是就胁迫他入日本籍。吴清源并不以中华民族一时衰弱不振就耻为中国人,断然拒绝日本军阀的"劝说",这样,吴清源孤军苦斗,同时在两个战场奋战,一是迎战日本棋手,二是顽强抗拒日本军阀的强力威胁。然而年纪轻轻的他却越战越勇。日本军方和棋界都奈何他不得。

后来,为了免遭军方毒手,在亲朋好友的竭力劝说下,他被迫入了日本籍,但坚决要求母亲、哥哥保持中国国籍。次年,中日战争爆发,吴清源痛苦万状,毅然退出棋坛,直到日本投降,他恢复了中国籍后,才再度出山。

吴清源在棋坛上遭遇群攻围剿,现实生活中受尽磨难,但他处之泰然,从容不迫,如此艰难的人生,他还要劝告世人"不开口笑是痴人",这是何等的修养、胸襟和气度!

令人感动的是吴先生虽然身在异国,却时刻关心着中国围棋事业的发展,曾多次表示愿意为中国棋手到日本深造提供方便。

1984年吴先生已满七十岁了。在他生日这一天,日本棋界为

我的围棋之路

他举行了空前盛大的"退休式",日本的高段棋手全部参加了这一盛典。吴先生虽然正式告别了棋坛,但他对围棋发展立下的丰功伟绩,将永远留在人们心间。

坂田荣男九段从五六岁时便开始学棋,他天资过人,十五岁入段后立即成了青年棋手中的佼佼者。以后他棋艺精进,腾空飞跃,成了叱咤日本棋坛的风云人物。

当"吴清源独步棋坛"的时候,唯一在"六番棋"中战胜过吴清源的人就是坂田先生。全盛时期的坂田,不仅是"本因坊战"和"名人战"的冠军,而且囊括了日本全部比赛的冠军,集七冠于一身,人称"七冠王"。坂田那快刀般的无比锋利的棋风,使以高川为首的同时代的日本优秀棋士叫苦不迭。

坂田荣男是日本棋手中得到冠军头衔最多的人,到目前为止,他已获 64 个冠军。而现在日本棋界的最强者赵治勋,十年中间也不过获得 16 个冠军,按赵治勋平均每十年获 16 个冠军来计算,到本世纪结束,也赶不上坂田先生。

虽然坂田先生"称霸"棋坛的赫赫威势令人动容,但是,我真正敬佩他的,是他那种和围棋生死与共的拼搏精神。

纵观日本棋坛,横跨大正年代和昭和年代的棋士,现在仍能与新锐们逐鹿中原,而且拥有冠军头衔的,唯有坂田九段一人!

很长一段时间内,与坂田并驾齐驱的名誉本因坊高川先生,也曾有过"九连霸"(本因坊战)的光辉业绩,但高川在四十五岁时被坂田夺去"本因坊"后,便感到精力、体力均告衰退,难以胜任那种"性命相搏"的激烈比赛。而坂田九段却似乎不存在年龄的问题,只要面向棋枰,他身上就会迸发出生气勃勃的活力。当林海峰、石田、加藤等后起之秀,从他手里一个接一个地把冠军夺走时,他并没有为此而消沉下去,仍然以惊人的斗志活跃在第一线上。"坂田的快刀"同样让日本的一流棋手望之生畏。

第一部　我的围棋之路

　　1984年6月，我有幸得到了和坂田先生比赛的机会，望着他满头银发和那已显出老态的面容，不禁肃然起敬。难道他真有超乎平常人的精力和体力吗？不！已经六十多岁的他是在以超人的坚强意志，强迫着自己的身体服从于精神的指挥，只要生命之火还在燃烧，他就不会停止拼搏的。

　　从坂田先生身上，我感到了一种"生命不息，奋斗不已"的信念，了解了一个真正棋手的品格。

　　藤泽秀行九段不但是我所敬佩的大棋士，而且是我最喜爱的一位日本棋手。被日本棋界称为"怪杰"的秀行九段，关于他的传闻趣事数不胜数，尤其是六次蝉联"棋圣"，使他的声望达到了顶峰。

　　早在六十年代初期，也就是我在棋艺之道刚刚起步之时，就知道了秀行先生的大名。那时，对我来说他简直是个高不可测的神秘人物。此后，他那华丽的棋风、天才的奇想和晴空霹雳般的一举控制中盘的本领，一直让我神往不已。

　　我和秀行先生相识是在1976年。那一年，我首次作为中国围棋代表队的成员参加了访日比赛，第一场比赛的对手就是秀行先生。这次交锋，便成了我们之间友谊的开端。

　　按说，以秀行先生的资历、名望和高超的棋艺，完全可以把我当成后辈学生来看待，但他却从未对我摆出过师尊的架子。有时，他在日本看到了我在国内比赛的棋谱，只要发现有问题，就立即来信，详细地谈出他的见解与我商榷，这些见解之精辟，常常使我耳目一新。

　　秀行先生在日本，对下了"臭棋"的棋手，批判起来是毫不留情的，甚至最优秀的棋手，也会遭到他的"痛斥"。但如此心高气傲的秀行先生，却能与我这个后生小辈平等地探讨棋艺，也许这并不是对我个人的偏爱，而是出于对中国棋手的无比关

我的围棋之路

心吧。

秀行先生每次到中国来访问，总要把我请去，就中日围棋水平的提高交换意见。他常常激励我说："你要牢记'第一人'的重任，中国围棋水平再提高的关键在于尖端棋手必须要有突破。"1984年，中国围棋代表团一抵达日本，他就特意赶来找我，语重心长地说："这次我们排出了最坚强的阵容，你身为中国的主将，一定要努力！"可是，这次比赛我却没下好，想起来真愧对秀行先生。

秀行先生是个不拘小节的人，经常衣冠不整，丢三落四，但在他身上却有着难能可贵的感人品质。

众所周知，日本的职业棋手是靠赢棋吃饭的，不能赢棋的人往往衣食住行都会成问题。日本的各项重大比赛，一般的棋士只能先参加外围赛，采用方法大都是一局淘汰制。只有成绩最优秀的棋手才能进入决赛圈（不到十人）。棋手每比赛一局，不管输赢都会得到一笔对局费。因此，胜率高下棋盘数多的人收入就多，而一旦被淘汰，收入也就到此为止了。进入决赛圈的棋手再采用循环制，不但下的棋多，而且每一盘对局费也提高了许多。最后决出一名挑战者，向上届冠军挑战三局、五局或七局（这要根据本项比赛的规程而定）。决战的对局费更高，而且冠军的赏金更是高得惊人。最大棋赛"棋圣战"的赏金高达二千三百万日元；"名人战"和"本因坊战"的赏金也都在一千万日元以上。因此，在"弱肉强食"的日本，职业棋手个个梦寐以求想拿到冠军，为此而不惜付出任何代价。决战是惊心动魄，甚至出现输"半目"棋，便等于输掉二千万日元的恐怖情景。在此种形势下，哪个有希望获得冠军的棋手，愿意自己的面前多一个强有力的竞争者呢？正因如此，日本的高段棋手在谈到自己的棋艺时都讳莫如深，不到关键时刻是不肯轻易拿出真本事来的。

然而，秀行先生却是"反其道而行之"的人。

一直处在夺冠者前列，而且获得过二十多个冠军头衔的秀行就从不干"挂羊头、卖狗肉"的事，对青年棋手，总是尽心辅导，望其成龙。当时，已初露锋芒的大竹、加藤、赵治勋等人都受过他的许多教益，后来，这些人都成了日本"超一流"棋手，为此，秀行被奚落为"大傻瓜"。他的一些棋界朋友也挖苦他："托秀行的福，我们都快没饭吃啦！"但秀行回答："辅导新手，义不容辞，这也是有关围棋昌盛的事。"

这是多么伟大的心胸啊！在商品化的日本，生活窘迫，为还债而苦恼的秀行，能以如此豁达的态度对待金钱的诱惑，这就是我不但敬佩他，而且喜爱他的最重要的原因吧。

十九　中日棋战

中日棋战历来为中国棋界所重视，和日本棋手比赛的成绩往往是衡量中国优秀棋手水平的重要依据。尤其是1980年以前，在大多数棋手心目中，战胜一个日本九段甚至比获全国冠军还重要。随着中日最高水平的日益接近，中日围棋交流越发引人注目了。因此，在最后这一章里，我想谈一下1973年—1984年的十余年中，我和日本棋手比赛的情况。

在此之前，首先让我们回顾一下中日两国围棋交流的历史吧。

围棋是我国古代文化的瑰宝之一。早在唐朝，我国围棋水平就很高，宋、元、明又有发展。至清朝雍正、乾隆盛世时达到了鼎盛期，出现了范西屏、施襄夏两位名震天下的大国手。著名的"当湖十局"就是范施两大国手的毕生杰作。此后，国运渐衰，棋艺也就日趋没落，到光绪年间，最后一位国手周小松逝世后，棋艺水平更是一落千丈。民国初年，日本棋手高部道平五段来

我的围棋之路

华，杀遍中国无敌手，据他评价，当时中国最好的棋手也不过是初段水平而已。新中国成立之前，棋手穷困潦倒，大都成了浪迹江湖的"艺人"，围棋艺术已到奄奄一息的境地。与此相反，日本棋界却越来越繁荣。

围棋于唐朝以前传入日本后，深得日本人民的喜爱，很快就成为日本的国技。在日本围棋发展的历史上，也出现过许许多多棋艺超群的天才人物。在唐朝，中日两国围棋交流频繁，脍炙人口的"镇神头"故事，就说的是日本王子来华与唐朝围棋大国手顾师言对局的事。遗憾的是，此后由于客观条件的限制，中日围棋交流似乎就中断了，双方高手只能隔海相望而不得交手。

实际上，中日围棋交流早就是两国棋手的共同心愿。日本的《坐隐谈丛》就提到过日本高手幻庵因硕八段想来中国观光之事。书中写道：幻庵与名人丈和争棋不胜，心有不甘。念此道原从中国传入，又闻长崎商人言，中国有国手周小松棋艺甚高，因思渡海西行。适此时幕府方执行锁港政策，禁止船只出口。幻庵乃与其门徒豪山密谈，以游览海滨为口实，不使人知，驾小舟出海，行不久遇大风暴，舟子恐覆舟，强其折返。幻庵叹曰："嗟夫！吾竟不能与中国名士相切磋，惜哉！惜哉！"

那时，我国棋界除周小松外，还有施省三、李湛源、陈子仙等沙场宿将，大可一战。如幻庵西渡成功，不但中日交流较高部道平来中国的访问提早了九十年，而且我们后人也可以从中领略当时中日高手角逐的风姿。

中日围棋不相往来的状态，一直到1960年才宣告结束。在陈毅副总理和日本松村谦三先生的积极倡导和推动下，这一年，由濑越宪作名誉九段为团长的日本访华围棋代表团抵达北京，揭开了现代中日围棋友好交流的序幕。

因为是首次访华，日本棋界对此极为重视，除濑越名誉九段外，还派出了坂田荣男九段、桥本宇太郎九段、濑川良雄七段、铃木五良六段等高级棋手。中国方面也倾全国之精英,当时号称"南刘北过"的刘棣怀、过惕生等前辈棋手全部披挂上阵。虽说自新中国成立以后,我国围棋水平已提高不少,但比赛的结果仍然是触目惊心的。在中国棋手被全部让先的情况下,日方在总计三十五局比赛中,胜三十二局、负二局、和一局,占了绝对的压倒优势。

1961年,日本女棋手伊藤友惠五段来访,我们竟然也无人能抵挡得住。

1962年,以李梦华为团长的中国围棋代表团回访了日本。团员有刘棣怀、过惕生、陈祖德、黄永吉、张福田、陈锡明等。日方在有不少业余棋手出场的情况下仍占优势,结果,我们又以十二胜、二十三败的大差居于劣势。

两度交锋均以悬殊的比分败北。这一严酷的事实使中国棋界认识到,中国的围棋水平已远远落后于日本。为此,陈老总在听取访日围棋代表团的汇报会上,向中国棋手提出了"十年赶上日本"的要求。

此后,一直到"文革"前,虽然日本的高段棋手对中国棋手的态度基本是辅导性的,但是,从1963年开始,陈祖德的突进使中日围棋交流增加了一些对抗的色彩。这一年,日本代表团访华,虽然总成绩中国仍以十九胜、三十三败落后,但陈祖德在和专业棋手受先、业余棋手分先的比赛中,五战全胜,其中包括战胜杉内雅男九段、宫本直毅八段和桑原宗久七段。这一空前战绩,为中国棋手急起直追,赶上日本,吹响了进军号。

1965年,陈祖德首次以分先战胜了岩田达明九段,使中国棋界为之欢欣鼓舞。

从六十年代初日本九段让二子还无法取胜,到1965年分先战胜了九段,短短的六七年时间,中国的围棋水平已有了惊人的飞跃,如果再努一把力,陈老总所希望的"十年赶上日本"将很

我的围棋之路

可能实现,在这关键时刻,"文化革命"的爆发又使中国围棋停步了八年之久。与此同时,日本棋界却更加欣欣向荣,涌现出大竹、石田、武宫、加藤、小林等一大批优秀的青年棋手,中日围棋水平又一次拉开了距离。

1973年,在周总理的关切下,中日围棋重开交往。然而,我们的水平似乎更加落后了,五十六局比赛,只胜了十四局,和两局,输掉了四十局……

就在这种形势下,我生平第一次参加了和日本棋手的正式比赛。

西村修业余七段是我的第一个日本对手。他曾获业余本因坊战冠军,是日本的业余"强豪"。他棋风怪异,攻杀凶狠,水平实不在当时一般的中国好手之下。当然,现在西村的棋在我眼里已失去了魔力,可那时,面对这样一个对手,我还真没有必胜的把握。

在中国棋手中间,我的能吃、能睡是颇受人羡慕的,可在和西村修比赛的前夜,我竟然紧张得不能入睡,辗转反侧到次日凌晨三点,干脆爬起来到外边去散步……就这样,通宵不眠加上紧张,使我很快就败下阵来。

紧接着,我又惨败在加藤正夫手下。最后好不容易才赢了女棋手小川诚子二段。拙劣的比赛成绩,使一心想露一手的我羞愧得无地自容。

1974年12月,宫本直毅九段率团访华。那时,我刚刚获得了全国第三名,满以为能雪去年惨败之辱。不想前三场比赛又是二负一胜,而且赢的又是一个二段棋手。上次中日比赛之后,就有人说我"内战内行、外战外行",而这一成绩似乎更证实了这种说法。于是,有人开始对最后一场比赛,让我出战宫本九段是否明智产生了怀疑。

人们的种种议论,我听在耳里痛在心里,决心让人们刮目相看，结果到底战胜了宫本九段。当时的情景，十年后的今天，我仍然历历在目。那时的心情真像是小学生赴考场，又激动又紧张，拿着棋子的手竟会颤抖起来。

战胜宫本九段似乎给我带来了好运气。这一战不但把我"外战外行"的印象一扫而光，而且使我思想解放灵犀开窍。从此，我便以新的姿态出现在中日比赛的舞台上。

1975年是我春风得意的一年。九月我刚刚在全运会上夺得了冠军，十月，又在中日比赛中大出风头。

这一年来访的日本围棋代表团以名誉本因坊高川九段为团长，团员有窪内秀知九段、石博郁郎八段、户泽昭宣七段等，实力之强，可以和首次访华的日本围棋代表团媲美。

作为中国队的主将之一，我首战就对窪内九段，而且是执白棋。

下围棋的人大都知道，执黑棋执白棋是不同的，尤其是高手对弈，执白一方更需要沉着冷静的气质，要在漫长艰辛的棋局发展中，逐步达到局势的均衡，抵消黑方的先着效力，进而争取全局的主动。日本的一位著名棋手在谈到这个问题时曾说："一局棋可以允许黑棋走三步缓手，但白棋只要有一个缓手就会完蛋。"可见，执白棋取胜是相当困难的。当时，国内只有沈果孙执白棋战胜过日本坂田九段。日本棋界也认为：中国人执黑棋可以走得相当漂亮，但执白棋时却下得意外差，短时期内，中国人执白棋是不大可能赢九段的。

日本棋界的这种观点，我和窪内九段当然都很清楚。不过，这观点在我们的对局心理上却起了完全相反的作用。我是早憋足了劲儿，一心要翻此案；而窪内九段在拿起黑子的同时，大概就在等待我的"投降"了。在这种心理状态下，他布局时落子飞快，很快就因疏忽而出了破绽。

黑第27手棋方落，我便感到它有些过分。因为黑势虽然张得很大，但结构松散，给白棋留下了一个绝好的打入点。顿时，一阵狂喜涌上心头。不过，机会这么早就会到来，真令我难以置信。

这难道是一个圈套？我苦思良久，也没有发现黑棋有什么凶狠的反击手段，就毅然打入黑阵，经过一场激烈的搏杀，白不但从黑阵中安然活出，而且把一大块黑棋置于猛攻之下，窪内九段才意识到自己的轻率造成了多大的灾难，但已悔之莫及。这一战役为我的胜利奠定基础。鏖战至208手，窪内九段见取胜无望，便中盘认输。执白棋战胜了九段使我精神大振，接着我又接连战胜了石博八段和户泽七段。

10月28日，我在广州迎战高川九段。高川先生的鼎鼎大名，我还是在十一二岁的时候就知道了。以后，他一直是我所崇拜的大棋士之一。1975年时的高川，虽然不如全盛时代那么威风凛凛，但在我眼里，他还是一位令人胆寒的围棋大师。此次来访，他身手不凡，连战连捷大有席卷中国棋坛之势。对这样一个曾独霸日本棋坛多年的对手，我毫无把握。结果，我运气好，战胜了高川九段。这局棋，高川先生似乎被纳入了我的步调，并没有发挥出力量。过了几天后，高川先生在南京战败了我，与我一比一战成平手。

战胜高川的那一局棋，后来被日本棋界称为"聂旋风卷起的历史的一局"。高川九段在回国后发表感想时说："一般的中国选手接触战的力量很强，但布局的感觉有些迟缓，不过，聂选手的布局完全具有日本棋手的感觉，速度快，战斗力强，官子也非常清楚……能和我战成平手，也完全可以和小林光一、赵治勋等优秀青年争胜负。"

窪内九段也对我大加夸奖。当然，两位九段对我是有些过奖了，但他们的赞扬，在日本棋界引起了不小的反响，然而，高川九段毕竟是退出了第一线的棋手；窪内九段也不能代表"超一流"九段的实力。因此，日本的绝大部分优秀棋手并不以此为然，更有许多人在摩拳擦掌，极欲给我点"颜色"看看。

二十　崭新的一页

1976年4月2日，载着中国围棋代表团的大型波音七〇七客机，从北京机场腾空飞起，穿越过莽莽天际，横跨浩瀚东海，向与中国一衣带水的日本飞去。

透过椭圆形的飞机舷窗，我眺望着起伏不定的云海，心情激动万分。

"出访东瀛，与众多的日本高手较量"，还是我少年时代的理想。十几年的风风雨雨，苦心奋斗，如今，这理想终于成为了现实。

鉴于去年的战绩，启程之前我就估计到，此次访日将会碰到许多强手，等待着我的是一场激烈的战斗。可是，当我看到日方出场棋手的名单时，还是禁不住心中一凛，日方竟然给我排出了"天元"冠军藤泽秀行、"本因坊"冠军石田芳夫、桥本昌二九段、岩田达明九段、加田克司九段、濑川良雄八段、村上文祥业余七段组成的无比坚强的战阵，就连里面最弱的村上业余七段，也曾于1974年战胜过我。这分明是想考较我的实力啊！

来吧！就像战马听到了军号的长鸣，我心中激荡着渴望搏杀的强烈冲动。此时，哪怕面前是千军万马、虎穴龙潭，我也要闯他一闯。

4月5日，东京《读卖新闻》社二楼大厅，中日棋战正式打响了。我面前的对手正是赫赫有名的秀行九段，显然，这是对我而施的"下马威"。

赛前，日本棋界认为秀行九段的获胜是毫无疑问的。身拥

我的围棋之路

"名人"头衔的大竹英雄九段更是直言不讳。他和中国围棋代表团团长谈论这场比赛时说:"聂选手虽然是中国的冠军,水平很高,但若同我们的秀行先生相比,还差得很远。打个比方,秀行好比是大相扑,聂选手是个小相扑,大相扑只要稍用力一弹,小相扑就会败退下来。"

大竹九段有此看法并不奇怪,因为从技术和实战经验来说,我确实赶不上秀行先生。不过,他们忽视了一点,即,心无旁骛,志在必夺的决心,使我进入了最佳状态。

此局,我占先行之利,双方激战数十回合,我仍死死地保持着先着效力,终于赢得了胜利。对此,秀行九段惊异地对身边的翻译说:"咪咪咪(日语称"耳"为"咪",咪咪咪意即"聂")的棋和他的名字一样新颖,下得好极了。"

1976年的访日比赛,人们的注意力全集中在我与五名九段的激斗上,谁都没有注意,我遇到的最大危险是与村上业余七段的比赛。

第二场比赛,村上出战。村上是日本业余棋界的顶尖高手,在以往的中日交流中,他的战绩相当不错。不过已有过连胜日本九段纪录的我,已经不把这位业余"强豪"放在眼里了,满以为略施小计,便可取胜,可是我想错了……

战局刚刚开始,在一个局部的攻杀中,我一着不慎,便被村上牢牢抓住机会。我真没想到村上先生竟有如此高超的技艺。在他迅雷不及掩耳的攻击下,白棋几乎全面崩溃。我判断一下形势,发觉黑棋已领先三四十目。一阵绝望袭上心头。这时,比赛才刚刚开始一个多小时。

我环视了一下大厅,看到队友们都在全神贯注与对手拼搏着,不禁对自己的轻敌痛恨不已。作为主将,我深知,如果这么快就败下来,中国队的士气将大受影响。"不能认输","不能影响队友"。我咬牙发狠,决心不下到最后一着,就绝不认输,但局势恶化到如此地步，决心再大，也只好"死马当作活马医"了。

我一反自己的棋风，拿出了1973年时"横行霸道"的蛮力，到处挑战寻衅。刹那间，盘上硝烟滚滚，战火纷飞。面对我的"疯狂"抵抗，处于绝对优势的村上反倒有些不知所措起来。

村上虽说是日本业余棋手的顶尖人物，但还从未赢过职业高段棋手，更不用说九段了，而我已经战胜了四名九段。因此，战胜我对他来说意义重大，不仅是战胜了中国冠军，而且等于间接战胜了九段。在极度渴望获胜的心情下，他显得比我还要紧张。结果一让再让，下出了一连串的缓手，最后被我以一目反败为胜。实际上，一直到收官之前，他走对了还能胜一两目。

这如履薄冰的一局棋，使我浑身直冒冷汗。比赛结束后，我才感到衬衣都被汗水浸湿了，这就是因轻敌而遭受到的报应。我不敢想象这局棋输了，以后结局会怎样。

成功地渡过危机，使我精神大振。此后，又连胜了加田、岩田、濑川，仅以二目之差败给桥本昌二，接着迎来了访日的最后一场比赛。

至最后一场比赛，中国队的总战绩是二十一胜、二十二败、五和，双方战绩相差甚微。个人成绩以我和孔祥明为最佳，我六战五胜，小孔六战全胜（对手均为女棋手）。于是，日报纸为此提出了三个引人注目的问题：

一、石田本因坊能不能阻止聂选手再胜？

二、女子本因坊冠军小川诚子能不能阻止孔祥明全胜？

三、中国队成绩能不能超过日本队？

这三个"能不能"的提出，顿时使中日棋手的最后一战前的气氛，变得紧张起来。

日方出场的有石田、大平两名九段，谷宫七段，上村邦夫、淡路修三两名六段，小川诚子四段，以及今村正道、石仓昇两位

87

业余强手。石田、大平的实力自不待言，上村、淡路虽是六段，但实力并不在一般九段之下，而且斗志更加旺盛。两名业余棋手也是不可小看的人物。

在赛前，我们把双方力量作了一个对比：陈祖德对谷宫七段，曹志林对今村，王群对石仓，我们胜面大一些；王汝南、华以刚对两名六段，孔祥明对小川四段，虽然胜负难说，但总的来看，日方稍优，如果这三局棋，我们只赢了一局，那么关键就看我和石田九段谁执牛耳了。这对我无疑是严峻的考验。

还不到三十岁的石田九段，曾同获"名人"和"本因坊"，是一位身经百战的棋坛骁将。日方派他把最后一关，当然是对他寄予了厚望，面对这个强手，我感到压力很大，不过，我仔细分析了一下双方的心理状况，觉得我有三个有利条件：

一、前六场比赛，我连胜三名九段、一名八段，锐气正盛，竞技状况非常好。石田九段也会顾忌三分。

二、石田是日本的本因坊冠军，身负众望，此局他只能赢不能输。相比之下，思想压力比我还要大。

三、我执黑先行，可以力争主动，先声夺人。

因此，虽然这一战鹿死谁手还不得而知，但心理上我似乎占了上风。在和石田决战的前夜，我睡得意外的香甜，早上起来，感到精神饱满浑身轻松。

4月19日上午，访日最后一场比赛，在日本棋院拉开战幕。这一天，比赛大厅的气氛十分热烈。许多高段棋手赶来观战，新闻记者也纷纷抢占有利位置，准备随时拍下那些令人难忘的一瞬间……

十点差二分，我和石田九段相继入座，静待着裁判员宣布棋赛开始。这一两分钟的时间可真难熬啊！不知是激动还是紧张，当时的心情就像坐在考场里等待老师发考卷的学生一样忐忑不安。为了稳定情绪，我点燃了一支香烟。

石田九段一入座，就"以眼观鼻、以鼻观心"，双手放在膝盖上，正襟危坐，显得从容不迫。当然，我并不相信他的心情就那么平静。

比赛终于开始了，石田九段素有精于计算、判断准确的盛名，尤其擅长收官，我赛前就估计到他会打一场持久战，因此，我使用了战斗力强的"对角星"布局，希望能尽快进入战斗。

第7手走大斜定式挑战，是我预谋已久的。因为我过去打石田的谱时发现石田很喜欢实地，由于他功夫全面，在没有绝对把握的情况下，宁肯稍损一点，也不轻易和对手一举决胜负。

不出所料，他果然选择了避战的定式下法，而这正是我所期待的。黑11、13连压，是陈祖德首先下出来的，我在此基础上又进行过深入的研究，这次正好用上了。石田显然感到有些意外，几次从棋盒里拿起棋子又放回去，他衡量再三，还是不愿意立即形成激战，就退让了一步。这一退让，顿时让我一气呵成走到第39手，黑棋不但得到角上实利，而且形成了一块庞大的阵地，一举获得了主动权。

此后，我越战越勇，灵思妙感接踵而来，下出了一连串的精妙之着。石田九段不愧为当代高手，始终紧紧咬住不放，几次凶猛的反扑都给了我极大的威胁。直到走出第121手，我才出了一口气，这局棋已必胜无疑了。结果，我以7目获胜。

与此同时，大厅里的队友们也相继报出了佳音。除了吴淞笙、华以刚分别负于大平九段和上村六段外，其余人全都高奏凯歌。中国棋手同心协力，并肩作战，终于取得二十七胜、二十四败、五和的出色成绩。创造了中日围棋交流史上，总成绩超过日本的空前纪录。

1976年的中日棋战，震动了日本棋坛，改变了日本棋界对中国棋手的看法，为中日棋手之间的比赛，由"辅导"转为"对抗"开创了新局面。从此，中日棋战开始真正具有了对抗色彩。

我的围棋之路

二十一 对抗时代

1977年4月，桥本宇太郎九段率团来访。我对桥本九段和石田章七段，均以一比一战平；胜东野弘昭九段、家田隆二七段和佐藤昌晴六段。总成绩五胜二负。

1978年6月访日比赛，与石井邦生九段的"三番棋"，我以一比二失利。胜白石裕九段、菊池业余七段，负藤泽朋斋九段和关山利夫九段。同年，在日方来访的比赛中，我胜仓桥七段与杉内九段、淡路八段，与东野九段战成平手。总成绩四胜四负三和。

1979年的中日比赛，我胜了四名九段，一名八段，二名七段，四名业余七段，负给桑田泰明七段、片冈聪五段、岩城公顺业余七段。总成绩十一胜三负。

1980年的访日比赛，我胜二名九段，一名业余七段，负三名九段，一名七段。总成绩三胜四负。

1981年中日比赛，我与两名九段、两名七段分别以一比一战平，成绩二胜二负。

1982年，中国围棋代表团访日是很值得纪念的，我在这次比赛胜了四名九段、一名八段、一名业余七段，仅负给"天元"冠军加藤九段一局，成绩六胜一负。而且，中国队出人意料地以四十三胜十三负的压倒优势，击败了日本队，打破了自1976年以来的交往平衡，极大地震动了日本棋界。为此，日本棋院受到了舆论界的指责。

自中日围棋交流以来，无论是我们访日，还是日方来访，日本出场的阵容，基本上是由职业高段、新锐棋手和业余强手组成的混合军。1976年以后，随着中国棋手水平的提高，尤其是涌现出了以马晓春为首的一批新秀，日方出场的业余强手胜率越来越低。到1982年，日本的业余强手已无人能抵挡中国棋手的攻杀。

日本业余强手在1982年的中日比赛中，几乎"全军覆没"的事实，使日本棋界感到"混合军"已不能适应中日交流的形势。于是，在1983年的日本访华围棋代表团组团的前夕，中日交流比赛的主办单位，日本《读卖新闻社》社长表示：这次组团宁肯多花钱，也要把强手请出来。

1983年访华的日本围棋代表团由四名九段、四名八段组成，是中日围棋交流史上实力最强的代表团。团长是石田芳夫九段，团员有石井邦生九段、小林光一九段、苑田勇一九段、佐藤昌晴八段、山城宏八段、中村秀仁八段、长谷川直八段。他们都是《读卖新闻社》用重金请来的强手，个个身手不凡。尤其是小林九段，虽然没有冠军头衔，但多次获得大比赛的挑战权，是公认的"超一流"的强九段。在我看来，小林九段的实力比起石田九段，似乎有过之而无不及。

另外，为了激励棋手下好第一局棋，《读卖新闻社》采取了奖励制，还规定棋手每多赢一盘棋都增加奖金，数额随着胜局数而倍增，这是前所未有的。石田团长在临行前也公开发出了争取四十胜、十六败的宣言。

然而，面对如此强劲的对手，中国棋手并不畏惧，顽强奋战，最后虽以二十五胜三十一负失利，但所胜的二十五局都是货真价实，响当当的。如果倒退几年，日方派出这种实力的代表团来，很可能会轻而易举地达到四十胜的目标。由此可见，我们已有了相当的进步。

在这次比赛中，我共出场五次，连胜石田九段两局，胜石井九段和长谷川直八段。遗憾的是输给了小林光一九段，成绩是四胜一负。

不管怎样，1983年中日围棋比赛的结局，显然大出日本棋界

我的围棋之路

的意料。于是，日方提出希望把"友谊赛"改为"对抗赛"，认为这样的改变才能体现目前中日比赛的水平。后来，在1984年为我们赴日比赛所举行的欢迎会上，日本中部《读卖新闻》社长村本盛夫先生的讲话中，也充分地表明了这一态度。他说："十二年前以日中友好亲善为目的，《读卖新闻社》开始组织了日中围棋交流，而从这次开始，将用'日中围棋决战'的名称。现在，以友好亲善为目的的交流已进入一个日中围棋决战阶段，将通过比赛，对两国的实力决出胜负。"可以说，1983年的中日比赛是中日围棋交流史上的一个里程碑，中日两国棋界人士都认识到，从此，中日围棋的交流已进入一个崭新的阶段。

过去，中国围棋代表团的组成，基本上是以老棋手为主，青年棋手为辅，还要照顾男、女棋手的比例。为了适应"中日围棋决战"的形势。1984年的组团打破了这一常规，采用了选拔制。国家集训队的全体队员都必须参加选拔赛，只有前八名才有资格参加访日代表团。经过了激烈的争夺，最后由我、马晓春、刘小光、曹大元、钱宇平、孔祥明、王元、宋雪林等八人组成了1984年的访日围棋代表团。

在我的对局史上，1984年的访日比赛是颇值得回顾的。虽然那一次我并没有什么辉煌的战绩，有的只是惨败的沉痛教训。但是，正是惨败，使我清醒地看到了自己的弱点与差距，重新激发了我向广大无比的"棋道"挑战的斗志。

早在1983年，日本方面就有了让刚刚登上"棋圣"宝座的赵治勋九段与我下"番棋"的想法。1984年3月，名誉棋圣藤泽先生来访时，也证实了这一消息。据他讲，《读卖新闻社》已决定，在中国围棋代表团访日时，将请出赵治勋和我下"七番战"（共下七局，先赢四局者为胜），另外，还准备请出加藤九段、武宫九段、桥本昌二九段等等一流棋手和中国队的其他队员下"番棋"。这消息一经传出，顿时轰动了我们整个棋界。第一，以往

第一部　我的围棋之路

的中日围棋比赛，日本的最强棋手极少出场，这次却几乎倾巢出动，足以证明日方对1984年的中日交流的重视。第二，日方提出"番棋"的本身，更加表明，日本棋界已开始真正把中国棋手当作了同等地位的对手。所以，日方传过的这一信息，当然会引起我们巨大的反响。

　　过去中日围棋比赛，除了1978年访日时曾下过一次"三番棋"外，通常都是一局定胜负。而日本棋手认为一局胜负的偶然性太大，只有下"番棋"才能显示出真正的实力。日本的重大棋战的决赛就都采用下"番棋"的形式，棋战的等级越高，下的局数就越多，比如，"王座战"是五番胜负，"天元战"是五番胜负，"棋圣战"、"名人战"、"本因坊战"都是七番胜负。最初，中国棋手还不太适应这种"番棋"，往往是第一局发挥不错，越到后来越糟糕。1978年中日棋手的"三番战"除了孔祥明三比零胜小林千寿，吴松笙以二比一战胜了牛之浜撮雄九段外，其余人都输了。后来，我们发觉下"番棋"确实有好处，比一局胜负更具有对抗性，竞争的气氛也浓得多。于是，我国一些重要比赛的决赛，也开始采取了三局两胜或五局三胜的比赛方法。我本人对下"番棋"是很感兴趣的。我感到和同一个对手连下几局，双方的斗智斗力分外有趣，确实使对抗的气氛浓多了。但是，这次我的"七番棋"的对手是日本最强的棋手赵治勋。使我心里又是兴奋又是紧张。兴奋的是，我对日本九段的战绩虽然是胜多负少，但对日本"超一流"的九段却成绩不佳，和加藤九段两战皆北，和小林光一九段是二战二负，故而早就渴望着与他们再决雌雄。这次能和他们中间的佼佼者赵治勋棋圣对阵，当然使我兴奋不已。感到紧张的是，赵棋圣的名气实在是太大了，日本"超一流"的棋手尽数败在他手下。四十年前，吴清源称雄日本棋坛时，日本棋界曾喊出了"打倒吴清源"的口号，现在赵治勋崛起，又使日本棋界喊出了"打倒赵治勋"的口号，这足以表明他

93

的声望到了什么样的巅峰阶段。前不久，他在和山城宏七段、王立诚七段、小林觉七段的升降三番胜负中，几乎把这三位肩负着日本棋界希望的青年棋手全部打到了让两子，实在是令人闻之动容。因此，和这样强劲的对手下"七番棋"前景如何，实无把握。

在这种既紧张又兴奋的心情下，我开始积极地做赛前的准备工作……

二十二　我期望着新的飞跃

5月22日，中国围棋代表团一行抵达日本，受到了日本朋友的热烈欢迎。从日本朋友的言谈话语中，使人感到日方对这次比赛是极其重视的，这也许是在"中日围棋决战"的气氛下日方将出场的大都是强有力的人物的关系吧。我发现，日本朋友对赵治勋和我的比赛非常感兴趣，虽然由于某种原因"七番棋"改成了下两轮"三番棋"（赵只下头一轮），但丝毫没有影响他们的情绪，无论在欢迎酒会上或平常的交往中，话题常常会不知不觉地转到了我和赵治勋的"三番棋"上来。

5月23日，我们按常例到中国驻日大使馆去，受到了宋之光大使热情亲切的接见，身在"围棋王国"的日本，宋之光大使自然对日本围棋界的情况非常了解，在谈到即将到来的比赛时，他特意表示，如果我战胜了赵治勋，他将举行盛大的招待会以示庆贺。在我的印象中，只有中国女排夺得世界冠军后，才得到了这种荣誉，我深知，宋之光大使的这一表示，是要激励我下出水平，下出风格，为国争光。从他的话语之间，我感到了他对中国棋手寄予的深切期望。从大使馆回宾馆的路上，我默然不语，宋之光大使的话使我心情久久不能平静，我感到了肩上担子的沉重分量。

5月24日，中日围棋比赛的首轮"三番棋"正式开战。

当赵治勋棋圣在座位上就座时，我感到一阵极度的紧张和兴奋像电流一样通过了全身。刹那间，有关他的各种评价又在我脑海中闪过，使我不由得抬眼打量面前这个名声赫赫的对手。

赵棋圣对我来说并不陌生，相反，他在日本棋坛的经历，我几乎可以如数家珍般说出来，而且，在以往访日时，也曾数次和他会过面。不过作为对手，面对面地坐在盘侧观察他，还是第一次，以前我见到他时，总见他面含微笑，显得十分厚道，胖胖的面容给人一种平和之中又带有几分天真的感觉，而此时再看，哪里还有半分的平和之气。但见他昂然端坐，神情肃穆，浑身的精力蓄势待发，使我感到一股必胜的威势自他身上扑面而来，直到这时，我才真正认识到，为什么日本的许多高手都说赵治勋是最难斗的一位棋手。

说老实话，尽管赵治勋在日本的声望已达到了顶峰，但我内心深处多少有些不以为然。在为了准备这场比赛而仔细研究了他的棋后，更觉得他的棋并不像人们所传说的那样神乎其神。我感到赵治勋的棋似乎非常平淡，并没有什么突出的风格。论天才奇想，他不如豪放的秀行；论攻击本领，他不如凶悍的加藤；论浑厚细腻，他不如林海峰；论诡异狠辣，他不如全盛时期的坂田。此外，大竹、武宫等超人一等的长处，他好像也并不具备。再拿他的棋和我的棋相比较时，心里倒隐隐觉得，战胜他似乎并不是太大的难事，所以有一个问题我始终弄不通，为什么日本那些棋术惊世骇俗的一流棋士们都一一败在他的手下。现在，我懂了。

在赵治勋咄咄逼人的气势之下，我的自信忽然间产生了动摇。"这就是当今日本棋坛至高无上的强者，我能战胜他吗？"这个念头忽然浮上脑海，而且挥之不去，心里不禁慌乱起来。我生平第一次感到临赛前的那短暂的一刻，居然是那么难熬……

我的围棋之路

　　由于是首场比赛，要猜先后手，赵棋圣猜到了黑棋，他略加思索，便"啪"的一声，下出了第一招。期待已久的比赛终于开始了。

　　为了稳定情绪，我闭上了眼睛，只听得自己的心脏在剧烈地跳动，忽然我心念电转："赵治勋的名气远在我之上，而且众望所归，我这么紧张，他一定比我更紧张。"一念至此，心里反倒平静多了。在赛前，我就听说赵治勋对这"三番棋"极为重视，提前两周就戒了酒（他每逢重大比赛都戒酒），而且，他为了保持"棋圣"、"名人"的尊严，公然表示"三番棋"要二比○取胜，否则，就无颜去领《读卖新闻社》为"三番棋"的胜者所提供的巨额奖金。虽说此举颇有些"兵于死地而后生"的妙用，但到底负担太大，一旦失手，后果不堪设想。因此他的紧张程度决不在我之下。这样一推测，我又恢复了自信。

　　关于这"三番棋"的技术细节，我已在《围棋》杂志上作了介绍，这里就不再多说了，虽然双方自始至终杀得难解难分，而且我也曾有过取胜的机会，但终因对手棋高一等，而以○比二败下阵来。在东京的另两场比赛，我执白输给了武宫九段，执黑战胜了酒井猛九段。

　　紧接着在大阪举行了第二轮"三番棋"，由加藤九段和我对阵。加藤在第一轮"三番棋"中以二比○战胜了马晓春，士气正盛，而我一胜三负，未免求胜心切，比赛中，许多机会居然视而不见，屡屡失误之下，又以○比二失利。

　　两轮"三番棋"，两次○比二，心情是非常痛苦的，但是痛定思痛，却感到从中得到了极大的收益。赵、加藤这两位优秀棋手所表现出来的高超技艺，给我留下了深刻的印象。他们顽强的战斗力，丰富的实战经验，快捷无比地捕捉一闪即逝的战机的本领，"读秒"阶段镇定自若、不慌不忙的态度，都是值得我学习的。此外，他们掌握局面的功夫也很出色，例如，局面相持不下时，不急不躁；优势时，兢兢业业毫不放松；局面不利时，稳而不乱，紧逼不舍。相比之下，我在这些方面的弱点就清楚地暴露出来了。

不过，虽然日本的"超一流"棋手比我们最高水平棋高一筹，但是，他们也有弱点，并非是不可战胜的。就拿加藤来说吧，本来若拿加藤和赵相比较，我对加藤更加忌惮三分，一来我曾两次败在他手下；二来，我棋输后竟然不明白输在哪儿，不知道哪步棋走坏了。那时，真感到加藤的棋有点儿莫测高深。可是，这次我和他的"三番棋"，尽管输了，但取胜的机会却意外地多。于是，隐藏在我内心深处的一个"怕"字，便被驱赶出来，也许，这才是我最大的收获。

1984年的访日共五十六局比赛，我们以二十二胜，三十三败失利（其中一局无胜负）。这一事实说明，我国围棋的尖端水平比起日本的尖端水平，还有差距，我们棋手还需作艰苦的努力，方能缩小差距。不过，以我国围棋发展的势头来看，不久的将来，我们一定能赶上去。

写到这里，本文就要结束了，就算是我对自己前半生的回顾吧。

从1974年第一次参加全国比赛开始，到1984年为止，我已经在棋坛上整整奋斗十年了。十年时光在历史的长河中，虽然只是短短的瞬间，但是，对一个人来说毕竟是相当漫长的。当我回顾这段"刀光剑影"的征途时，在棋坛拼杀的那日日夜夜，那些激烈而紧张的比赛情景，仍让我兴奋不已，热血沸腾。就像所有的棋手一样，在我的围棋之路上，既有过和风熏柳、花香醉人的秀丽春光，也有过朔风怒号、寒气逼人的严冬时光；既有过因胜利而洋洋自得的情景，也有过因失败而迷惘动摇的时刻……然而，不管怎么样，我还是沿着这条道走了过来，而且将毫不犹豫地继续走下去。

第二部

难忘的四十局

一 初露锋芒的时代（1973—1974）

第一局 华丽的中盘战

黑方 吴淞笙 出 $2\frac{1}{2}$ 子 白方 聂卫平

对局结果：白胜2子 共138手（以下略）

1973年10月30日弈于北京工人体育场

第一谱 1—11 白8恶手！

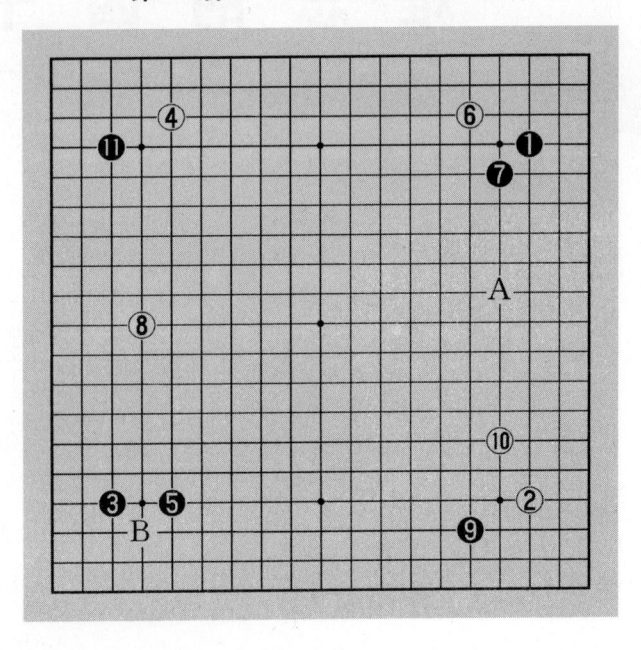

1973年春，在周恩来总理和邓小平副总理的关怀下，中国国家围棋集训队重新组建了。我荣幸地被选入由三十多名高手组成的集训队，从而掀开了我围棋生涯的新篇章。

由于集训队云集了全国的精华，队员们又都人人努力，个个争先，所

第二部 难忘的四十局

以竞争的气氛很浓。当时还没有全国性的正式比赛，但训练比赛时紧张激烈的程度毫不亚于现在的重大比赛。

本局就是训练比赛的棋。

白2这样占小目是我当年喜用的下法，以后黑如6位守角，我准备下在A位。这是一种布局趣向，谈不上好坏。

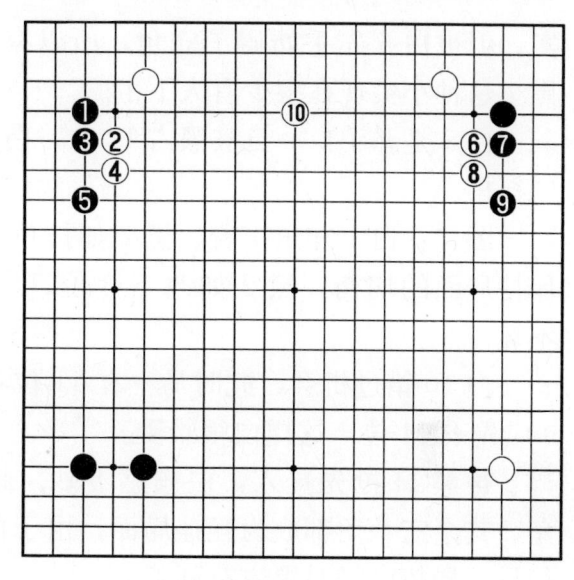

图一

黑3显示了针锋相对的态度，普通是下在B位的，因为像黑3这样占小目，被白于5位高挂，局部白棋稍有利，如谱黑3是准备白挂角时，再抢占左上空角。

黑5单关守角稳健，积极一些可直接挂右下角。

对白6小飞挂，黑7坚实地尖是当时很流行的下法。下一手准备于11位挂角，黑7如直接下11位，恐白按图一的下法形成模样。不过，从现在的理论来看，黑7小尖虽然很坚

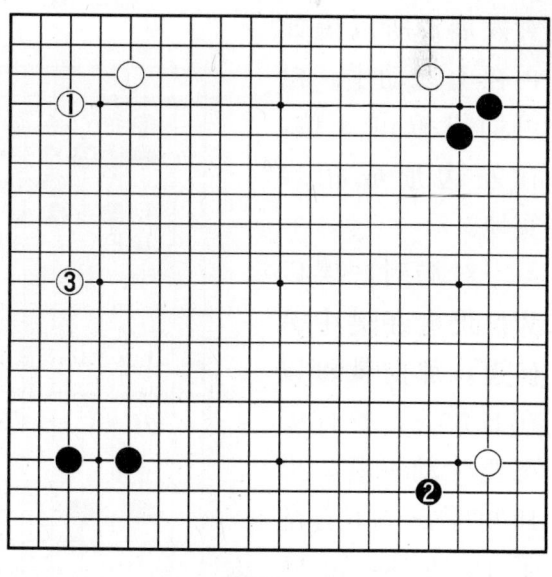

图二

101

实，但被白 6 先手妨碍了守角，所以有些缓的感觉。正因如此，黑 7 这种小尖现在很少有人下了。

白 8 是恶手！一旦被黑占 11 位，白很难下。白 8 当然应按图二行棋。

图二：白 1 守角正着。黑 2 如挂角，白 3 抢到左边大场，可保持局面的均衡，黑 2 如改下 3 位，白可于 2 位再守一角，也不坏。

白 10 错过机会，此时马上在 11 位守角便可挽回损失，故黑 9 应先下 11 位，这样白很难受。

被黑 11 抢先挂入，白顿感不妙。此时，黑牢牢地守住左下角，其余三个角都成为互挂局面，由于白一直被动地跟在黑后面行棋，局势已经对黑方有利了。

对黑 13 搭靠，白 14 退是缓手，应如图三那样下。

图三：白 1 扳，黑 2 大致退，白 3 接，由于上边两个白子全在低位，已没有多大发展，所以黑如再在上边动手，白可伺机抢占 a 位，在左边形成相当实地。

对局时，误以为黑仍会在谱中 A 位退，那白就可以在 B 位飞，这样姿态要生动一些。黑 15 好手，一下打乱了白方的如意算盘。

第二谱　12—24　黑优势扩大

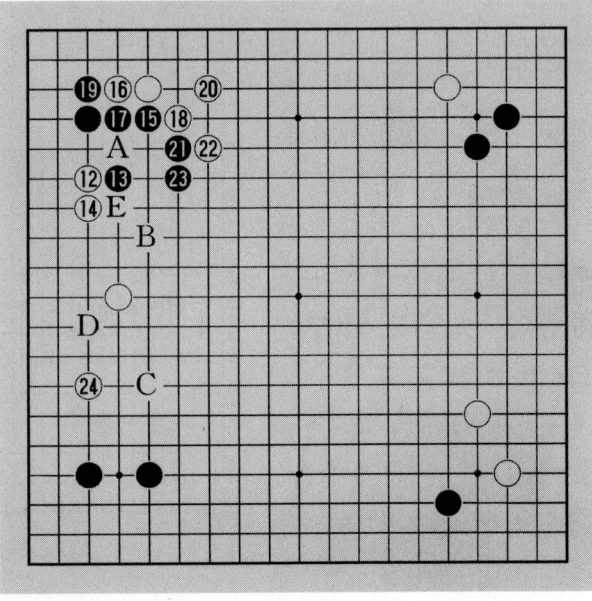

第二部 难忘的四十局

白 16 又误，无论如何要在 18 位扳。

图四：对白 2 扳，黑 3 虎挡当然。白 4 打，黑 5 如顽抗，白 6 是好手，黑 7 只得粘，白 8 接（或 a 位虎）可满意。黑 5 如改下 7 位接则如图五。

图五：白 1 打，黑 2 如粘，白 3 就冲断。黑 4 是最强烈的反击，白 5 长后形成复杂的作战局面。对局势已有些落后的白棋来说，这种复杂的局面正是求之不得的。

由于白 16 的过失，黑 19 至 23 漂亮地巩固了角地，并获得 5 目实空；相反，白两边均无所得，尤其左边一块显得薄弱，局势对黑方更加有利了。

白 24 的补刻不容缓，但这块白棋形状依然薄弱，将来黑于 C 位镇是先手。此外，黑还

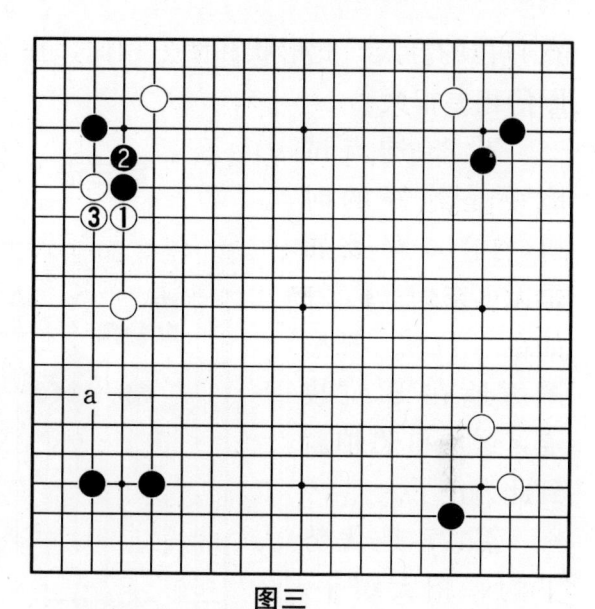

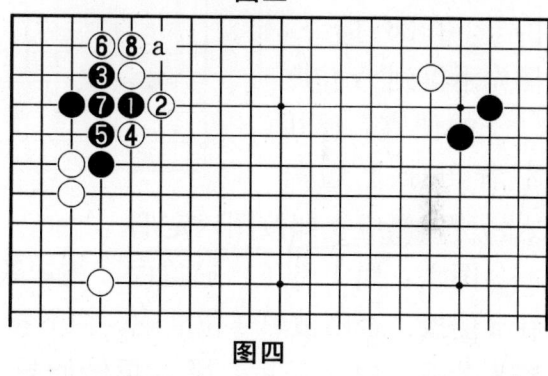

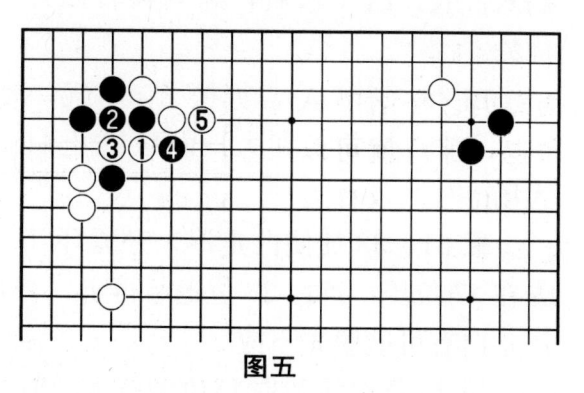

图三

图四

图五

103

我的围棋之路

有 D 位的打入，此形状和图三相比，在 E 位少了一手曲头，因而厚薄相差很大。

黑 25 透点试应手是绝好的时机，白 26 虽委屈也无可奈何。白 26 如在 A 位粘，被黑严厉地在 B 位攻逼，这局棋恐怕就到此为止了。

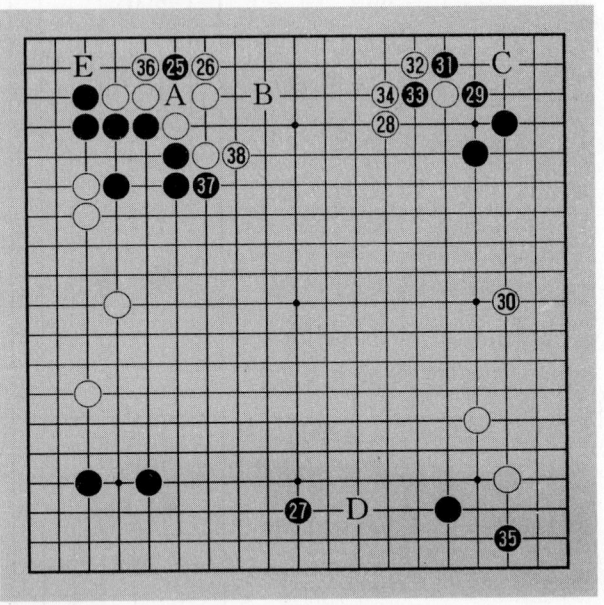

黑 27 是优势下的一招大缓手。由于白 26 挡下，黑先手得到 A 位吃二子的便宜，已用不着再于上边打入，所以黑应立即按图六定形。

第三谱　25—38　黑失良机

图六：黑 1 飞压，逼迫白 2 跳，黑 3 再顺势曲头，白 4 不能在 a 位扳，否则被黑 4 位断吃，白 b 接，黑 c 长出，白右上薄弱，陷入苦战。白 4 长后，黑 5 再转回抢占下边大场，结果黑显然优势。

白 28 飞补后，总算松了一口气，局势多少有所挽回。

黑 29 本身实利大，而且防止白 C 先手飞角。白 30 也是大场。

黑 31、33 徒使白走厚，还是不下为好。黑即使要走，也应先在 37 位压，待白 38 位退后再走，否则白右上加强后黑再 37 位压，白有可能脱先不应。

黑 35 意在缓和白 D 位的打入。白 36 实利很大，而且还留有

E位扳夺黑左上角眼位的手段。

至白38，布局告一段落，现在进行一下形势判断。

黑方：右上15目，左上5目弱，下边一带大约有30目价值，共计50目弱。

白方：上边30目弱，右边10目强，左边四子棋形虽薄弱，但总有几目价值，加上贴目5目，实地也将近50目。

从双方实地对比上看，局势不分上下。由于黑27错失良机，被白逐渐追了上来。

黑39有些过分。黑41扳时，白42错失战机，至黑45，这一局部，黑有所收获。白42应按图七的下法下。

图七：黑⊙扳时，白1打强硬！

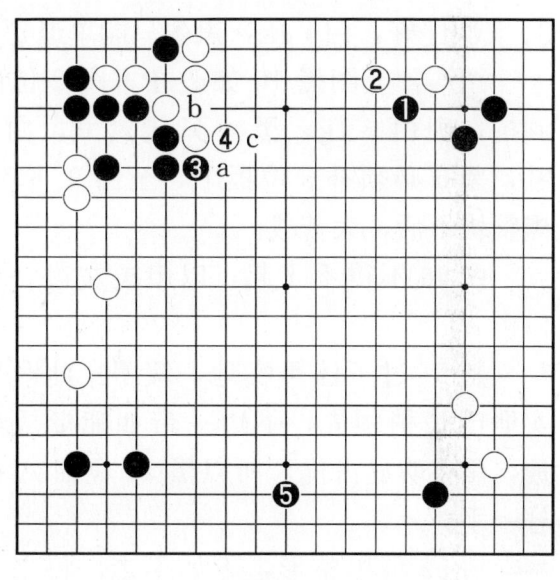

图六

第四谱 39—85 几经反复

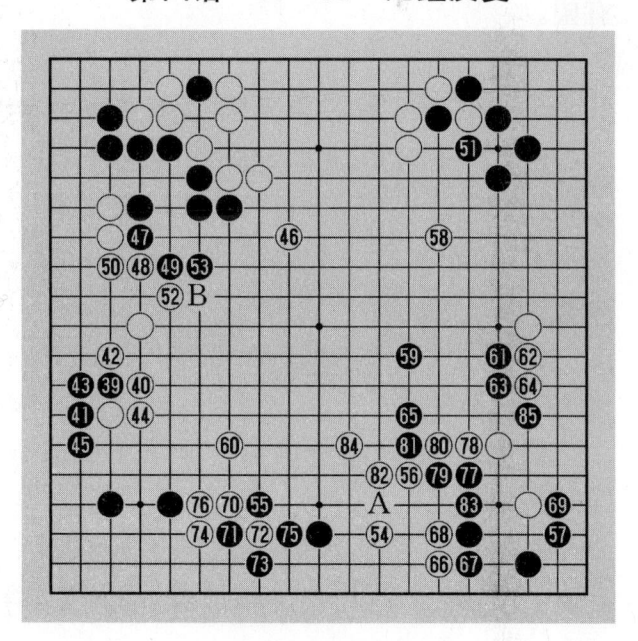

3、5次序好，白7压，黑8只能单退，至白15止，黑显然不利。

图八：上图黑10如改在本图2位曲顽抗，则白3压，黑4只能紧气，白5补，黑6必须补a位扳下，至白9飞攻，黑整块不活，大苦战。

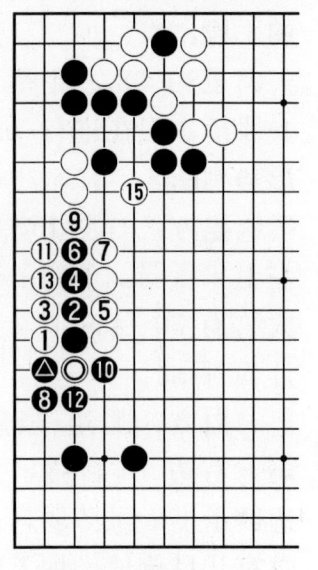

白46不得不飞起，以声援左边一块白棋。

黑51过于注重实地，缓手！此时黑实地已稍稍领先，下边一带如能形成黑地，黑将明显占优，所以黑51应在A位补一手。

白52帮黑整形，不如不走，将来有可能下在B位，比谱中结果好。

白54打入是争胜的急所。白56、58是步调奔放的好棋，至此，我判断白形势有望。

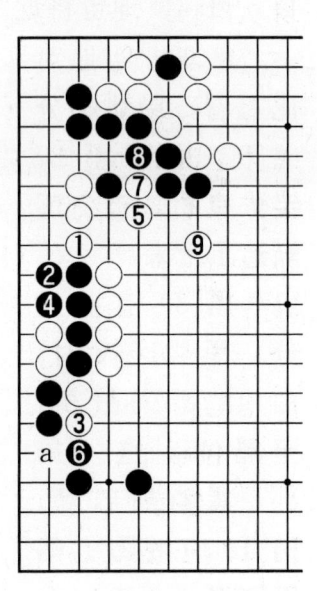

黑方：右上20目，左上5目，左下30目弱，右下5目，共计60目弱。

白方：上边30目，左边10目强，加上贴目，实地已有45目，中央一带的模样很大，成15目以上的实地应该是不困难的。

由此可见，黑面前的难题是如何消掉中央的白模样。

黑59是绝好的侵消点，显示了吴淞笙的高超技艺。

对黑59，白还没有强攻的手段，于是白60先瞄着70位搭，想创造攻黑59一子的机会。

图七　⑭=○

图八

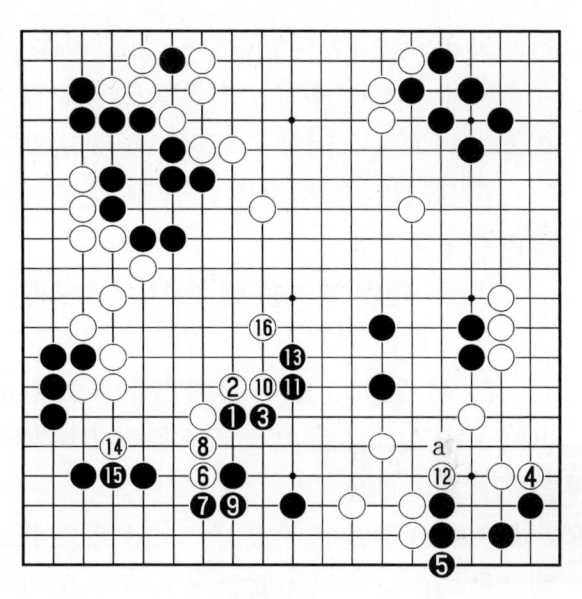

黑 61、63 先手便宜，再 65 位补，下法正确。

黑 69 缓手！被白 70 抢先动手，至 76，黑地被打通，白优势进一步扩大了。黑 69 应按图九的下法下。

图九：黑 1 搭靠防止了白在 6 位靠，9 位断的手筋。白 2 以下进行到白 16 是双方正常应对。过程中白 12 要紧，否则，被黑 a 位分断很危险。如图结果，形势还很细微。

图九

第五谱　86—138　最后的争端

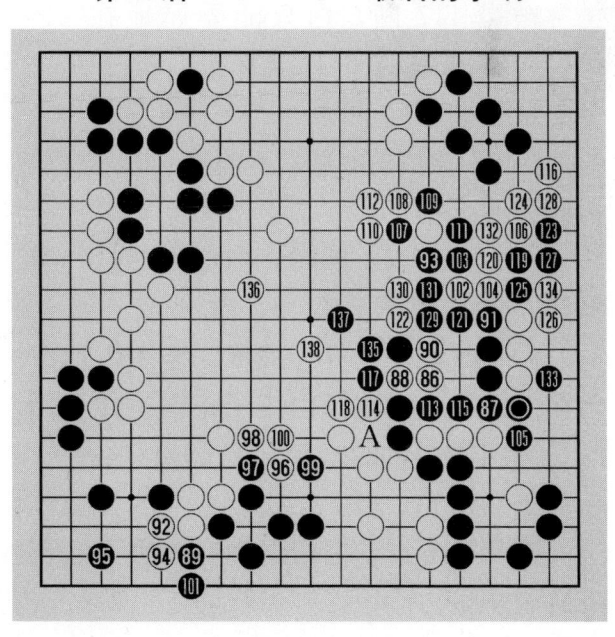

黑 77 至 81 强硬地分断白棋，是形势不利时的胜负手，想把局面搞得混乱一些，再寻找机会。

黑 83 是防白在此挖，同时准备在 85 位扳下。

黑●扳后，如果白四子被吃，当然黑棋优势，但白对此早有准备。

白 86 是定胜

负的妙手。黑 87 只能退让，如硬要在 113 位冲，则如图十所示。

图十：黑 1 冲时，白 2 夹好手，黑 3 如硬吃，以下至白 8 为双方必然下法，因征子不利，黑无法在 a 位逃出。此结果黑大败。

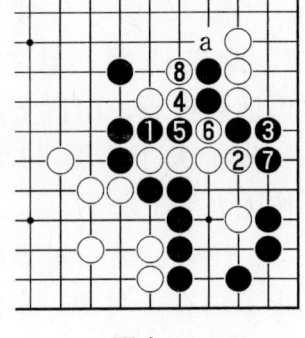

白 88 冲，安然突围，黑 89 无奈，只得再补下边。

黑 93 碰，再次挑起争端，如去吃右边三子，被白围起中央，黑无法取胜。

白 94 至 100 先手逼黑做活，并趁机巩固了中央，然后 102 穿象眼，步调相当漂亮。

白 116 争抢官子不好。如果现在我碰到这种局面，会毫不犹豫地在 135 位补一手，这样确立白的简明胜势。当时，虽明知中央味恶，但自恃力量大，所以棋走得很强硬。

被黑 117 断，白只能委屈地在 118 团，否则被黑 A 位打就坏了。黑 119 搭下是最后的争胜手段。

黑 121 时，白 122 不能在 135 位打，否则如图十一。

图十一：黑 1 冲时，白 2 如断打，黑 3、5 先手，以下至黑 13，白不行。

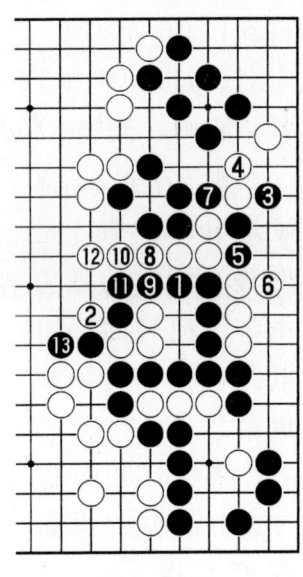

白 130 以下是弃子战术，至 135 形成转换。黑在中央吃掉白三子，白也在右边吃了黑四子，总的来说，局部黑稍便宜。但白 136 抢先围中央，形势仍然领先。黑 137 尖，白 138 完成围中空的目标。此时，盘上大致都已定形，白全局厚实，黑无法再找到争胜负的机会。以下解说从略。

第二局　积极进取的构思

黑方　聂卫平　出 2$\frac{1}{2}$ 子　白方　王汝南

对局结果：黑胜 4 子　共 149 手（以下略）

1973 年 12 月 26 日弈于北京

至白 16 是二间高夹定式一型，在六七十年代很流行，不过，现在一般是把白 12 下在 A 位，如图一。

图一：白 1 至黑 6 是定式，白得先手抢到 7 位好点，上边黑并没有什么好手段。下成这种从容局面，正是白方所欢迎的。

黑 17 普通是下在 B 位，但我考虑到白 18 仍要按谱中下法下，黑 23 后，被白在 17 位夹击，黑二子似乎有些重，所以采取了谱中轻灵的下法。

白 24 很大。黑 25 当然，因为如在 B 位补，白 C 位夹，上边黑棋仍不是活形，既然一手

第一谱　1—33　快调的布局

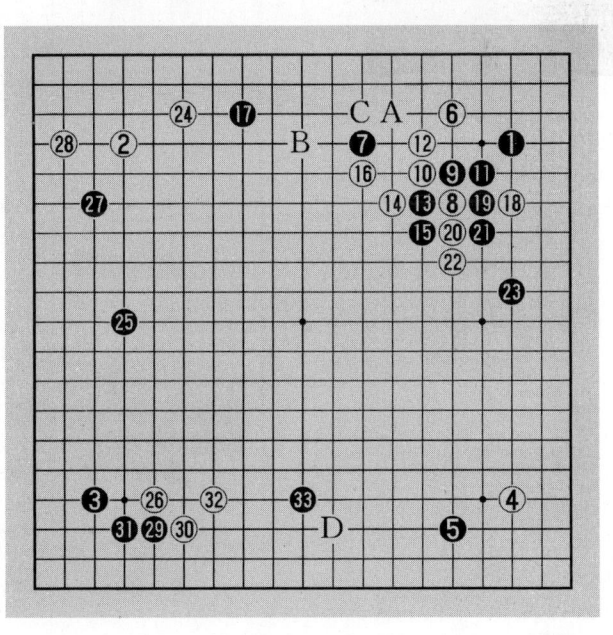

109

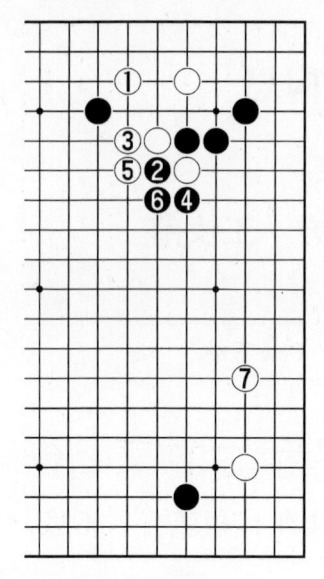

我的围棋之路

补不好，就索性不补了，准备白再攻逼上边时，便再次脱先抢占下边一带大场。

白26挂时，黑27先与白28交换是机敏的。白28固守，本身很大，另外仍瞄着上边两个黑子。

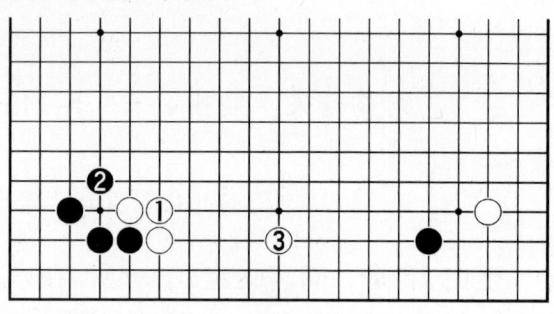

图一

图二

白32是疑问手，应按图二行棋。白32是想让黑在左边应一手后，再于D位绝好地拆兼夹，但在已有了黑5与25两子的情况下，黑33反击几乎是绝对的，白顿感局促。

在有黑⚫子时，白34如在73位靠是无理的，以下黑37、白36、黑35打、白41接、黑38长出，白苦战。

第二谱 34—97 白陷入苦战的原因

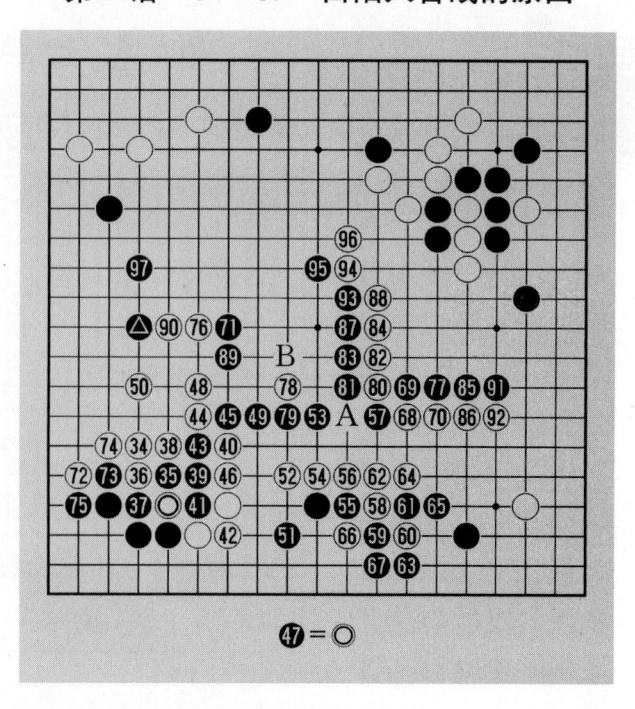

㊼＝○

110

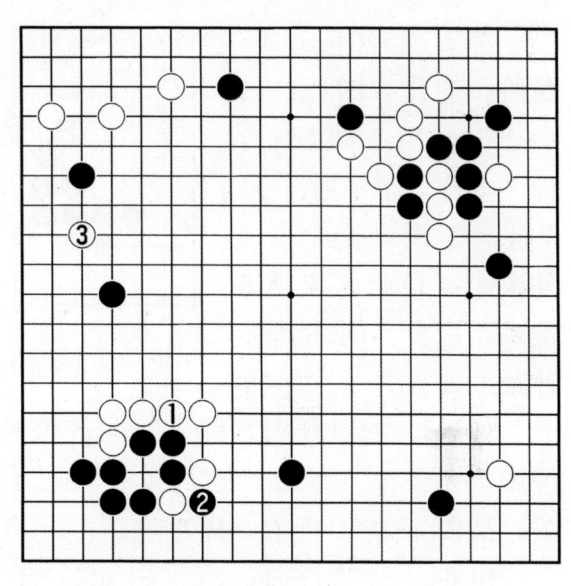

第二部 难忘的四十局

黑35反击，只此一手。白38、40是此形常用的手筋。

白42大恶手！使白陷入了苦战。白42应按图三行棋：白1接是本手，黑2必然要打吃，白3再打入，从右下局部看，黑实利很大，相当有利，但左边被白打入，也有些麻烦。如果只是左边一块棋，黑比较容易处理，关键是上边两个黑子也很薄弱，有被白缠绕攻击的可能。这样左边、上边一带的攻防将决定本局的命运。总之，本图是白唯一可行的作战构思。

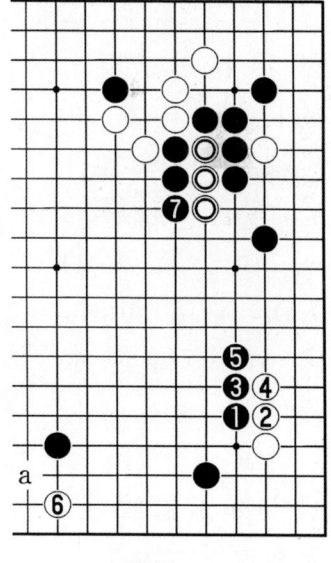

被黑43、45冲断后，白后悔42的轻率了。

白50是形的急所，这里被黑走到，白无法忍受。

黑51攻击的时机不好，这块白棋样子虽苦，但立即去攻反而收不到显著的效益，应按图四行棋。

图四：黑1声东击西绝妙。白2、4不得不抢先手，再6飞做活，这时如再被黑a攻击，白大块就难逃罗网了。黑7再压，白◎三子已无法逃出，黑绝对优势。

图三

图四

111

黑55当然应于58位跳，变化如图五：白◎压时，黑1跳好手，白2如靠，黑3接，再5跳，白很难受。白2如改于4位长，黑就5位跳，白也不能在3位冲断。

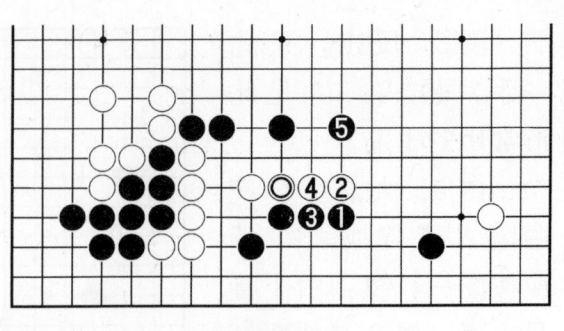

图五

如谱，白56压时，黑57如58位长，则白当然不会再于62位压，而要在A位靠。这样黑中央三子反而薄了，故黑57只好关。被白58、60连扳，黑难过。

白64、66次序好。有了白66一子，这块白棋基本上活了，这和图五的结果相比，白局势多少挽回了一些。

白78无理！但是79错过了反击的良机，应在89位刺，待白90位补后，再于B位靠。

由于黑79的失误，白80断时，黑81只得逆水行舟。

黑83以下，双方都紧紧咬住，毫不松手。由于白42的错误严重，尽管黑51、55、79连续错过战机，至

第三谱　98—149　黑确实的收束

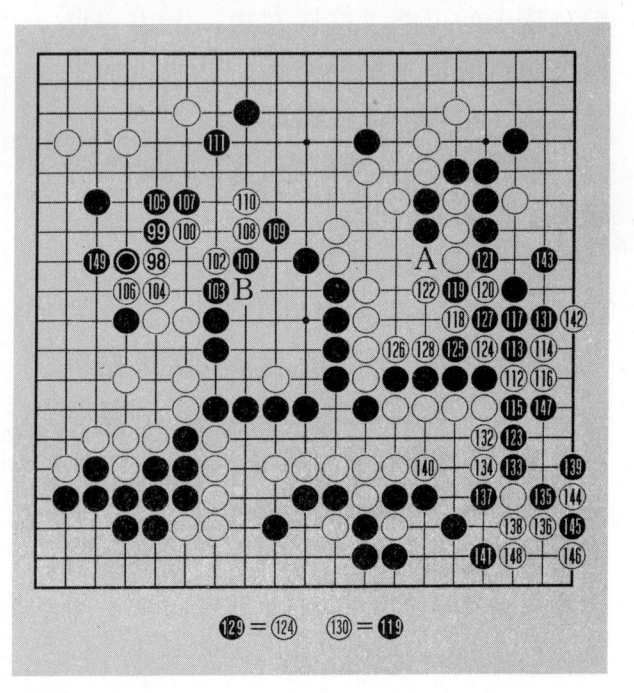

㉙=㉔　㉚=⑲

112

第二部 难忘的四十局

黑 97 补，局势仍然是黑占优势。

黑●补强以后，黑实地已遥遥领先，还可 A 位压出吃白三子。问题是左边和上边黑子有些薄弱，作为白棋，当然要对这两处弱子进行猛攻，以挽回败局。

白 98 是攻击的开始，白 100 是强手。黑 101 冷静，如随手在 105 位长，被白 B 位点入，这就讨厌了。

白 102 不将自身补强是奈何不了左边黑棋的。白 106 极大，如被黑接上了，黑棋就活了。至黑 111 止，黑左、右两块已经获得联络，白的攻击没有收到预期效果，黑胜势越发清楚了。

白 112、114 是期望黑于 116 位吃，以下白 115、黑 117、白 118，既补上了 A 位弱点，又补强了右下，但黑识破了白方意图，黑 115 打使白的期望彻底落空了。

黑 117 以下步步紧逼，至 139，白虽在中央获 13 目实地，但黑在下边也获利不小，白并没捞到便宜。

白 140 不可省，否则被黑 140 位曲头，这块白棋就成了打劫活。

白 144 扑至 148 是做活右下角的手筋，黑不能去硬杀白角。

黑 149 再补一手，是优势时的取胜之道。此时黑全盘已没有弱棋，实地领先大约 15 目，白再也没有机会争胜负了。

本局由于白 42 的重大失误，被黑抓住战机，导致全局被动，虽顽强抗争，但因损失过大而无成效。可以说本局是"一着不慎，满盘皆输"的典型战例。

113

第三局　精神较量的失败

黑方　聂卫平　出 2$\frac{1}{2}$ 子　白方　陈祖德

对局结果：白胜 3 子　共 148 手（以下略）

1974 年 1 月 31 日弈于北京工人体育场

1974 年初，陈祖德仍然是中国棋坛的盟主。虽然我早已把他作为追赶的目标，但在与他对局时，却常常被他威猛的气势所摄服。这是我和他的第一次的训练比赛对局。

黑 1、3 和白 2、4 占对角星是我们双方各自喜用的得意布局。

黑 5 的下法在当时极为少见，一般都是先 A 位挂，待白单关或小飞应后，再 5 位拆。对局时，我考虑到陈祖德实力强大，按普通下法很难战胜他，所以想出奇制胜。当然，现在这种走法已很常见了。

白 6 拆右边大场，方向绝对正确，但我认为白 6

第一谱　1—40　被动的序盘作战

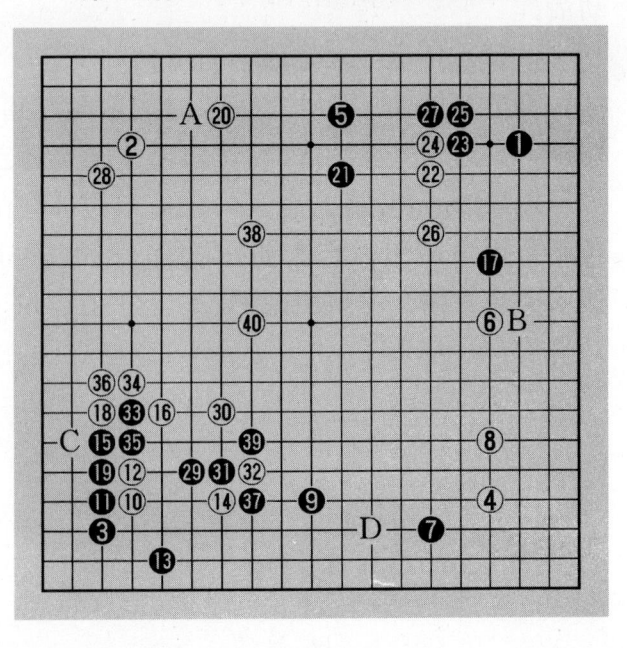

不如下在 B 位好。为什么呢？请看图一和图二的比较。

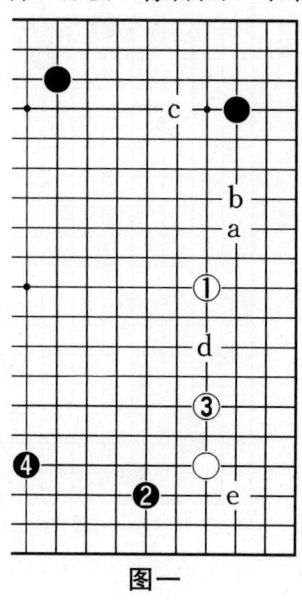

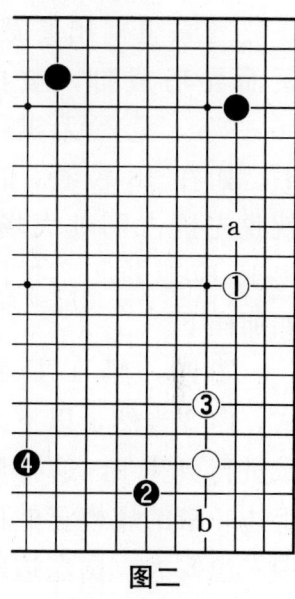

图一：白1拆后，黑2挂必然，白3应，黑 a 拆逼就成了绝好点，白有些难受。白如防黑 a 拆逼先在 b 位与黑 c 交换，再3位应也不好，因为将来 d 位的打入和 e 位的点三三，白无法同时补上，所以右边成大空的希望不大。

图二：白1在三路拆，黑2、4也大致如此，那么白右边的配置显然要比图一好一些。以下黑 a 的拆逼已没有多大威胁，白还可抓住时机在 b 位跳，将右下变成实地。

白14是陈祖德的顽强下法，但有些疑问，因为黑9一子已预先等在那里，白14作用并不大，即使要走，也应下在31位好一些。实际上，白14按图三的下法下就不错。

图三：白1拐头是此局面临机的好手，黑2飞起当然，白3绝好，既呼应了左上白星，又可伺机在 a 位靠压扩张形势。

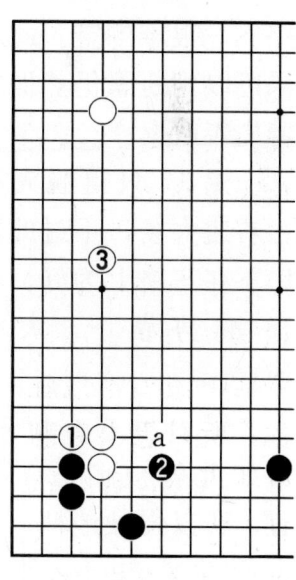

我的围棋之路

黑 15 不按定式在 C 位飞原想别出心裁，反而弄巧成拙，被白 16 一飞，竟然无棋可下。如在 18 位补，白就脱先抢占别处大场。黑 15 应老老实实按图四那样下。

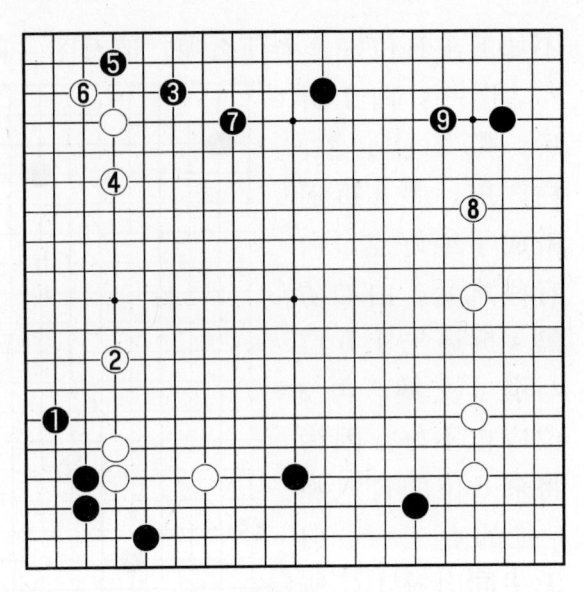

图四：黑 1 是定式，白 2 当然，以下大致进行到黑 9，这样黑上边一带的规模显然比白右边要大；白左边的阵地，由于被黑 1 在二路飞，很难围空。此结果可以判断黑仍然保持着先着效率。

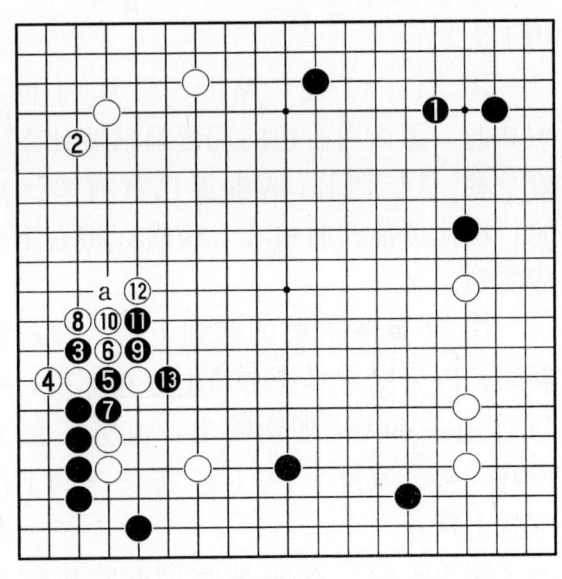

黑 17 只得脱先抢占右边大场，不过此手以下在三路上为好。白 18 顺势靠下，大得便宜。

黑 19 也可 C 位立，可如此就被白占了便宜，所以强硬地粘。一方面撞紧白气，使黑

图四

图五

29 位点更有力一些，另一方面期望将来能在 33 位挖，如吃掉白 18 一子，那么黑 19 就能便宜不少官子。

白 20 很大。黑 21 关起，看上去气势汹汹，其实是疑问手，右上围得过大，显得很空虚，不如按图五行棋。

图五：黑 1 坚实地守角，白 2 也构成好形。此时，黑 3 夹是好手，白 4 如立下，以下进行至黑 13 止，左下白四子很苦，白左上虽大，但留有 a 位断的余味，白总有些顾虑。

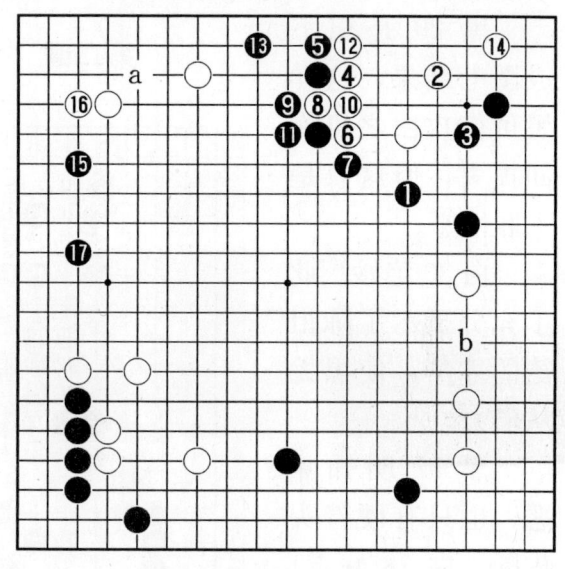

白 22 立即侵入是陈祖德独特的强烈下法。不过，此时在 28 位冷静地补上一手也很好，黑反而不知怎么下了，右上角黑如围小了不甘心，围大了又怕白有打入手段，有些左右为难。

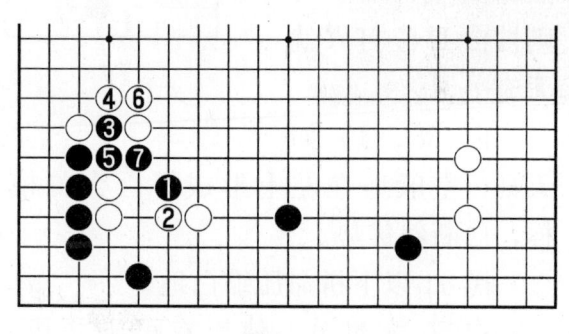

黑 23 是不可原谅的恶手，可以说是本局的败着，无论如何应按图六的下法下。

图六

图七

图六：黑 1 反击严厉，白 2 如就地做活，以下大致到 14。白虽然在黑阵中活得很大，但黑也获厚势，黑 15、17 再于左边建立阵地，使白模样化为乌有，以下还有 a、b 位的打入好点，黑不坏。这里变化虽然很多，但黑如不下坏棋，在黑势力圈内作战应该是有利的。

如谱至白 26，黑地被白先手压扁，白 28 再转回占左上大场，一举确立了优势。

黑 29 是想下成图七结果，这样黑可借攻白之机挽回损失，但这只是一厢情愿。

白 30 绝妙！此手充分显示了陈祖德的才华，使黑无从借力。

黑 37 明知味恶，也只有硬着头皮断，白 38 好点！黑 39 不得不补，否则被白 D 位打入就无应手了。

第二谱 41—82 重大逸机

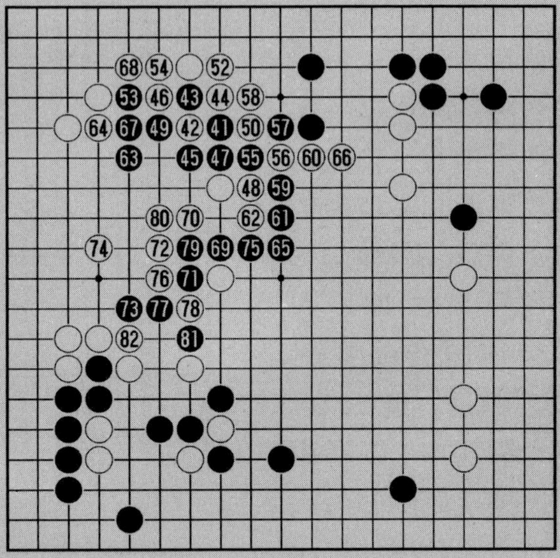

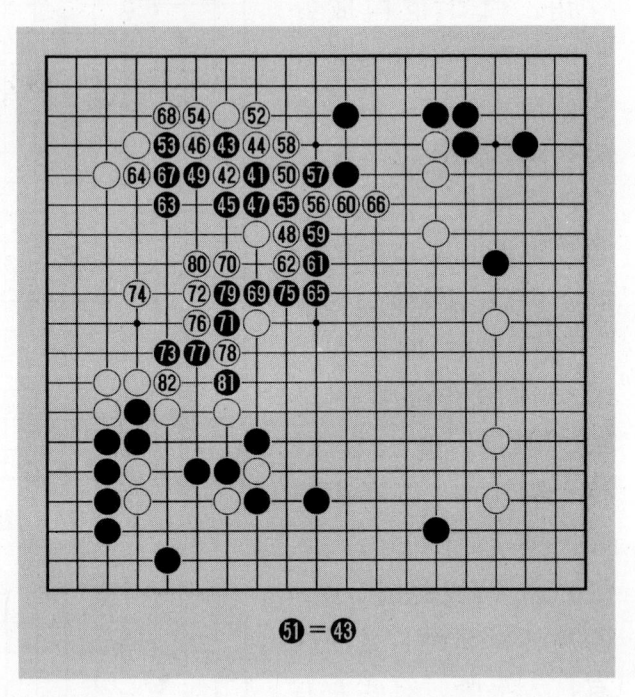

(51)＝㊸

白 38、40 如天马行空般地在左上形成了巨大的模样，白断然优势。

黑 41 以下拼命压缩白地。

白 50 太过分，使黑有可乘之机。应如图八忍让。

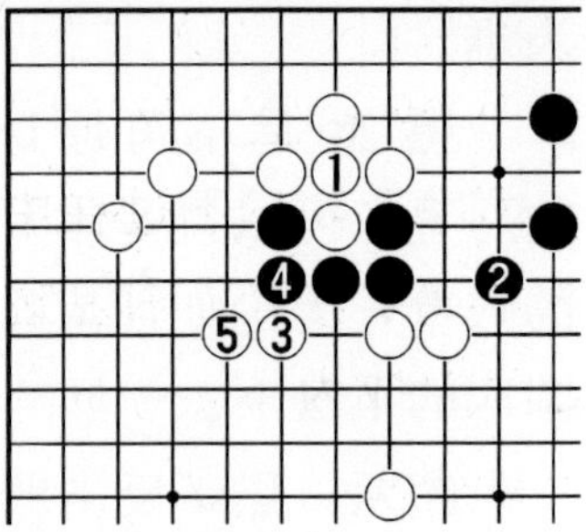

图八

图八：白 1 粘看似委屈，实为明智之举。黑 2 只有连回，至白 5，白地并未受到多大损害，仍然是优势。

黑 55 冲时，白已骑虎难下，只得 56 挡。

黑 61 时，白 62 是最强烈的抵抗，使黑不能在 66 位打吃白二子。

黑65麻木，失去了一举定胜负的绝好时机，应按图九行棋。

图九：黑1是绝妙的手筋。白2、黑3，白4只能补，黑5断，白陷入困境，已很难收拾。以下白如强吃黑棋，至黑39，白崩溃！过程中，白2如尖，则如图十。

图十：白2小尖，黑3好手。以下至黑15打，白◎二子即使能逃掉，白也不行。

黑69再靠已来不及了。黑65与白66交换，给白棋帮了大忙。至白82粘上，黑左上一团净死，只不过在中央形成了厚味，白左边已完全成为实地，局势白仍领先。

白86不可省，否则被黑A位尖断就出棋了。

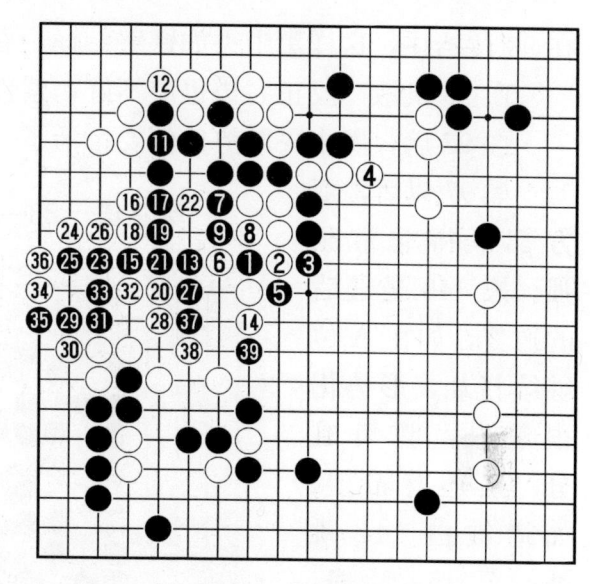

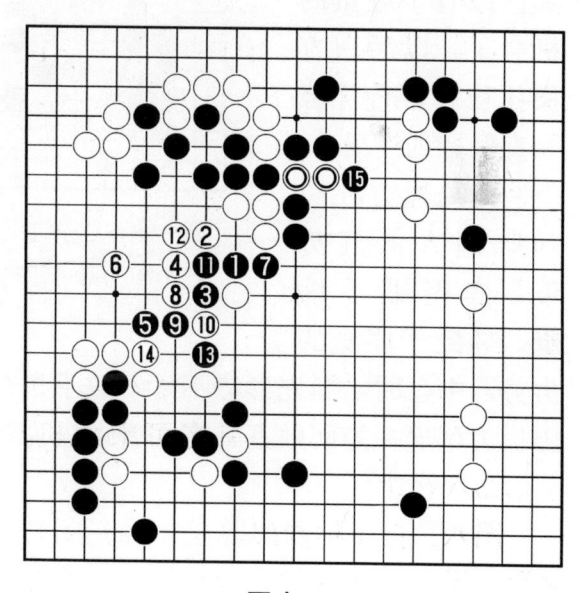

黑87先手刺，缓和了白B位的打入，黑89打入过急，应先

图九　⑩=❶

图十

我的围棋之路

在 90 位挡住，这样黑中央如铁壁一样，右边白棋一手补不干净。

白 90 机敏，反正右边也应不好，索性任黑再下。

白 92 后，黑中央厚势反倒要忙活了。

黑 97 以后，双方都下得非常顽强。黑 143 是最后的败着，如在 A 位继续打劫，形势仍很复杂，胜负难分，黑还有希望。如谱被白 144 跳补，至 150 活净，黑已没有争胜负的机会了。以后白方稳扎稳打，将优势一直保持到终局。

此局黑方在白咄咄逼人的气势下，弈得缩手缩脚，导致了序盘的劣势，中盘时，黑先形势不妙，放手拼命反倒获得了良机，但终因棋力稍逊一筹而败下阵来，教训极为深刻。

第三谱　83—150　急躁的黑 89

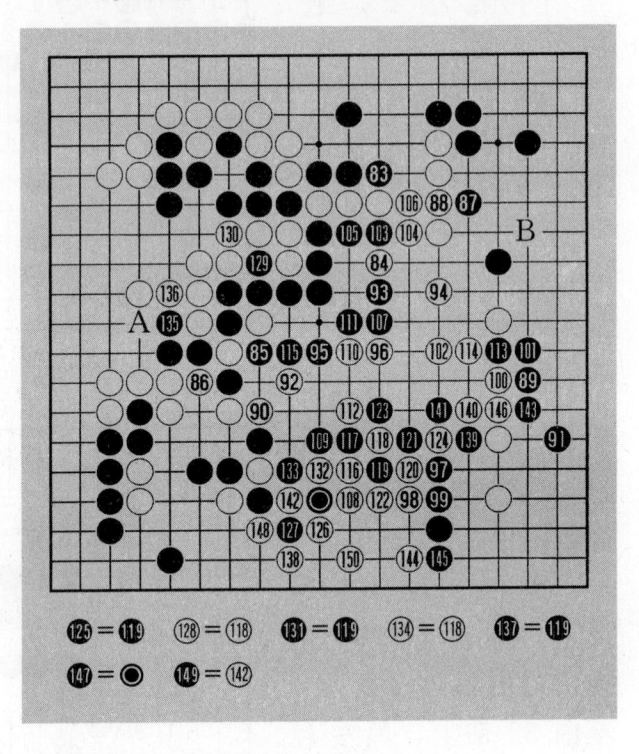

第四局　几经反复的胜利

黑方　黄德勋　出 $2\frac{1}{2}$ 子　白方　聂卫平

对局结果：白中盘胜　共160手

1974年3月14日弈于北京工人体育场

黑7一间高夹是疑问手。从棋理上讲，在右下角有白子时，黑如紧夹，白无论飞起或跳起，作战都于黑不利。黑7应宽一路夹，如图一。

图一：黑1也可于a位夹。白2跳，黑3就应，当白4夹击时，黑5跳起，这样可以从容作战。

白10托角时，黑一般应按图二定式走，但此局面却不能这么下。

图二：黑1至白4是定式，可黑下一手是走在a位还是走在b位？很难选择。另外，由于白c位飞是先手，白再利用右下目外一子的威力，在d

第一谱　1—37　布局的疑问手

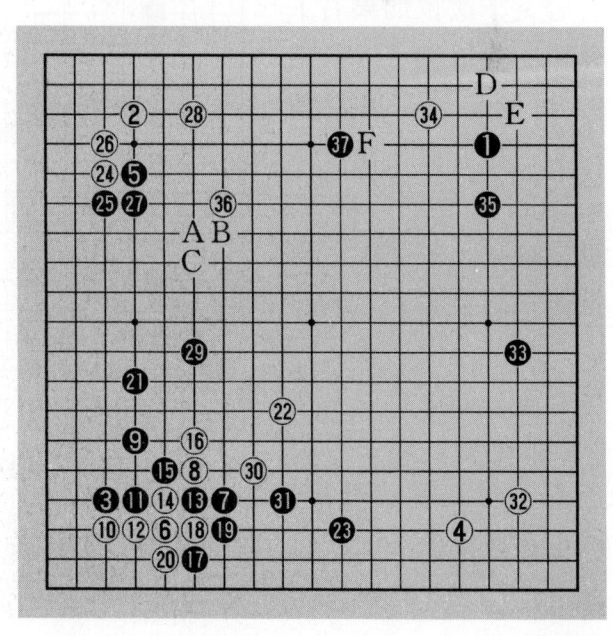

位攻逼，黑苦战。

黑11以下只能选择放弃角部的定式。虽然这个定式到现在还有些人采用（包括日本一些高段棋手），但我个人认为，这个定式得角的一方实利太大，而且中央二子也较易处理，几乎不能称之为定式。

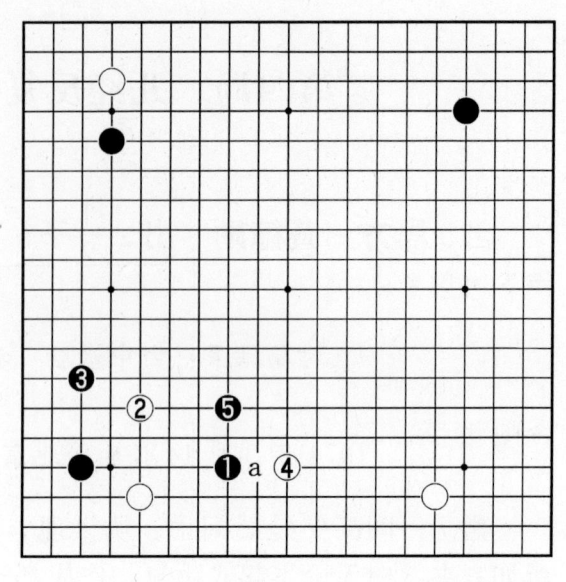

白22的下法是我当时刚从日本高段棋手的谱中学来的，但此局面并不恰当，白22本来是在敌强我弱时的一种轻灵下法，如果右下角白子换成黑子时，白22是漂亮的，可目前白4占据着右下角，下边是我强敌弱，白22就显得缺乏效率了。应按图三的下法下。

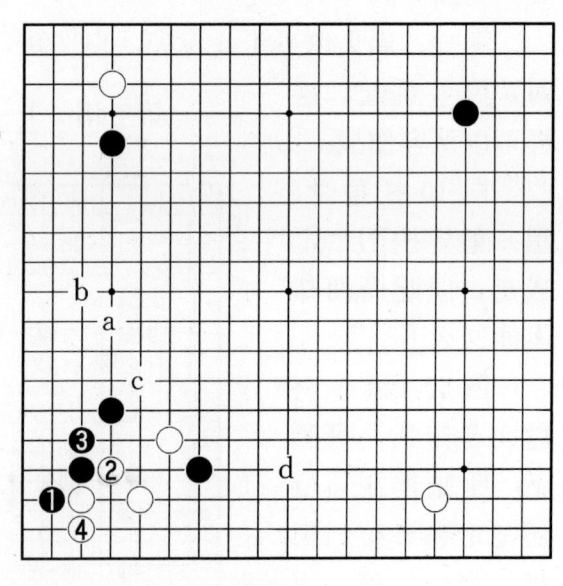

图三：白1关，好手。黑2如高拆二，白3拦拆绝好，黑4小尖出头，白5顺势整形，结果显然比谱中结果好。黑2如改在a位拆，白1就比在b位有迫力。

图一

图二

白 24、26 托退的时机不好，应立即在 32 位守角。如谱促成黑下出 29 飞的强手。

白 30 和黑 31 交换使下边黑棋得到加强，但也没有办法。

白 32 只得守角，否则被黑于 32 位挂，白 4 一子顿成孤子。

黑 33 大缓手！错过了一举占优的良机。应按图四行棋。

图四：黑 1 继续扩张是好手，白 2 如飞，黑 3 也飞。由于中央白四子薄弱，白不敢深入左边黑模样。黑子效相当充分，显然是黑方优势。

白 36 是双方势力消长的中心点，抢到此点，白顿时松了一口气，形势开始于白方有利了。

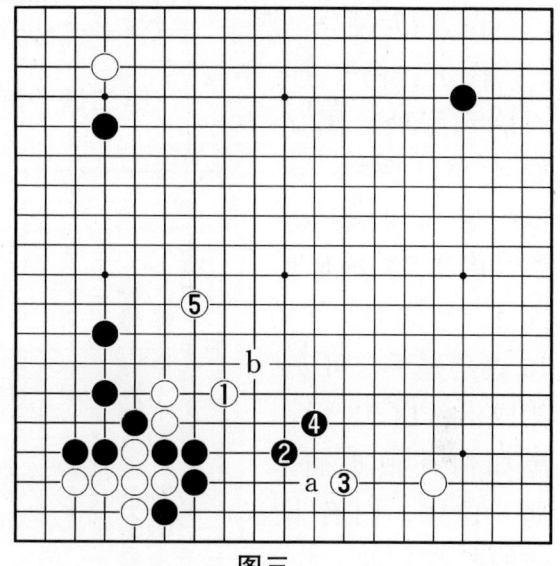

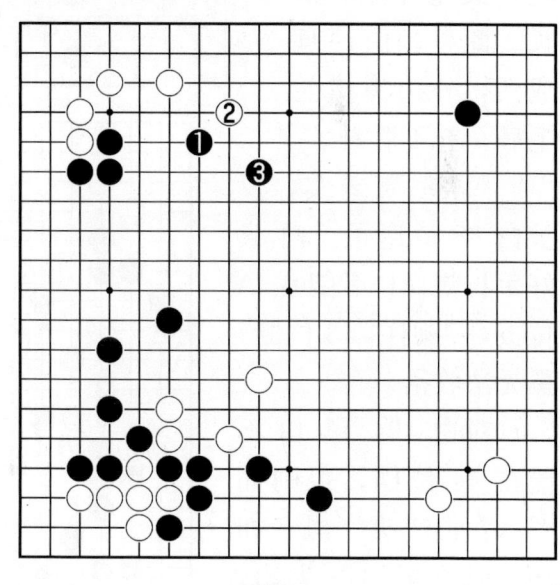

黑 37 只得如此，如在 A 位对围的话，则白 B 压，黑 C、白 D、黑 E、白 F，结果白上边的规模比黑左边还大，黑大亏。

图三

图四

我的围棋之路

白38太过分，恶手！当然应下39位，如图五。

图五：白1打入恰到好处，黑2如飞出，白3再拆。黑4如想硬杀，白5、7绝妙！黑12如阻渡，白13立是先手，可安然成活。白13后，黑如何补很头痛。如a位枷，白有b位的打吃；如c位吃，又恐白d位长。此外，白一旦成活，外边黑棋的毛病，补不胜补。

黑39太老实，反被白38得逞了。白40好手！黑41不能在A位扳，否则白43位断，黑无法收拾。

对白42，黑43不能在44位挡，否则如图六：白1夹，黑2如挡，以下至白5尖出，黑成崩溃之势。

黑45是最顽强的抵抗，但被白46先手

第二谱　38—69　可怕的失误

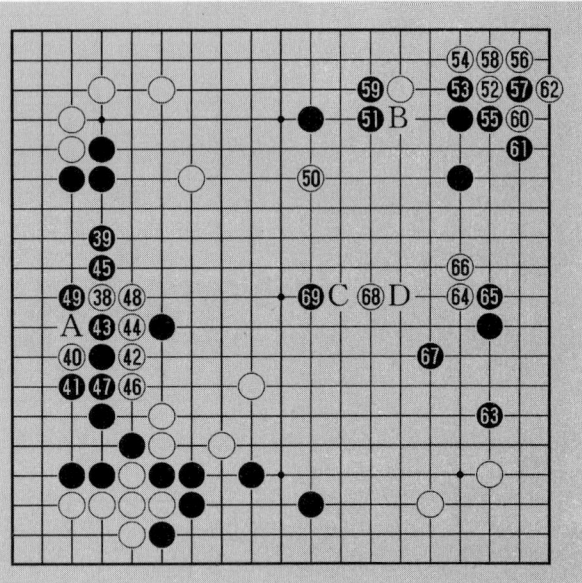

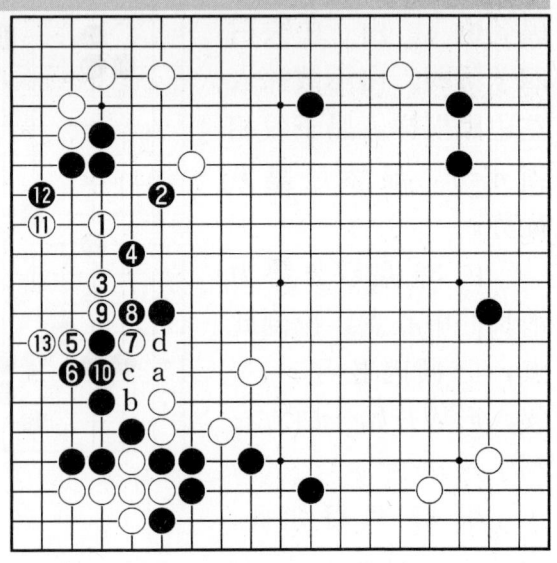

图五

124

得利，使黑难受至极。至 48 止，黑左边实地并没增加多少，可白中央四个薄弱的子此时却成为厚势，故而白形势极为有利。

白 50 好手，逼黑 51 应，再 52 点三三，次序巧妙。

黑 59 是防白 B 位冲。白 60 打拔一子实利很大，而且使黑右边变薄了。

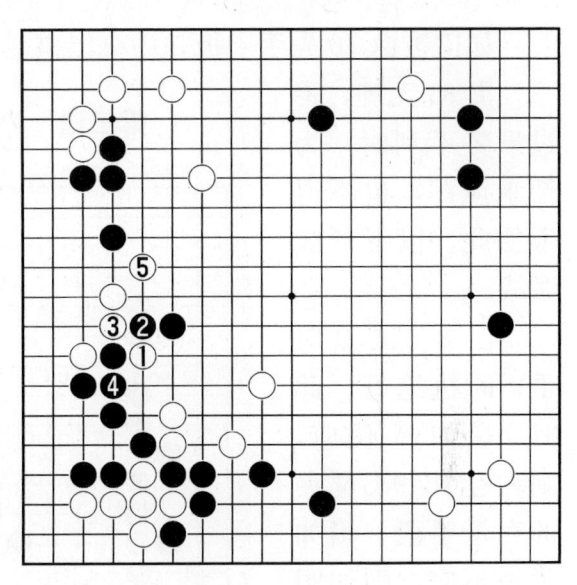

图六

白 68 墨守成规，应再大一路，下在 C 位，这样黑大概就失去再战的信心了。白 68 即使下在 C 位，黑也不能于 D 位去分断白棋，否则如图七。

图七：白 1 时，黑 2、4 硬断，以下白 7 反打是好手。黑 10 无法打劫，只得粘，白 11 安全连回，黑显然不行。

白 68 使黑得到了机会。黑 69 镇是强烈的胜负手，局势一下又混乱了。本来已经绝望的黑棋又重新鼓起了战斗的勇气。

黑 73 顽强，在治孤的同时，对白中央施加压力。

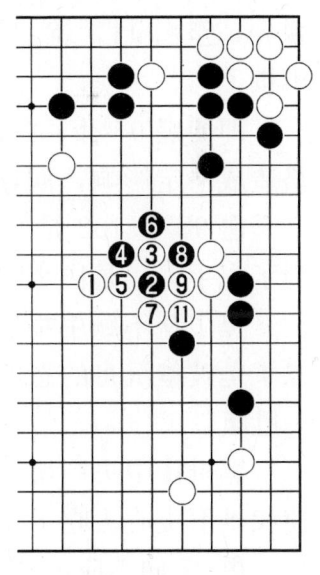

图七 ❿＝③

白 74 自重。黑 75 太贪，此时应 85 位接，待白 86 位扳粘后，再 76 位长，这样可牵制白棋，减少中央黑棋的负担。

我的围棋之路

如谱被白76先手一扳,中央黑棋变得更薄了。

黑81无理,不过形势不利时,为把水搅浑,也不得不如此。以下形成激战。

白94试黑应手,时机绝好。此时,黑如A位应,则白生出95位夹的官子手段。黑如脱先不应,则如图八:白1断,黑2脱先,至白11,就出棋了。

第三谱　70—119　黑的反扑

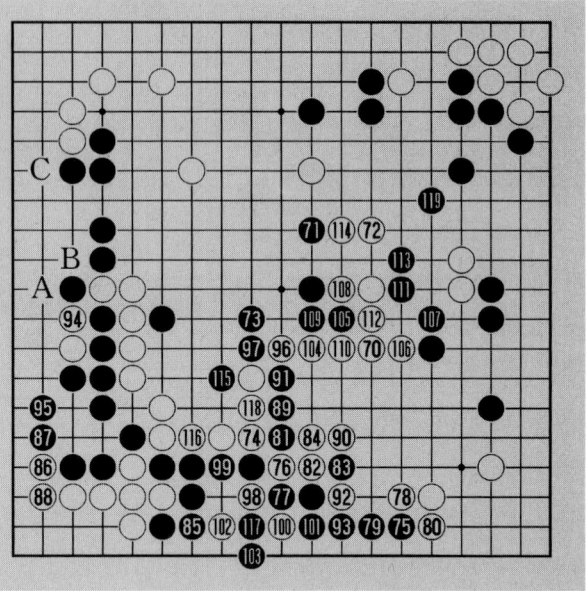

即使黑95补,白得到了B位打吃,给中央黑棋向左边的联络造成一定影响,而且白C位扳粘成了先手。

白98至102是好手,使116位接成为了先手,于是白104的长就成立了。

黑119不顾中央黑子的安危,而吃白二子是破釜沉舟的态度,准备以治孤来决一胜负。

黑棋任中央一块让白猛攻的态度,反使我难下决心去吃了。白20、22机敏。

黑27如不应,就出棋了,请看图九。

图九:白1打至白5为必然,至白9,黑左上一块危险。

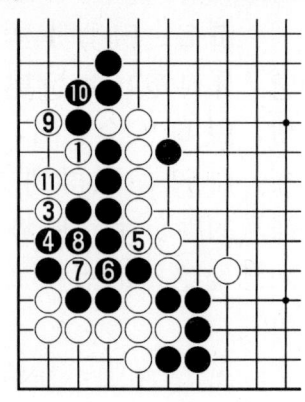

白28稳健,如凶一些可直接在44位冲,黑更难下。

图八　❷脱先

126

黑 29 以下拼命突围，至 55 终于逃出虎口，但也使白中腹成了一道铁壁，白 56 便可最大限度围空。

黑 59 按正常收官应在 A 位扳，白 B，黑 60 位打，这样白可抢到 59 位尖的最后的大官子，然而如这么收官，盘面成为细棋，黑必败无疑，所以黑 59 硬着头皮拼抢官子。

白 60 顶后，黑棋认输了，因为黑的联络出了问题。

此局，局势几经反复，说明双方技艺还不成熟。不过黑方顽强争胜负的态度，以及白 40、50、94 等妙手，还是值得一观的。

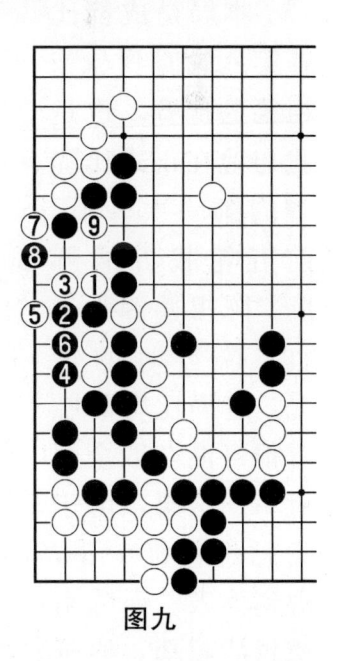

第四谱　20—60（120—160）　　白明快的攻击

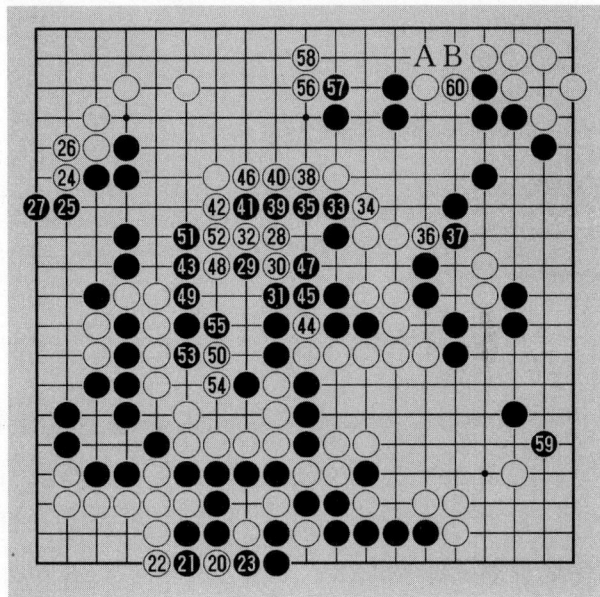

图九

第五局 刻骨铭心的惨败

黑方 陈祖德 出 $2\frac{1}{2}$ 子 白方 聂卫平

对局结果：黑中盘胜 共81手

1974年7月23日弈于成都

1974年7月在成都举行的全国围棋比赛，与1966年在郑州举行的全国比赛相隔了八年之久。参加成都盛会的除了陈祖德等早已蜚声棋坛的名手外，还有许多像我一样的后起之秀，因此比赛非常紧张、激烈。

本局是成都比赛第六轮时我与陈祖德的比赛，也是我与他在正式比赛中的第一次较量。前五轮我五战五胜，陈祖德四胜一负，按当时的情况，这局比赛的胜者很可能夺取全国冠军。结果，由于我思想包袱太重，遭到惨败。而陈祖德越战越勇，终于

第一谱 1—32 序盘的激战

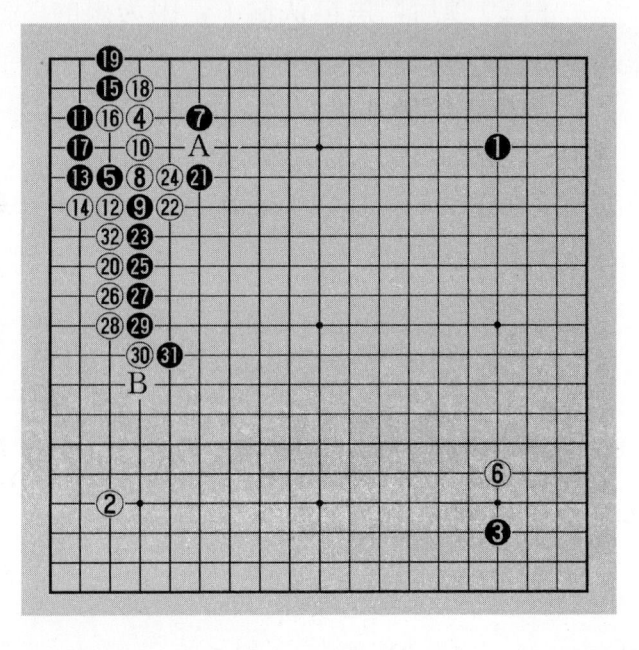

128

夺取了 1974 年全国比赛的冠军。

黑 7 紧夹是陈祖德得意的下法，目的是想下成图一。

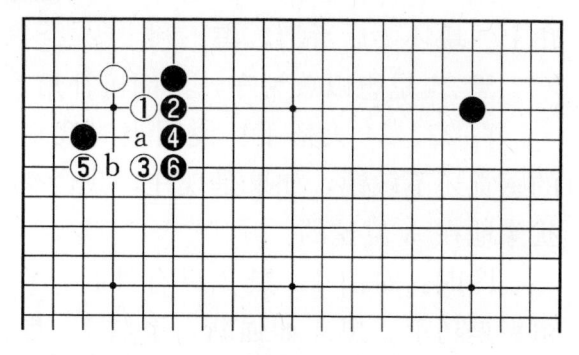

图一：白 1 尖，黑 2 压长，白 3 如跳，黑 4 就长，以下无论白 5 靠，还是 a 位接，黑 6 都继续压，配合右边黑星进行大模样作战，此结果我认为白不算太理想。其实白 3 改下在 b 位，就能避免形成这种局面。

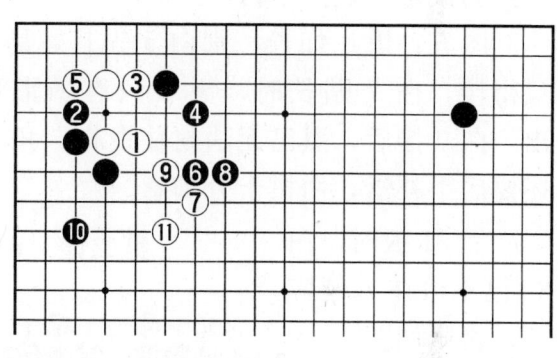

白 10 普通是如图二：至白 11 几乎可以说是定式，白并不吃亏。可我考虑到黑紧夹的目的就是想走成这种结果，所以不肯采取图二下法。

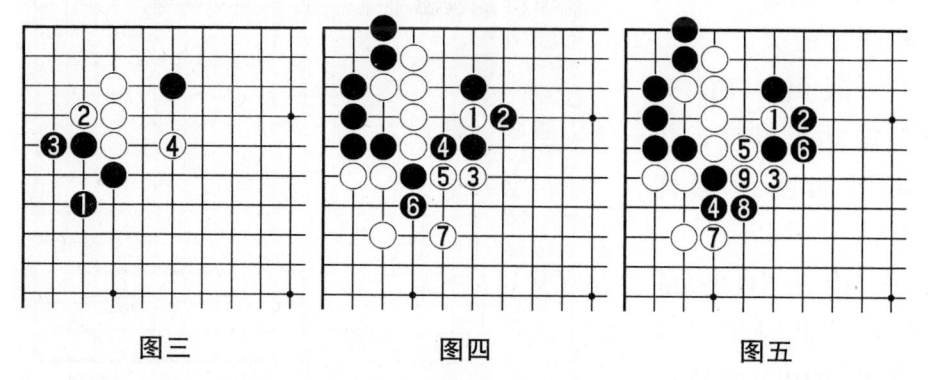

图一

图二

图三　　　图四　　　图五

白 10 接，不好。实际上黑按图三那样下，白就已经亏了。

我的围棋之路

黑11有些过分，遭到了白12以下的强烈反击。至白20，黑角上一块还要后手活，黑不利。

黑21是想以攻为守，再伺机补角。

白22、24大俗手！说明当时我对形的感觉还不敏锐，如果是现在，我会毫不犹豫地在A位挖的。

图四：对白1，黑2只有外打，白3再夹是巧手。黑4如强断，至白7，黑二子棋筋被杀，显然不行。

图五：黑4如长，则白5先打，黑6只得接，白7贴长时，黑8只有愚形弯出，白9接后，黑已无法封住白棋，角上还要后手补活，白棋十分满意。

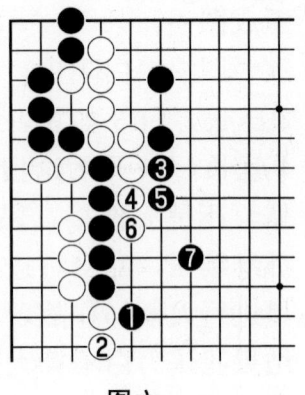

图六

黑31扳时，白32已不敢在B位应了，否则如图六。

图六：白2如长，黑3、5、7可以强硬封锁，白大棋全军覆灭。

因此，白32只得贴紧黑气，防止黑如图六那样封锁。

由于白22的过失，此时黑已占据主动权，白只有胆战心惊地等待黑

第二谱 33—81 崩溃的过程

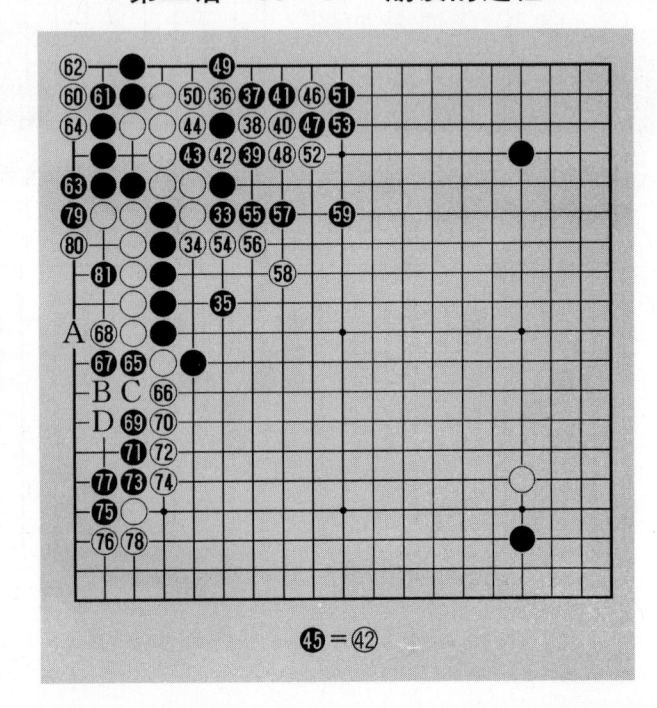

㊺=㊷

130

对左上白棋的猛攻。

白 36 托轻率，以为黑 37 只能在 38 位退，忽视了黑 37 扳的强手，白 36 不如老老实实地在 54 位拐出，局势虽不利，仍可慢慢再找机会。

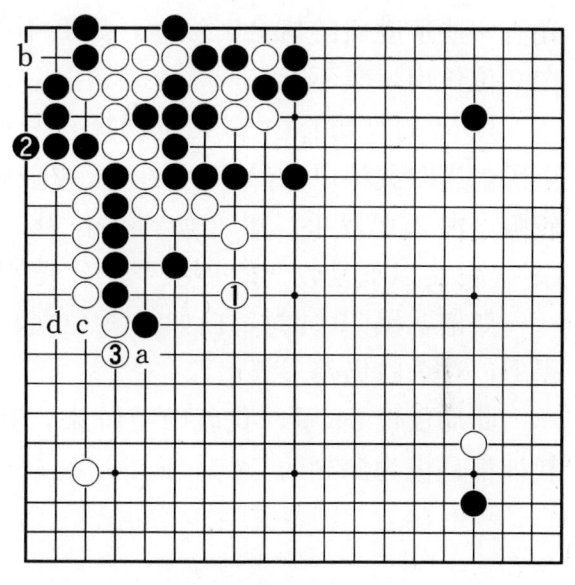

白 38 断不得不如此。在黑 41 以下的严厉反击下，白 46 只得采用"苦肉计"，至 58 逃出。

黑 59 吞掉了上边四个白子，优势越发明显了。

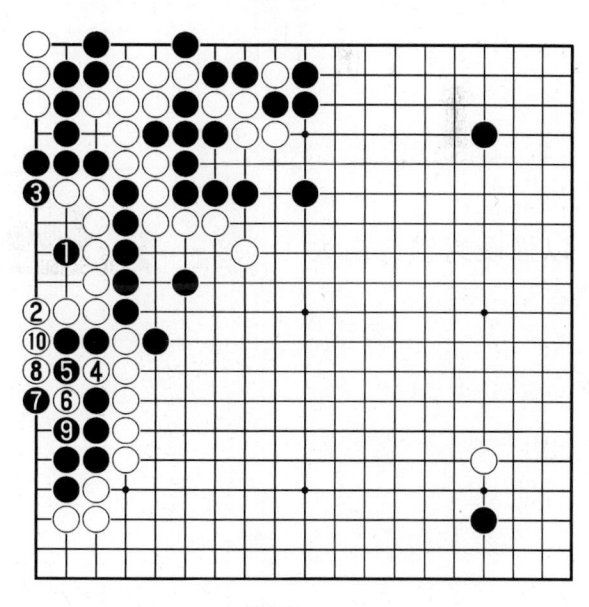

白 60 是完全失去了理智的下法，导致了形势的崩溃。此时白即使吃掉黑角也补偿不了在上边的损失，而且落了后手。白 60 的正确下法如图七。

图七：白 1 先走畅自身是劣势下的冷静态度，黑 2 如补活左上角，白 3 再长，寄希望于对中央黑棋的攻击。黑 2 如改在 a 位长，则白 b 位杀角，

图七

图八

黑再于 c 位打时，白便可弃一子而于 d 位反打，这样形势虽落后，还有一些争胜负的机会。注意，黑 2 不能立即在 c 位打，否则被白 3 位长出，黑不行。

黑 65 打严厉！白 66 以下误算。黑 79 绝好，这局棋到此就结束了。当时我误以为黑 79 会在 81 位破眼，变化如图八：黑 1 如破眼，白 2 立好手，黑 3 如在 5 位补，白走 3 位成"大眼杀小眼"。白 4 以下是收气的常用手段，至白 10，黑反被杀。

如谱，黑 79 冲时，白如在 A 位立，黑就 B 位补，以下白 C、黑 D，对杀白仍差一气。

此局仅仅 81 手，我就败下阵来，其中在思想上和技术上的教训都是极为深刻的。

第六局　功亏一篑

黑方　聂卫平　出 $2\frac{1}{2}$ 子　白方　罗建文

对局结果：白胜3子　共170手（以下略）

1974年7月28日弈于成都

这是1974年全国棋赛比赛对局，对手是棋坛名将罗建文。

黑1、3、5是"中国流"布局。虽然陈祖德等人早就开始采用这种布局，但我还是第一次采用。也许就因为第一次使用"中国流"的失败，使我很长时间对这种布局"敬而远之"。

白12先拆一手的意图是想走成图一。

图一：白1拆与黑2守角交换后，白3就在下边跳。以下即使黑在a位虎，白的高拆二也不惧黑的攻击。

实际上，图一的结果黑棋也不错。不过，当时我的棋风喜好激战，

第一谱　1—46　盲点

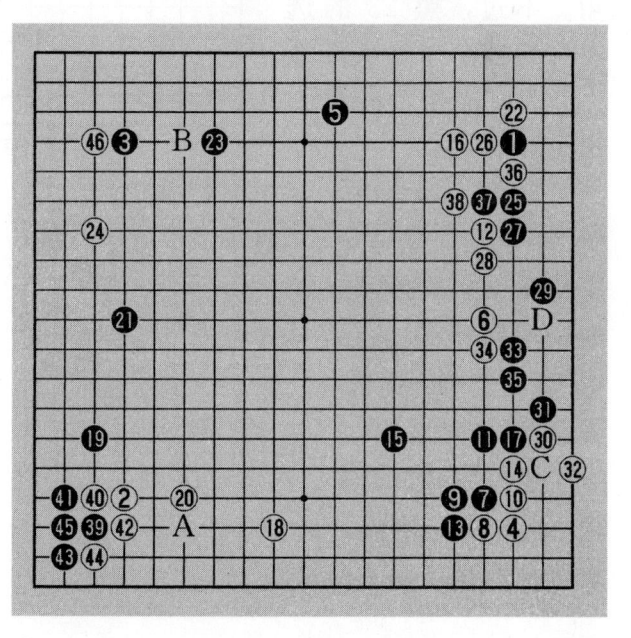

因此黑 13 拐下，破坏白方意图。

对白 16 挂角，黑 17 继续采取"你打你的，我打我的"方针，强硬地挡下。但此着有疑问，应按图二的下法下。

图二：黑 1 挂角很大。白 2 大致一间关应，至黑 5，黑下边的阵营规模可观。过程中，白 2 如改在 a 位一带夹击是无理的。

白 18 步子迈得太大，过于靠近黑厚势，而且使黑 19 挂成为好点。白 18 应坚实地在 A 位小飞守角，使黑不能在 19 位挂。

图一

对白 22，黑 23 再次脱先扩张左上模样，同时准备按图三所示活角。不过，黑 23 的选点有问题，当然应下在 B 位，这样角上要坚实得多。

图二

白 24 恶手！应按图四的下法下，至白 7 止，白轻松地在黑势中建立了根据地，黑不能满意。

黑 25 犯了与白 24 相同的错误，双方都忽视了图五的变化。

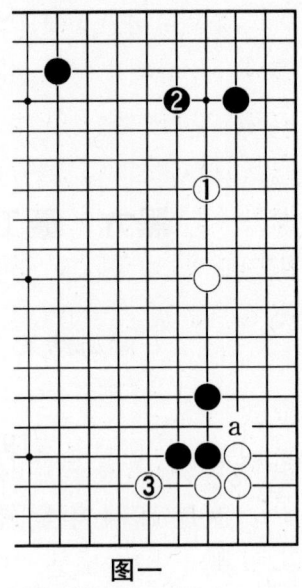

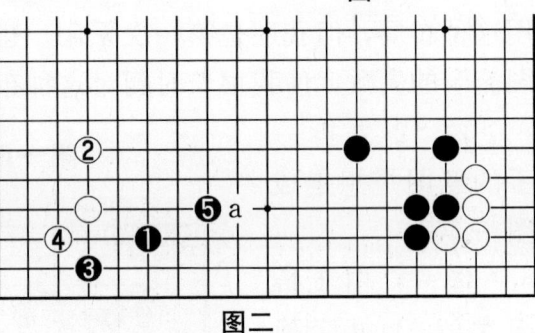

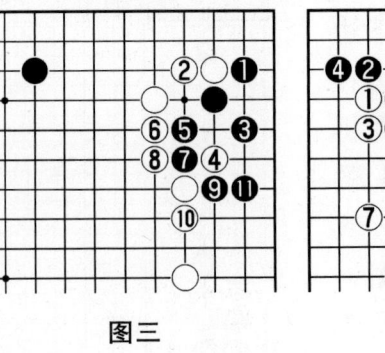

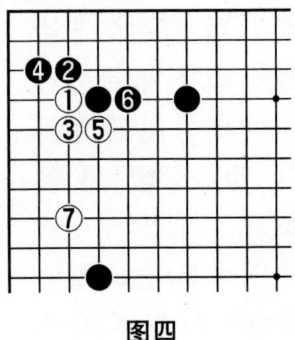

图三　　　图四

图五：白◎时，黑 1 极为严厉，白 2 如求活，黑 3 是强手，以下至黑 13 止，上边四个白子面临险境，下边还要补棋，白显然失败。过程中白 4 如改在 5 位退，被黑 12 位跳，白成苦战之形。此外，当初白 2 如 a 位关，被黑 10 位先手刺，白成笨重的受攻之形。

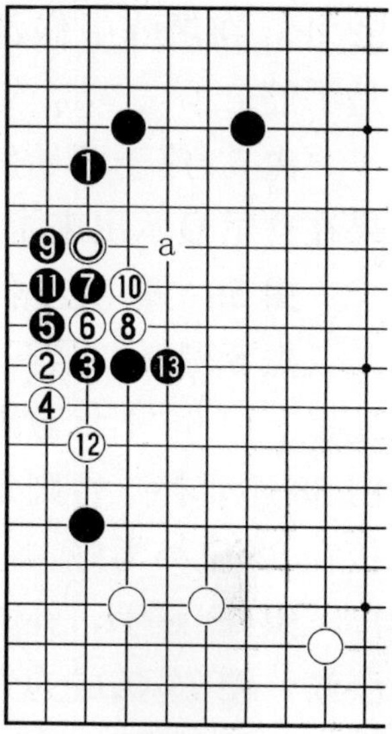

图五

白 30、32 不好。本意是想防黑于 C 位扳粘搜刮官子，同时准备在 D 位靠下，但被黑 33、35 确实地联络上，白中间四子反而变薄了。白 30 应立即在 46 位托角。

白 36 太贪！使右边上下白棋的联络出了破绽，应抢占 46 位。

第二谱　47—95　黑成功的攻击

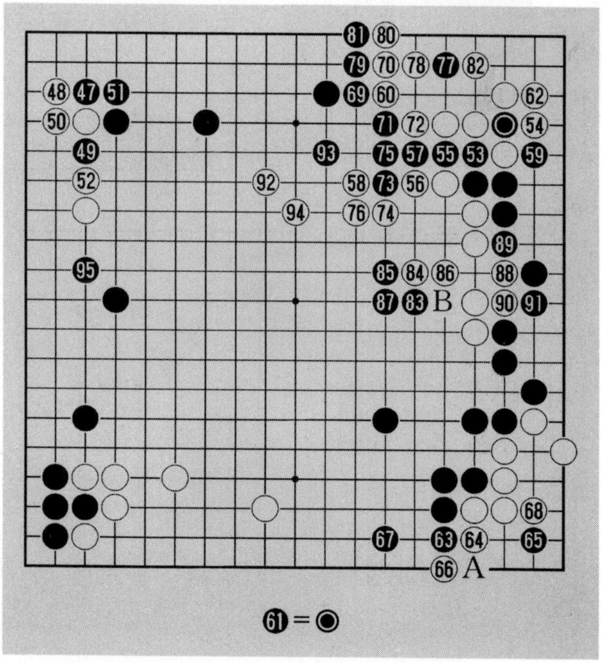

黑 39 仍应按图五的下法下，是黑大优势。如谱至 45，黑落了后手，终于被白抢到了 46 托角的急所。

本来，由于白 30、32、36 等手的错误，黑已经占据了优势，可被白 46 一托，局面又有些不清楚了。

白 48 以下至

52 止，在黑阵中做活了一块棋，便宜了不少。过程中白 48、52 是手筋。

黑 53 终于开始发动对中央白子的攻击，上谱白 36 贪吃的恶果在这里显示出来了。被黑 57 冲出后，中央白子成为无根浮棋。

黑 59、61 先手便宜，白 62 粘虽然委屈，但也没办法。

黑 65 是便宜官子的巧手。白如 68 位挡，黑 A 位扳即成绝对先手。白 66 不肯被黑便宜，但与黑 67 交换本身也有点亏，而且白 68 还要补，否则角上是打劫活。因此，白 66 还是忍耐一下直接在 68 位补为好。

黑 69 好手，补上了上边的打入点。以下黑步步紧逼，77 的手筋，使 79 挡成为先手。上边定形之后，黑 83 又转而进攻中腹白棋。这一带的作战，使黑在全局上获得了主动。

白 94 补后，黑 95 抢到了最后大场。现在判断一下形势。

黑方：左边 15 目，右边一带 20 目，上边 20 目，共计 55 目。

白方：右上 15 目，右下 10 目，中央 4 目，左上 7 目，左下 10 目弱，加贴目 5 目，共计 51 目弱。

实空上黑棋领先 4 目左右。此外，白中央一块还没有完全活净，一旦时机成熟，黑可在 B 位破眼攻杀。可以判断黑优势。

白 96 拼命压

第三谱　96—143　黑保持优势

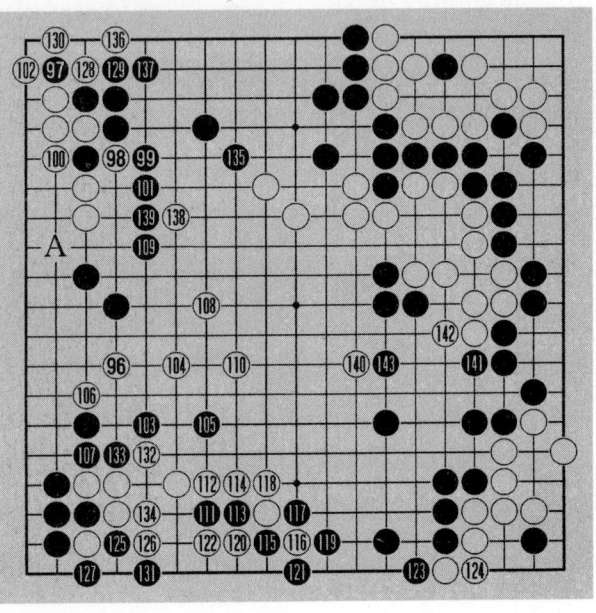

缩黑地，这里再被黑103位补一手，就难以取胜了。

黑103关出反击似无必要，优势时应力求简明的定形，黑103按图六行棋，可简单地保持优势。

有了105的跳，黑111打入成立。

黑119、121打拔一子是优势时的稳健态度，凶一点可以按图七的下法下。

图七：黑1强烈！准备迎击白在a位打劫。由于此劫黑轻白重，劫材又对黑棋有利，所以白2要退让。黑3、5在白空内成活。以下至白10，黑尽破白地又得先手，可以满意。

黑125应先于130位立，逼白A位补活后，再125打吃。这样，黑全盘实地有55目，白只有45目强。

白128、130不失时机地拔角上一子，极大！

对白44的挑

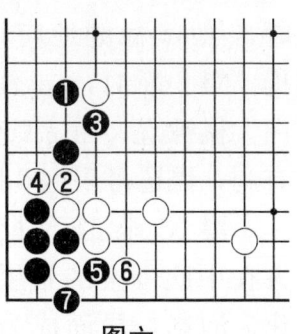

图六

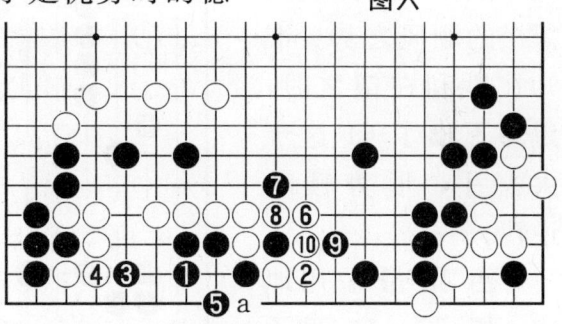

图七

第四谱　44—70（144—170）　　大恶手！

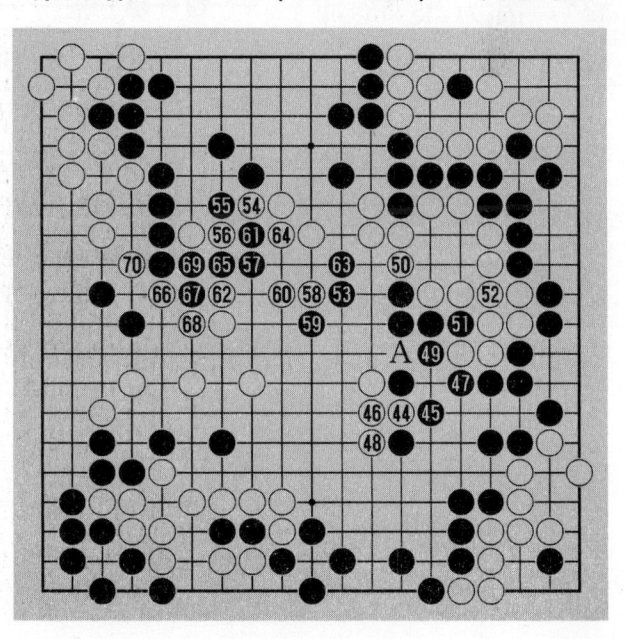

137

岬，黑 45 稳健地应。白 46 如在 A 位反打，则形成图八：白 5 提，黑 6 断时，白不能粘劫，否则黑 18 位吃，白 19、黑 a 扳，白大棋被吃。白 7 只得补，黑便可△位先手提劫。就算白方劫材有利，黑还可采用 8 以下的滚打包收，至 20，白中央很危险。

黑 53 至 57 使白方在中腹围空的希望化为泡影，局面成为黑棋的顺风之势。谁知在胜利在望之时，黑却下出了 61 这步大恶手，形势顿时逆转。

白 62 最平凡地应，黑 57、61 两子就成为了"瓮中之鳖"，因为黑 65 冲时，白有 66 的巧手。

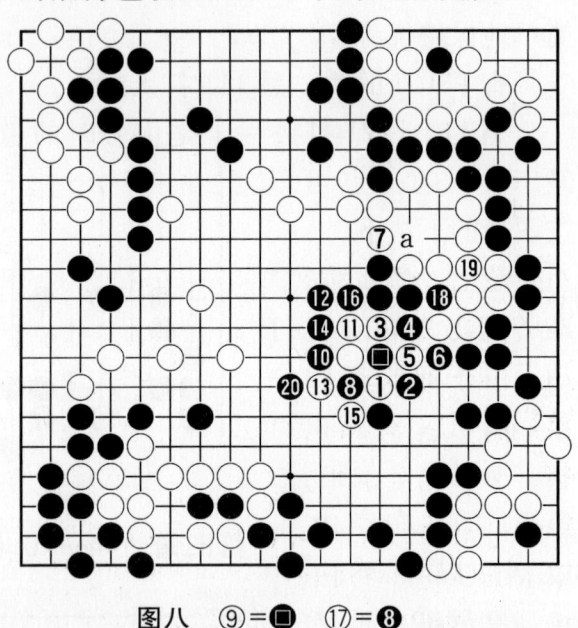

图八 ⑨=▢ ⑰=❽

黑 69 后，白 70 扳，黑左边两子被鲸吞，这局棋也就到此结束了。白 70 以后，黑虽拼命挣扎，但因损失过于惨重而回天无术，故解说从略。

本局双方斗志都很旺盛，但出现了许多不应有的失误，黑方在关键时候，被胜利冲昏了头脑，连最简单的手筋都没看出来，结果被对方反败为胜。这局棋给我的教训是：越是临近胜利，越要小心谨慎，切不可粗心大意！

第七局　新起点

黑方　聂卫平　出 $2\frac{1}{2}$ 子　白方　陈祖德

对局结果：黑胜1子　189手（以下略）

1974年10月16日弈于北京工人体育场

本局是我第一次战胜陈祖德的训练比赛对局。从某种意义上，也可说是我围棋史上的新起点。因此，这局棋给我的印象是深刻的。记得此局结束之后，集训队的许多棋手曾向我表示祝贺。十年之后，当我重新摆出这盘棋准备写讲评时，华以刚偶然进屋，只向盘上扫了一眼，便脱口说道："啊！是你第一次胜陈祖德的那盘棋。"华以刚的非凡记忆力使我很惊讶，但也说明了当时集训队的棋手对此局棋的印象之深刻。

黑7是我布局的趣向，如将黑7下于A位便是现在流行的所谓"小林

第一谱　1—41　大型定式

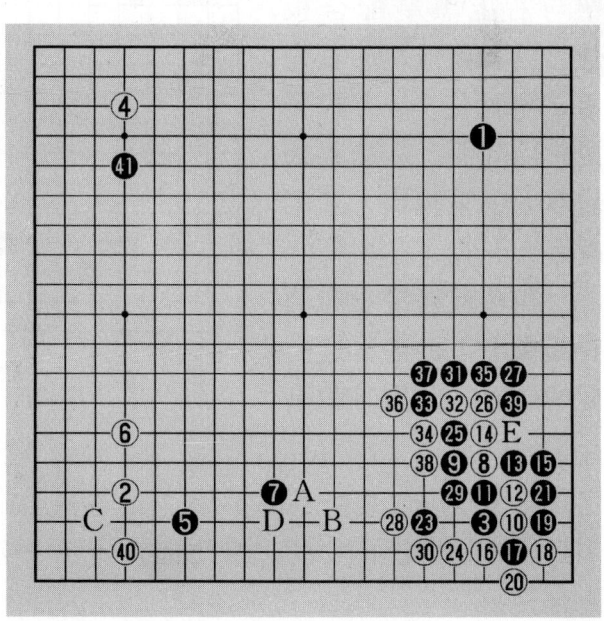

流"（日本小林光一九段所创）。我认为这两种下法主旨是相同的，即白8挂时，黑9飞靠，准备以优势兵力进行作战。不过其中多少也有些差异，谱中下法，5、7两子坚实，对白角压力大一些，但白可23位打入，黑如8位守角，则白有B位拆二的余地；黑7下在A位，可加强与右下黑子的呼应，使白不能在23位从容打入，但左边两子结构不如谱中坚实。

黑9飞靠时，白10靠角，这是白方在征子有利的情况下的有力下法。白10如25位扳，则是黑方所期望的。

图一：白1扳，黑2退，白3如虎，黑4扳，以下进行到黑8，黑△一子显然比在a位好。这样，黑可先在下边围得一块大地。

从黑11到39止，手数虽多，却是双方必然的定式下法。黑吃掉白方四子，形成一道厚壁与右上黑星配合极佳。白得角地，并获先手，同时使5、7两子的作用减弱。从结果来看双方得失相当，互不吃亏。

我和陈嘉锐对弈的一局棋中，也走出过类似的局面，但当时我是先走40位飞，白C位应，黑D拆二后，接着又形成右下的大型定式，由于黑已是坚实的活形（注意和谱中5、7两子位置的差别），结果白吃了大亏。因此选择定式一定要注意周围的子力配合。

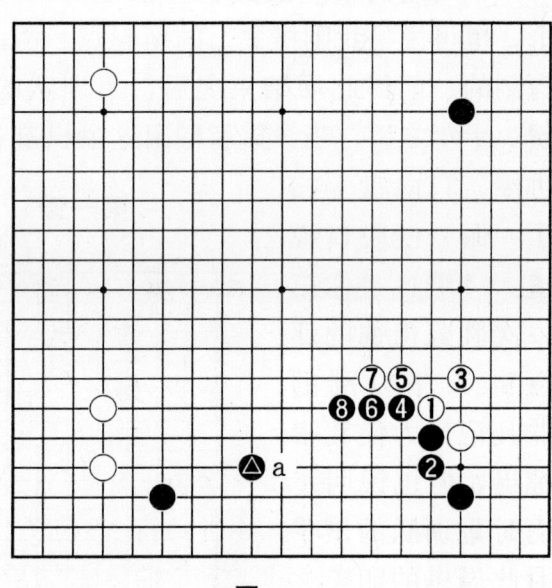

图一

黑11如改在14位扳，也是定式，请看图二：黑1扳，至12拆为定式，但黑△两子位置显然不佳，黑外势也不如谱中下法厚实，黑不能满意。

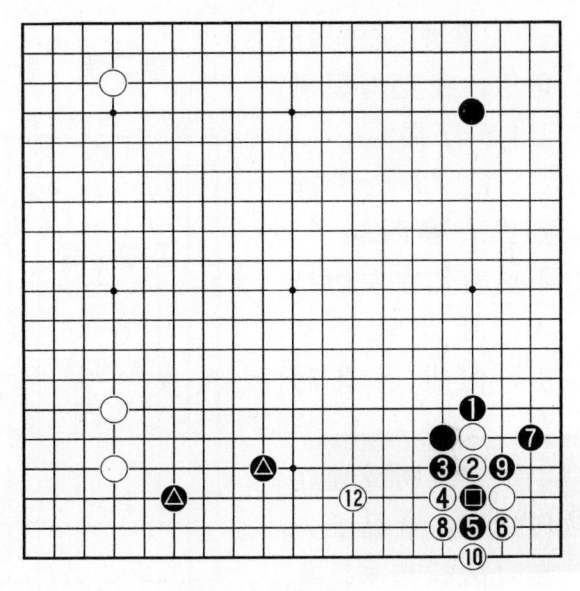

我和黄进先等力战型棋手对局时，他们常把黑15改下在E位爬，这种下法变化极为复杂，如图三：黑1爬，白2扳，以下黑7扳挡时，白8虎是令人头痛的强手。黑9如打，白10做劫。黑11提，白12是得意的劫材。黑苦于无劫材，只好15位虎补，白16再提，至黑19补，白先手得一大角，中间四子虽被吃，但白有种种利用，黑不成功。

当然，图三只是种种变化中的一例，而且图三本身还有许多变化，不能武断地说黑1无理。不过，我本人很讨厌一开局就走成这种需要拼命计算的局面，所以，从不敢下黑1这着棋。

白40虽很大，但并不急。白本意是想利用右边厚势威逼黑下边两子，但这两个黑子虽说无法一手成活，白想要硬吃，却是不大可能。因此，白先在左上守角才是最大的。

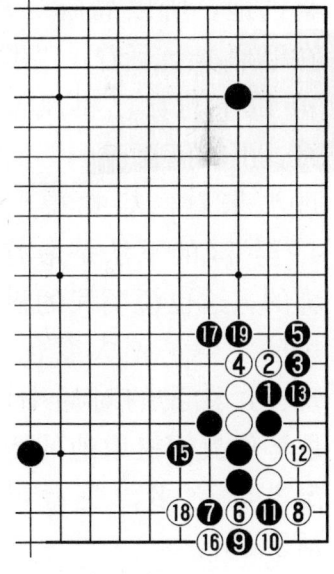

图二　⑪=■

图三　⑭=⑥

141

我的围棋之路

黑41抢先挂角后,我觉得黑棋已打开了局面。

白42是考虑到黑有●两弱子,不敢贸然在左边打入,所以紧紧夹击,但此手有问题。黑43关起,45以下一气呵成地连压过去,全局子力顿时活跃起来。不过,当时我下棋极喜占地,所以局后在记录本上写着:"黑45以下与自己棋风不符,不能满意……"回过头来看,却觉得黑45至53的下法是最有力的,这也说明我的棋风已发生了很大变化,现在,在我的对局中,取势作战伺机取地的情况非常之多,变得灵活了。

白42应在A位托角,如图四:白1托,黑2扳,至黑6拆告一段落。黑虽占到6位拆的好点,但白5的

第二谱　42—68　优势下的失着

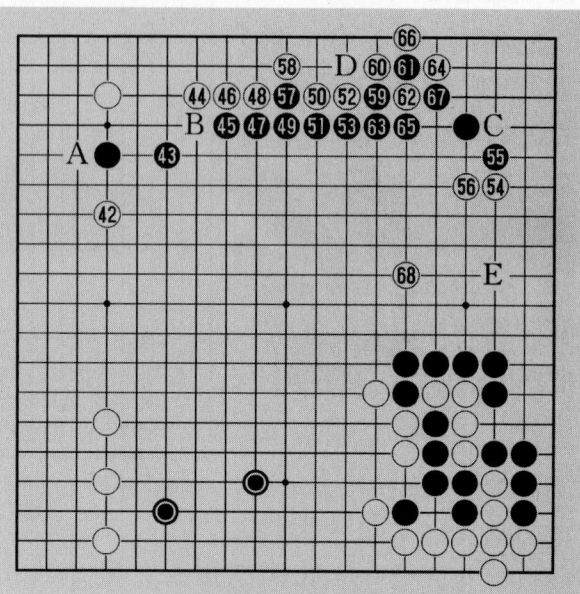

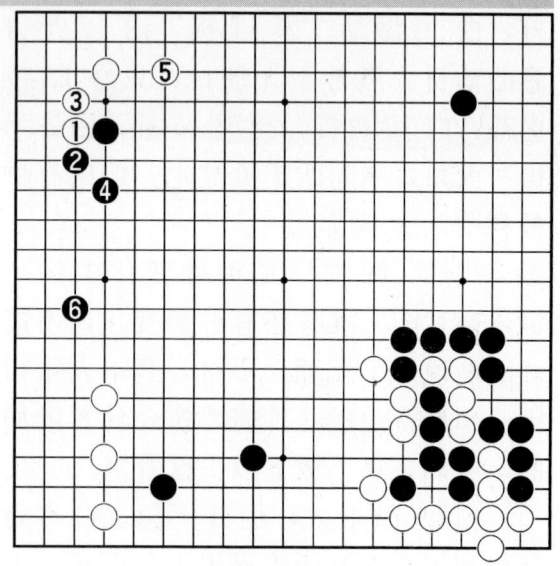

图四

拆一也限制了黑右边的发展，结果仍是很漫长的局面。途中，黑2如企图走雪崩定式取势，则如图五：黑1、3为雪崩定式，但此局面白可选择小雪崩定式，于4位扳起，以下至黑17定式结束，局部双方两分，但从全局看，左上强大的白棋将右边黑厚势大大削弱，相反，白左下却未受到多大影响，黑不利是明显的。

白46如改在B位冲断，则是黑所欢迎的作战。

图六：白1、3冲断反击，黑4是手筋。白5只能长，至黑10关出，白成为苦战之形。

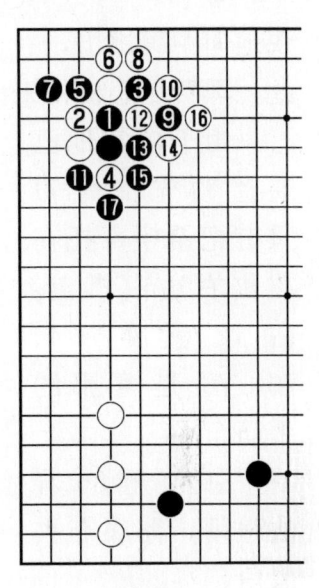

图五

白54、56的下法有些重。虽然阻止黑右边成大空是当务之急，但谱中下法过于勉强。由于黑势非常强大，白采用轻灵的下法为好。如白54下在56位，黑如65位跳，白再C位托角腾挪。

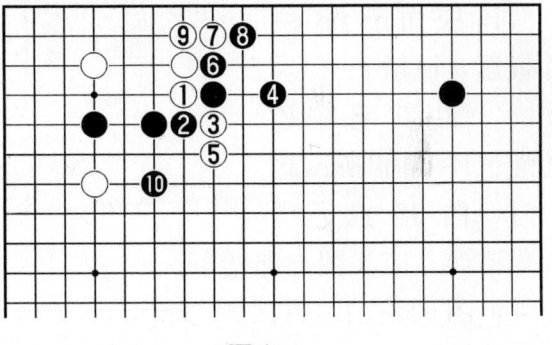

图六

黑61大恶手！这盘棋如输了，此手就是败着。当然应在D位打，白接后，再61位打，白也不可能在63位断打。

白62、64反击后，黑竟不敢在D位吃白两子，否则白66提后，黑角顿有危机，黑大亏。

黑65、67只得忍痛从上边封，不但损了实地还落了后手。

白68绝好，此手显示了陈祖德的才华。白68一方面准备轻

我的围棋之路

快地向中腹逃出，一方面要 E 位跳下成活形，不惧黑棋硬吃。至此，黑费尽心机得来的优势，顷刻云消雾散，反处下风。

由于白实地已遥遥领先，黑 71 只有把希望寄托在攻击右边白棋上。白 72 紧凑，74、76、78 是腾挪的手筋。

白 80 至 86 着法强硬，彻底夺去黑角。

对黑 87 提劫，白不应而于 88 位扳过，机敏。

黑 89 明知勉强也不得不断。此时，白 90 犯了严重错误。应如图七那样下。

第三谱　69—115　白 98 败着

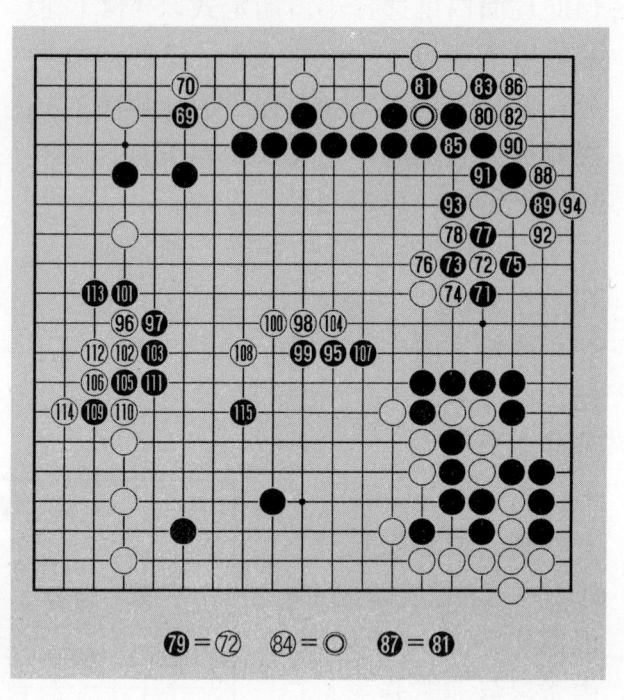

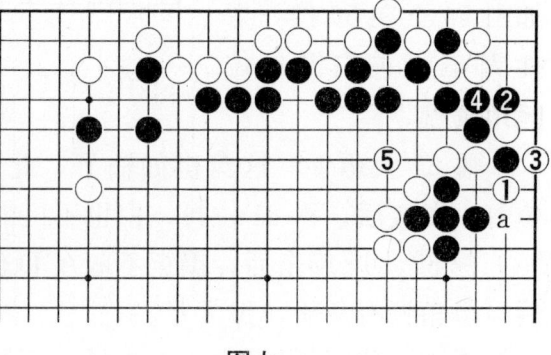

㊻ = ㊷　㊹ = ○　㊾ = ㊶

图七：白 1 打才是正着，黑 2 如反打，以下至白 5 虎，白将散子全部连上，下一手在 a 位爬即可净活，而黑还要再补一手才能吃净白角，白显然优势。

由于白 90 的过

图七

失，黑93得到了先手断的权利，再争得95扩张中腹。于是，几乎失去斗志的黑棋重新产生了希望，尽管如此，白96围后，形势依然领先。看一下双方形势。

白方：右下8目，左边一带30目，右上10目，上边13目左右，共计61目。

黑方：右下有18目，下边两黑子不能算目。这样，中央要在白不长目的情况下围50目才行，但这是相当困难的。

黑97是形势不利时的胜负手，希望能最大限度围起中央。

白98败着！关键时刻白方手软了。无论如何，白也应在103位扳，如图八：白1扳，黑2如反扳，白3单长是绝好的一手！黑4以下虽能破去一些白地，并吃掉◎一子，但白棋强化了中央后，下一手在a位一带搜根，逼黑外逃，白便可借攻逼顺势进入黑中央势力圈，黑前景不妙。不过，对局双方当时都忽略了白3的长。

黑101扳时，白102只有退。黑103压，白已不敢再应，赶紧治理中腹孤棋。黑109至115不仅先手割断白一子，还继续猛攻中央白孤棋，白顿呈败势。

在这一战役中，黑上方的铁壁终于发挥了强大的威力。本来，白98如不深入，让黑自己单纯去围空，这道铁壁并没什么了

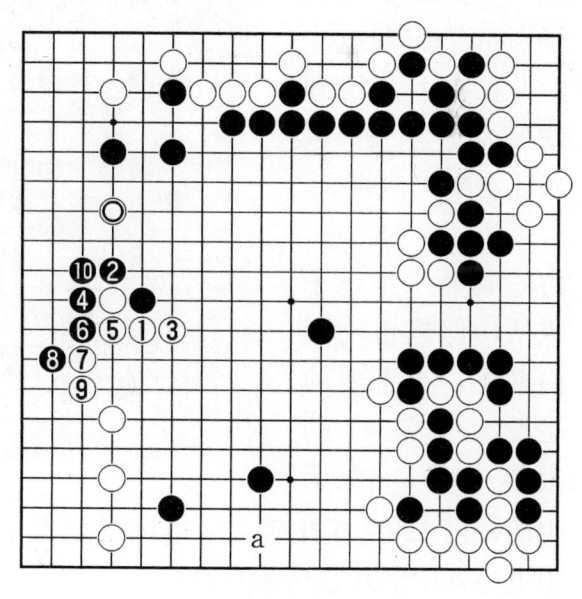

图八

不起。至黑 115，盘上形势发生了根本的变化。

白 16 只能拼死突围。

黑 19 自重，补自己弱点，同时瞄着 78 位的挤断。

白 20 与黑 21 的交换虽难受，也是不得已。

如果当初白于 A 位打与黑 B 提交换的话，白 26 在 C 位尖便可连回，可惜白已来不及交换了。白 26 如 C 位尖，黑就 45 位断，白 A 再打，黑可不应而先杀中央白棋，白危险！

白 26 后，黑 27 见形势已大优，便转而在左上角托捞取便宜。

白 30 反击必然，如 31 位挡，被黑 70 位先手打，白不堪忍受。黑 31 至 35 先手打穿白地，并提去了白两子，亦有相当收获。

在左上角得到便宜后，黑 39 重新攻击中央白棋。

至白 48 止，白吃到黑三子终于成活，但黑也吃到白两子，更重要的是抢到了黑 49 的大棋，黑 51 先手

第四谱 16—89（116—189） 攻击的收获

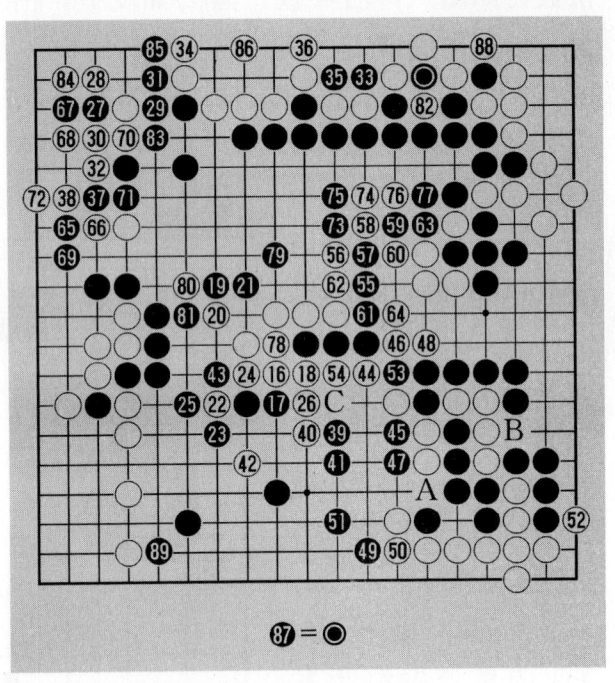

尖回，白 52 只有补活。下边黑棋竟有了十目之多的实地。黑在中央一连串的攻击大奏功效。

黑 53 坏棋，被白 54 补，中央黑三子自撞一气。

黑 55 误算，至 64 止，黑竟然全部被吃，被白挽回不少损失。

幸亏黑棋优势大，还未影响到胜负。

　　黑65以下巧妙，至71先手断吃白二子。

　　黑83是先手，白84如不补，黑有图九中先手双活的手段。黑85以下进入小官子阶段，双方正常收官至黑89。此时，盘面黑领先10目左右。

　　以下黑方收官稍损一些，但已无关胜负，故解说从略。

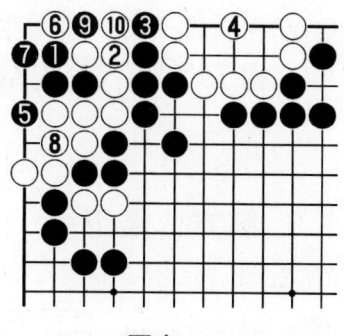

图九

第八局　向日本九段冲击

黑方　聂卫平　出 $2\frac{1}{2}$ 子　白方　宫本直毅九段

对局结果：黑胜2子　共121手（以下略）

1974年12月9日弈于上海

这是我第一次与日本九段的对局。虽然1974年我在国内棋坛已小有名气，但中日比赛却连遭败绩，因此这局棋是以破釜沉舟的干劲去拼的，结果我赢了。十年的岁月过去了，我对这难忘的一局还记忆犹新。

考虑对方是九段高手，我用平稳的布局恐怕难以取胜，故采用了攻击性强的对角星布局。

黑7选择"大斜千变"的复杂定式，是下对角星时的预定战法，激战由此开始。

黑15挡时，白16突出奇手使我吃了一惊。普通

第一谱　1—40　新手的功过

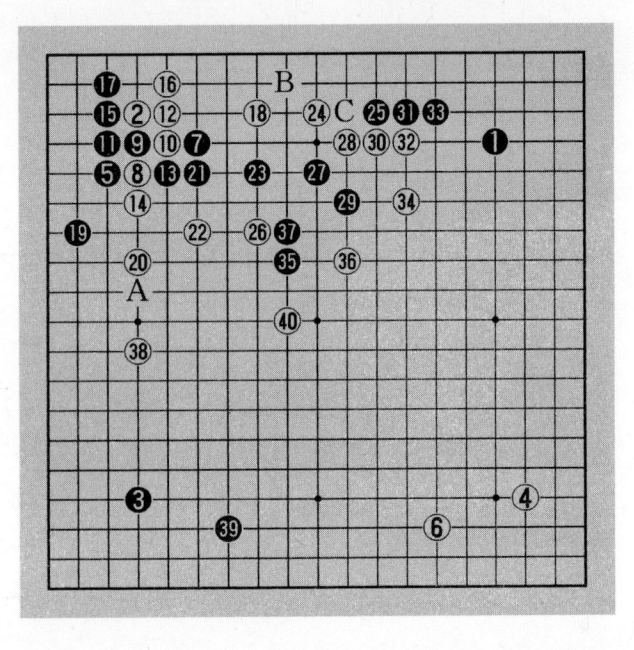

定式下法如图一：白1挡，黑2以下至10拦拆，黑星正好发挥作用。不过白如讨厌这结果，白5可改下a位虎，待黑b补时，白弃掉两子脱先抢占别处大场。

另外，白6这手棋如在A位三间高夹，黑7再走大斜定式，那么黑15挡时，白16则是常见的，因为白18可直接在21位断。

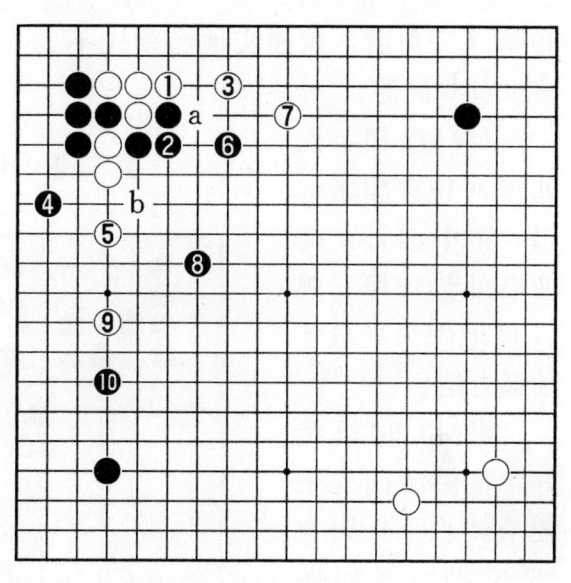

至23的应接，为双方必然。

白24看似稳健，但被黑25拆逼后，竟无好应手，将来被黑于B位透点，白极难受。局后，宫本九段大为后悔地说："被黑25逼，白形势顿时恶化！白24无论如何要在C位拆二，虽然棋形薄也只得如此，以后再伺机补一手。"由此可见，先前白16的新手有些问题。

黑27后，白28只能尖出。黑29跟着尖，白30、32为了出头，只好忍痛送黑实地。

黑35是行棋步调，想引诱白于37位冲，黑顺调36位补。白识破机关，先占36位，好棋！

黑37补后，白38开拆，加强自身的同时瞄着中腹大块黑棋。

黑39应于40位关出，这才符合"入腹争正面"的棋理。黑只要走畅中央孤棋，白左右两方都不干净，是黑简明易下的局面。当时我的战略是想尽量捞实地，再以中央的治孤决胜负。黑

图一

我的围棋之路

39大飞守角后，盘面实地已领先不少，但被白40迎头一镇，黑多少有些局促。

对白⊙镇，黑如在A位穿象眼逃出，正中白计，徒使白外势加厚。黑41就地做活是最佳治孤方法。

黑43时机绝好，在做活前先手便宜，白44如在45位挡，则如图二，白失败。

黑47补活，将来B位挤是先手，上边白棋仍处于不安定状态，故白48补强。白48如不补，黑有图三的手段。

第二谱　41—71　治孤战术

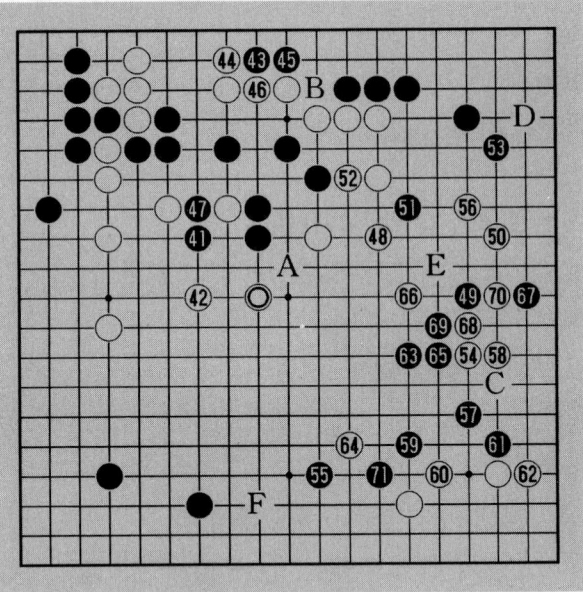

图三：黑1是形的急所，白2当然不能在a位委屈求全，至黑5守住角地，白大块仍不安定，白显然不行。

白48补。现在纵观全局形势，黑左下角和白右下角大致相当。

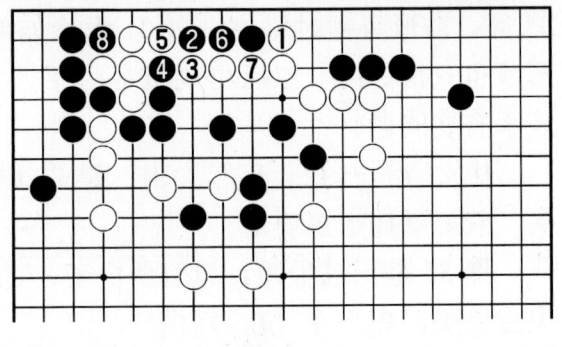

图二

但黑左上右上两角，加中腹实空，共有30目强，而白只在中央有一些虚势。此时黑先手在握，可先行占领右边双方必争的大场，阻止白势扩张，故是黑优势局面。

150

可惜黑49一着不慎，几乎使大好河山付诸东流。黑49当然应在70位拆，白50打入时，黑可C位拆二安根。现在49处在四线，即使拆二仍不安定。在白中央的厚势下，黑49顿感孤单，局面混乱起来。

白50后，产生了D位侵角和54位紧逼两个好点。因此黑51先刺一手，再53守角，伺机在E位反击。

白54好手。黑55如在E位尖，很可能形成图四：黑1尖，白2最大限度拆逼，黑3如侵消，白4以下是弃子的好手，至白24先手封，黑虽吃白四子，但白外势极厚，黑3、11两子相当危险，黑不行。

在权衡利弊后，黑毅然抢先占据55位，既扩张自己，又压缩白阵，是顾全大局的一步好棋。

白56后，黑49一子已陷入重围，如何处理这一孤子，是决定胜负的关键。黑如在66位逃，被白E位刺，

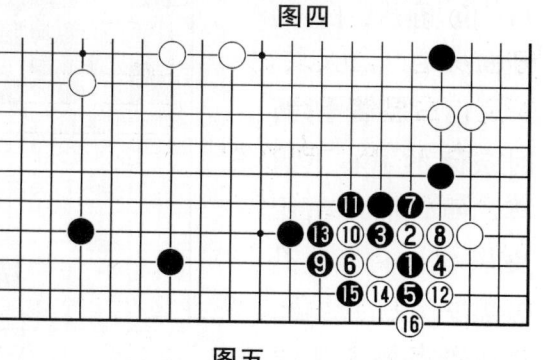

图三

图四

图五

我的围棋之路

黑粘，白63位关，黑前途渺茫，势必为逃孤而连累全盘。

黑57打入是腾挪治孤的好手。白58彻底阻断是强手，如补角，被黑58位托，无论白从哪边扳，黑均可活出一块。

黑59逼白60补，再61、63消白势，步调畅快。白发展受限，实地又不足，局面朝着黑有利的方向发展。途中白60如不补，黑有图五先手封锁的手段，白不行。白64是形势不利时寻求决战的胜负手。

黑65冷静。此时白如70位托，黑就68位顶，白接后，黑66位跳就成活形。因此白66破眼反击。

黑67毫不示弱，双方应接至70，产生了图六的打劫，不过此劫事关重大，黑也不敢轻易开劫，故先走71位静观白的动向。

白72看到暂时奈何不了右下黑棋，便转而攻击中央黑棋。白80补掉黑A位的劫争，暗中准备硬杀中央黑棋。但在这里，

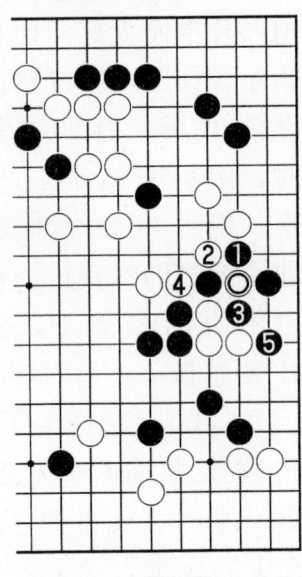

图六 ⑥=○

第三谱 72—121 白误算

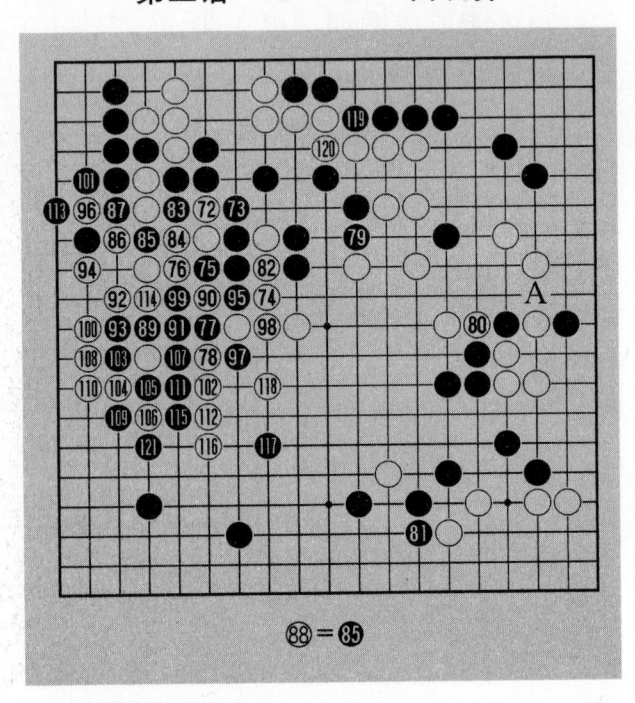

㊸=㉕

宫本九段显然误算了。黑81补后，双方实地相差悬殊，白方如吃不掉中央黑棋，便无法挽回败局，可是黑有治孤的好手。

白82开始总攻。黑83以下撞紧白气，黑89是脱困的唯一妙手，也是在下81时早有准备的妙手。

白90打时，黑91单接妙！宫本九段开始长考，显然他忽视了黑91的反击。

白92至116是双方最正确的应接，白的攻击以失败告终。

黑89跨时，白90改下91位挖或93位扳，结果如何呢？

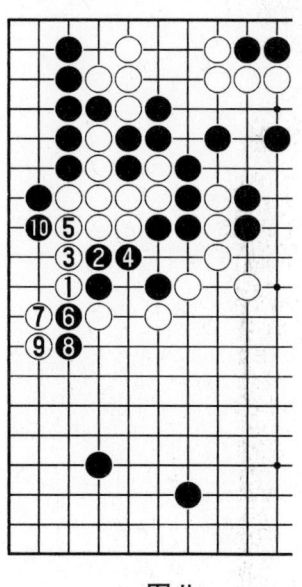

图七：白1挖，黑2反打，至12止，黑溃围而出，并产生a、b两个好点，黑必得其一，白不行。

图八：白1如扳，黑2顶意外的厉害。以下至黑10，白已无法收拾。

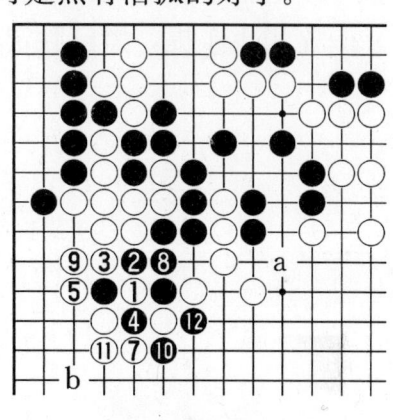

图七　⑥＝①

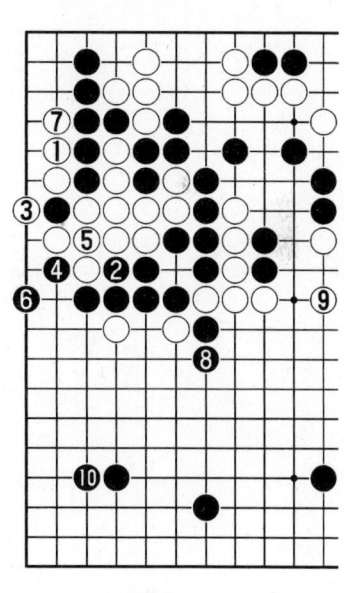

图八

图九

过程中，白100如在101长，贪吃左上黑角，结果如图九，黑左上角虽被吃，但至黑10，黑左下所得实地远远超过左上所失。

153

黑117如在118位尖出，白将更困难。因形势已明显优势，故117选择了简明的下法。

至黑121提，黑已胜定，解说从略。

二 夺取冠军的征途（1975）

第九局 争夺出线权的激战

黑方 聂卫平 出 $2\frac{3}{4}$ 子 白方 吴淞笙

对局结果：黑中盘胜 共155手

1975年9月21日弈于北京少年宫

这是第三届全运会的比赛对局。我所在的这一组，以吴淞笙、沈果孙和我争夺出线权的呼声为最高，因此对吴淞笙一役是有关出线权的恶战。

黑1、3的二连星布局，以前我很少用过。考虑到吴是一种堂堂正正的功夫棋，因此准备力战取胜。

第一谱 1—52 大型定式的功过

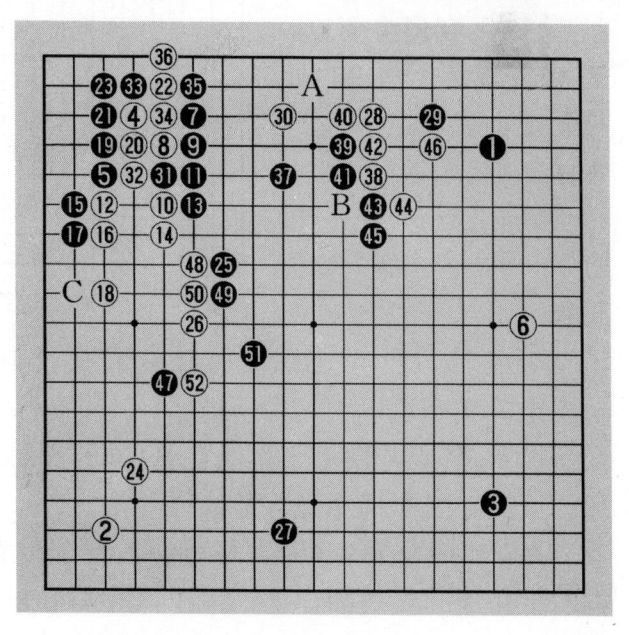

白6分投有些意外，原以为会夹攻黑5一子的。黑7是我所得意的下法，至白12为正常的定式次序。

黑13压现在看来有些问题，应按图一行棋。

图一：黑1到白12为双方必然。之后黑13飞是绝好点，与右上黑星遥相呼应，下一步还有a位尖的严厉手段。

由于黑13与白14的交换，黑19时，白20便可硬团，而不在31位接。至23黑落了后手，结果显然不如图一。

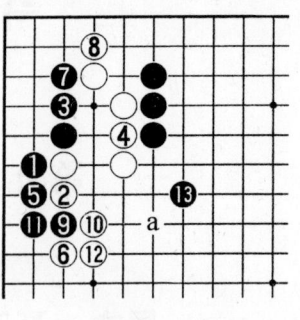

图一

白24是布局阶段的大缓手。正确下法如图二：白1是双方必争的形势要点，黑2如补，白3再扩张，这样白左下规模很大。如谱被黑25占到形势要点，黑相当满意。白26即使再走，规模也远远不如图二了。

黑31至35先手便宜后，再37镇，次序正确。

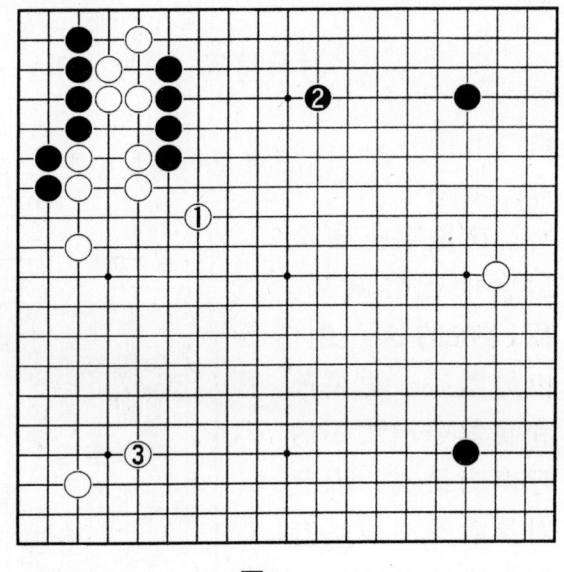

图二

对黑39，白40当然。白如42位接，则黑A位飞，黑大棋顿时安定，实利也不小，白不行。

黑43紧凑，白由于不能在B位断，只得44扳，凑黑45长整形。至此，黑布局明显优势。

黑47护白成地实为大恶手，接近于败着。黑47无论如何要在右上角应。左边的白地，由于黑有C位的先手便宜，其实并不很大，黑毫无必要去冒险侵入。

白48至52反击，黑优势的局面混乱起来。

黑53如及早把头回还为时不晚，如图三：黑1压，白2大致长，黑3再拆，白4如补，黑5、7、9先手便宜后，再固守角地。这样黑△虽损，但白只有一方地，黑全盘实地不少，仍是优势。

可惜黑53执迷不悟，硬要逃出一子，被白生出56的好手。黑57不能在58冲断，否则被白57位断，黑难以收拾。但黑57长是恶手！此手当然应在79位虎，白如58位接，黑可直接跳在81位。如谱至65虽吃白一子，但被白58先手接，下边81位还未走到，黑大亏。

第二谱　53—100　白反击失败

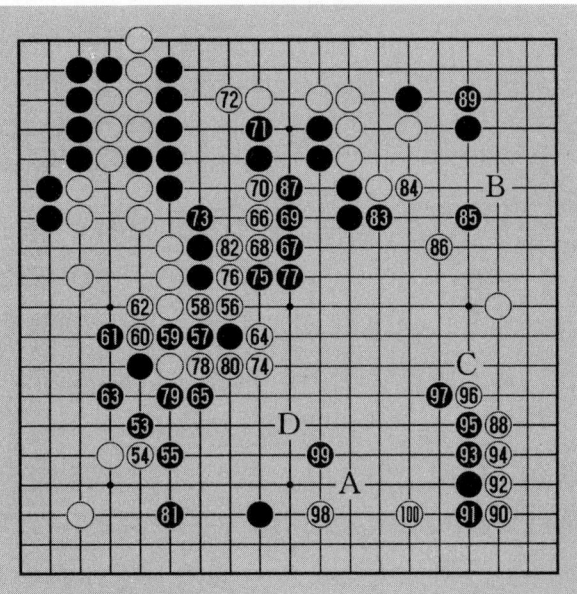

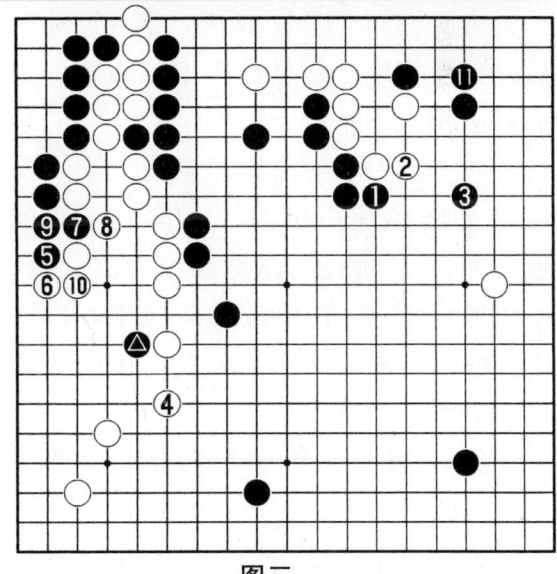

图三

白66严厉！黑本来可成十目以上实地的厚势竟然成了孤棋，形势骤然急转直下。

白74缓手，应在87位冲，再77位扳，这样黑中央大棋要忙活，右上还欠着一手棋，黑实在是捉襟见肘。

黑75、77抓住机会抢先补棋，减轻了中央压力，再弃去三子，争到81位跳，使形势挽回不少，不过，白吃三子后，中央极厚，故形势仍是白优。

黑85只能顽抗，此时来不及补中央。

白86应87位冲，再86飞，这样黑中央大棋眼形不全，必向中央逃出，白厚味就发挥威力了。如谱被黑87挡，黑已基本成活，再无后顾之忧了。

白88是本局的败着，应如图四：白1点角刻不容缓，黑2不敢在3位挡，白3时，黑4、6只得弃掉一子。黑8不得不补，否则白a点入，黑大块不活。白先手得一大角后，再争到9位挂角，这样双方实地不相上下，鹿死谁手还不得而知。

由于白88错失战机，黑89补角后，全盘实地已超过白棋十目以上，形势对白相当不利。

白90只好点角拼抢实地，如100位双飞燕挂角，黑就95压，白如96扳，黑94位虎硬捞角地。

黑95很想在A位补，但担心白于B位打入，故95压，97扳，让白无暇打入B位。

白98胜负手！如C位退，被黑D位补，白显然不行。

黑99当然反击。白100求活时，黑如何定形是关键。

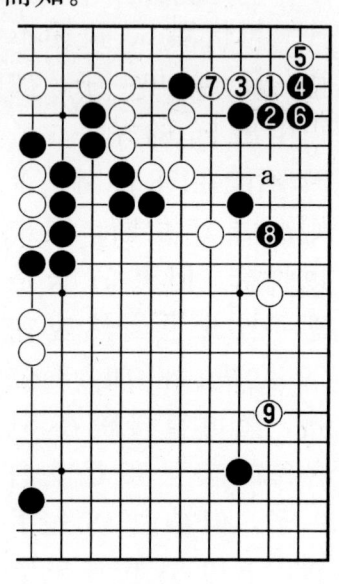

图四

黑 1 逼白做活，明智之举，白 4 和黑 5 交换，角地受损是没办法的事。至白 10 补，这块棋局部并没活，但黑外边不坚实，也不敢硬杀，故黑 11 顶试白应手。

白 12 如不走，被黑 A 位冲断，大棋危险。

黑方因形势有利，故采取了 13 尖的稳健下法。至白 20 止，黑虽丢两子，但完全稳固了右上角。

黑 23 破白眼位猛攻。

白 24 以下煞费苦心，到白 42 总算突出重围。不过，黑先手提到一子，再无可顾虑之处。得到先手后，再抢黑 43 虎挡。

第三谱　1—55（101—155）　白苦战

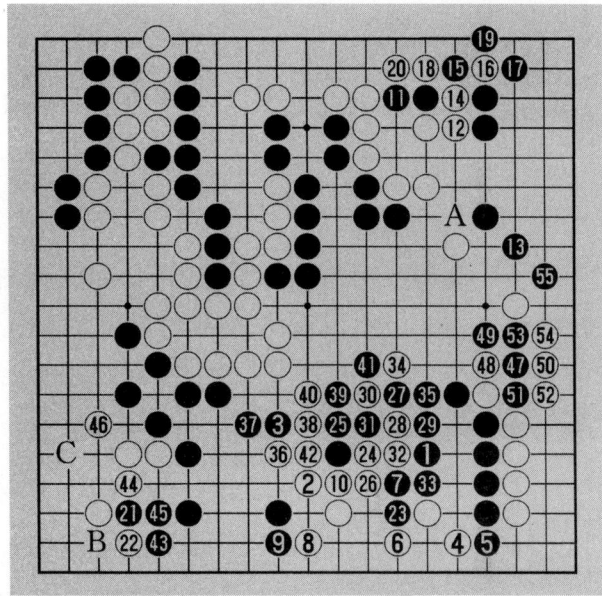

白 46 不能在 B 位接，否则黑 46 位尖是绝对先手，黑甚至可能下在 C 位。

黑 47 好手。白 48、50 只好用"苦肉计"寻求联络。

黑 53 先手吃白两子，再 55 尖，白见大势已去，故停钟认输。

第十局 棋风形成的代表作

黑方　陈祖德　出 $2\frac{3}{4}$ 子　白方　聂卫平

对局结果：白中盘胜　共 172 手

1975 年 9 月 24 日弈于北京

这是我和陈祖德在第三届全运会决赛时的对局，由于此局关系到冠军属谁，所以双方均下得异常谨慎。

至白 4，本来我预料陈祖德会走他所得意的中国流布局，那么，我就在 5 位守角。从棋理上来说，因为右上角小飞守角坚实，可对中国流起限制作用。大概陈祖德也是这么考虑的，所以黑 5 先挂角。

白 6 脱先，立即挂角，是积极的态度。

黑 7 紧夹，使白无法脱先。

白 8 飞后，黑 9 以下是定式之一型。虽然这一定式直到现在仍有人采

第一谱　1—26　盘序重点

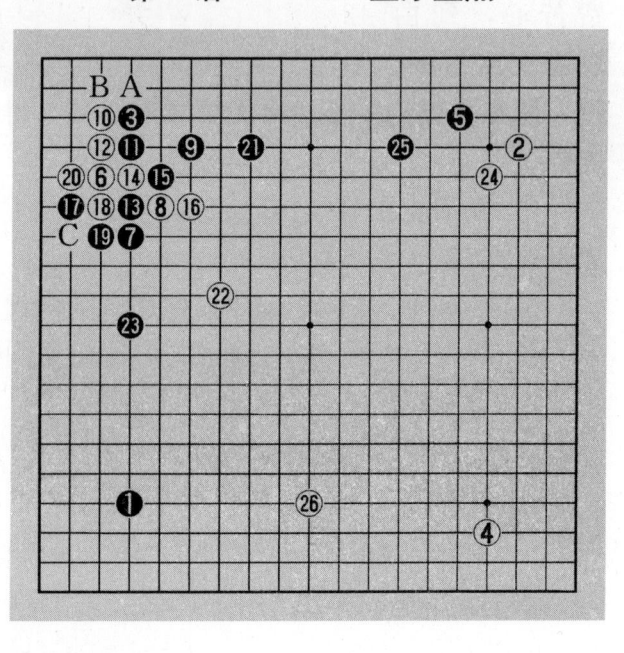

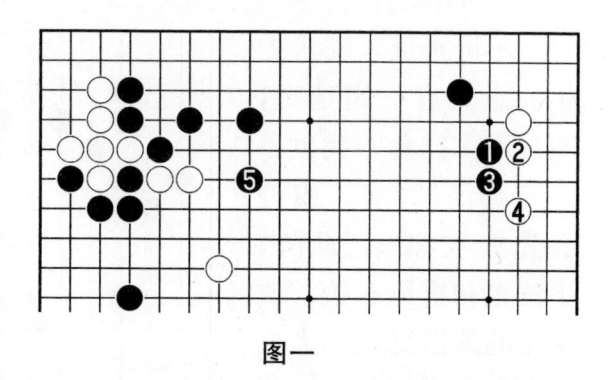

用（其中包括日本的高段棋手），但我始终认为它不成其为定式。理由是：黑以先占角，再夹攻之利，二手打一手，可结果却让白尽得角空。以后 A 位扳的官子极大，黑如先在 B 位扳粘，则白 C 打拔一子，黑亦有损失。此外中央白子尽管浮在外边，但黑也不能立即就来攻。总之，左上角定式黑将实地先送给白棋，而自己还不知道是否能获得补偿。因而对此定式，我是从不敢问津的。

　　白 24 尖起，是此局面的大势要点。如脱先则如图一：黑 1、3 飞压绝好，再 5 位关起攻白，上边一块模样顿时庞大起来，白显然不利。

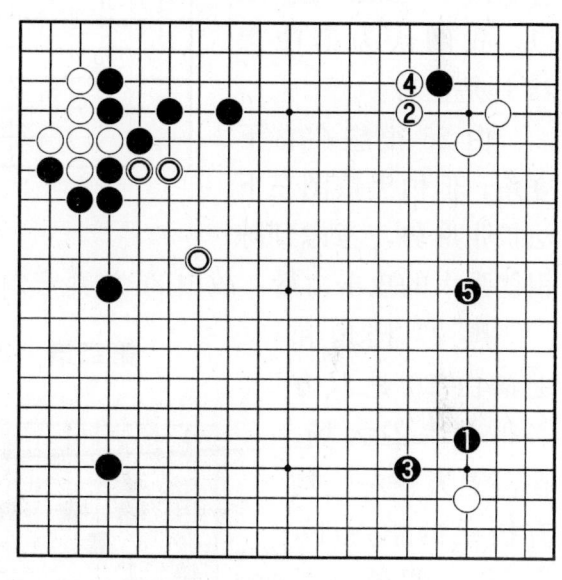

图一

图二

　　对黑 25，日本著名理论家安永一先生是持批评态度的。他认为黑在上边所费的手数太多，应在广阔的右下一带行棋。如图二：对黑 1，白 2 如飞压，黑 3、5 则形成广阔局面，右上黑子虽被吃也不要紧，因为此局重点是中央◎三子的攻防。何况右上角一子还有余味。

我的围棋之路

不可否认，安永先生的意见有一定道理，不过黑1挂角，我也不一定会下2、4，或许会先夹攻黑1。此外，下法也和棋风有关，攻击型的陈祖德是不大肯容忍白2飞压的吧。所以，我倒认为谱中黑25补是正着。

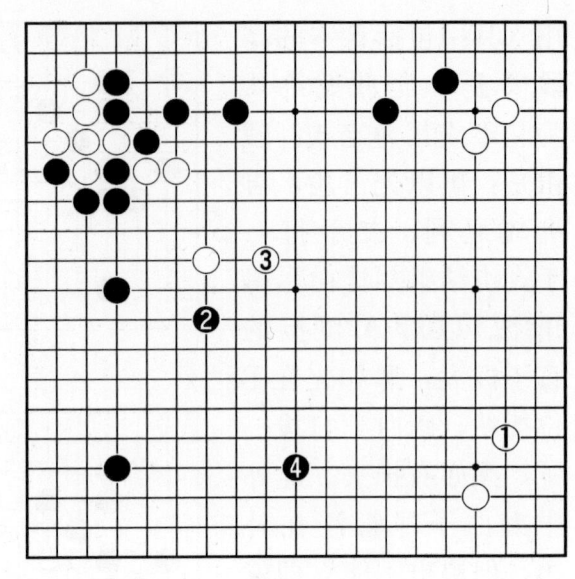

白26很想在右下守角，但怕黑按图三下法扩张形势，考虑到陈祖德强大的攻击力量，故白26放弃守角，先抢占下边大场。

图三

第二谱　27—45　黑的缓手

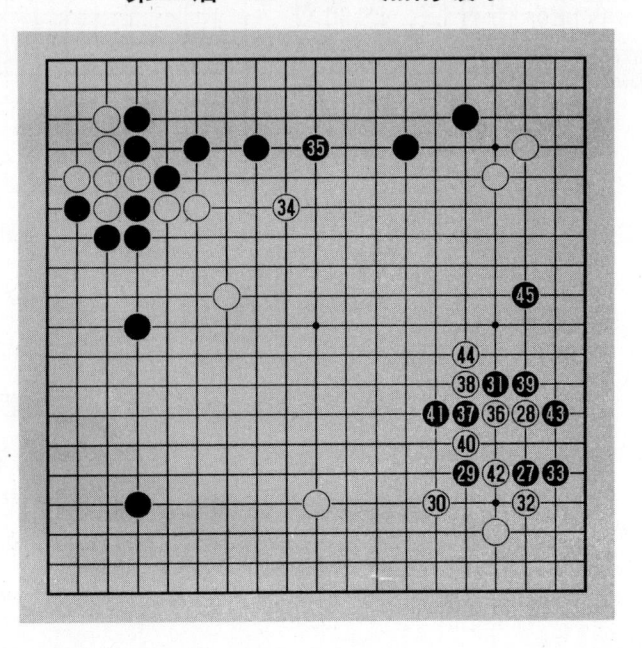

黑27挂角和上谱白26是双方必得其一的大场。在白上方、左边均有援兵的情况下，白28一间低夹是最有力的下法。

黑31所选择的定式是此时的最佳方案，白如平凡地39位爬，则如图四：白1至黑8是定式，但结果白变薄，而且黑a位

162

飞是先手，白⊙子作用大减。最重要的是，黑所形成的外势将影响全盘，造成对谱中左上白三子的严重威胁。

黑33虽是最常见的定式下法，但遭到了安永先生的严厉批评，他认为应按图五行棋：黑1、3似乎很俗，却是这种场合的好手，黑5再厚实地挡下，黑一旦在这里下厚，自然给谱中左上白三子造成不安定因素。

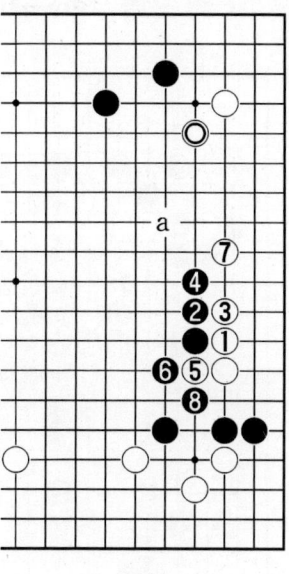

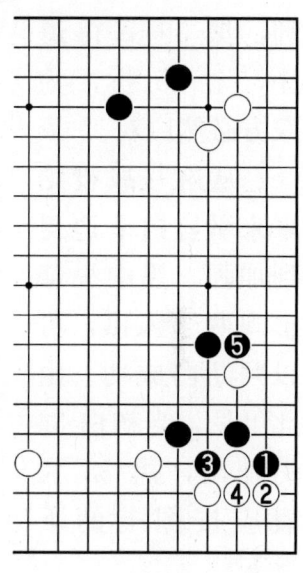

安永先生敏锐的感觉令人折服。正因为黑33缓了一缓，

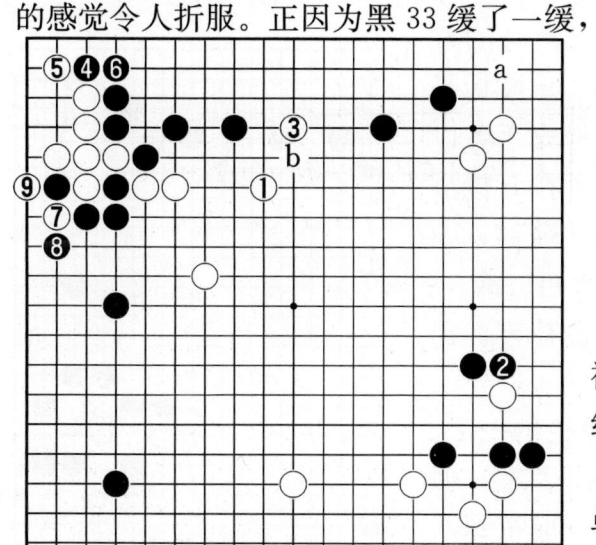

图四

图五

图六

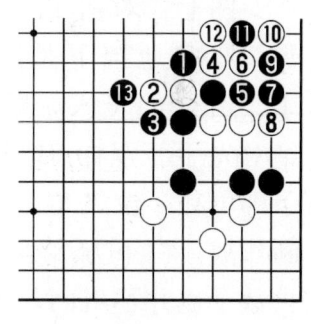

图七

被白走出了34以下的绝好次序。

白34和黑35交换虽损实地，但是绝对必要。如没有34的引征，迳于36位冲断，则如

我的围棋之路

图六变化，白二子被征吃，立即崩溃。

由于白征子有利，黑39只得退让，至45拆，为双方必然应对。

从这一战役结果来看，白下边得到加强，黑中央却出现两子孤棋，可以判断白成功。由此可见，当初白34引征时，黑35大概应按图七的下法下。

图七：对白1，黑2厚实地挡下是顾全大局的好手。白3如飞入，黑4、6扳粘是绝对先手。至白9，黑得先手，以下即可在a位飞角，又可在b位搭断作战。白下方多少有些薄弱，中央数子也并不巩固，黑大可一战。

总之，黑35如亡羊补牢，仍将是胜负漫长的一局棋。

黑47是局后引起争论的一手。许多人认为：黑47长出太重，似乎是使局面恶化的原因，应按图八行棋：黑1大飞，白2必然，黑3再飞角，这样，黑全盘实地明显领

第三谱　46—104　争议的一手

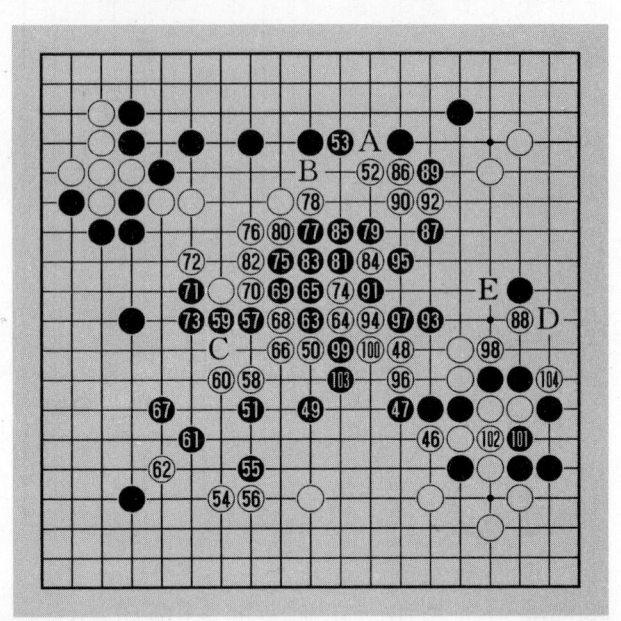

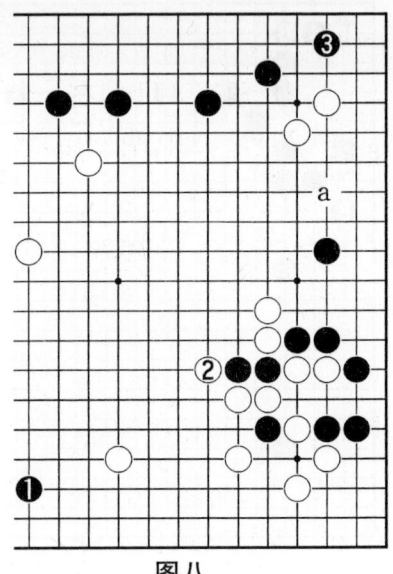

图八

先。不过，对此我不敢苟同，白2打后，白全局很厚，左上四子弱棋一下子成了外势，中央潜力无穷不说，黑左边也显得薄薄，很难一手补净。因此，黑47虽有滞重之感也要坚决长出作战。如果我执黑，也会下47位长的。

白52试应手机敏，黑53是最强抵抗。如A位挡，将来白B是先手，中央要厚得多。

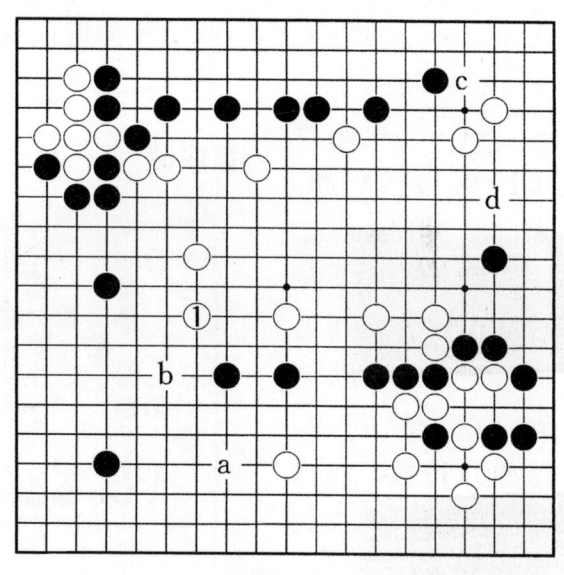

白54缓手！当然应在谱中C位补，如图九：白1补将左右两块棋坚实联络，并在中央形成模样，是明智之举。由于黑中央一队很薄，恐怕不敢在a位紧拦，只得b位跳回。这样，形势判断如下：白方，左上角20目，右下角20目，中央10目，右上角c、b见合，有5目以上，加贴目，共计52目强；黑方，上边23目，右边6目，共计29目，左下一带要在白不长目的情况

图九

图十

下，成23目以上才行，但显然是相当困难的。由此可见，这是白通向胜利的最佳道路。

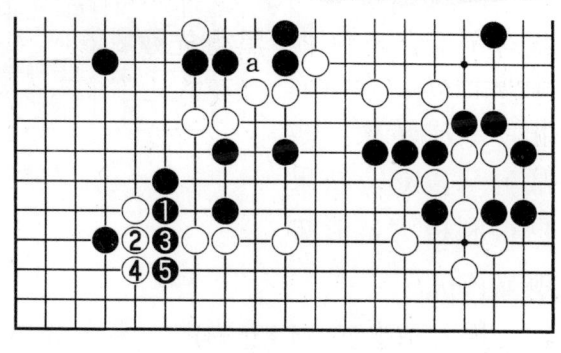

白错失良机，被黑抓住机会。黑57显示了陈祖德强烈的胜

我的围棋之路

负感。不管怎样，黑57使白优势的局面变得混乱了。

白58是手筋，此时白除了拼死反击，别无退路。

黑59以下，双方在中腹展开了一场你死我活的拼杀。

对黑67，安永先生指出，黑应如图十行棋：从气氛上说，黑无论怎样要冲断反击，白2、4如退，至黑5冲下，白大概来不及于a位冲断。

白68冲断严厉！至白74压，黑已陷入困境。

黑75以下的攻防，双方费尽心血，投入大量时间。白88好手，黑如D位扳，被白E位反扳，中央大龙极危险。所以，黑89只得忍痛弃掉左边一块，吃掉中央白子。至104止，形成转换，激战告一段落。结果白得利极大，形势明显占优。

第四谱 5—72（105—172） 最后的劫争

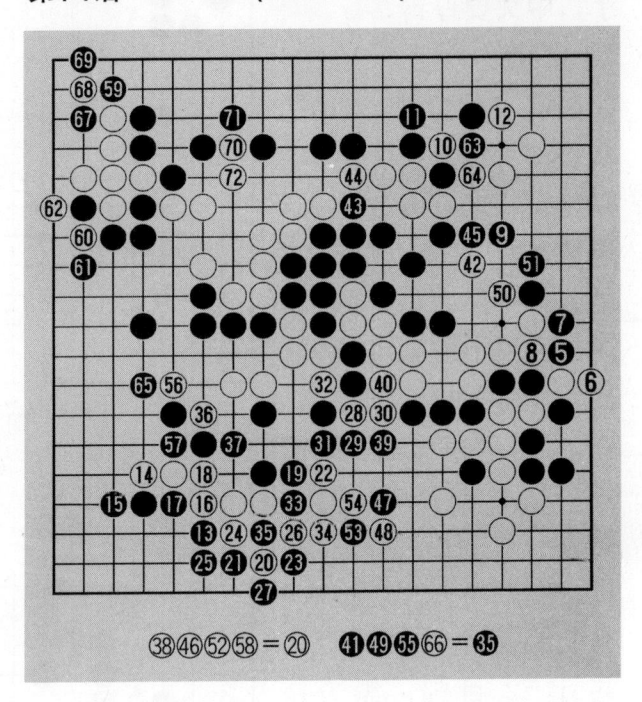

黑5是手筋，白6当然。黑9补很大，否则将来还要收气吃中央白子。白12与黑9是见合的大棋。至白22，黑空已明显不够。于是黑23拼命消减白地。白28卡是手筋，黑29、31只有反击，如32位粘，被白31位断，黑就无争胜机会了。于是，白32断吃黑二子，中央死子全部逃回，黑如不能把左下一块白棋全歼是不行的，为此，黑 33 以下开始了最后的打击。至 35 提，形成打劫。

不过，白棋已算清了盘上的劫材，对打劫满怀信心，所以，毫不示弱地捞足便宜，再迎战黑的打劫。黑苦于没有合适的劫材，59 只得如此。白 60、62 机敏，使左边黑棋变薄。

黑 65 已无力继续打劫，只得渡过，否则自身难保。

白 66 消劫，确定了胜势。由于黑无法吃掉白左下角，白 72 后，黑只好认输。

第十一局　如履薄冰的夺冠

黑方　王汝南　出 $2\frac{3}{4}$ 子　白方　聂卫平

对局结果：白胜 $\frac{1}{4}$ 子　共178手（以下略）

1975年9月26日弈于北京

在第三届全运会围棋决赛中，我和王汝南战胜了陈祖德和赵之云，于是我们之间的这一局棋便成为冠亚军的决战。王汝南极善打持久战，收官的技术在国内是数一数二的。因此，对我来说，王汝南是令人头痛的对手。

黑1、3、5构成三连星是王汝南得意的布局。白2、4占错向小目也是我当时常用的下法，只要执白棋，我几乎都这么下。

白8是趣向，普通是下在A位，对局时因考虑到黑右边是三连星，故宽一路飞加以限制。

白8也可以采用图一中白1托的

第一谱　1—23　序盘的苦战

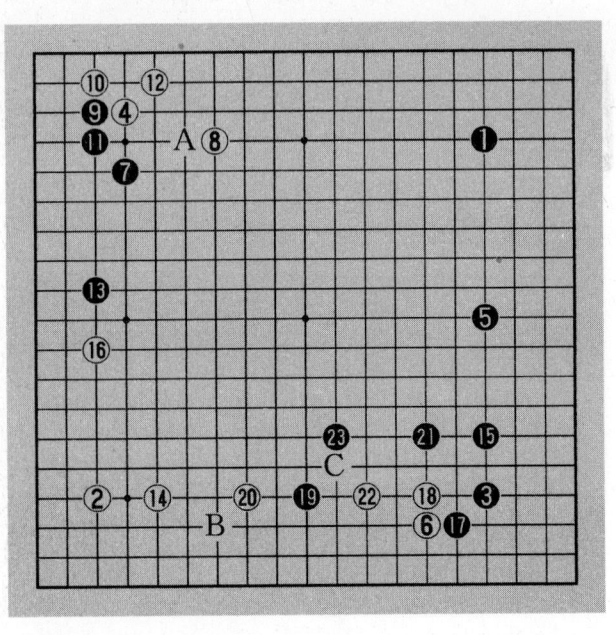

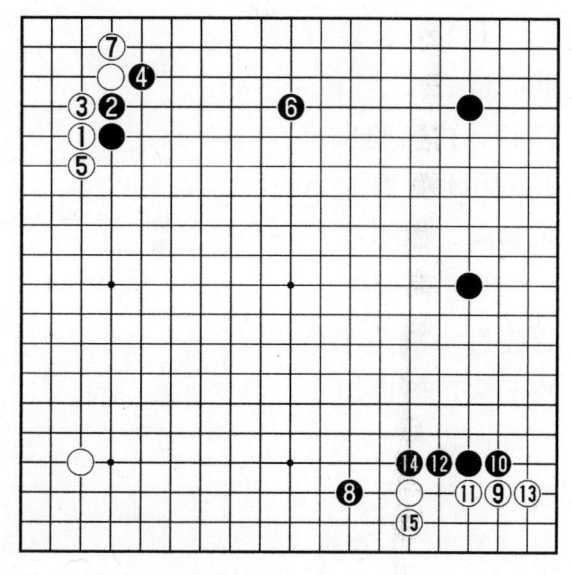

下法，黑2、4、6是此局面常用的手段，如能进行到白15，那将成为一局典型的实利与模样的对抗战。

黑9至13是定式，显示出了黑要打持久战的意图。

白16恶手！被黑17、19猛攻，局势骤然恶化，此时当务之急是处理好白6一子，当然应如图二：白1、3在下边从容展开，使黑找不到攻击目标，三连星的威力便难以发挥。

黑19后，白很难受，如在22位守一着，不但嫌狭窄，而且被黑抢占了B位的绝好点心有不甘，故白20硬着头皮反击。

黑21好手，白22不得不拆，黑23飞罩，相当舒畅。

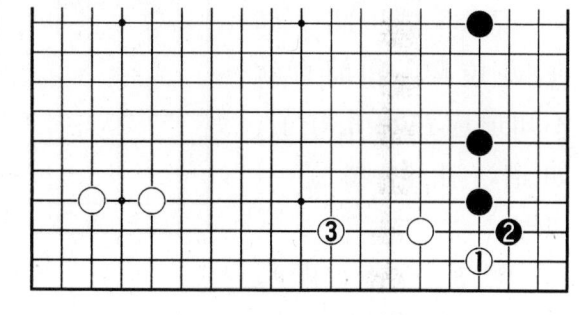

对局时，我曾想把白22下在C位飞出，这样虽轻灵一点，但棋形太薄，此外，还怕黑借劲在左下腾挪，因此采用了谱中下法。

至黑23，白右下四子被委屈地封在里面，而黑21、23两子和三连星却形成了极好的配合。由于白16的过失，仅仅二十来手，白棋便成为苦战之形。

169

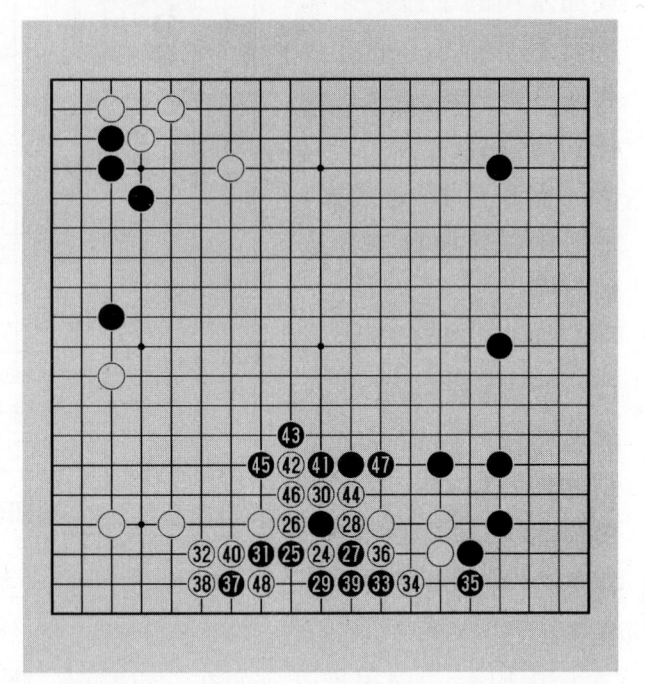

白 24 又是坏棋，被黑 25 扳，27 打，白已骑虎难下。因此白 24 应在 30 位跨，如图三。

第二谱　24—48　漂亮的弃子战

图三：白 1、3 的渡过一般是很俗的下法，但此时也没有比这再好的下法了。以下至白 5，白总算渡过危机，将来白左下虽有些薄，黑有 a 位碰等腾挪手段，但白也可伺机侵入 b 位。不过，即使这样，黑仍然是优势。

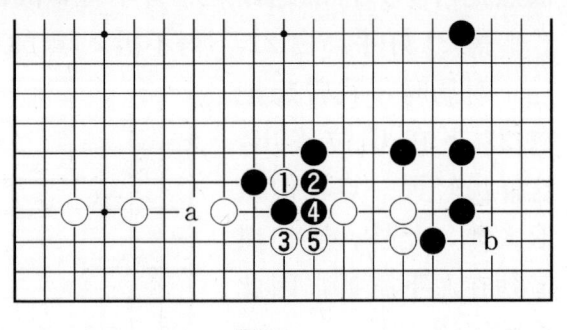

白 28、30 不得已。

黑 33 缓！此手如在 36 位爬，白简直就不知道应在那儿好了。如谱，让白喘了一口气。

黑 35 立下，顺势将右下角变成实地，极大！

图三

黑 39 好手，如马上在 44 位断，劫材黑不利。

第二部 难忘的四十局

黑 41 以下弃掉下边一块，气魄很大，至黑 47 在中央形成一道厚壁，黑断然优势，黑 41 如在 48 位粘，虽可做活，但落后手，白便可抢占别处大场。

白 48 只有吃掉下边黑棋，而将上边大场让给黑棋。

至白 48 止，下边战斗告一段落。白下边一带只有不到 50 目地，左上边白地和右上黑地相抵消，但黑右边一带规模极大，其价值远远不止 50 目，可以判断黑优势，何况还轮黑棋走。

王汝南一连串的漂亮着法，几乎让我丧失了斗志。

黑 49 扩张模样看似必须之着，实际上由于张得过大，正好让白钻了空子。黑应按图四行棋。

第三谱　49—100　白奋力追赶

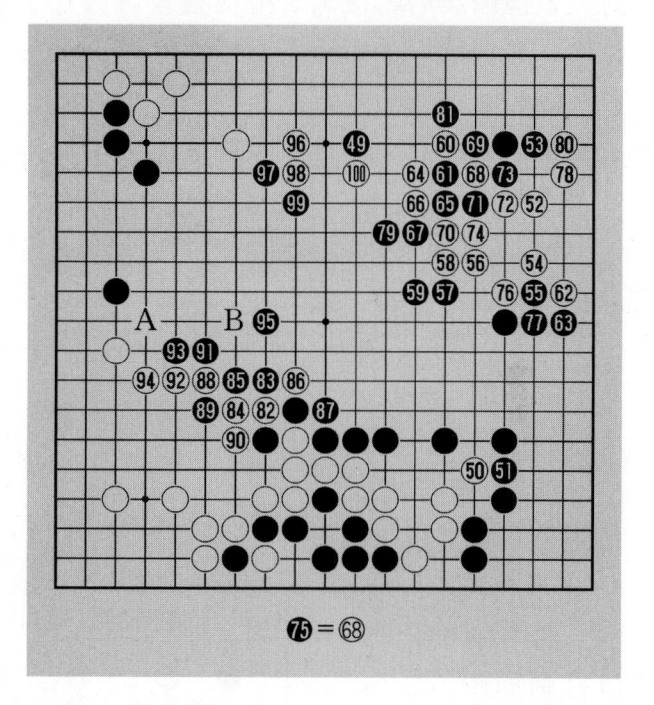

㊄=㊇

图四

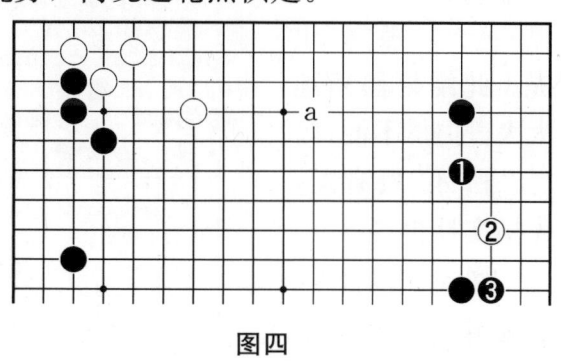

图四：黑 1 单关守角为此局面最佳下法。有此一着，黑右边上下呼应几乎完全成了实地，即使把上边大场让给白棋也没有关

171

我的围棋之路

系，况且白在上边并没有什么好点可走。白要争胜负只有在右边打入，但白2后，被黑3搜根猛攻，白几乎陷入绝境！就算挣扎活出，必定落后手而让黑再抢到上边a位一带的大场。

黑当时如按图四下法走的话，也许第三届全运会的冠军就是王汝南了。可惜黑49错失良机。

白52抓紧时机侵入黑阵。黑55以下是常用的攻击手段。

白60好手。至此白成功地破坏了黑右上的阵地，并侵入了上边黑地，使本已大差的白棋一下子追了上来。

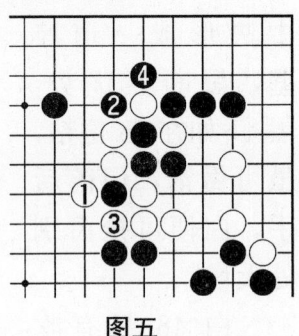

图五

黑61至67是最强烈的反击，到81止形成转换。

白72如在79位打则如图五：白1打时，黑2当然断吃，白3只有提黑一子，黑4也提。此结果黑角地太大，白棋不便宜。

白82只有断，先捞实地再说。

黑83以下果断地弃子连压，继续围中央，很简明。

第四谱　1—78（101—178）　白棋的胜负手

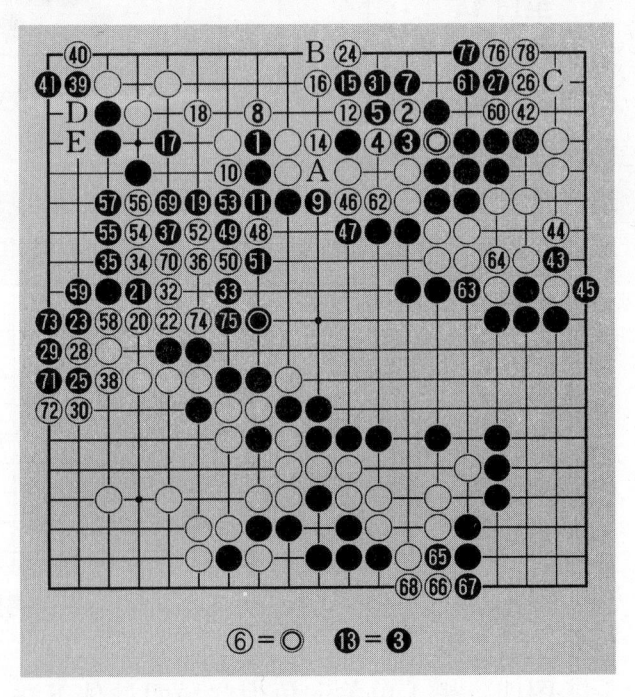

⑥=○　⑬=❸

黑95看似是形，其实反生破绽，给白A位尖出破空的机会，黑95当然应补在B位，白无机可乘！

白96拆一等待时机，冷静，此时虽是白稍差的局面，但也不能贸然出击，要耐心地慢慢下。

黑97、99好手！一下子把白向中央出头的路堵死了。白100是最顽强的下法，看起来此着非常危险，不过我已算清了以后的变化，所以有恃无恐。

黑1当然冲下。白2扳是胜负手。黑3、5、7为必然之着，白8再挡，黑9便不能在A位挖，以下至白16告一段落，结果白稍便宜，白2的胜负手成功了。

白2如改在8位挡，被黑A位挖，这局棋就到此结束了。

白18后，19位和20位，黑只能抢到一处。

白20尖出，黑已封不住了，此时便可看出上谱黑95的错误之严重。当初黑❷如下在75位，白20尖，黑可25位连压确保封锁。

至黑23尖时，局面已极细微，大致是半目胜负。

白24机警！如在28挡，被黑B位扳粘，这局棋就输了。由于白24打，使白26进角成为先手。

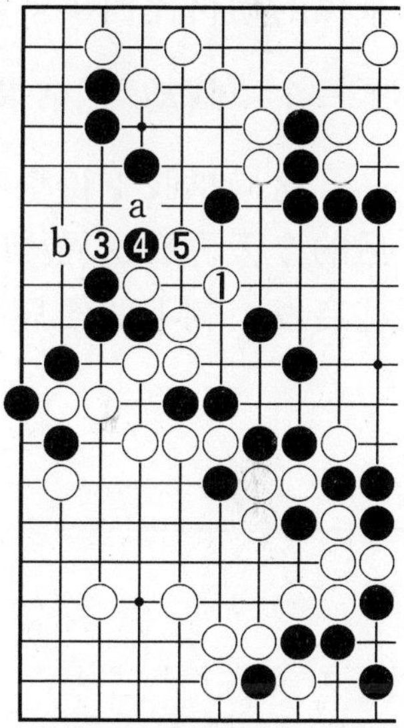

白36强手，瞄着图六的破空手段。

图六：白1尖，黑2如脱先，白3就扳入，黑4如打，白5顽强作劫，将来黑a位粘，白便b位立打劫杀黑，此劫白轻黑重，故黑不行。黑4如改下b位扳屈服，白便4位先手粘，当然便宜不少。

黑识破白方意图在37位补棋。

图六　❷脱先

173

我的围棋之路

白38本身很大，又防止了黑在30下一路夹的作劫手段。对局时因觉得白已有望取胜，所以补一手防患于未然。

单纯从官子价值来说，黑C位夹吃白一子比39扳角大约多1目，但如此，白就D位扳，黑E挡，白41位虎瞄着一路扳打劫，黑也有些头痛。所以黑39、41厚实地扳角。以下双方官子无大出入，至白76、78扳粘，白已胜定。

值得提出的是，在最后收1目的官子时，白收官次序有误，结果形成一个单劫。黑如打胜单劫，此局便是黑胜$\frac{3}{4}$子，而且本来黑的劫材比白棋多，足可以打胜单劫。但王汝南鬼使神差地打了一个"瞎劫"，结果我以$\frac{1}{4}$子取胜，从而登上冠军宝座。

这局棋我下得很不好，可以说是九死一生才赢下来的。十年后的今天再看这局棋时，我感到除了当时的顽强斗志能给读者一些启发，剩下的便只有惭愧和遗憾了！

第十二局　两强相遇勇者胜

黑方　窪内秀知九段　出 $2\frac{1}{2}$ 子　白方　聂卫平

对局结果：白中盘胜　共208手

1975年10月23日弈于北京

窪内九段是日本关西棋院的名将。继1974年我执黑棋胜宫本九段后，这是我第二次与日本九段对阵，但由我执白棋却还是第一次。从专业棋手的角度来讲，执白棋是较难下的，需要有顽强的斗志和强大的韧性，此外还要功夫全面，方可抵消黑方的先着效力，进而争取主动。因此，日本棋界断言"中国人要想执白棋胜日本九段，还要若干年以后。"为此，我决心要扭转这一看法，战胜窪内九段。

黑1、3、5的结构是七十年代日本的典型布局，也是关西棋院的高手们所喜爱的布局。

一般情况下，

第一谱　1—46　序盘的激斗

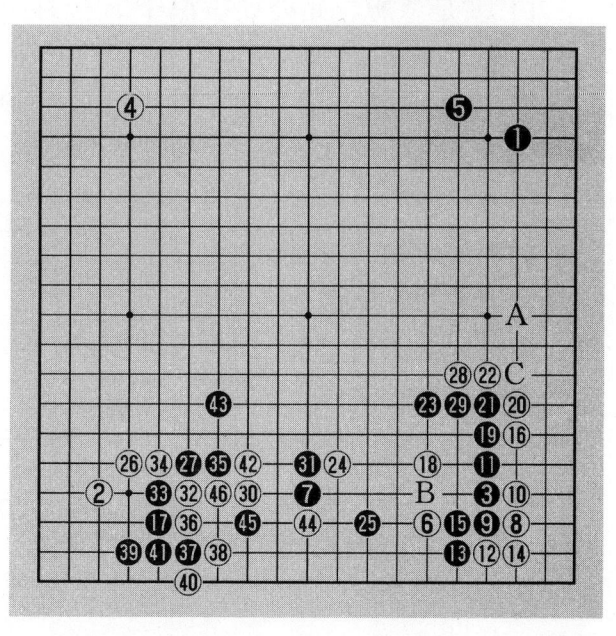

白6是在A位分投的，但考虑到窪内肯定对此下法很有研究，因此我采取了较积极的下法——在6位挂角。

黑7如在19位应，我准备下成图一，这样白布局步调很快，就不怕黑扩张形势。大概窪内九段猜到了我的意图，因此改变计划在7位夹攻，破坏白棋的布局构思。

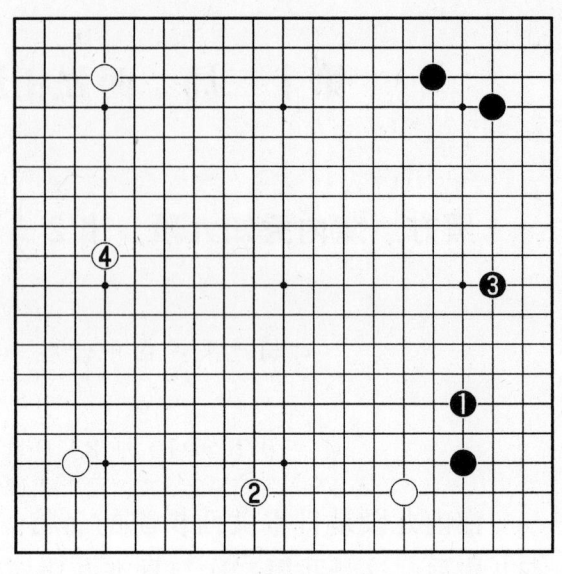

图一

白8当然要点三三，以下至16是最常见的定式变化。

黑17积极，也是在7位夹时就预想的下法。

白18是急所，此处如被黑于B位补一手，黑的结构十分理想，另外，黑在C位的紧逼也变得严厉了。

黑19、21是不甘示弱，以求总攻的顽强下法，普通也可以按图二下。

图二：黑2、4是此形的手筋，白7亦是手筋，至白11形成转换。不过，窪内可能是不大喜欢这种下法。

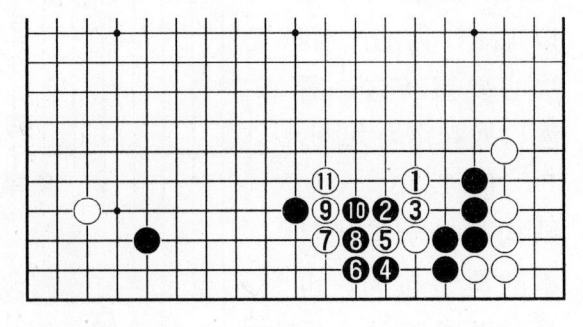

黑23单跳，是企图保留C位的断，但有些过于贪心了。因为随着下边战斗的进行，黑不一定能断得到。不如马上在28位扳，

图二

待白退后，再 23 位虎下厚实为好。

对黑 25 的搜根，白 26 不应而先尖补左下角是好手。

黑 27 过强，被白 28 先手便宜后，再于 30 位严厉地打入，黑顿觉难受了。黑 27 大概只有在 31 位压才是正着，那么，白也许会弃掉右下三子，而先在 32 位飞压试应手，于是形成了另一盘棋。

此时黑无法正面抵抗，只得 31 压出，静观白如何动手。

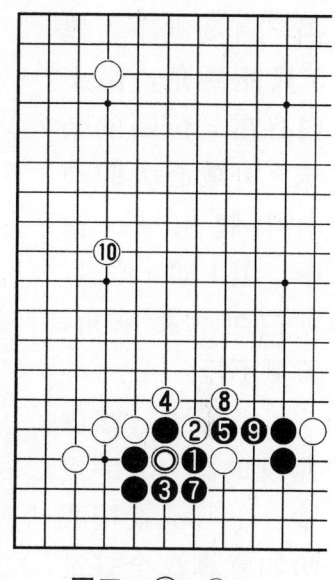

白 32、34 跨断十分严厉，黑 35 只有长，如在 46 位打，则如图三：黑 1 如打，白 2 反打是手筋，黑 3 只有提，白 4 封头，以下至白 10，黑大失败。

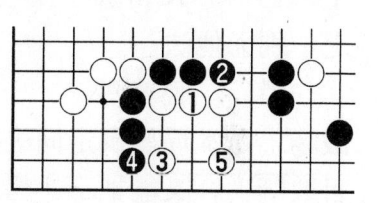

白 36 痛失战机！当然在 46 位接，如图四：白 1 接，黑 2 只有压住，白 3、5 便可简单将角上黑子歼灭。一旦下成图四，这局棋大概很快就结束了。

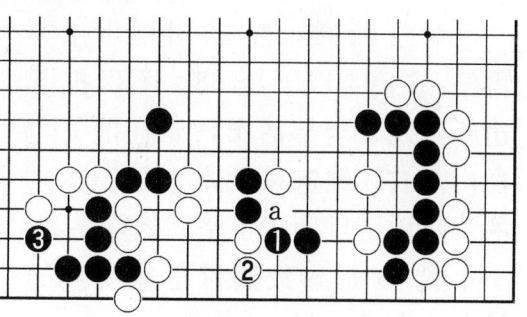

从黑 37 开始，双方展开激战。这种短兵相接的地方，一步失误就会立即崩溃！

在下出白 44 时，我心里很得意，因为黑很难应。

图三 ⑥=◯

图四

图五

我的围棋之路

图五：黑 1 如挡，白 2 立下，黑 3 只能活角，由于白有在 a 位断的余味，可放心大胆地向中腹出头。途中，黑 1 如 a 位退，则白可直接杀角，黑更不行。

没想到，窪内九段的黑 45 手更妙！一下子就把我的如意算盘全打乱了。白 46 只得接上，别无他法。

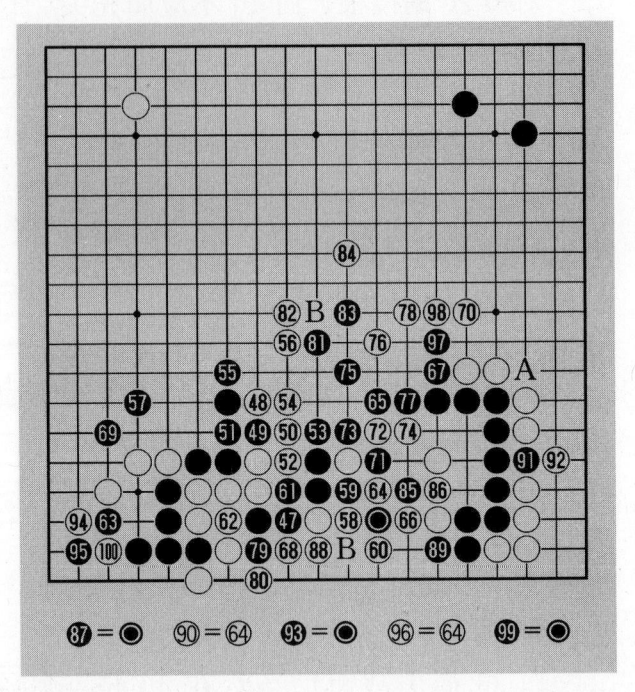

黑 57 脱离主战场，是本局黑棋走向失败的第一步。此手当然应该在 62 位断，目数既大，又能把下边黑棋连成一片。

白 58 立即动出，严厉！

对白 62 接，黑 63 补活出于不得已。白 64 以下至 68，不但把下边所有残子全部活出，而且把下边白棋左右联络起来，本来是块孤棋的一队白子反而成了坚固的堡垒。

黑 69 是导致黑棋迅速崩溃的第二步恶手！

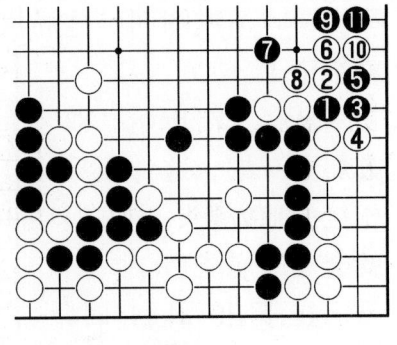

第二谱　47—100　黑大苦战

⑧⑦ = ●　⑨⑩ = ⑥④　⑨③ = ●　⑨⑥ = ⑥④　⑨⑨ = ●

图六

此时，左下白三子并不大，黑就算不补，白也不会马上在这里动手。黑 69 应该马上在谱中 A 位断试应手，如图六所示。

178

图六：黑1断，白2、4必然。黑5拐时，白6如长，则黑7、9、11漂亮地弃掉三子，将白紧紧封锁，白大亏。因此，白2只能在7位跳，这样白也出现了一块孤棋，黑大棋的治孤就不困难了。

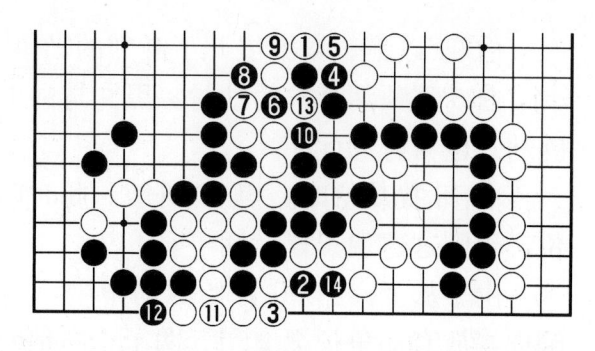

白70发起攻击。黑71断吃想就地做活，没曾想白有72、74破眼的强手。

白76是攻击的急所！遭此一击，黑才发觉中央黑大棋的死活已成问题。黑81、83虽然很损，但也没有办法。

白82冷静！如贪心在B位扳，则如图七，白反倒被歼。

白84镇头，非常严厉！黑已无法再跑，只得85打劫求活。

白88轻率，当然应接在B位，两者差别极大，这在后面再加以说明。

图七

第三谱 1—52（101—152） 攻击的收获

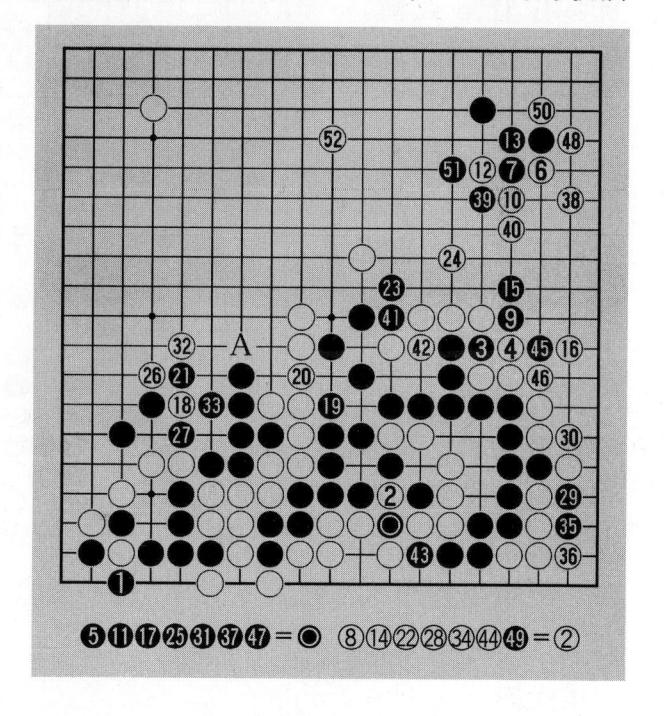

白90以下，双方展开了激烈的劫争。

白6是顺手牵羊的劫材。黑9与白10的交换大损，但为了打胜劫，也只有如此。

白18找劫材时，黑19机敏。此时白20只有接，不能补在A位，否则这这块黑棋就活了。

由于从上谱白90开始的劫争中，白已捞到不少便宜，故38倒虎，放弃劫争把黑9、15两子干净地吃掉。

黑43非断不可，如粘劫，虽可成活但太委屈。

对白48的寻劫材，黑49已无法再应，只能消劫。至此，激烈的劫争终于告一段落，现在作一下形势判断。

黑方：左下三十目强，下边十九目，右上角太薄，暂不算目，共计四十九目强。

白方：右边一带近四十目，左上角算五目，加上贴目5目，共计五十目。

从实地上看，双方大致相当，但此时轮白先走，在攻击右上黑薄棋时，可望收到很大利益。因此形势是白棋优势。

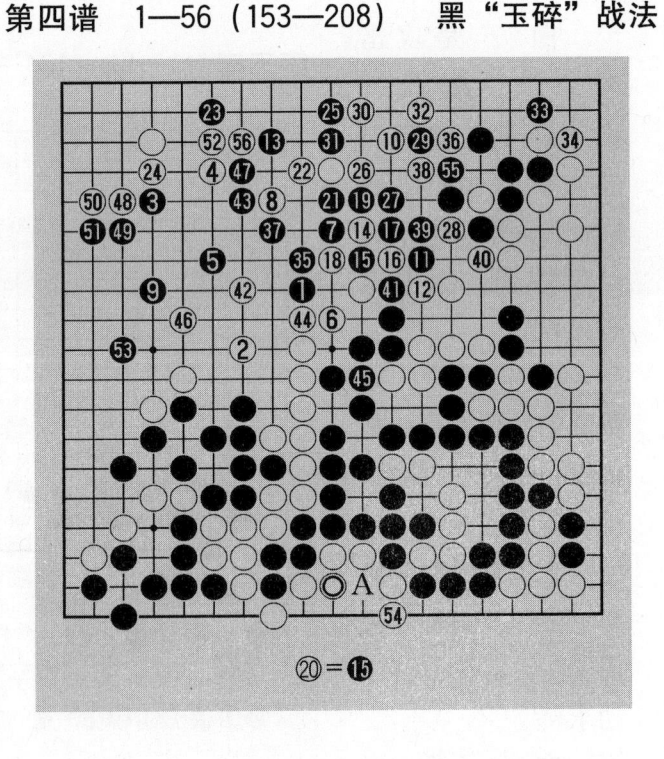

白50先手夺去角地。黑51补后，白52是绝好点，既发展左

第四谱 1—56（153—208） 黑"玉碎"战法

⑳＝❺

上，又攻击右上黑棋。形势越来越对黑不利。

窪内九段意识到，按普通下法已不能挽回败局，唯一希望是攻击左下的一队白子。于是黑1开始发动最后的攻击。这时，就可看出第二谱中白88的过失。如当初白◎是在A位，那么白子已有了一只眼，根本不惧黑强攻。由于当初白◎轻率，这块白棋只有一只后手眼，多少有点顾虑。

白2当然，如6位联络则软弱。

黑3至9已全然不顾实地大损，矛头直指中央一队白子。白4以下也针锋相对，毫不手软。本来白10只要在45位断吃黑三子便可确保胜利，但因我已看清中央白棋并无危险，所以白10继续捞实地。

白12冲时，黑如41位冲，则如图八：对黑1冲，白2长，黑3当然，如改下4位，白3位长就获联络。白4断后，黑5只得补，白6接。以下且不论黑在a位退后白的种种利用，白只要简单在b位扳，便可安然做活。

黑13再次拼命，希望在上边有所借用，再伺机于41位冲断，白识破黑方计谋，先在14位靠。

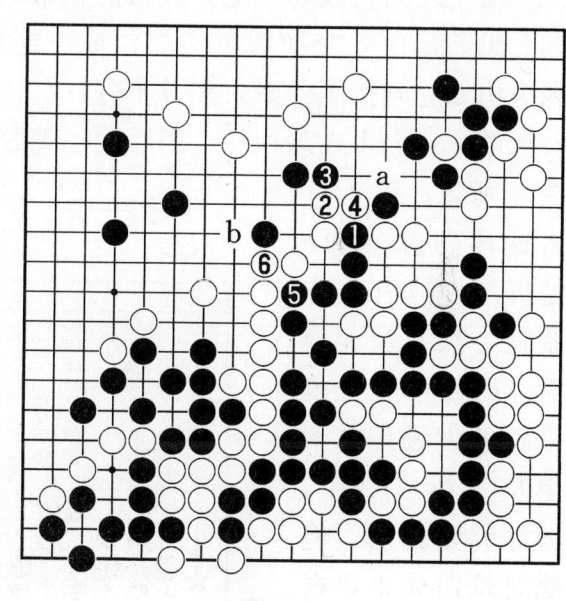

图八

黑15以下虽全力反扑，但白棋应付得当。至白56，黑见大势已去，遂认输。

第十三局　一气呵成的胜局

黑方　聂卫平　出 $2\frac{1}{2}$ 子　白方　户泽昭宣七段

对局结果：黑中盘胜　共193手

1975年10月25日弈于北京

白4占高目较为少见，其目的是牵制黑走三连星。

黑5与白6交换后再走7位成三连星，现在看来有些疑问，因为白如立刻按图一下，黑并不好。

图一：白1立刻顶住，黑反而不知怎么下才好了。黑2如退，白3则立。黑4只有这样高拆，如a位拆二，被白b位紧逼，黑重！黑4后，白便可脱先抢占别处大场。右下黑棋虽拆了一手，但终究是薄形，将来一旦被攻，势必影响三连星的效率。因此谱中黑5的下法有疑问。

白8挂角有问题。户泽七段大概

第一谱　1—50　白布局失败

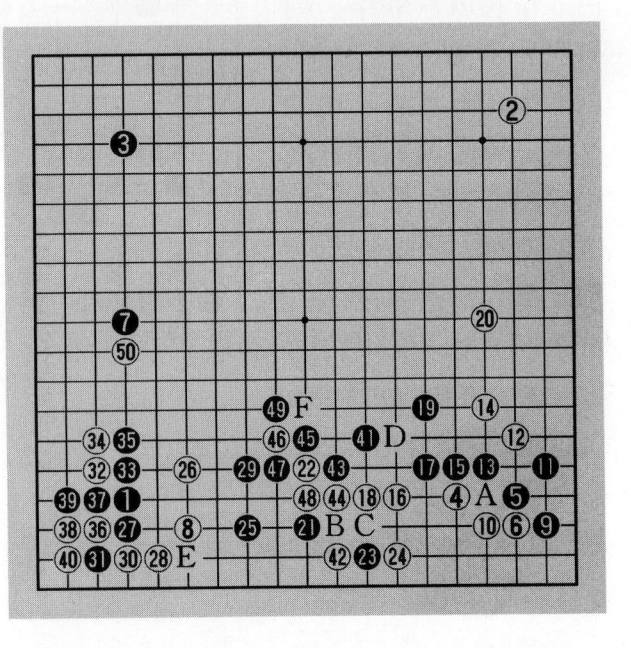

是想让黑 35 位应，再 A 位顶，这样白 8 能先挂一着，多少便宜一点。

黑 9 当然，以下至 11 为定式。

黑 11 后，户泽七段忽然长考起来。原来白下一手无好点可补，普通按定式白应在 B 位拆，但与白 8 的配置不甚理想，如在 18 位高拆，又嫌棋形薄，一时左右为难。

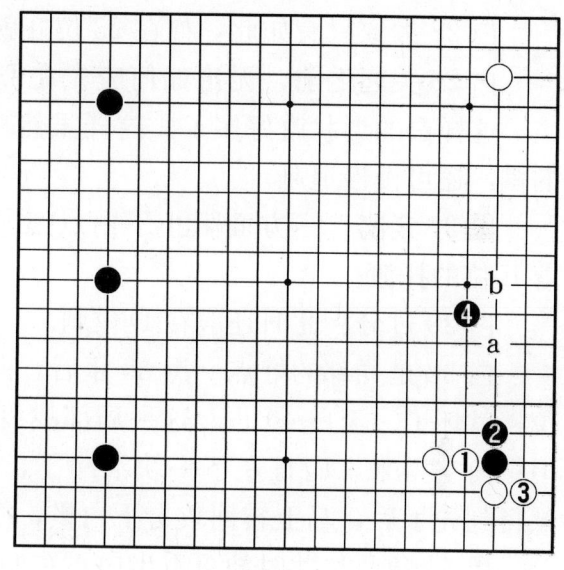

因此户泽选择了白 12 的下法，但从结果来看，此下法仍有些勉强。

白本意是想借攻击顺调补下边，但黑 17 长后，白又一次面临选择的难关。

图一

从厚实的角度来说，白 18 应该补在 C 位，但黑将马上在 20 位夹击，如图二：白 1 尖补，黑 2 夹，白 3 只得关。对白 5，黑 6 扳出好手！白 78 当然要断，如在 8 位长，被黑 a 位虎，白不堪忍受。黑 8 打，痛快之极，再 10 长，白形甚恶，还需防黑 b 位挖，况且角上黑棋简单一补就成活形。因此，白不行。

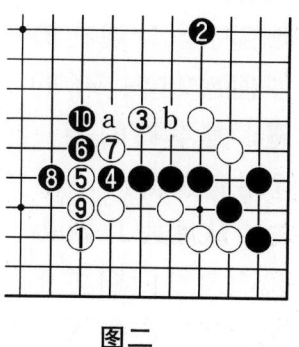

图二

白 18 的补法虽然避免了图二的结果，但黑见机行事，先 19 镇，逼白 20 应，然后，黑 21 严厉地打入下边。

183

白22大致只有如此，如在23位守就太委屈了。

白26关起之前，无论如何应先在D位刺一手，此时黑必须应，这样白的形状就好多了。这样虽然局势落后，白并不是太差的棋，还可慢慢追赶。

黑27紧凑，一方面阻止了白点三三的转换，另一方面还瞄着E位的托渡。

白28过分！此时还应在D位刺。

白32是局部的好点。黑35压后，白不能再长，否则被黑37位挡就坏了。至白40止，这一局部战役告一段落，白弃掉二子，但把角空得来，而且左下一块活净了，局部白棋不吃亏。不过，黑得到先手后，马上转回攻右下白棋，白仍苦战。

黑41急所！此时便可看出白不在D位交换的恶果。

白42已无法再应，只好先活右下白棋。

黑43、45次序好，如直接在45位靠，白46、黑43，白就不在44位挡，而在F位打了。

白46、48、50是利用引征的常用腾挪手段。现在黑如何对付白50的碰，是本局的第一个胜负关键。

从黑51至白60，大致为双方正变，结果白破了左边黑地活出，但黑中央也更加厚壮，得失相当。

第二谱 51—122 中盘的攻防战

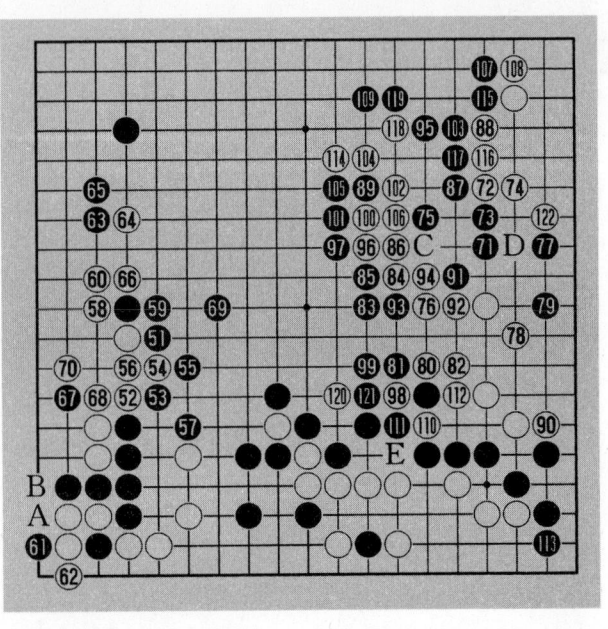

黑61巧手！白62虽委屈也只得退让，如A位吃黑子，黑B位成绝对先手，有此"硬腿"，左边白棋眼位将大受影响。

黑67时机绝好！此时白68如改70位挡，黑能吃白二子，已获便宜，就不在69位补，而去抢占上边大场。

黑69补后，由于有图三的破眼手段，白70只得补一手。于是，黑争得了一个宝贵的先手。

当初黑69如单补，白就脱先抢占73位大场，黑再67位点时，白当然就不肯粘68位而在70位挡。这一差别极为重要！

黑71打入极大，又开始向右边白三子发动攻击。

黑73强硬！是彻底攻击的态度。黑73如改在C位跳也不坏，白如D位托过，则如图四：黑1扳，以下演变至黑9，黑将白地完全破光，充分可战。

至黑77跳，我们来判断一下形势。

白方：右下10目，左下大约6目，左边10目，右上角10目，加贴目，共计41目左右。

黑方实空也有40多目，而且全局很厚实，此外，白右边一块急需做活。因此，黑形势领先。

白78、80是苦心的治孤手段。

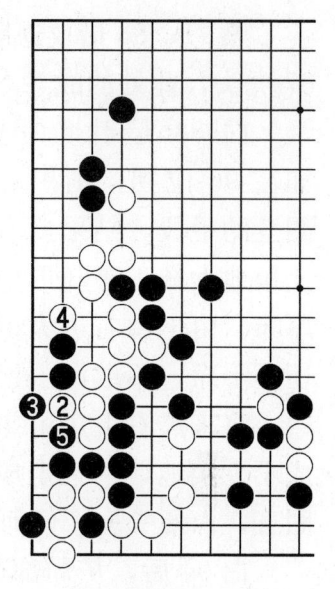

图三

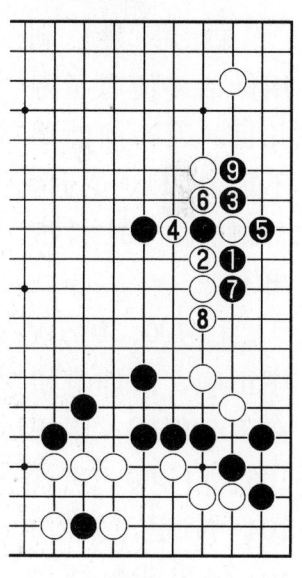

图四

我的围棋之路

黑81、83借攻逼顺势扩张中腹，逼白84、86出头，再顺调87虎头，此处的战斗，完全按黑棋的步调进行。

白88是胜负手，如在96位拐，则黑有图五的手段，结果白右上角地大减，黑却形成厚味。由于白右边大棋还不干净，不敢深入上边，将来黑右上边可望成不少实地，一旦走成图五，白便失去了任何争胜的机会。

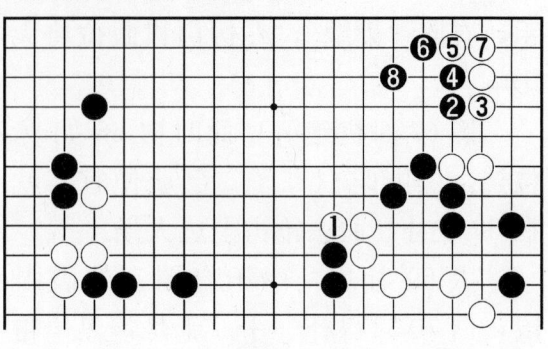

白94后，从局部来说，这块白棋是死棋，但黑外边也不坚实，硬杀有些危险，故黑95飞下自补。

白98妙！利用做活多便宜了好几目，因为此时黑不能在111位打，否则被白101位扳出了。

白100、102次序正确，白如直接在102位跨，则黑106、白100，黑就104位退，放白101位出头，结果白大亏。

黑103不能在106位硬断，自补

图五

第三谱　23—93（123—193）　黑胜势不动

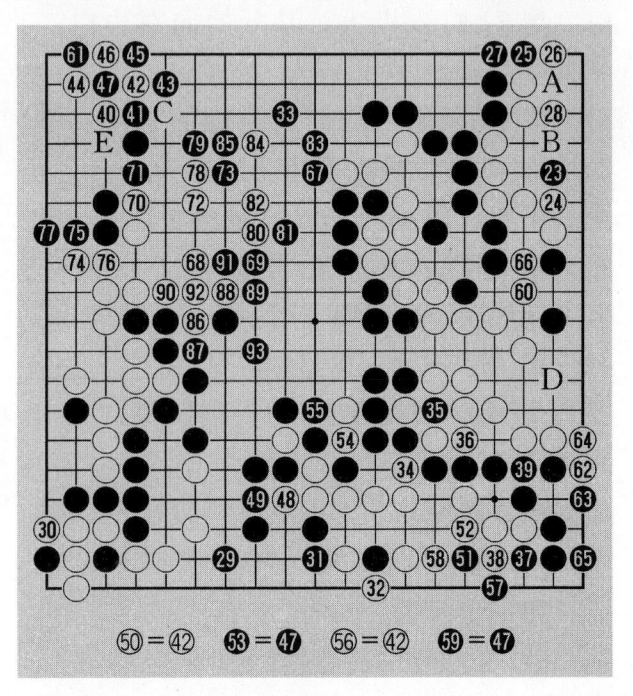

是明智的。

黑113有些贪心，应该老老实实在E位接，这样厚实，而且和劫材多寡很有关系。

黑115至119立即定形，是保持优势的简明下法。

白122本身价值不小，此外还可牵制黑棋，减轻右边白棋的压力。

黑23点入绝妙！白24只得如此。于是黑25、27扳粘成了绝对先手，黑便宜不少。黑25、27如直接扳粘，白可脱先不应，角上仍是活棋。比如，黑A位吃，白23位补即活；黑23位点，白B位虎，黑仍无法杀白。不过，有了黑23与白24交换后，白28如脱先，黑28位一靠就把白棋吃了。

黑29、31急于定形，不细，把劫材走没有了，应该保留，因为白根本没有机会照顾这里。

黑33应在C位尖补角地，这样是黑厚实而且实地领先10目以上的胜势。

白34断大概是误算，以为将来白62、64扳粘是绝对先手，右边白大棋便净活了。实际上，以后白62、64之后，黑D位点入，白仍不活，白白损失了实地和劫材。

白40以下侵入三三，准备以劫争作最后顽抗。

黑45因劫材有利，故在一路打，准备迎接劫争。假如此时黑劫材不利，也可在E位拐让白活角，再先手收官，这样黑也能取胜。

对白48寻劫材，黑本可不应，而在61位消劫，白只能49位冲吃黑四子，黑再D位点入杀白大龙，白非常危险。当时考虑到优势在握，没必要冒风险，所以黑49应劫。

黑51是得意的劫材，白52只得如此。

白60时，黑61消劫。至此，黑已胜定。黑93补后，盘面领先十七八目，户泽七段表示认输。

第十四局　先发制人的杰作

黑方　聂卫平　出 2$\frac{1}{2}$ 子　白方　高川格九段

对局结果：黑胜 4 子　共 189 手

1975 年 10 月 28 日弈于广州

高川格九段曾九次蝉联日本本因坊战冠军，并荣获"终身名誉本因坊"的称号，在日本棋界素负盛名。他擅长持久战，形势判断准确，常常在不知不觉中便取得了优势，因此，高川九段的棋有"流水不争先"的美称。虽然在和高川九段对局之前，我曾战胜过两名日本九段棋手。但高川九段的威势，仍使我有些紧张。

黑 9 是高挂定式的变着，如果白在 11 位应一手，我就准备下三连星。

白 10 从容不迫地分投，阻止黑下三连星，对于高川九段可说是绝对的一手。黑 11 是

第一谱　1—47　白序盘的缓手

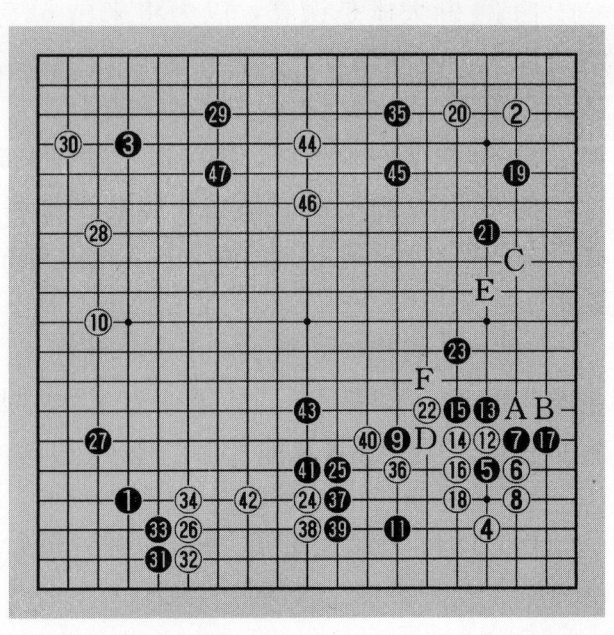

下黑 9 时便已预定的下法。

白 12 断似乎有进入黑布局步调之嫌，局后高川九段指出，白 12 应按图一：白 1 至黑 4 是双方必然之着，白得角地，黑虽有外势，但白获先手，可抢先占据盘上大场，这样白不错。

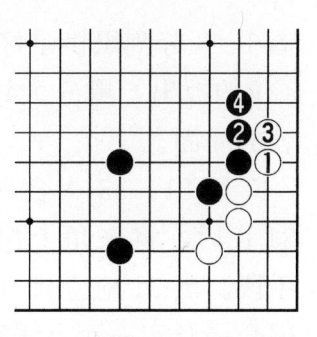

黑 17 强硬地立下是我年轻时的血气方刚的下法，现在我大概会下在 A 位。黑 17 遭到了日本高段棋手的批评，指出此手应下在 B 位，这样棋形不但厚实，而且富有弹性。

白 18 如此稳健在我意料之外，当时我直感这是缓手。后来，高川这手棋果然遭到日本棋手的批评，并指出白 18 应按图二行棋：白 1 先刺，使黑走重，再白 3 展开，右下角黑也没有什么了不起的手段。黑 4 如扳，白 5 就反扳，以下至黑 18 双方无变。结果黑外势虽很厚，但白实地也不小，而且又获先手，黑布局有迟缓的感觉。

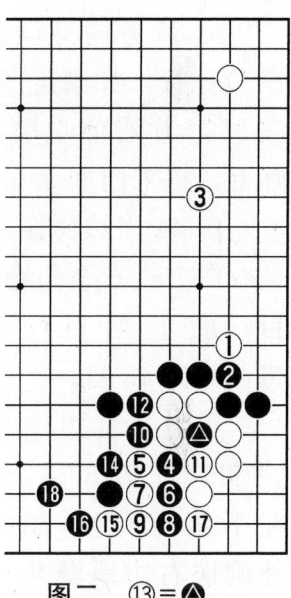

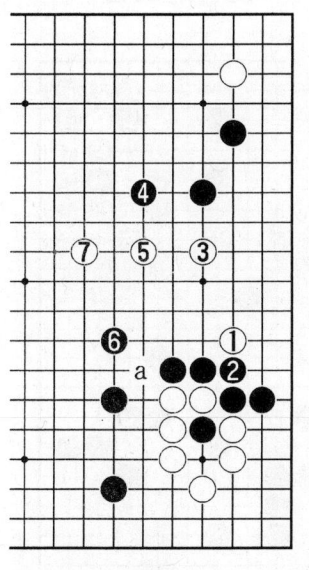

黑 19、21 过于顽强，一般分寸是在 C 位拆二。但当时总觉得不如此便难以战胜高川九段。

白 22 扳方向错误！被黑 23 跳补，黑 19、21 顿时成了好棋。白 22 应按图三：

图一

图二 ⑬=△

图三

189

我的围棋之路

白1、3分割黑棋是好手，黑4如关出，白5亦关出。由于产生了a位的扳出，黑6大致要补，白7再关，出头甚畅，这是白棋从容的局面。

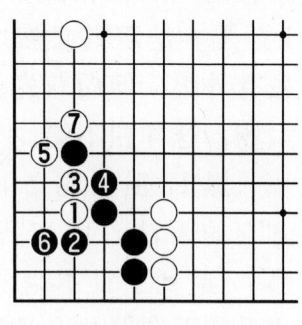

黑31、33太贪实地，使白走厚。白34长后，将来角上白仍然有图四的侵角手段。黑31应立即在D位切断，这样不但全局厚实，而且缓和了白在右边E位等处的打入。

白36方向又误，要走的话也应直接在D位接，如谱走至黑43，黑反而厚了。白36、40看似吃黑一子，棋形不坏，实际上，将来白如E位打入，被黑F位虎头，白反而难受。

白44当然要打入。现在先作一下形势判断。

白方：右下角约17目，右上角6目，左下7目，左边约13目，加上贴目5目，共计48目。

图四

黑方：右边约24目，下边3目，左下角15目。如能确保右边地域并在上边取得10目以上的实空，黑棋就能取得优势。

由此可见，如何攻击白44一子，成为此局的第一个胜负关键。但盲目急攻是不行的，故

第二谱 48—78 锐利的反击

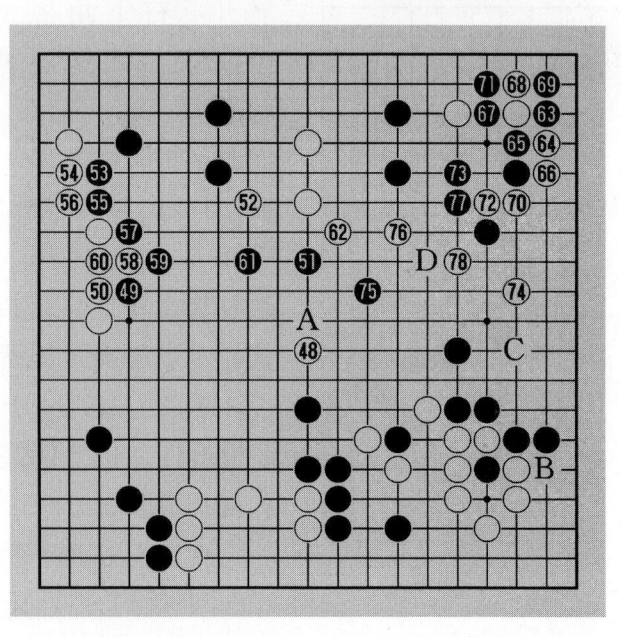

45 关起观白动向。

白 46 当然。黑 47 是冷静的好手，如被白先着此点，白形状不但生动，而且黑左上角变薄了。

白 48 无理！白 48 正着是在 51 位跳，这样仍是胜负不明的漫长局面，对局时，高川九段显然是讨厌黑 A 位镇，所以直接走白 48 镇，希望以攻为守。但不曾想，如此正好给黑棋提供了表演精彩攻杀的舞台。

此时，黑如怕下边黑棋受攻而应一手，则正中白计。

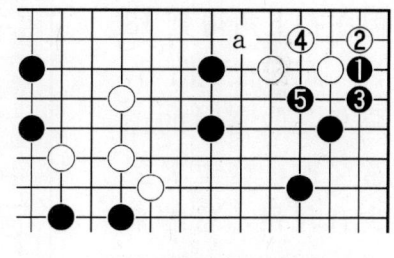

黑 49 试白应手，是在发动对上边白子攻击之前的绝妙伏兵！白 50 只能应。于是黑 51 迎头一镇，开始攻击上边白子。

白 52 向左跳，试探突围。黑 53 至 59，一气呵成将白向左突围的道路彻底堵死，黑 49 的伏兵起到了关键的作用。然后黑 61 继续追击。过程中，白 54 如改下 58 位虎，虽可平安无事，但被黑 54 位挡下吃掉白一子，白实地则明显不够。

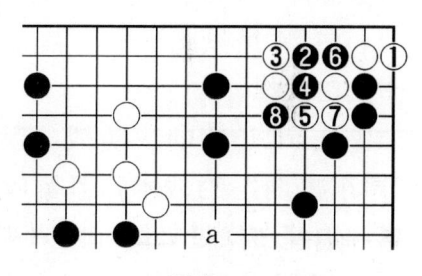

白 62 逃时，黑 63 托试应手，又是一着绝妙的棋。局后高川九段也对黑 63 大加赞赏。黑 63 到底妙在何处呢？请看图五：黑 1 托时，白棋非常难办。白 2 如扳，黑 3 退后，白下一步补在那儿是个难题。白 4 如虎补，被黑 5 尖，白棋只有在 a 位求活，太苦了！白 4 如立角，则如图六：白 1 立角，则黑以后有 2 至 8 的攻杀手段，等于在 a 位一带有一个绝对先手。如此中央一队白子相当危险。

我的围棋之路

由于上述原因，白64、66只有进行转换。以下至黑73为双方必然之着，这个转换结果是黑所欢迎的，因为黑右边的近24目虽被破，但在右上角得到18目，而且右下白B、黑C是收官时的正常交换，这里黑多少有几目，总的来看目数不损，可黑

第三谱 79—116 激烈的攻防战

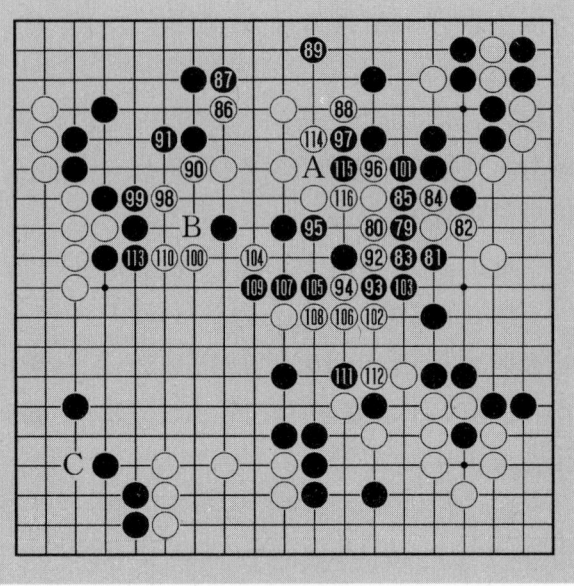

右上却厚了，无形中对中央白棋产生了极大影响。

白74是只此一手，黑75再转回攻击中央白大棋。

从51开始的攻防战，黑巧妙地利用"声东击西"的战术，紧紧咬住白中央弱棋，迫使白棋处处防守陷入被动。

白78是苦心的一手，明知D位有断点，也不得不然。如普通在D位尖，右边白棋又告危机。

对黑79的冲击，白80是好手，如在85位挡，黑84位接，白左右两块必死一块。

黑81好手！白在85位断打，则如图七，右边白棋被歼，而中间白棋仍未安

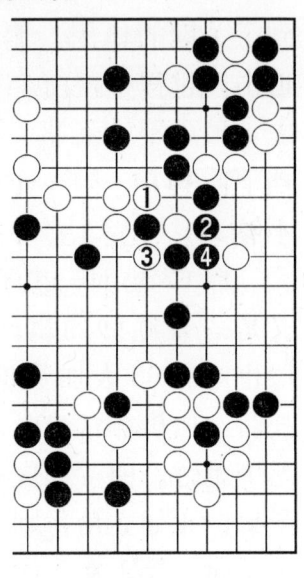

图七

192

定，白只能这么下。

黑83、85联络是优势情况下的确实下法，虽让右边白棋安全成活，但黑也把自己全部连通，解消了后顾之忧，然后，再进行攻击，中央白棋更困苦了。

白86、88和黑87、89交换大损，但为了求活也没有办法，这就是黑棋的攻击效果。

白92、94冲断，拼命反击。对此，黑95是攻守兼备的好手，下一步可在116位挖吃白三子，所以，白96不得不应。

黑97坚决破眼，严厉！此时白若于101位断，则如图八：白1如断，黑2先打，再4接，马上产生了在29位尖吃白五子的手段，白7只有补。黑10、12做活明智，白13、15逃出时，黑16冲断严厉。白21如在a位打，虽可逃出大块白棋，但黑31位提，让白后手连回，便可平安取胜。故此白21力争全歼黑棋，演变至黑44，白方失败。

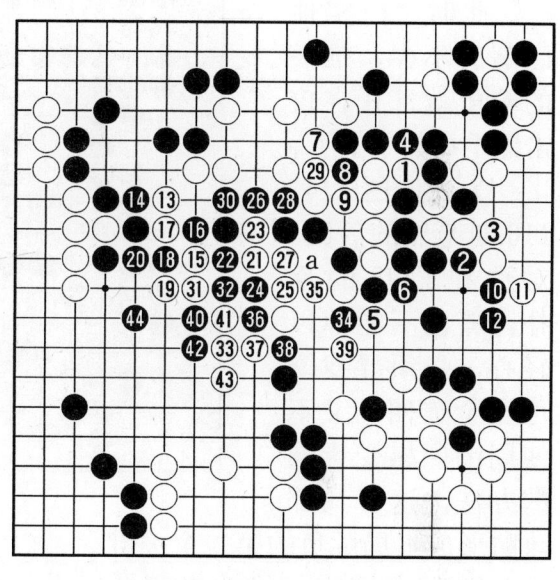

图八

黑97后，白见做活无望，只有忍痛98、100逃出。

黑99顺势接上，非常愉快，白竟来不及在99位打。黑101是稳健的好手，防止了白在这里断的拼命着法。黑101同时还有力地声援了中央黑子，下一手在A位尖，便可吃白四子。局后研究，黑101也可在B位直接冲断，不过变化很复杂，对局时，我很难下这种决胜负的决心。

我的围棋之路

白104是防黑B位冲断，伺机吃中央黑四子，但由于黑有A位的后路，所以黑105以下大胆突围。

黑113大极，既截断白棋，又使白腾不出手在C位侵入黑左下角。

此时，白实地已落后不少，唯一的希望就寄托在攻击黑中央数子上了。

为此，白114、116断绝黑的后路。对白棋最后的反扑，黑也不能掉以轻心，必须寻找既可安全连回，又不使周围黑棋受影响的办法。这一局部

第四谱　17—87（117—189）　奠定胜利的一手

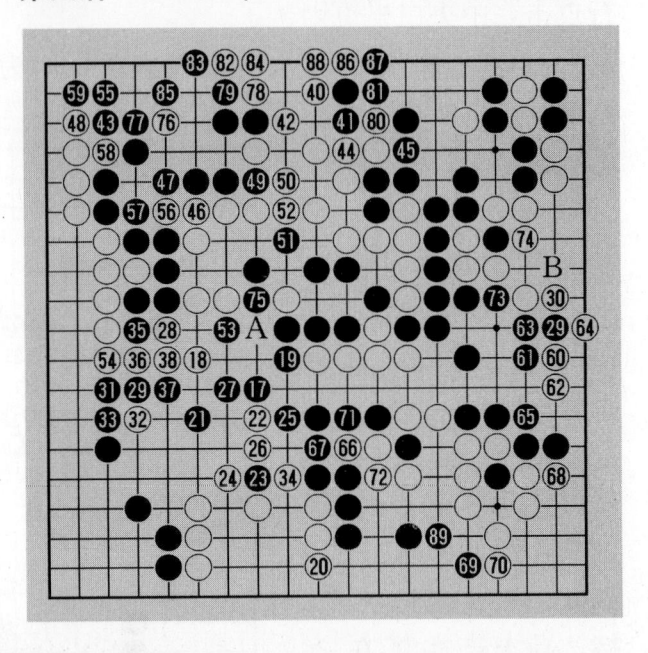

攻防形成本局胜负的第二个关键。

黑17是奠定胜局的决定性一手。白如19位冲，黑则A位退，白中央大棋反受连累。故而白18跳补，黑19顺势连回。至此，黑已没有被攻之棋，只要守住左下角，便可胜定。

白20很大，否则被黑20扳粘是先手，此外，白20也有搜根攻黑的意图。

黑21坚实地再补一手。白22是劣势下的又一次拼命，但黑23、25应付得当，白棋没捞到便宜。

白28只有连回。

黑29机敏，白30如不应，黑B位跳入即可杀白。

黑31拆一，确保了左下角的实地，至此黑已胜定。以下黑小官子有些损失，但已无关大局，故解说从略。

本局是黑棋攻击成功的战例。

三　"旋风"时代（1976）

第十五局　勇克"天元"秀行

黑方　聂卫平　出 $2\frac{1}{2}$ 子　白方　藤泽秀行九段

对局结果：黑胜1子　共175手（以下略）

1976年4月5日弈于东京

第一谱　1—32　微妙的同形

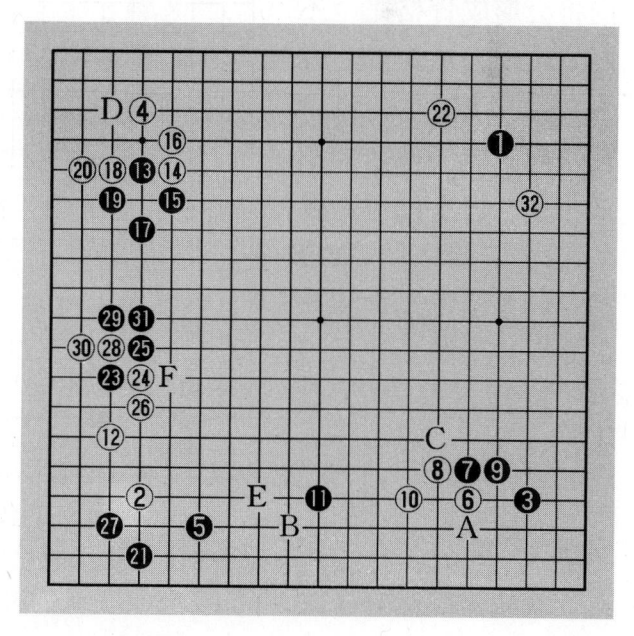

藤泽秀行九段是最为我国广大围棋爱好者所熟悉的日本著名棋手，他功力精深，技术全面，更以风格独特而获盛名。近年来，他曾奇迹般地蝉联六届"棋圣战"冠军，从而使他的声望达到顶点，被日本棋界称为"怪杰"。在我们下这局棋时，秀行先生是当时"天元赛"的冠军保持者。

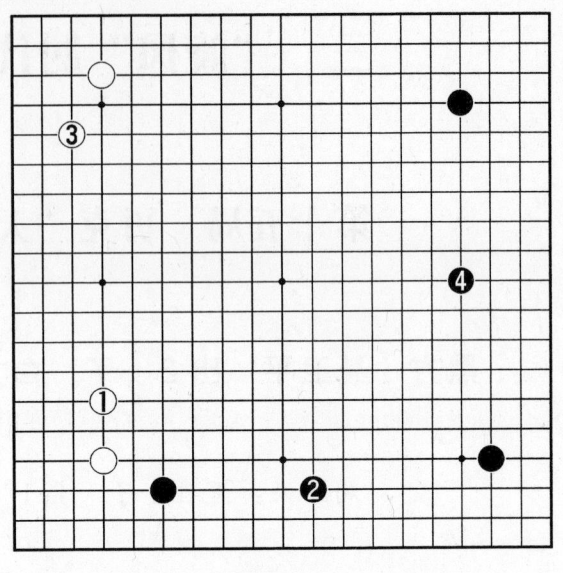

黑5通常是在右下守角，但考虑到同秀行先生这样经验丰富的高手对阵，平稳地布局恐难取胜，因此黑5抢先挂角，希望白棋单关守角而形成图一的形势，如此黑布局速度很快。但是，秀行先生识破了我的意图，白6立即高挂，打乱黑棋布局意图。

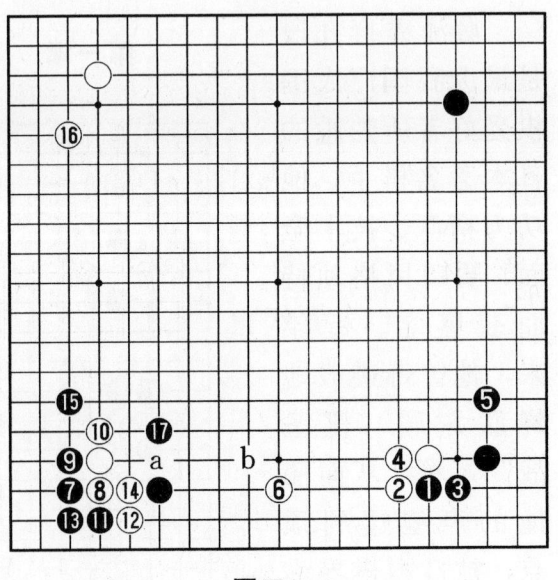

图一

对白6如何应付是布局的分歧点，应法不同将会形成骨格完全不同的棋局。从对局心理上，我很想在A位下托，彻底抢实地，如图二所示：白2如扳，黑3退，以下至白6为定式。白6似乎是拆兼夹的好点，但黑7立即占三三转换，至黑15是常见定式。白16守角是盘面最大的大场，于是黑17出动求战。如此，我认为黑充分可战。白16如改在a位补虽稳健，但被黑抢先

图二

在 16 位挂,将来黑还有 b 位肩冲的绝好点,白不能满意。

不过,我当时怕白按图三行棋:黑 1 托时,白 2 以下走雪崩定式,至黑 25 为双方正变,这样白 26 正好是拆兼夹的绝好点,黑作战不利。所以谱中黑 7 选择了上靠的定式。

白 10 是秀行先生的棋风。如果是我下,肯定会选择图四的下法:白 1 如长,黑 2 必断,以下至白 9 为双方必然之应手,白虽送给黑一些实利,但能换到白 9 的紧夹攻击,白并不坏。

黑 11 是我预定的下法。事后秀行先生指出,黑 11 应下在 B 位拆二为好,因为将来黑如在 C 位扳头的话,黑 11 就不如在 B 位坚实。不过,黑 11 如真下在 B 位,白 12 也不一定会马上在 12 位守角,可能要在 18 位守角吧。

黑 11 既然高拆三,白 12 当然要补,伺机打入黑拆三。

对黑 13,白 14 采用了和黑右下角同样的下法,一方面是一种不甘示弱的对局心理所致,另一方面是讨厌图五的变化。

白 18、20 虽然很大,但并不急,应先在 22 位挂。因为黑也不肯马上在 D 位托角的。

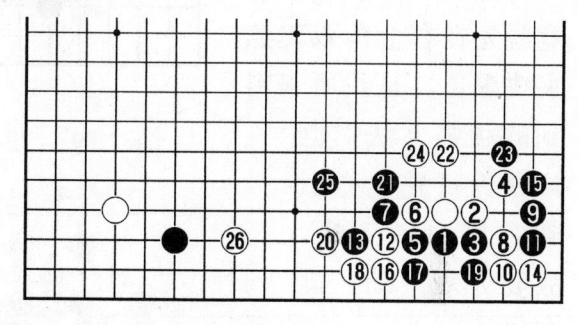

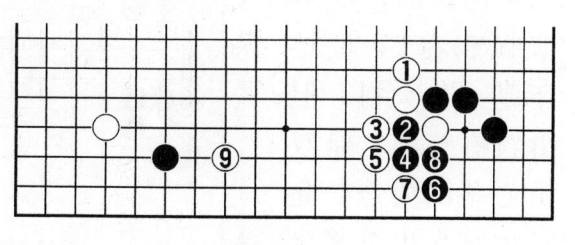

黑 21 加强下边黑子,白如 27 位应,黑就 E 位补,以后便可放手作战。

白 22 先挂角想试探一下黑的应手,再决定左边的下法,但忽视了黑的严厉反击。从结果来看,白 22 似乎有脱离战场的感

图三

图四

197

我的围棋之路

觉，无论如何，应在左边 27 位或 31 位走一手。

黑 23 好点！白如 27 位补，黑就 F 位关起，姿态生动，所以白 24 靠压。

黑 27 虽然落后手，但本身价值很大，还解除了白在下面黑阵打入的威胁，同时逼白 28 断，后手补活。

黑 31 粘时，白 32 竟脱先在右上角双飞燕夹攻黑星，是我所未料到的顽强下法，也许是秀行先生意识到布局白稍落后，故要力争主动，挑起纠纷。

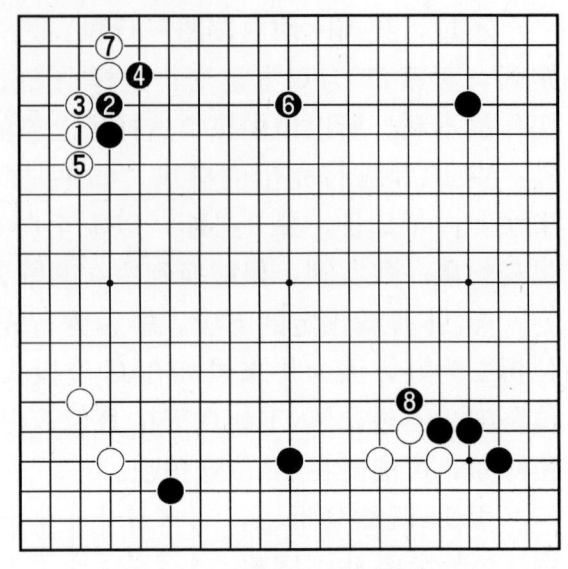

白◯时，我虽意识到在 50 位挡下是一步大棋，但并没有想到它是双方必争的要点，此外秀行先生毫不犹豫地脱先也多少迷惑了我，黑 33 以下采用"倚盖"定式，是想在右上应

图五

第二谱　33—76　瞬间的时机

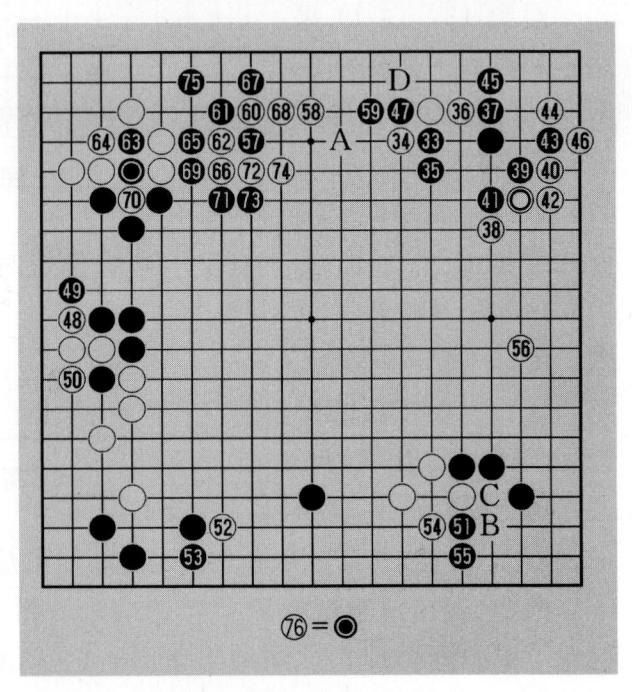

付一下，争到先手后再抢 50 位。

但是，白 44 巧手，至黑 47 断，白先手在右上定形，再 48、50 转回补左边白棋，从而使黑计划落空。

现在看来，白 ◎ 时，黑应立即按图六下法反击。

图六：黑 1 尖出是争先手的唯一好手，白 2 当然，如脱先，被黑占 2 位，白形崩。这样黑 3 就能抢先挡下吃白二子，左边白子顿成浮棋，必须马上补棋，否则被黑在 a 位猛攻，白棋苦不堪言。

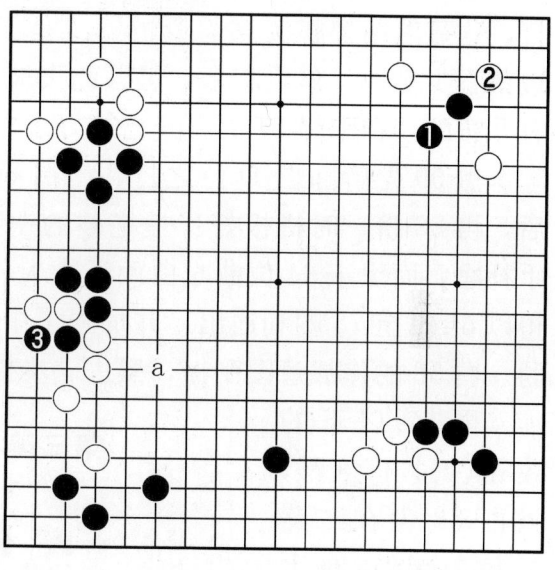

此外，白 44 时，黑 45 有些保守，要走也应在 A 位夹击，不让白棋从容转身，伺机再抢 50 位好点。

黑 51 是盘上最大的地方。白 52 靠试黑应手，期望在此制造纠纷，以便为以后白在 B 位扳，黑 C 位打时，白从 55 位反打创造条件。

黑 53 沉着，不给白以任何借用。

白 56、黑 57 都是大场，双方各得其所。

黑 57 占最后大场后，开始进入中盘阶段，现在局势怎样呢？让我们简单判断一下形势。

黑右下角和白左上角同形，实地相当，但黑左上数子要比白右下四子厚实得多；白左边一块的实地和黑左下差不多，但白是"死空"没什么发展，而黑却有发展增空的余地；右上白棋和上边的黑棋相比较，黑也稍好。由此可见，黑各处都比白要稍好一些，可以判断黑已占优势，最起码是先着效力扩大的局面。

白58打入是争胜负的好点，以后有两种下法：一是在D位打，这显然是黑棋无法忍受的；二是于60位托渡，白便可在上边获不少实地。乍看起来，黑顾此失彼，不能两全，其实黑棋是有办法的，在下黑57时，我已算好了白58打入之后的变化。

黑59先解除白D位之打，当白60托时，黑61与62交换后，再63挤，时机极好！是绝妙的一手。此时，白上边无法一手补净，而黑于64位曲吃白两子太大，故白64不得不挡。黑遂得以65打至75顺利通出，并加强了中腹，对白上方一块颇具威胁。白58的作战意图受挫，黑进一步扩大了优势。

黑77以下的攻击，过于急躁，被白88尖在二路补活，黑实地大损，而且还要落后手在89位补。此外，由于白有84位的断和A位冲，黑外势并不厚。因此，黑77当然应按图七那样下。

第三谱　77—100　危机

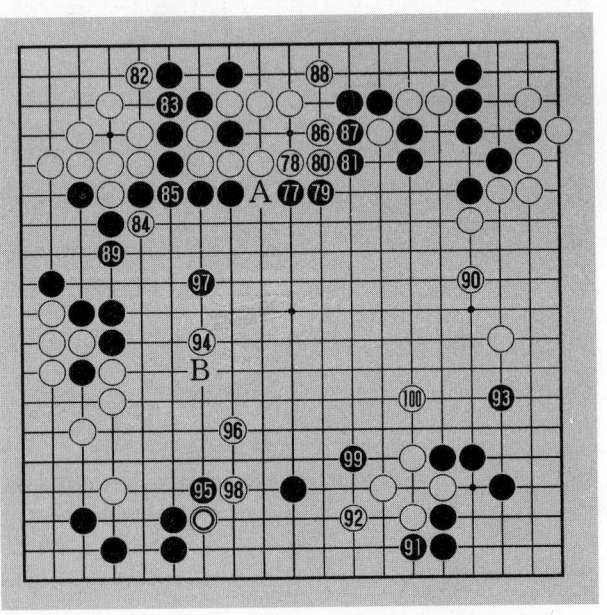

图七：黑1补后，上边白棋更加不安，大致要2位尖出，黑3紧凑！以下至白10为双方正变，黑11遂扩张中央，形成黑绝对优势的局面。

白90巩固右边是冷静的一手，否则黑有图八的手段。

图八：黑1夹严厉！白2只有忍让，至黑5止，白被先手压缩，很难受。途中白2如4位接反击，黑便立即在a位尖断，白苦战，白2如改下3位，以下黑2、白4、黑b，白仍不行。

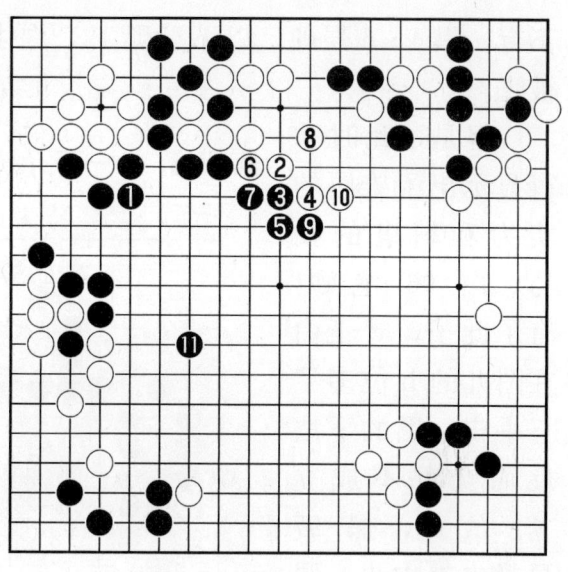

此时黑无论如何应该在B位扩张中腹，这样黑仍可保持优势。但对局时，我不愿以厚势围空，故91、93先捞实地。结果产生了一场危机。

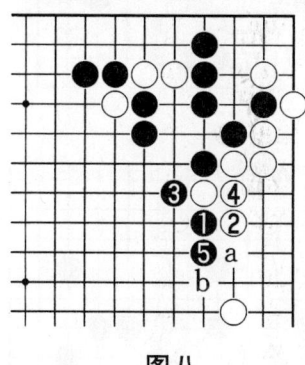

图七

白94好点！黑中腹的缺陷开始暴露了，下边白◎一子也将要动出，局面一下子就被白追了上来。

图八

图九

黑95是算好白84一子不能马上逃出，才在下面补了一手。白84一子要马上动出，则如图九：对白1，黑2是强手，非如此不能吃白。白3只有这边冲，如改在6位冲，黑就a位退，白

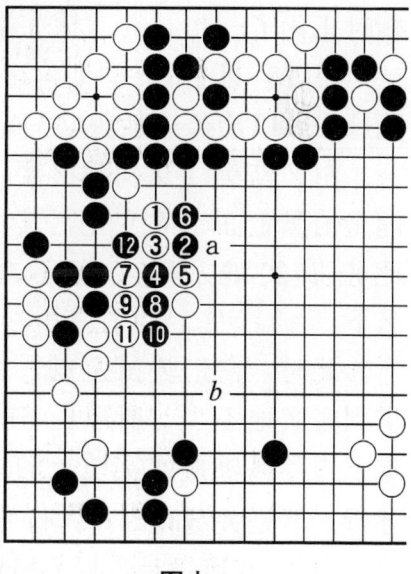

我的围棋之路

不行。黑4、6强硬，以下至黑12，白由于征子不利，中央三子被吃。

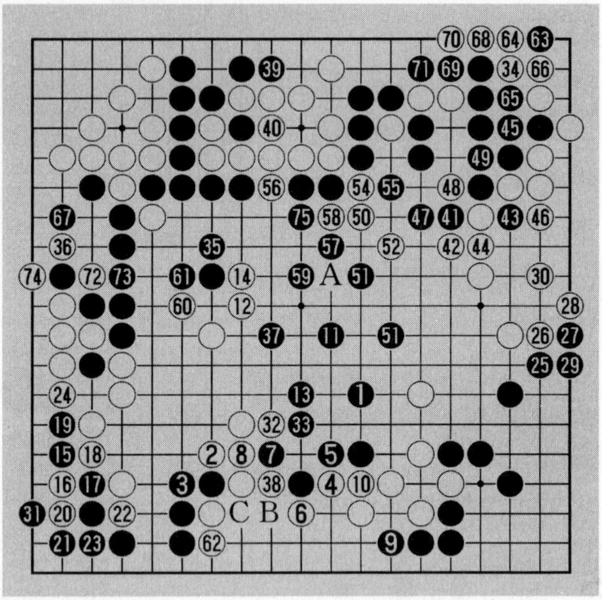

但是，此时秀行显示出了雄厚的实力和精湛的技巧。白96绝妙！有了此子，等于白在图九的b位多了一手棋，黑的下法反而全都不成立了。故此，黑97只得先补中央，眼睁睁地被白争到了98的扳，黑的形势顿时恶化了。

黑99只有冒险逃出，以治孤决胜负。

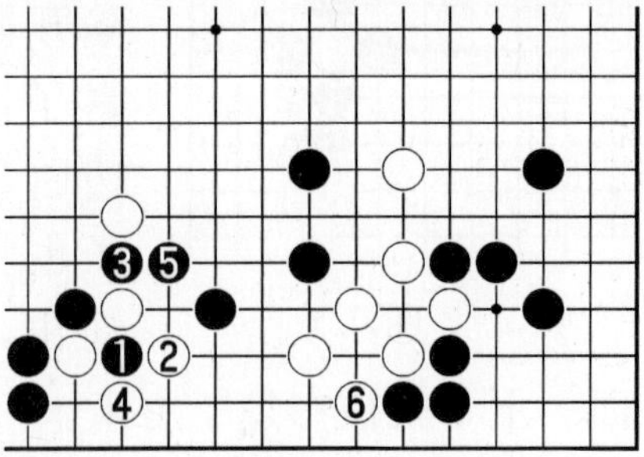

白2与黑3交换没必要，可能是怕黑走图十的变化，其实如此先损实地，黑实在不敢这么下。

此时，白形势虽主动，但黑棋到底实地不少，所以白务必猛攻下边黑孤棋挽回实地上的不足才行。但是关键时刻，秀行先生却求稳了。

白4、6渡过是本局的败着！黑7先手刺，接着黑9长这步大官子又成了先手，这样白实地更加不够了。

白12缓，应在13位抢攻，不让黑整形。

第四谱　1—75（101—175）　艰难的二目胜

图十

第二部 难忘的四十局

黑13最简明的下法是在A位一手连回，可免去许多麻烦。黑15仍然应在A位联络，即使要在左下角收官，也以在16位小尖为正。

白16是收官手筋，黑19应在20打，将来19位长总是黑方权利，如谱被白22打，白白损了两目。

黑25、27、29机敏，争到此处，黑已胜利在望。

黑33挡是恶手，被白棋便宜了不说，还损失了眼位，应该在A位联络。

白38很大，不然黑有B位扳，白38位断，黑C位先手断的手段。

白50好手，觑断的同时瞄着中腹的黑大棋。

黑51自重，优势的情况下实无必要冒险。

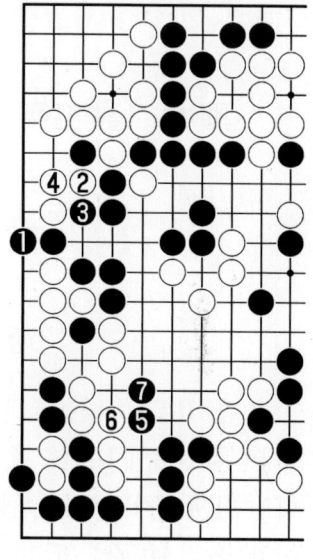

图十一

白52分断时，黑53以下至59确实地活净，白54断到58冲吃黑二子，也占了不少便宜，以下开始进入小官子阶段。

黑67大恶手！当然应该在68位先手挡。如谱被白68、80连冲，白白损失了4目。幸亏黑实地领先得多，否则一下子就"翻盘"了，黑67要走的话，也应在74位立，如图十一所示：黑1立，白2只有断吃，黑3再打。这样黑有5、7先手破中央白空的手段。

黑75接回二子后，盘面领先七八目。后来，黑官子又稍损，但已和胜负无关，故解说从略。

这局棋，黑布局和序盘下得很好，占据了主动，但在优势的情况下，黑却因急躁而让白有所挽回，结果白又开始保守求稳起来。最后黑虽险胜二目，但赢得十分费力，对我来说，这局棋是一个极好的教训。

203

我的围棋之路

第十六局　无懈可击的黑棋

黑方　聂卫平　出 $2\frac{1}{2}$ 子　白方　加田克司九段

对局结果：黑胜3子　共183手（以下略）

1976年4月10日弈于日本福冈

在1976年的访日比赛中，我和加田九段的这局棋引起了日本棋界专家们的注意。因为从棋的内容上来看，黑棋下得非常好，几乎可以说是无懈可击，尽管白棋并没有什么恶手和坏棋，结果仍是输了。后来，大平修三九段特意撰文详细讲解了这局棋，并认为是黑棋的杰作。

由于加田九段是一位技术全面的高手，所以我采用1、3对角星布局，意在加快布局速度。

白4占高目是意识到黑对角星的一种对策。

从黑5挂角到13为止是双方各得其所的布局。其中黑13是此局面常

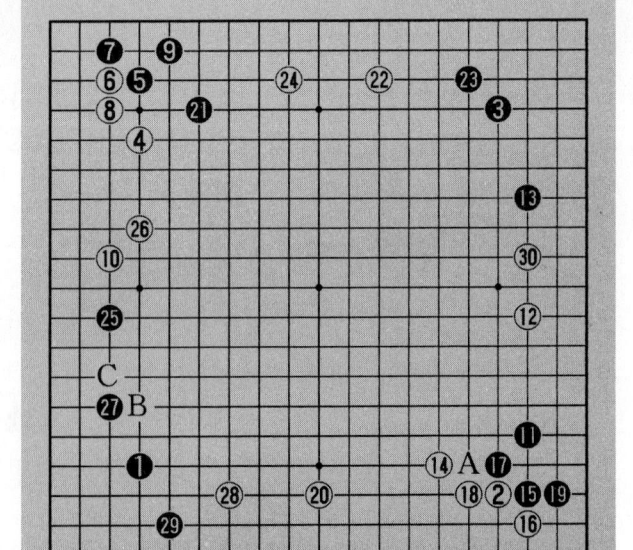

第一谱　1—30　疑问手白26

用的手段，一方面守右上角，另一方面牵制白对黑 11 一子的攻击，白如马上攻击则如图一：白 1、3 是三间低夹黑脱先时的常用攻击手段，但黑 4 后，黑▲一子恰好起到了攻击的作用，白如逃◯子必然要落后手而来不及在 a 位补棋，很可能会被黑抢先在 b 位靠下，白不行。

白 14 是疑问手。应在 A 位坚实地小尖，不让黑棋从容做活，这样白 12 一子效率就高了。如谱被黑 15、17、19 先手安定，白布局有迟缓的感觉。

通常对黑 15、17，白有 19 位打的下法，但此局面却不好，请看图二：白 1 至白 9 本来是互不吃亏的定式，但白◯子的位置不太好，将来黑 10 的好点白很头痛。白如 a 位爬，黑 b 位压，白无法忍受，白如 b 位拐，黑正好顺调 c 位拐出，白不满意。所以谱中白 18 退也是不得已。

白 26 如此坚实地补，出乎我意料，我认为不管怎么说，这手棋是缓手，应先在左下角动手。

白 26 坚实，黑 27 当然也要如此补在三路，如机械地讲究高低配合下在 B 位，反而会给白棋留下 C 位的打入点。

黑 29 是我对局时灵机一动的下法，将来可有图三的手段，似乎效率要高一些。

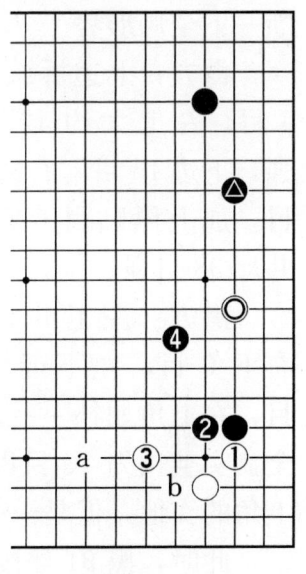

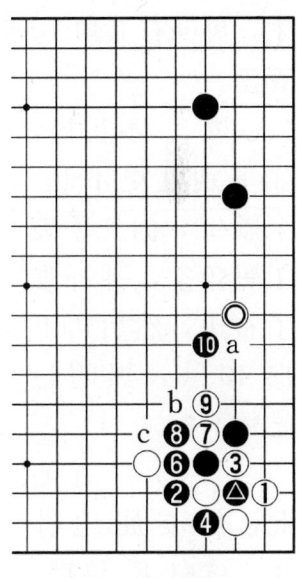

白 30 是此时盘面最后的大场，至此，布局结束，现在试判

我的围棋之路

断一下全局形势。

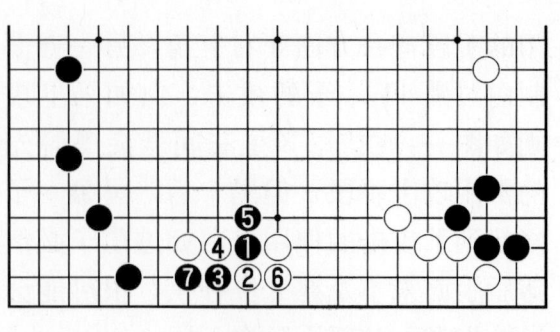

白方：上边拆二有 4 目，左上大约 12 目强，下边 15 目，右边 2 目，加上黑贴目 5 目，共计 38 目强。

黑方：左上 5 目，右下 6 目，左下近 20 目，右上角如补一手，有望成 20 多目实地，共计 50 目左右。黑全盘实空领先 10 目以上。由此可见，黑方的当务之急是巩固右上角的实地，但是……

此时，黑 31 如按图四所示固守角地，是黑简明优势的局面，可对局时我很讨厌被白在 A 位飞，所以走黑 31 想让白 45 位应一手，再补右上角。白 32 不失时机地打入，立刻粉碎了黑的如意算盘。

图三

第二谱　31—63　活用厚味

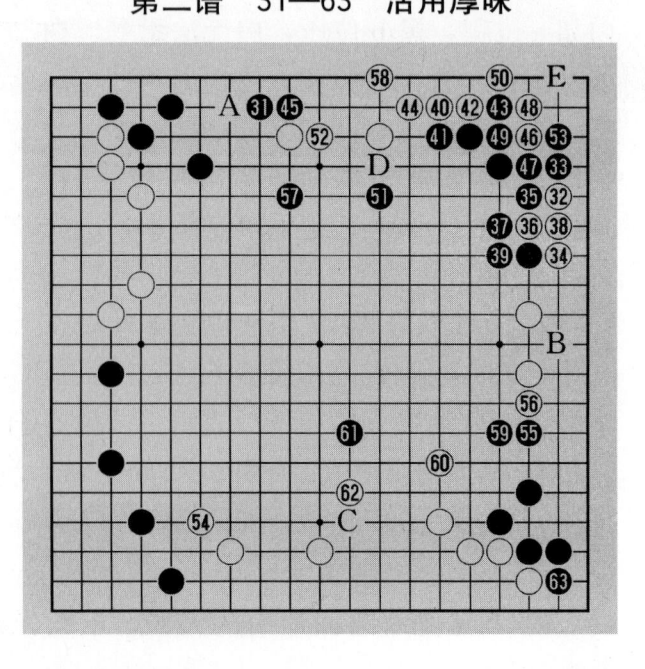

黑 33 不得已，如下别处更不利。至黑 39，白先手破了黑角空，并补强了右边，然后再下白 40 飞，黑明显吃亏不少。

黑 45 只有如此，如委屈地补角，被白 45 位挡，黑将一无所获。白 46 当然。以下进行至白 52，本来是黑

206

方优势的局面，一下子变得混乱不明了。

现在再看一下双方实地：白左上、下边和黑左下、右下实空都不变；黑左上增加了几目，白右边也增加了几目，可认为双方得失相当，但第一次形势判断时黑右上角的 20 目化为乌有，仅仅成了一些厚味。可见，黑实地已感不足，黑要想取胜，唯一的办法只有高效能利用右上角的厚味来挽回实地上的损失，但怎样利用才好呢？

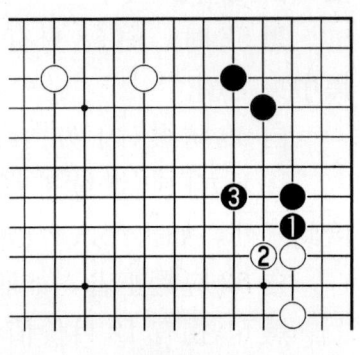

图四

黑 53 是经过长时间的考虑后下的，加田九段对此显然很惊讶，但我认为这是此局面绝对的一手！局后复盘时，黑 53 也受到日本高段棋手的高度评价，道理何在呢？第一，黑 53 拐后，白上边一块便没有活净，黑可借攻击获利。第二，黑 53 的拐解消了白图五的下法，影响了右边白棋的安定。此外，黑 53 本身价值有 8 目，也是一个大官子。总之，黑 53 是利用厚味的一着好棋。

黑 53 如不走，白将立即在 53 位夹，如图五：白 1 夹，本身价值 8 目，而且使上边白棋彻底活净。黑 2 只有扳争先手，白 3 顺势退，右边一块白棋又获安定，黑一下子便失去了攻击目标，右上厚味将无用武之地。如此，黑方前途暗淡。

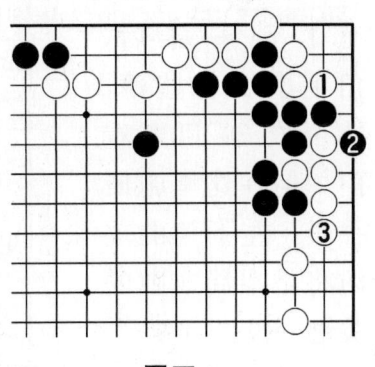

白 54 很大！在瞄着黑角弱点的同时，解消了上谱图三中黑棋的冲击手段。

图五

黑 55 是先手，白 56 不得不应，否则黑有 B 位透点的严厉手

207

段，白无应手。

黑57时，白58只有补活，此时白不能硬向外撞，不然徒使黑中央走厚。

白60防黑对下方白阵进行侵消，并向中央挺进。

让下方白阵继续扩张是不行的，黑当然要浅消。黑61选点恰到好处，如再深入有被攻的危险。

白62应是正着，如脱先，被黑C位先手踏入消空，白大损。

黑63拐有12目价值，而且使这块黑棋再无后顾之忧，是一步相当大的棋。现在黑的实地已赶了上来，再作一次形势判断看看。

白方：左上12目不动，上边3目，右边7目，下边22目左右，加贴目5目，共计49目。

黑方：左上8目，右下角11目强，右上由于D位是黑先手，E位大致是黑方权利，大致已有13目实空，左下如能成20目，则共计52目。黑实地领先一点儿。

不过，现在白有了54一子后，角上多少有些薄，能否成20目要看白如何在这里施展手段。左下角的攻防将是本局成败的关键一役。

对白64的靠角，黑65应法正确。如按图六应法，黑角被白夺

第三谱　64—103　转换的得失

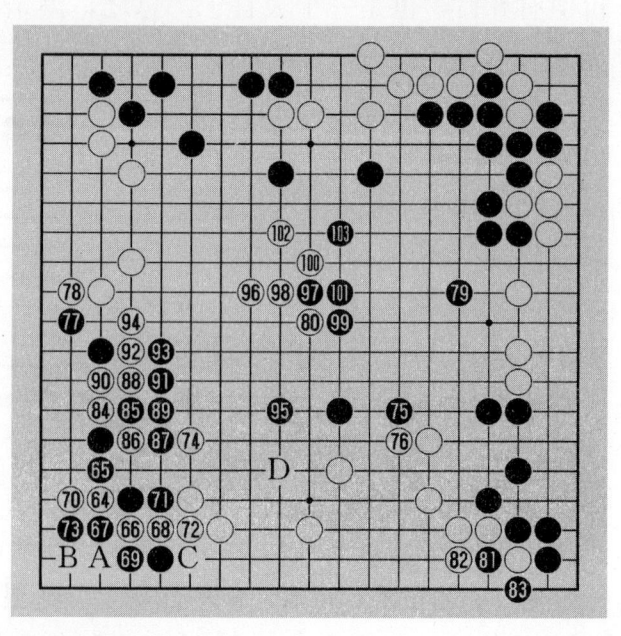

去，黑就输定了。

白70立是正着。如贪心地在A位打吃，经黑70、白B、黑C，白不行。

至白74跳，左下角的战斗告一段落。结果白棋走厚了下边，还有瞄着84位靠的手段，得到一些收益；黑棋巩固了角地，并得到了先手，也不算吃亏。总的说来，这一战役双方各有所得，互不吃亏，所以局势仍然是黑方稍好一点。

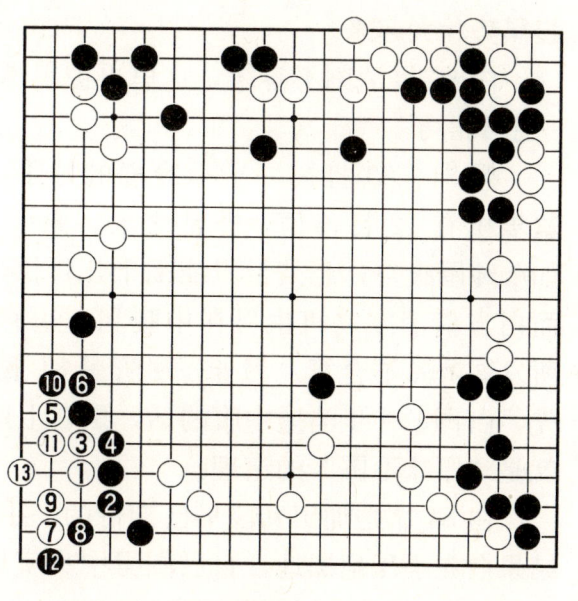

由于白74跳后，黑已无法在左边补，所以黑75先跳一手，伺机扩张中腹。白76不能不应，否则黑有图七的严厉手段：对黑1，白2如反击，以下至黑13，对杀白不够气，过程中，白2如改3位接，被黑a位并，白地大减。这样黑全盘实空将大大领先。

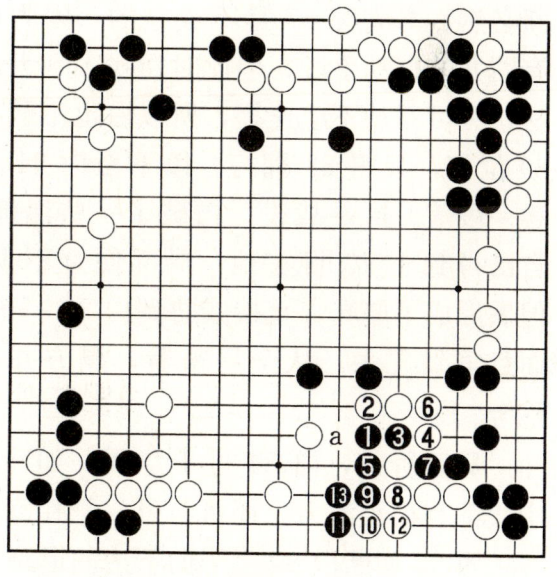

图六

图七

我的围棋之路

黑79是和75相关联的着法，使中腹黑势壮大起来。

白80侵消刻不容缓，这里再被黑围一手不得了。

黑81、83打拔一子是冷静的好手，这步棋有12目价值，非常之大。黑81如单纯围腹空，充其量只能围十几目棋，而白方借消空之机也可在中腹和左边有所发展，黑不合算。另外，尽管黑81脱

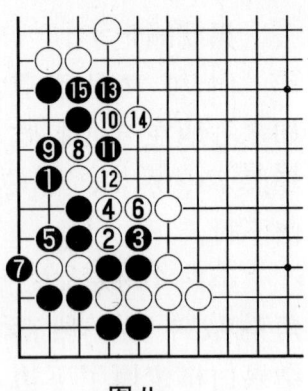

图八

先，白再走一步消黑中腹的话，黑右上厚势仍有一定的目数。这就是"厚味不围"的道理。

白84靠是加田九段早已期待的一手，黑如下扳，则如图八，结果白先手压扁黑地，自己围得中央实地，黑形势顿时恶化。不过，我在下黑75手时，已经想好了对白84的应付方法。

黑85上扳是此时唯一的抵抗。白86断必然。本来黑87是不成立的，因为白有图九的打劫手段，但此时白找不到大劫材，黑可万劫不应连提，所以白也不敢在89位打，只得88翻打。以下至白94止告一段落。这一战役，白破了一些黑地，自己得到了13目实地，局部便宜不少，但黑形成了厚味，直接威胁到白80一子，而且争到先手，从全局来看，黑方并不吃亏。

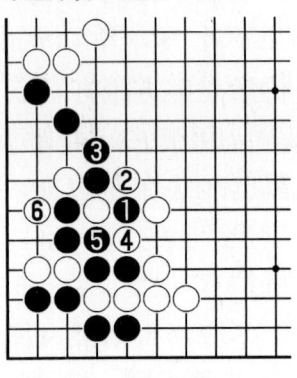

图九　❼＝❶

局后研究，白84过于急躁，如冷静地按图十下，白下边、中腹都有很大潜力，还可与黑一争胜负。

黑95切断白80一子向下边的退路，同时准备在D位先手侵消下面白空，一举两得。

210

白96再不走白80一子就有被吃的危险。黑97是强手,在周围都是黑势的情况下,白不得不退让,以下至黑103止,黑最大限度地围成腹空,胜负逐渐明朗化了。

白4先手便宜1目,很机敏,黑应在上谱走95手之前,先于4位扳与白A交换,白就便宜不到了。这种细微的地方,在细棋局面时,常常可直接关系到胜负。

从白6开始,进入收官阶段。白6、8扳粘是9目价值的大官子。

对黑9,白10只能应。黑11扳时,白12退是正着,如贪心地在31位打吃,则黑有12位开劫的手段,此劫黑轻白重,白不行。

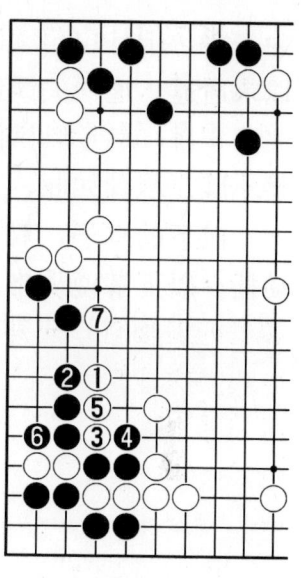

图十

收官至黑39,黑中央围了近23目实地,全盘实空比白棋多十目以上,可以说是稳操胜券了。

黑41是本局黑方唯一的大恶手!这盘棋如输了,此手就是败着。黑41应当在47位退。

由于41失着,白42、44、48成

第四谱 4—83（104—183）　　黑胜势不动

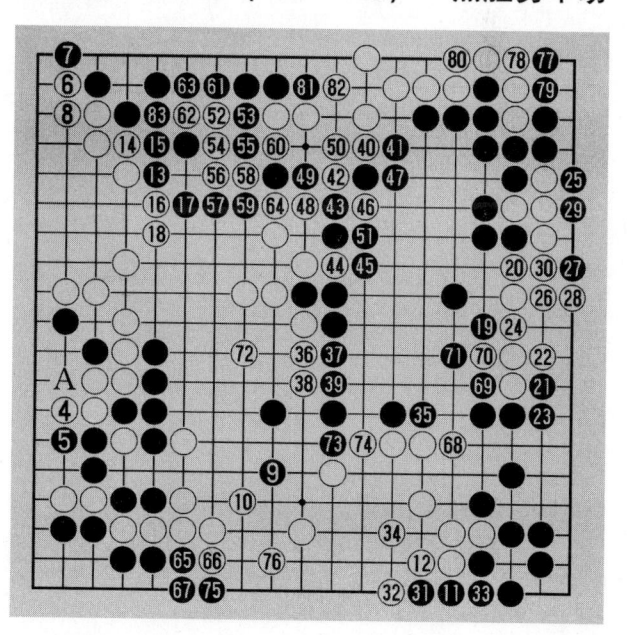

我的围棋之路

为先手，于是白52点入的手段成立了！黑53以下只得弃掉两子，以求通连。这一失误使白棋获得3目实空，黑空少了3目，共损失了6目，幸亏黑棋优势较大，争到65、67的官子后，局面仍然是小胜。尽管如此，对局时却吓了我一身冷汗。

　　以下的官子，双方大致如此，至黑83，黑小胜的局面已不可动摇。以下解说从略。

第十七局　一路之差的教训

黑方　桥本昌二九段　出 $2\frac{1}{2}$ 子　白方　聂卫平

对局结果：黑胜1子　共165手（以下略）

1976年4月13日弈于日本大阪

桥本昌二九段是日本关西棋院的一把尖刀，在日本各大棋战中均有出色的表现，他的棋风厚实、稳健，尤其在执黑棋时，要战胜他是相当困难的。在1976年的访日比赛中，桥本昌二九段执黑战胜了我，显示出了雄厚的实力。

从黑1到17是当时最常见的布局。现在黑走中国流布局时，白6常常是在左下A位挂角。黑11也可下在B位。对黑15，白16挡是绝对的一手，这里被黑长一手，白顿成浮棋，受不了。

白18关起，大竹英雄九段也曾这样下过，对局时

第一谱　1—42　巧妙的弃子

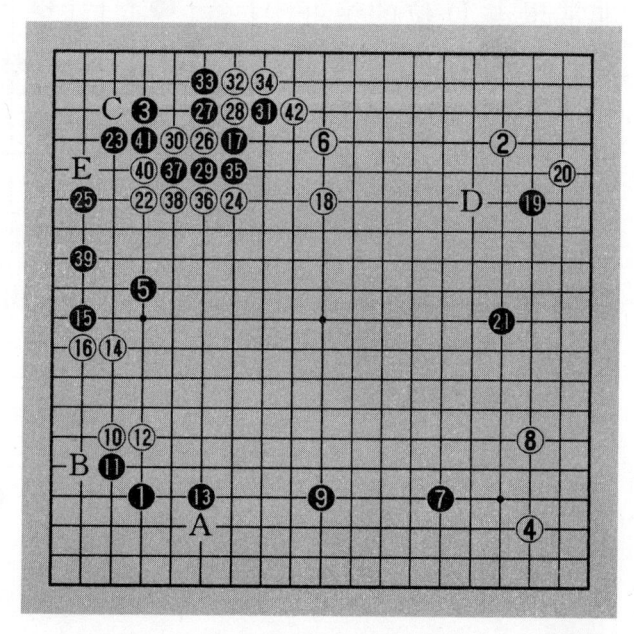

213

我的围棋之路

我很想把白 18 下在 19 位守角，但考虑到白 8 处于三线，这样整体位置偏低，故放弃了在 19 位守角。

黑 19 挂角当然。白 20 在守角的同时防黑棋生根，是好手，如图一那样被黑轻松获安定是不行的。

白 22 是此局面的打入要点，进可在 C 位托角，退可在 24 位跳回。黑 23 尖补，25 飞渡看似委屈，却体现了桥本昌二九段的厚实棋风，这样一来，黑左上虽被白先手侵消，但黑角地巩固了；左上基本已得通连，此外，白 22、24、18 三子之间也多少有些薄弱，因此双方得失大致两分。

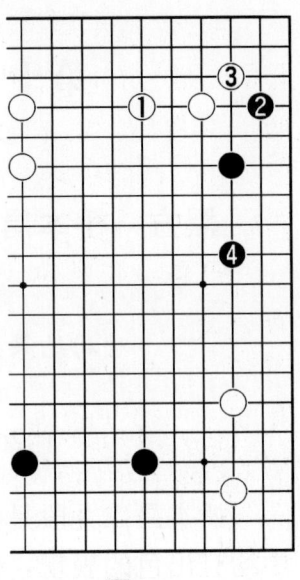

图一

黑 25 飞渡后，我非常想占 D 位的绝好点，但怕黑走图二的变化：白 1 飞镇虽是绝好点，但是黑 2 顺势小尖，白就难办了。白 3 如防黑打入右上白阵，则黑 4、6 分断白棋。由于左下白四子并不坚实，如此混战，恐被黑棋左右纠缠。

图二

如果能在右上先手补强，解消图二中黑 4、6 的手段，再争到 D 位好点，就再好不过了。怎样才能达到这一目的呢？我考虑了很长时间。

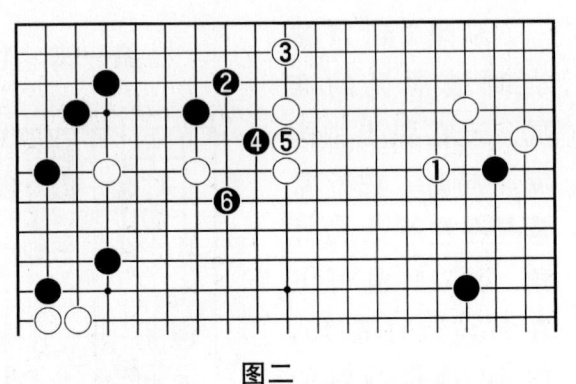

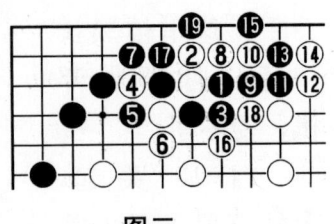

图三

白26、28是经过周密思考之后的弃子战术，黑27、29、31是最强抵抗。白38接时，黑39补要紧，不然白有E位靠断的手筋。至黑41止，白已成功地达到了战略目的，下一步只要在D位飞镇，白即处于优势地位。过程中，黑29如直接在31位打，白有图三的弃子手段，可先手封锁黑棋，黑更不利。

但是，在顺利的形势下，白42轻率的打吃使我煞费苦心才得到的成果全部付诸东流。

白◎的恶手让黑抢到了43位双方必争的绝好点，白方形势一下子就坏了。实际上白◎完全可以不走，黑如果在此动手，则如图四：白1飞镇，黑2如长，白3以下就再弃三子，黑反落后手，这么下黑不行。

白44不好，被黑生出45跨的好手筋。黑47断时，白48只得退，于是黑49先手挡、51先手便宜一下，再53拆得好点，结果白右上阵地被压缩，右下拆二被紧逼失去了发

第二谱　43—107　失着的苦果

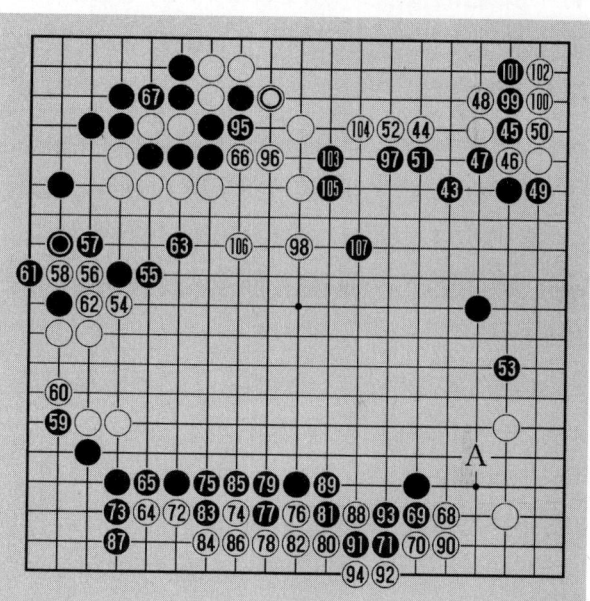

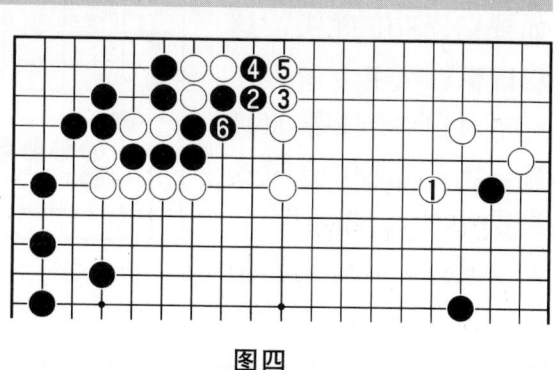

图四

展，而黑棋形漂亮，子效充分，本来没什么实地的右边，一下子成了15目实地，可以说黑断然优势。

局后，窪内九段指出，白44应在47位刺，黑接，白再51位顽强地跳，这样49位挡和53位拆逼，黑只能得到一处，局势白还不至于落后那么多。

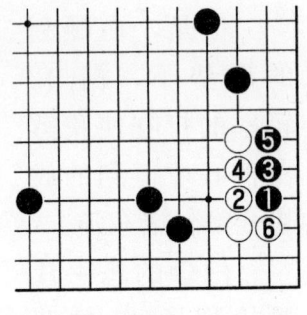

由于黑❶处补了一手，左边白四子已有不安定的感觉，所以白54以下虽落后手也要先把这块棋做活，不然便无法侵入下边黑阵。

黑63补断又是桥本昌二九段的厚实下法，但我认为此着有些缓，应马上在68位小尖，以后有图五夺角的严厉手段。黑如果这么下，我很可能会失去再战下去的信心。

图五

白64再不打入就输了。白66先打一手虽有些损，但为防黑在此长出断白，也不得不走。

白68、70先巩固右下角后，再72长出求活，虽步调混乱，但在劣势下也只有如此拼命了。

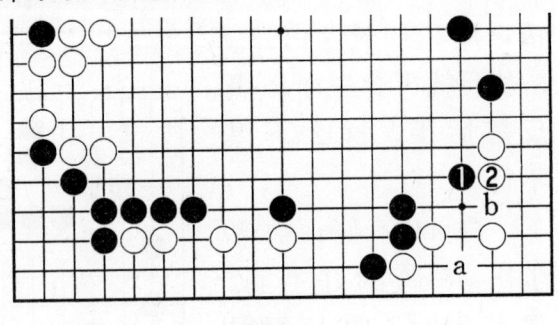

黑75是棋形要点，如被白75位虎头，这块白棋就基本上活了。

对白76托靠的腾挪，黑77是优势时的自重下法，但至白94安全渡过，我觉得黑似乎失掉了进一步扩大优势的机会。现在我们来判断一下形势。

图六

黑方：左上22目，左下11目，右边20目，共计53目。再加上下面一道铁壁的威力。

白方：右下 23 目，左边 6 至 7 目，右上 31 目，加贴目 5 目，共计 66 目左右。

从现有实地来看白已处于领先地位，但黑下边的一道厚壁的潜力不容忽视。总的来说，黑棋仍然处于优势，不过，优势已不像当初那么大了。甚至可以说是形势不明了。

那么黑 77 应怎么下呢？当时我很怕黑棋按图六的下法走棋。

图六：黑 1 飞试应手是好棋。白 2 如挡，则黑可保留 a 位透点的大官子，再决定左下边的下法，黑 1 与白 2 的交换已先手限制了白向中央的出头。白 2 如改在 b 位应，黑再按谱中下法，黑已经便宜不少。黑如果这样下，白很困难。谱中白 90 接、94 渡后，黑再走 A 位就来不及了。

黑 99 时，白 100 不能追求味道好而在 101 位打，因为局面较细，如此两目差不起。

至黑 107，黑在右上扩张了一些目数，而白也向中央发展了一步。下一步要看白怎样去消黑模样了。

白 8 看似正着，实际上是缓手。当时我根本没想到桥本昌二九段会采用 9 刺、11 跳看起来很俗的下法，然而这种俗手正是此时最佳下

第三谱　8—65（108—165）　一路之差

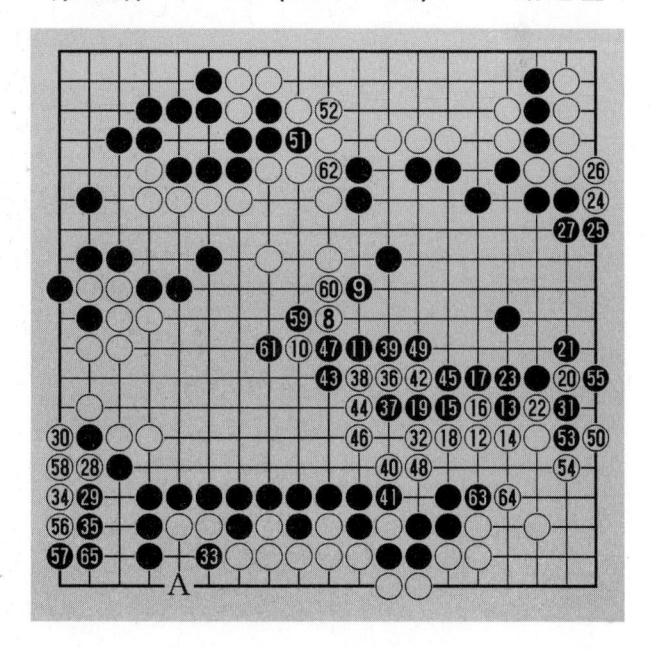

法！白8应在9位小尖，黑如挡，白再长，这样比黑11的跳，黑空要少一路。

白12犯了和白8同样的错误，又被黑13刺，15跳多成一路空。白12应直接在20位托，在这两个地方，桥本昌二九段显示出其丰富的实战经验。

白32不如在A位跳大。白36是下32时看好的破空手段。

白56是最后的败着！应该在60位接，这样白还有一点希望。如谱被黑59、61先手抱吃一子，白62还要单官连回。以下黑63先手冲，再65接上，白已回天无术了。

这局棋，白布局构想是成功的，但关键时刻白的一步随手棋导致了形势的恶化。我更深一步地领会了"一着不慎，满盘皆输"的道理。

第十八局　卓越的布局构思

黑方　岩田达明九段　出 $2\frac{1}{2}$ 子　白方　聂卫平

对局结果：白胜1子　共165手（以下略）

1976年4月17日弈于日本名古屋

黑下1、3后，我估计到岩田九段要用中国流布局，因此白4占三三，黑5形成中国流时，白6便可守角，走成以实地对抗中国流的局面。

黑7和白8是双方必得其一的大场，由于左上是白的单关角，黑当然要先抢占7位大场。

对白8，黑如继续扩张右下模样，大致如图一：黑1时，白2守角，黑3虽是好点，但白可抢到4位镇的绝好点。岩田九段显然不满意图一的变化，故黑9直接肩冲，采取彻底取势以配合中国流的下法。

第一谱　1—18　白布局趣向

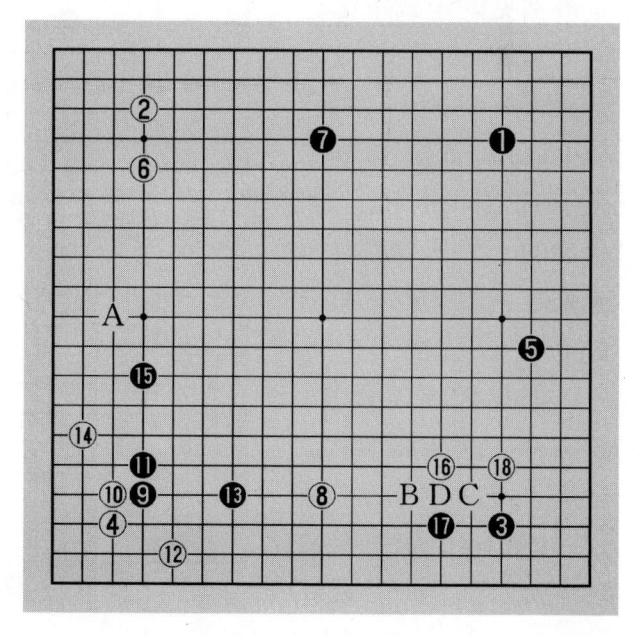

我记得在日本"棋圣战"中，藤泽秀行先生执黑是把黑9下在A位分投的，这也是一策。

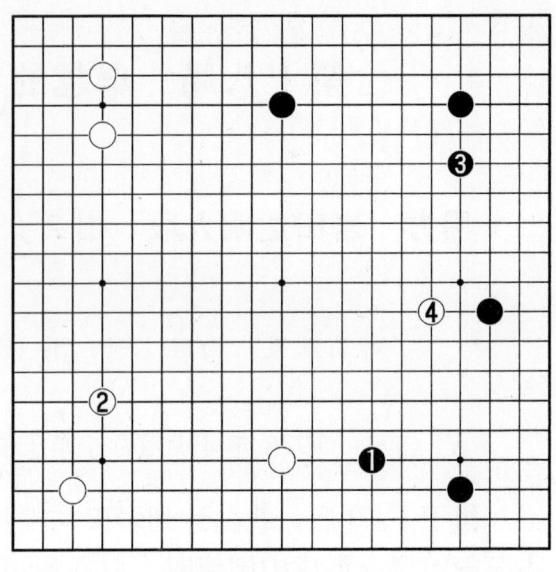

对黑9，白只有两种应法：在下面长或在10位长。但同样是长，却很有讲究，这里有个全局配合的问题。此局面白如在下边长，大致会形成图二、图三的结果，对黑棋有利。因此，白10从左边长是必然的。以下至黑15是最常见的定式下法。

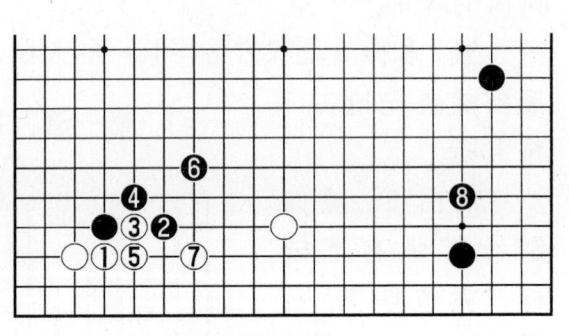

黑15后，白8一子显得有些孤单，需要马上处理，这里如再被黑于B位一带夹击，黑全盘的子力便全都活跃起来。一般情况，处理白8一子是在B位拆二，但我有些讨厌黑C位尖补，这样黑形状太理想，而白并未完全安定。但白16如直接在18位挂角。被黑在D

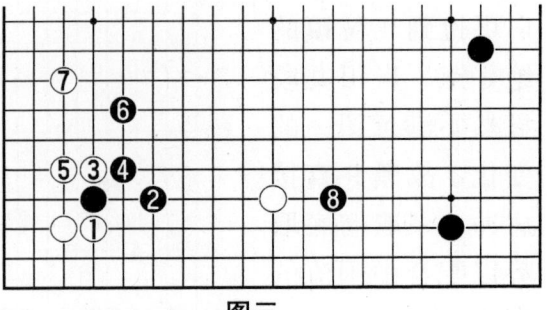

图一

图二

图三

位飞起，左右两白子被分断，无疑是自讨苦吃。白16如在17位拆，黑在18位应，白16位关起，这样白形状整齐，可以满意；但是，黑肯定要在D位飞靠，白B扳，黑C位退，白仍不满意。

白16是临机的一手，黑如18位守角，白便可17位跳下。黑当然不肯让白棋如愿以偿，于是白18顺势进入黑阵。这里虽然双方都没有走坏棋，但白的目的已达到了。

白⊙跳下后，黑19飞搭分断是显见的，但我已准备好了相应的对策。白20以下连压是此时顾全大局的弃子战术。应接至黑27，似乎黑棋很便宜，实际上，将来白在A位一跳，这块黑空便所剩无几。另外，白在中央形成的外势还使左下角的黑数子失去了作用。最关键的是白争到了宝贵的先手，抢到了28位的全局制高点。从全局看，黑19以下的走法显然亏了。

第二谱 19—48 制高点

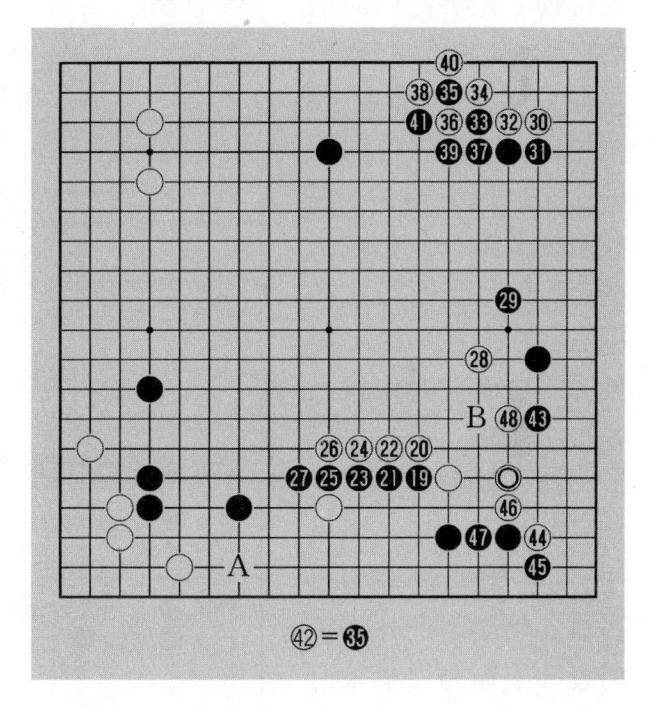

黑19的正确下法为28位关起，这是全局的要点，白只能在26位或21位补一手，黑再扩张右上的模样，如此是双方旗鼓相当的布局。

对白28，黑29只得飞应，白30再顺调点三三。至白42的一系列应接，完全按白方设想所进行，步调极为流畅。局后，岛村九段称这为"大江直泻奔流"的气势。

白44太贪！应该直接在48位压住，黑最厉害的是按图四行棋。白尽管让黑尽得角地，但白中央也极厚，还得到了先手，局面仍然白优势。白44是想先便宜一下，再走48位压住，这样黑连图四的变化也走不到了。但我忽视了黑有B位跳出的严厉的反击手段，如图五：白1托角时，黑脱先不应而在2位跳出是极凶狠的下法。白3后，黑4就断，白5只能打吃先取角地，黑再于a位一带攻击白中央孤棋，黑周围的外势顿时发挥了作用，本来白优势的局面反倒成了苦战局势。

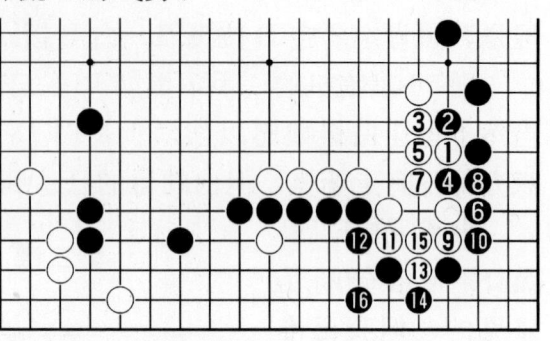

图四

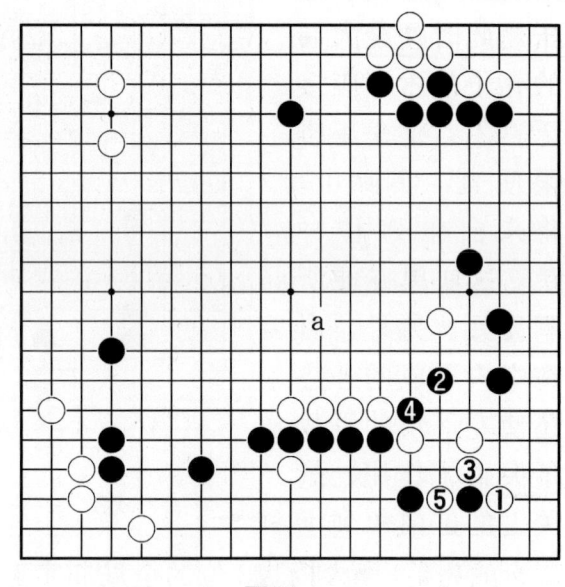

图五

黑45错失良机！白46趁机便宜一下，然后48压住。结果白棋"歪打正着"，反而便宜了。白48后，我松了一口气，对这局棋充满了必胜的信心。现在判断一下形势。

黑方：下边32目强，右上方约25目，共计57目左右。

白方：左下角14目强，中央一块价值约有20目，左上角12目，右上角9目，加贴目5目，共计60目强。

由此可见，局面对白棋很有利。

黑49是在实空不足的情况下走出的胜负手，白50当然要反击，如在51位应就被黑便宜了。这种地方不能退让。

白50飞罩后，这里黑方应法颇多，但不管怎样应，结果都是双方得失相当。至黑59止，黑49的胜负手并未产生威力。

白60缓！应立即在61位打，黑大概也只有接上，白棋仍能争到60位打，这样白优势将更大一些。

黑61很大。白62、64也刻不容缓！

第三谱 49—100 中央的攻防

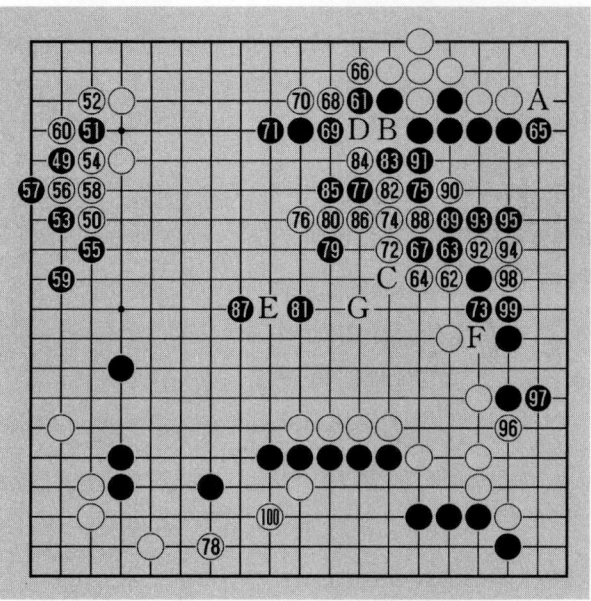

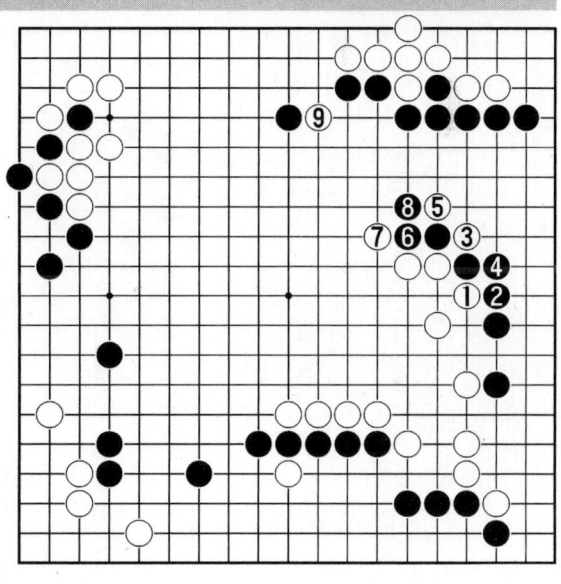

图六

黑65立下，通常白总要在A位挡一手，这是一步很大的官子，但此时白脱先在66位爬相当机敏。黑如在68位退，白角已活，则白再次脱先抢67位拐或下边78位跳。此外，白66还迫使黑棋不能脱先。否则白有图六的妙手：白1以下先把黑走重，然后9位靠引征，黑崩溃！因此，谱中黑67不得不补一手。

白68、70虽是先手，但欠考虑，如此对白在上边成空不利，应保留。

对白74长，黑如不应，白有89位夹，再B位断的手段，黑不堪忍受。岩田九段长考之后，只好在75位补。黑75如在C位断反击，白有图七的对策，黑更不利。

黑77不可省，不然白有D位断吃的手段。

白78虽然很大，但并不急。局后，岛村九段指出，白78只要在E位补一手围得中空，即使把78位让给黑棋，也可稳操胜券。

黑79、81手法轻灵，显示了岩田九段的功力。

白84损，应直接下在86位。

白98大恶手！白白损失两目，并使自己棋形变薄，应该在F位先手挤。

接着，白100又是一步不冷静的坏棋，完全没有作形势判断就盲目地行动，给了黑棋挽回局势的机会。白100应在G位补断，这样是简明胜势。

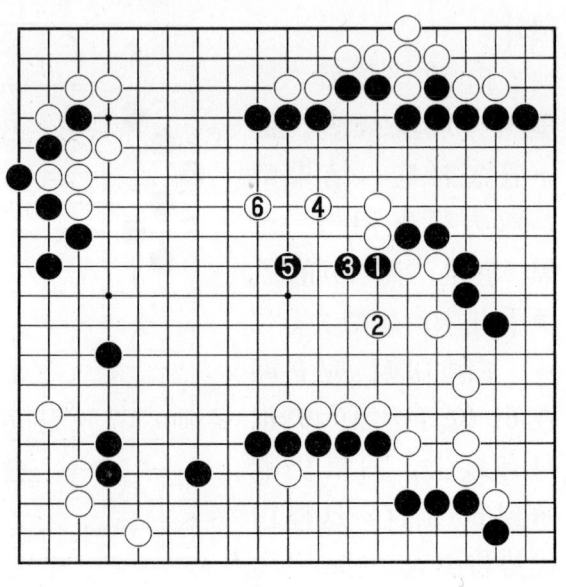

图七

黑1断是急所，局面开始有些混乱。现在再看一下双方形势。

白方：左下18目，左上10目，但尚未定型，中央白棋约15目，右上12目，加贴目5目，共计60目左右。

黑方：右上34目，下边、左边共有25目，全盘实地57目左右。

局面还是白方稍优。关键在于黑1断后，白是否能正确地应对，不吃大亏。

对黑1断，白2、4先手利用后，白6不好，遭到黑7的妙手反击。以下至白12止，黑先手吃掉白二子，局面一下子接近

第四谱　1—65（101—165）　胜着白20

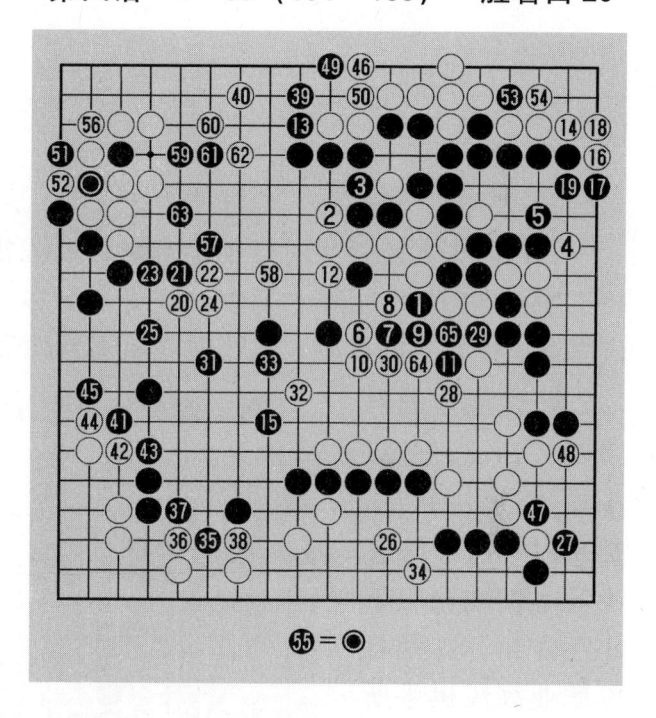

了。白6应该直接在8位打吃，比较简明。

黑13和白14是双方见合的大官子。黑15很大。很可惜，黑15不能先在18扳粘，否则白将脱先抢占15位。

白20是本局的胜着。这是我经过计算，能确保退路的最佳侵消点。这里，白如稍退一点侵消，局面就危险了。

黑看到无法捕获白20一子，21以下只好守空。

白抢到了26位大官子后，虽然局面较接近，但白棋的胜势已不可动摇。以下解说从略。

225

我的围棋之路

第十九局 震撼日本棋坛的一战

黑方 聂卫平 出 $2\frac{1}{2}$ 子 白方 石田芳夫九段

对局结果：黑胜 4 子 共 171 手（以下略）

1976 年 4 月 19 日弈于东京

石田芳夫九段是当时日本最卓越的高段棋手之一，他连续保持五届"本因坊"冠军，并获"终身名誉本因坊"荣衔，石田九段思路敏捷，判断准确，是当时我所遇到的最强大的敌手。

针对黑方的对角星，白 2、4 占小目，然后当黑 5 挂角时，白 6 脱先不慌不忙地在右下小飞守角。这是日本职业高段棋手所喜爱的对付对角星的下法，目的是稳扎稳打，先占实地，以稳取胜。我在走对角星时已估计到了石田九段很可能会采取这种布局。

第一谱 1—42 针锋相对的序盘战

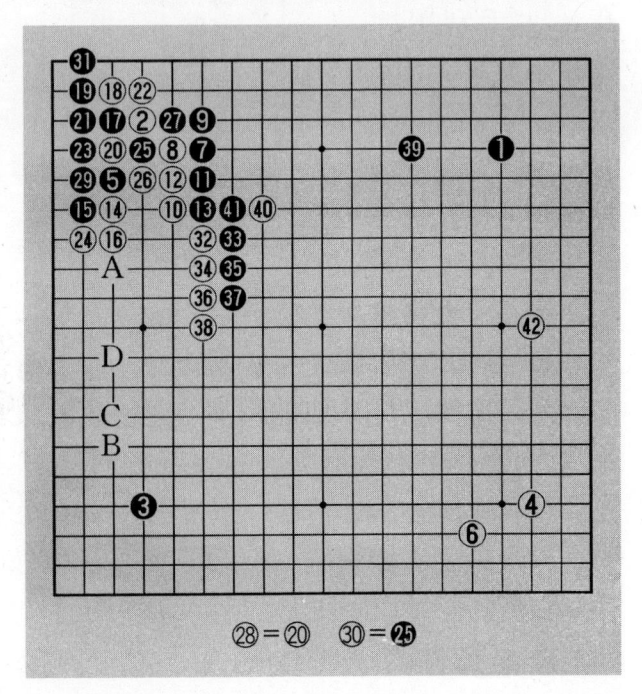

㉘＝⑳ ㉚＝㉕

第二部 难忘的四十局

黑 7 走大斜是我预定的下法，诱白在 26 位靠出，希望能下成图一：白 1 如靠出，以下至黑 12 为极常见的大斜变化。白 13 如跳，黑 14 逼白 15 飞，再 16、18 追击。

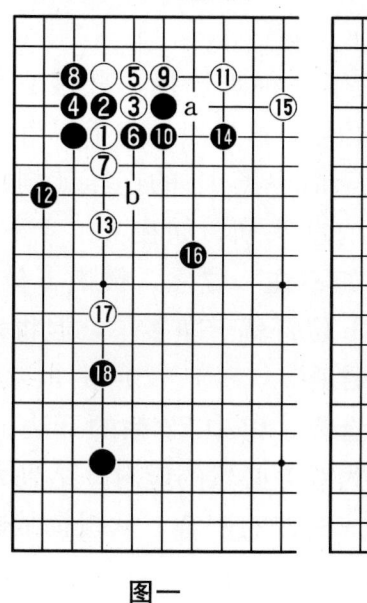

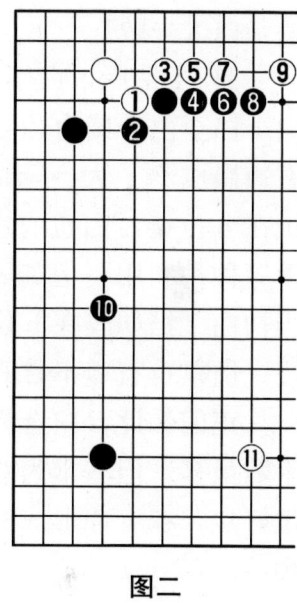

这是黑有效利用对角星的姿态，虽不能说白棋坏了，但总是按黑方意图在行棋吧。当然，白 13 也可以改下在 a 位，则黑 b 位吃白二子，结果黑局部得到实利，白方得先手，互不吃亏。不过，也许这一结果不是酷爱实地的石田芳夫九段所能接受的吧。

于是白 8 尖靠，黑 9 如 12 位扳，则成图二：白 1 至 9 先捞上边实地，黑 10 占大场后，白 11 也占下边大场。如此黑虽然也不坏，但为了把形势导向激战，不让对方平稳地捞取实地，打乱他的部署，所以黑 9 下立。

黑 13 是有趣的一手，普通是在 A 位拆二，今配合右上黑星，连压亦很有力！

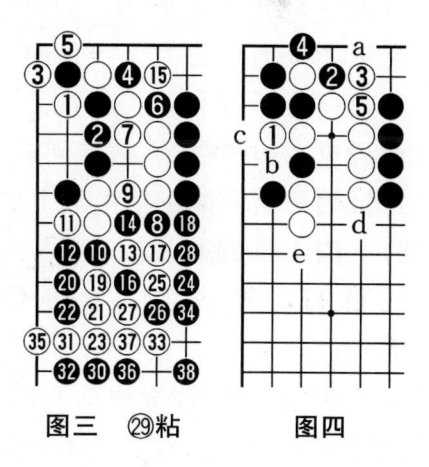

黑 19 扳是好手！白 20 只能打吃，如 21 位打反击的话，则正

图一　　　　图二

图三　㉙粘　　图四

227

我的围棋之路

中黑计。图三：白1、3如反击，黑4断打，再6打、8扳。黑10靠是手筋，白11只得拐下，黑12紧紧挡住，白13如扳出再次顽抗，则黑有14以下妙手，至黑38止，在中央形成无比坚实的铁壁，白大失败！

黑21粘后，白下法很难选择，直感是在23位挡，如图四：白1挡至白5接为必然，这样黑虽先手得角，但白a位立是先手，右边黑成不了大空，谱中黑13的连压就损了。不过，将来黑伺机在b位接，白也有些头痛，如在c位立下，被黑生出d扳、e顶等种种利用，但如不在c位立，被黑c位打，白又不堪忍受。当初白1挡如改在b位打就干净多了，但将来黑有1位打吃的手段，白棋也有些不甘心。

正因如此，白选择了谱中22粘的下法。以下黑23至黑39，手数虽多，但基本为双方必然的应对，结果大致两分。黑占得39位好点，在上面形成极佳的配合，从贯彻战略意图来说，黑方成功了。

此外，白若利用左上厚味B位挂，配合也很不错。不过，黑39后，白占右边大场已势在必行，恐怕来不及在B位挂，这样，黑可能抢到C位大飞守角的好点。注意，黑占C位，可以看作先手，白若不占D位，将被黑再拆二，白的厚势就快成孤棋了。由此可见，当初白22粘有问题。我认为，白22应在29位打吃，局部虽稍亏，但能保持大局上的均衡。

白40机敏！时机绝好，再晚一点刺，黑很可能就不粘了。有了40一子，对白在上边的打入帮助极大。白42是盘上最大的大场。

白42后，我很想马上在71位大飞，但怕白不应而于右边A位关起。局后石田九段说，当时黑如下71位，白也只好72位应。但实战时我怕白脱先，结果一直提心吊胆担心抢不到71位。

黑43是扩张上边形势的好点，这手棋受到日本高段棋手的好评。黑 43 不但扩张自己的形势，而且解消了白 A 位关的手段。白如在 45 位应，黑已先手便宜，就立即抢 71 位大场。

白 44 立即打入，显示出石田九段的力量。对于这种打入想去硬吃是无理的，因此黑 45、47 先压低白棋，以观动向。白 48 当然不肯再于 69 位爬。

黑 49 开始攻击。当白 50 跳时，黑 51 迎头一镇是极严厉的好手，逼白不得不在上方做活。白 52 以下是治孤的常用战术，对白 56 的点，黑 57、59 走厚正确，如贪心地在 B 位挡吃白三子则如图五，结果星位一子被白分割，黑得不偿失。

黑 65、67 打拔一子是先手，局部白棋不活。白 68 是想在做活之前先便宜一下，由于黑 C 位有断点，上边白棋就不会死，黑如在角上补一手，则白目的已达到，就在上边 70 位补活。

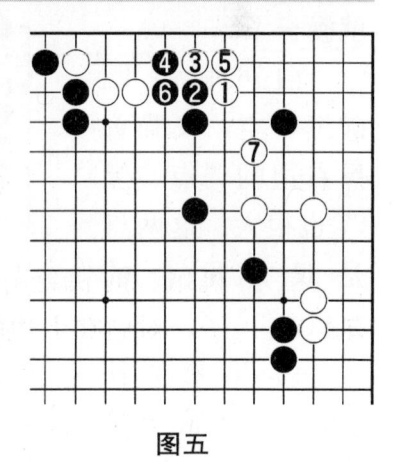

黑 69 将计就计拐头，使白不敢在 C 位断。白 70 只好补活上

第二谱　43—75　右上微妙的攻防

图五

边。白 70 如在 C 位断，虽可吃去角上 63 位黑子而做活，但右边白棋眼位将受威胁，白得不偿失。这一带双方的斗智是很有意思的。

黑 71 终于抢先占到了左下大场，我悬着的一颗心才落了下来。白 72 当然要应，战斗至此告一段落，现在进行一下形势判断。

白方：左边 15 目，上边 5 目，右边 9 目，右下角 11 目强，加贴目 5 目，共计 45 目。

黑方：左上角 5 目，左下角两手棋有 10 目价值，右上角大约有 2 目，中央一块棋 25 目左右，共计 42 目。

现在双方实地白稍稍领先，但黑是先手，而且黑中央有厚味，所以黑并不坏。

黑 73 利用 47、69 等子的配合，紧紧逼住右下白小飞角，是积极的下法。白 74 如不补，则黑有 D 位碰角的手段。黑 75 再关，紧凑！这里一点都不能放松。黑 73 如在 E 位稳健补角，虽也很大，但被白占到下边大场，胜负就漫长了。

白 76 很大，既破黑中空，又瞄着黑右边的弱点。黑 77 也很大。这两点是双方见合的大棋。

白 78 看似补强自己，实际上暗藏着杀机。此时，黑一般直感是在 99 位跳补，棋形似乎

第三谱　76—105　黑自重

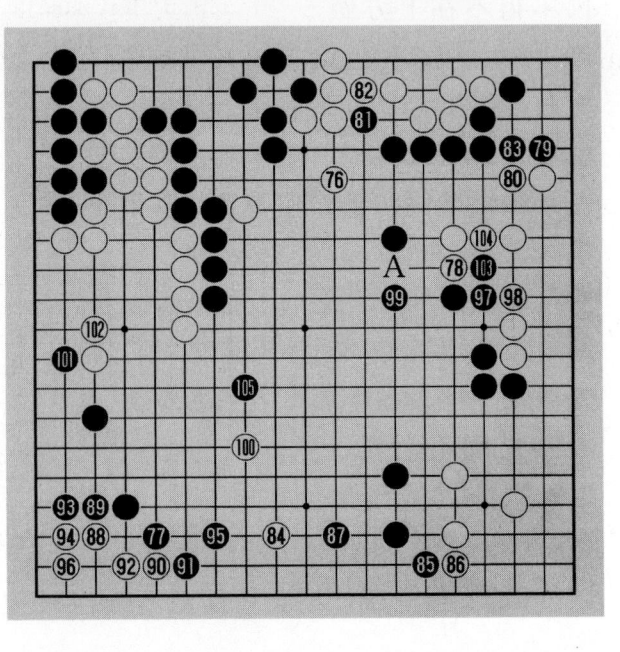

很漂亮，岂不知正中白计，请看图六：对白1，黑2如跳，白3挖凶狠！黑4如打，被白5夹，右上大棋将被全歼。黑4如a位打，被白5位夹也不行。总之，黑若一不留神下在谱中99位，被白A位一挖，黑就无法收拾了。在这种地方，石田九段是相当厉害的。

黑79先谋活路，明智。黑83后，白棋见黑不上当，便转而打入下边，在准备下边的攻防中，伺机冲击右边黑棋。

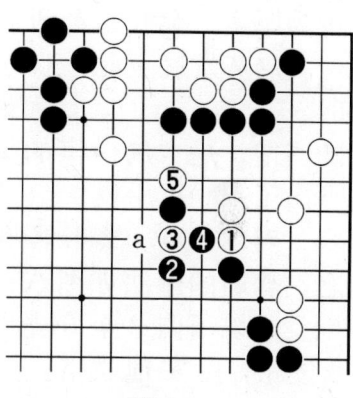

黑85先便宜一下，再87位拆一求安定，以静待动。

白88点角腾挪是石田流的胜负手，但此手有疑问。石田九段大概担心直接动出84一子，会被黑借攻逼将左下角变成实地。但实际上，白84如向中央出头，黑也不敢过分攻逼，因为黑棋右下并未活净，尤其右边更为薄弱。此时白应紧紧抓住这两个弱点，不让黑从容补棋，如此，鹿死谁手还难预料。

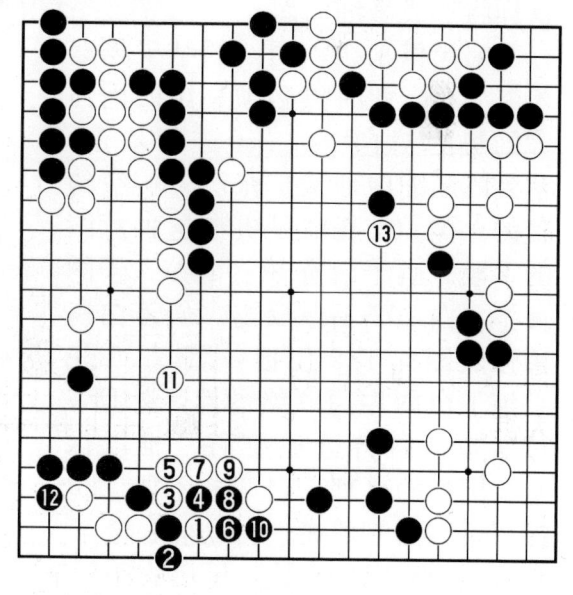

黑89沉着，采取了简明的取外势的对策。至白96，白虽掏了黑角空，但使黑走得很厚，白84一子再逃

图六

图七

我的围棋之路

就困难了。过程中白94活角是本局的败着，应按图七的下法：白1先夹是好手，黑2当然反击，以下大致变化至黑12，白虽弃掉角上三子，但中央也走厚了，再13位搭出。这样黑右上还未活净，右边也要经营，胜负就难预料了。

黑97、99补强是自重的下法，这样黑再无后顾之忧，全盘极为厚实，黑开始看到了胜利的曙光。

局势发展至此，双方争夺的焦点必在中腹，但此时白硬逃白84一子是不行的，如何最大限度地侵消黑势同时尽可能扩大自己的实地，是本局白棋的关键所在，石田九段经过长时间的考虑，下出了100这手棋。

对白100，黑当然不能等闲视之。普通的想法如图八：黑在1位围空，以下白2至6先手便宜，再8位压，厚实地联络。黑虽保住了下边实地，白也增长了一些实地，这样将形成微细局面。

图八

对黑棋来讲，图八的结果当然不能满意，此时黑必须利用四周强大的势力对白84一子进行攻击，达到既压缩白地又扩张己方实空的目的。黑101托就是贯彻这种意图的手段。由于白有84、100二子的负担，白102不敢反击。倘若白棋用强照图九于2位扳，黑3、5先手绝了白向左边联络的路，然后7位猛攻，白将进退维谷，难以保全。同样的道理，白2亦不能4位扳，否则黑5位夹，白也很危险。

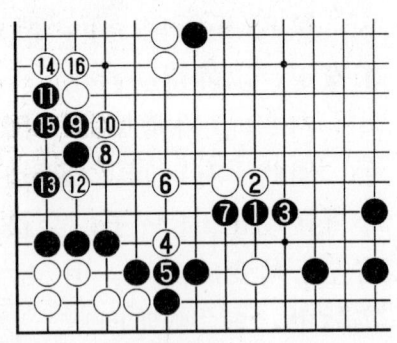

图九

白102无奈忍让，黑已先手得利。紧接着黑105再凭借中腹的黑势，立即攻白。白二子若向右突围，出路渺茫，只能向左设法联络，这对白棋来说是艰难的。

对白6刺，黑当然不肯老老实实粘，黑7反击是必然的。经过白8、黑9、白10的交换，黑11突然点在角里，这是本局我最为得意的妙手。有此一手，黑遂奠定了胜局。那么黑11妙在何处呢？请看图十。

图十：黑1如直接在5位分断，白6、黑7后，白可在8位挤，把左右黑棋也分断，对杀，黑反倒危险了。但黑1先点，白2如挡，黑3扳时机正好，白4如a位粘，上方白子虽可逃出，但角上已先损二目，石田九段当然不肯忍受。那么白4如挡，黑5就从上边切断白的退路，以下白8再挤时，黑9成了先手，至黑11接。这块白棋将被全歼！

第四谱　6—71（106—171）　妙手黑11

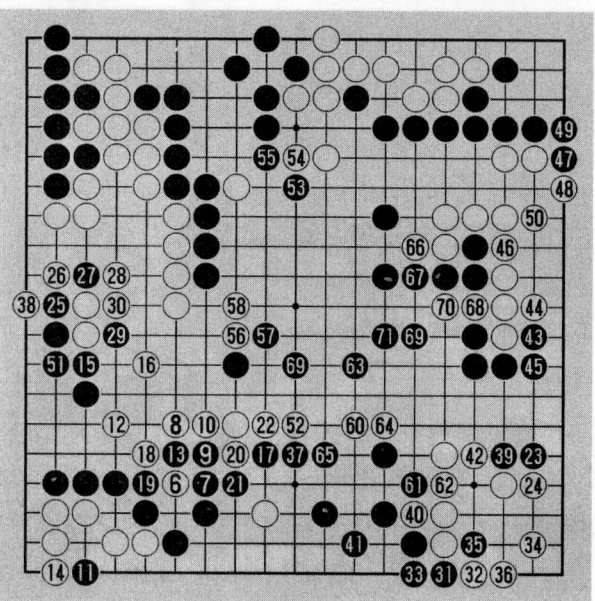

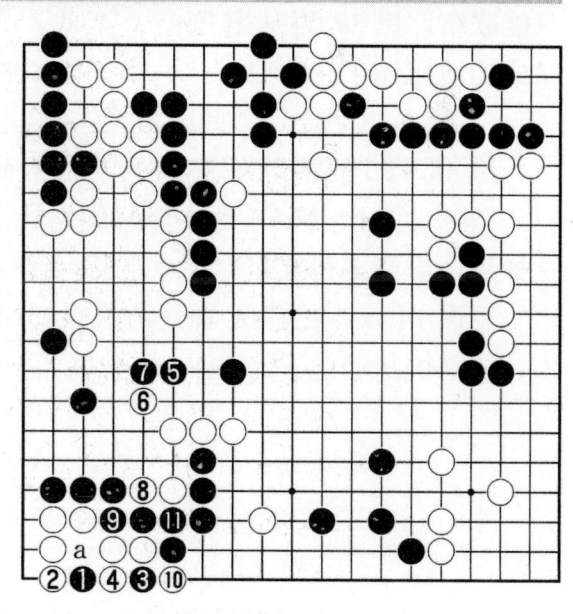

图十

233

白 12 关补亦是好棋，先逃出中腹数子，并留有援救白角的手段。黑如贪吃白角，则如图十一：白 1 补时，黑 2 扳吃白角，白 3 先挤次序好，以下至白 7，黑左右两块都有被收气之虑，黑失败。

黑 13 针锋相对，吃住白一子，迫使白补角，然后于 15 位顶，收获不小。白 16 只能联络，黑 17 再从容围空。至此，黑不但围得了下边实地，又成功地压缩了左边白空，一举确立了胜势。

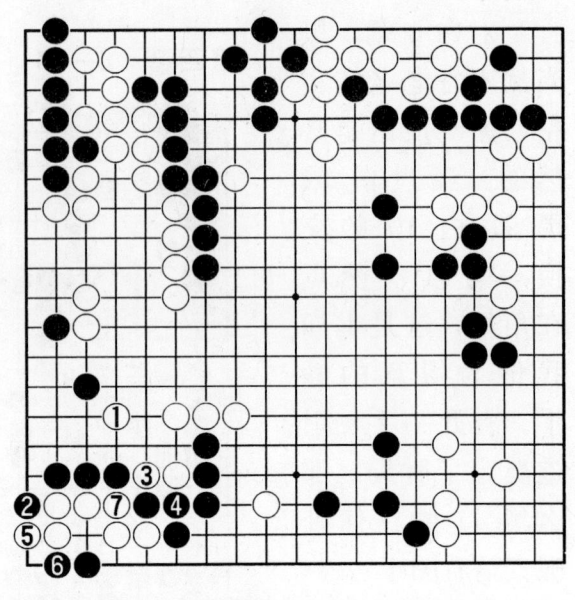

图十一

白 22 压出是要点，此点被黑占据，白难以忍受。

黑 43、45 扳粘是先手，白 46 如不补，这块棋将被杀。

白 68 冲时，黑 69 是优势时的忍让态度，完全可在 70 位挡，这样黑中央能多得几目。

至黑 71 双，白再无争胜的机会。以下小官子没有什么大出入，故解说从略。

四 "战国"称雄的时代（1977—1979）

第二十局 令人钦佩的对手

黑方 桥本宇太郎九段 出 $2\frac{1}{2}$ 子 白方 聂卫平

对局结果：白胜3子 共218手（以下略）

1977年4月22日弈于武汉

第一谱 1—28 "桥本流"的威力

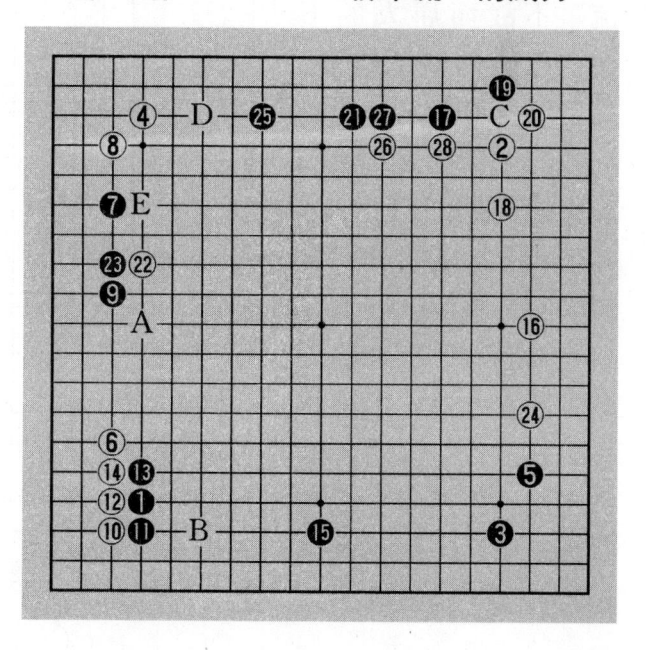

黑1、3、5的布局是我早已预料到的，因为这是桥本先生执黑时最得意的布局，而且桥本先生还有一个特点，经常以"不变应万变"。此时白6在15位分投是通常下法，不过，考虑到桥本先生对这种布局非常熟悉，所以我先挂角，准备下成图一：黑2

如关应，则白3拆回，黑4占大场，白5也占大场，这样白布局速度较快。

对白6，黑如A位夹击，则白点三三，成图二：白3至白11是常见的星定式。以下黑如a位挂角，则白b跳出作战，1975年我和窪内秀知九段就是这么下的：黑如c位补，则白a位守角可满意。当然，这样下黑也不坏，但从破坏对方布局意图上来讲，白成功了。

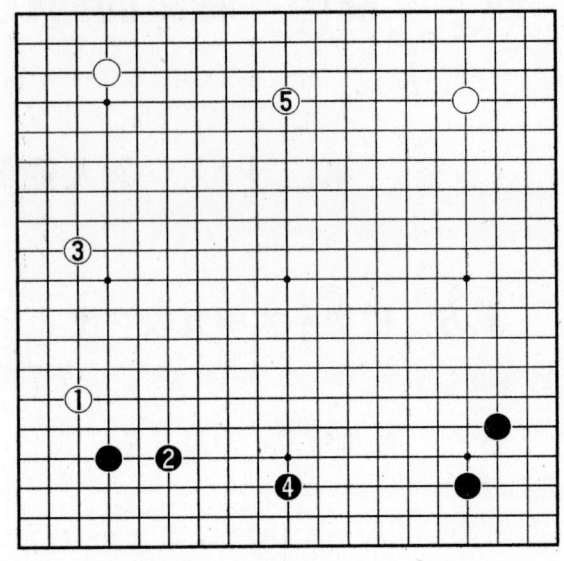

黑7、9是"桥本流"不战而屈人的下法，自己先站稳脚步，然后伺机出击。

白8简明，如在9位夹，则成图三：黑2托角当然，白3扳时，黑4断是手筋，以下大致变化至黑14，结果双方互不吃亏，但这样黑先捞去了上边实利，白左边到底能得多少实地还不清楚，似乎黑棋是欢迎这一结果的。

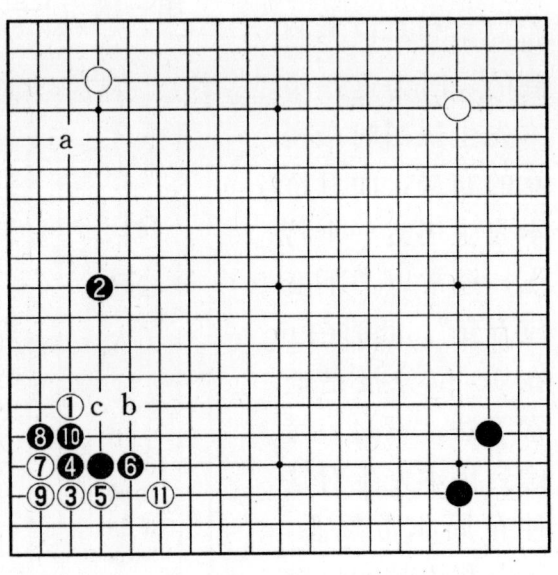

图一

图二

白 10 是布局的疑问手。当时我以为黑要在 12 位挡，形成图四：黑 1 如挡，以下大致进行到黑 9，将来白有 a 位肩冲消空的好点，白还可以。

不料黑 11 不按常规挡在右边，白 12 长，黑 13 和白 14 交换后，黑 15 抢占下边大场。这几步棋一下打乱了我的计划，显示出桥本先生不拘常套的大将风度。早知如此，白 10 还不如 B 位走双飞燕，夹击黑星一子，结果如图五：对白 1，黑根据双飞燕"压强不压弱"的原则，大致要在 2 位压，那么白 5、7 先手得角，再抢 9 位大场。黑左下虽很厚，但也有为难之处，下边如围得

图三　　　　　图四

图五

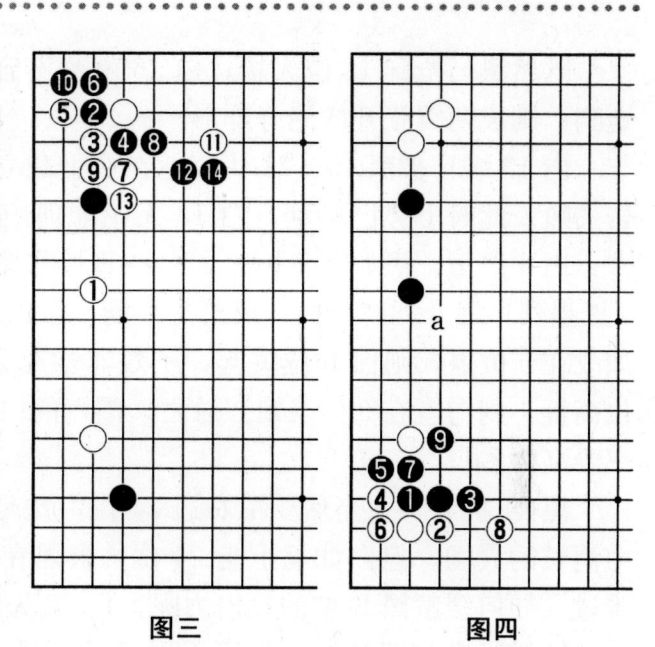

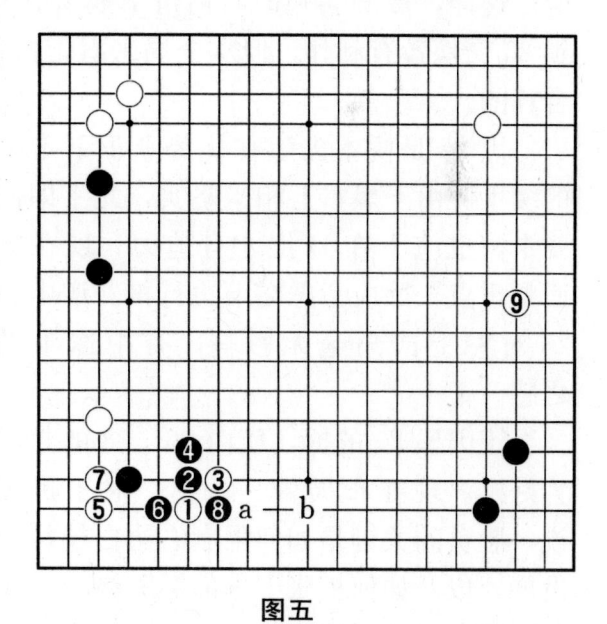

小，不大甘心，如大围，白有 a 位打，b 位分投等手段，黑有些麻烦。如下成这样，白并无不满。

既然黑已抢到 15 位大场，白 16 就刻不容缓了，这里再被黑走到，则成两翼张开的绝好阵形。

白 18 缓！被黑 19、21 从容地在右上建立根据地，白布局宣告失败。此时形势已不利，白 18 无论如何应下在 C 位，请看图六：白 1 严厉，黑如 2 位拆二，白 3 直接靠紧凑，黑 4 如扳，白 5 扳强烈！黑 6 如打，白 7 反打是手筋，至白 9，黑被封锁。黑 6 如改在 a 位退，则白 b 位关起，子效非常充分。当初黑 2 如在 c 位高拆，则白就在 6 位飞镇。总之，图六的白 1 比谱中的白 18 效率要高得多！

黑 21 拆后，白当然要抢右边 24 位，这是有关双方厚薄和势力消长的大场。但白如马上走 24 位，被黑在 D 位紧逼，白也很难过。如何缓解黑 D 位的攻击力呢？白 22 先刺是机会，黑 23 必应，这样，黑 D 再逼时，白可 E 位靠压出头。局部上，白 22 和黑 23 交换各有利弊，但从全局来看，白得以放心抢占 24 位，是合算的。

黑 25 是桥本先生在优势意识下走出的缓手。由于黑右上相当坚实，此手即使要走，也应下在 D 位才有迫力。现在下面是重点，黑应考虑在下边行棋。谱中黑 25 对左上白角毫无影响，有中途半端之感。

正因黑 25 的拆，使白 26、28 的封成为好棋。现在布局告一段落，对于黑来说，胜负的关键是如何限制右边白模样的发展，以及如何扩张下方的黑阵势。

黑 29 如稳健一些可在 30 应，观白动向再做打算，这是后发制人的态度。如积极一些可按图七行棋：黑 1、3 是常用的

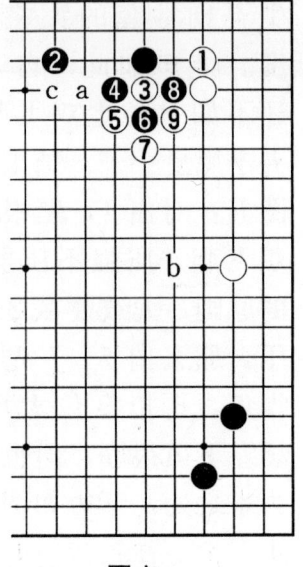

图六

手筋，白4拐时，黑5是好手。至黑7，黑形势不坏。谱中黑29碰，直接突入白阵，要把白的基本空一举破光，一旦成功立即就能确立优势。这确实是一种有力的手段，但此局面却有些无理。白应如图八进行反击。

第二谱　29—63　陷入绝境

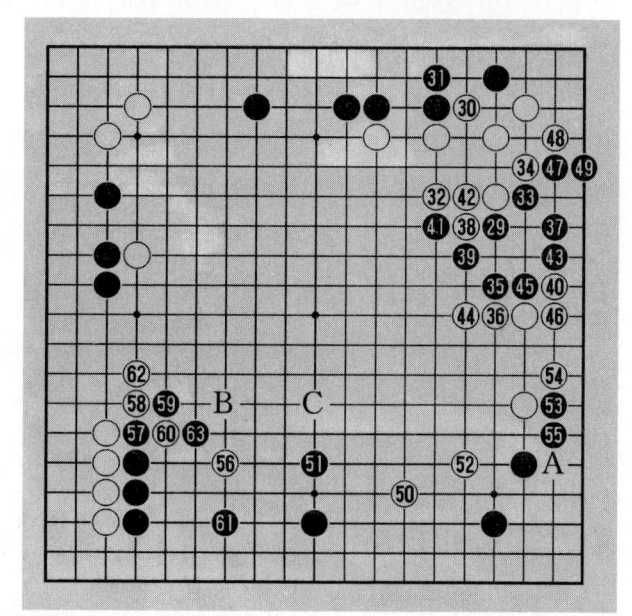

图八：白1先手便宜，再3尖攻击，黑很难应付，以下至白7，黑中央出现一块孤棋，白将借攻逼而顺势侵入下方黑阵。

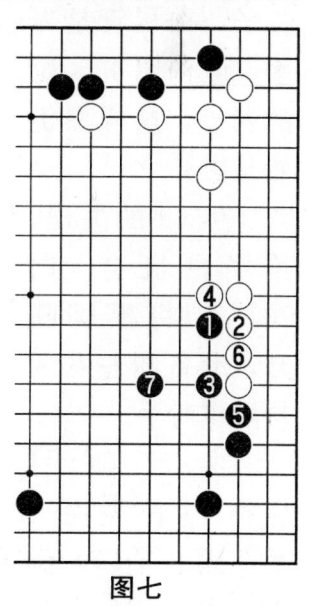

很可惜，白32错过了良机。黑33以下充分显示了桥本先生精湛的棋艺，"天才宇太郎"确实名不虚传。至黑49，黑方出色地在白大本营中做活了一块五目的棋。这完全出乎我的意料，白棋几乎陷入了绝境。

此时白实空显然不足，故而白50打入。黑53托时机绝好，稍一迟缓，将被白A位托，黑也很头痛。

白因50、52两子孤单，白54只得外扳，黑55退。这样黑既补强了右下角，

图七

239

又使白右边、下边的联络出现缺陷。

白56再次压缩黑空。在右边还薄弱的情况下，这样下虽无理，但为争胜负也不得不如此。

黑57反击严厉！白58只有扳，如61位跳下，则形成黑58、白B、黑C的变化，白全局太薄，前景暗淡。

至黑63抱吃，白并没捞到便宜，白56一子又告危机，局势相当严峻。

白64的目的是想先手补上右边缺陷，防止黑75位穿象眼，再伺机于A位逃出白◎子。

白68立下时，黑69过分！此时应冷静地按图九行棋：黑1、3先吃净白二子，白尽管是先手，但仍留有a位的弱点，这样黑仍然是优势。

黑69的失误，给了白机会。白70、72将黑棋断开，准备同左右两块黑棋对杀。

白74随手！应在78位先拐一手，黑只有74位提，白可84位吃

图八

第三谱　64—100　黑69的恶果

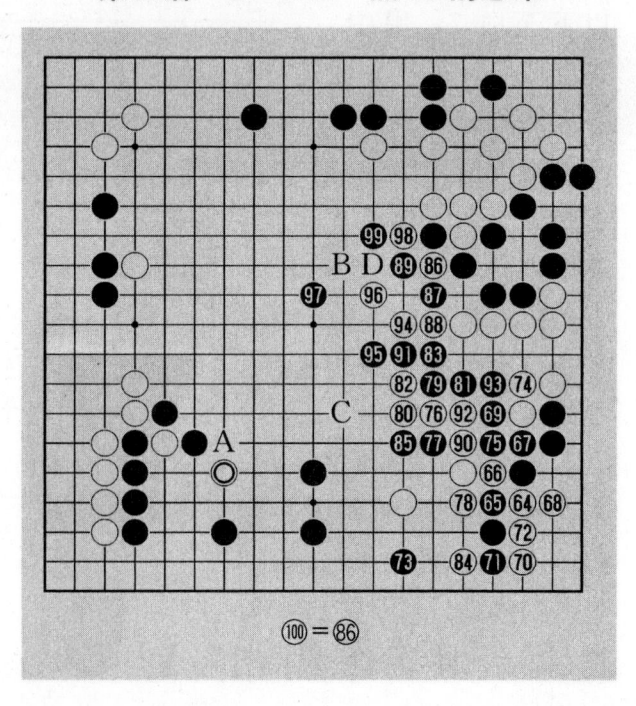

黑三子。如此，白成有望之局。因白74次序错误，使黑有了77靠出的强手。白78再拐时，黑脱先79夹是好棋。白80非长出不可，如84位吃白三子，则黑80位吃，右边白大块危险，白不行。

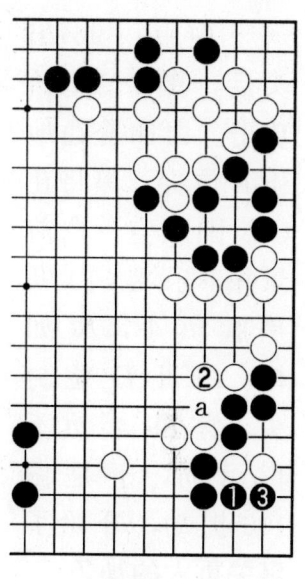

至白84，形势出现了戏剧性的变化，黑无比坚固的无忧角竟变成了白地，而白右边一块也被分割开，成为黑的攻击目标。

黑85如在88位压，我就准备按图十反击。

图十：黑1如压，以下至黑13为双方必然的变化，然后白14压出，黑15大致要补，白16再跳出。这样双方实地比较，黑虽好一些，但白中央颇有潜力，同时黑要时刻防备不落在收气吃右边白棋的境地，所以在中央行棋有负担，可以判断为白优势。

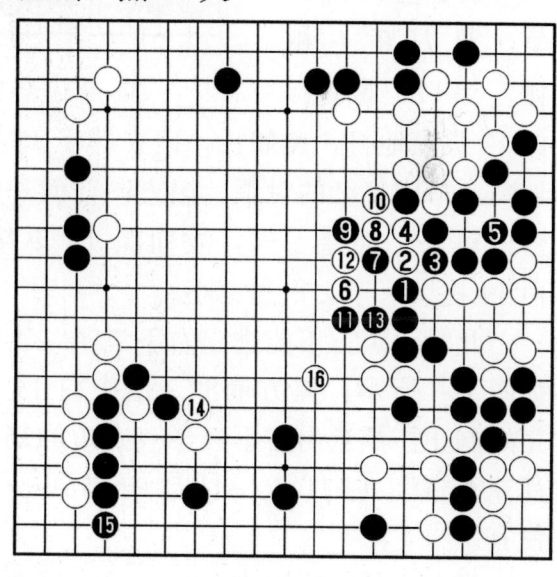

桥本先生判断相当准确，很快就在85位压。白86正确，如马上在90位冲，被黑92位断，由于白气被撞紧，右边白棋将无条件被杀。黑87打时，白88借劲冲出，再于90位冲断，逼黑91出头，然后白92先手连通。

图九

图十

241

我的围棋之路

白 94、96 出头后，黑 97 开始攻击。白如普通地于 B 位尖，黑将在 C 位围腹空，白前景并不乐观。白 98 是胜负手，黑如粘，白可 D 位封头。黑 99 当然不肯示弱，于是白 100 提劫，开始了事关重大的劫争。

从 1 至 10 的劫争，双方互不相让。黑 11 断时，白 12 强硬地打，黑如长，白立即于 13 位切断，形成复杂的对杀。黑方同任何一边白棋对杀，都差一气，故而黑 13 单接。白 14 提黑一子，得利不小。

此时，黑方不能逃出右下三子，否则如图十一所示，黑方崩溃。谱中白 14 提正好制止了黑逃出右下三子。右边的劫争尚未结束，但白已在打劫中得到一些便宜。

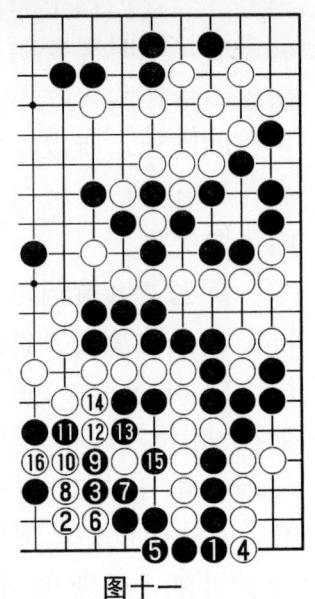

黑 15 再次提劫，白 16 立下，只要做活这块棋，白全局就占优势。黑 17 拼命顽抗，坚持劫争。

白 18 考虑不周，以为提劫即可胜定。

第四谱　1—62（101—162）　细棋局面

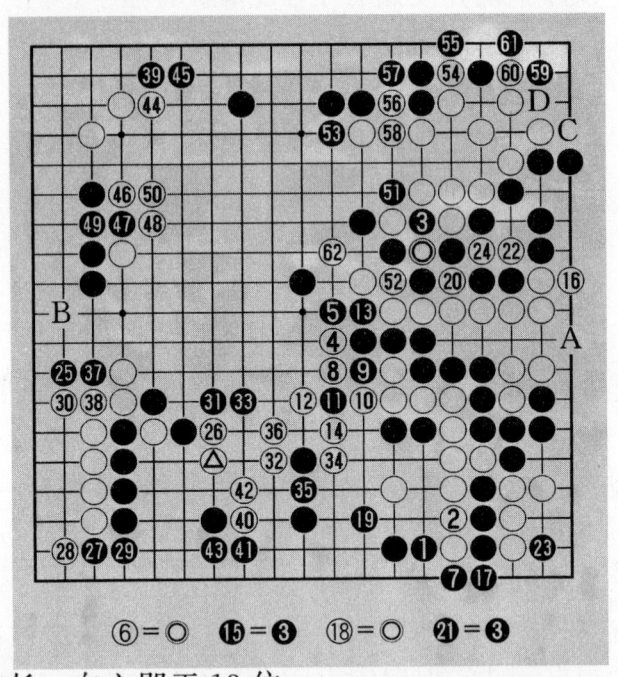

⑥=○　⑮=❸　⑱=○　㉑=❸

图十一

正确下法应按图十一那样，吃右下黑棋，等黑 A 位点眼时，白再提劫，转换结果白可得先手。

黑 19 尖逃出右下一队黑子，白 20 吃，以下至白 24 形成转换，虽说双方得失相当，但白方落了后手。

右边一带攻防告一段落，双方经过激战，却意外地变成了细棋。

黑 25 抢先占到盘面最大的官子。白如随手在 30 位虎，黑则立即封住白⊙的出路，白大概就要输了。

白 26 迫使黑 27、29 扳粘后，再 30 位虎是正确的收官次序。白 32 是手筋。白 34 先便宜一下再 36 双细致。

黑 37 俗手！反给白留下 B 位伏击的手段。黑 39 飞后，双方实地对比仍很细微。

第五谱　63—118（163—218）　　艰难的胜利

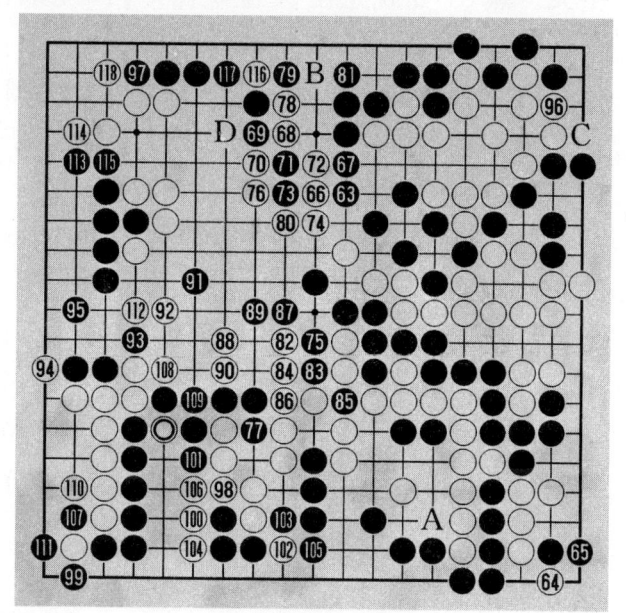

白 40、42 先手，在这里保留了一个眼位，解消了后顾之忧，对今后作战大有好处。

黑 59 极大，下一步可在 C 位渡过。但白如在 D 位补，则被黑先手大得便宜，白形势不利。故白 62 尖出作战。

白 64 先宽角气准备迫使黑收气吃白角，白 66 靠是好手，黑 67 虽委屈，可担心被迫收气吃角，另一方面也怕白在中央走强后，于 95 位攻杀左边黑棋，所以只得退让。白 68 利用黑的心理，

243

继续压缩黑地。

黑69如78位挡，白就在左边95位冲击，左右黑棋很难处理好。为了顾全大局，黑69忍痛在这里作一点牺牲。

白74长出，为封住右边黑棋作准备，黑75只能先补自身，如贪吃68一子，将被白封住右边黑棋，黑不行。

白76吃时，黑已不敢逃出，局势开始于白有利了。

对黑77，白如委屈地在A位后手做成双活，白显然不行，因此必须采取有力的反击手段。

白78先挡，黑79不能不应，然后白80先手提掉二子，走厚中央。黑81如脱先在A位吃白，白可以B位扳下吃黑，转换黑不利。

白82是治孤的好手，至白90安全突围。

黑91飞时，白92一边联络，一边切断黑棋联络，准备在95位威胁左边黑棋，使黑来不及在C位渡过。

黑95只能补活，白终于得到先手在96位补。经过艰苦的奋战，白看到了胜利的曙光。

黑97和白98是双方见合的官子，黑99应直接提掉白◎一子，如谱到黑111为止的转换，黑吃亏了半目。

白116先断好，以后再根据情况在B位或D位打。

至白118挡角，白已胜定。以下官子解说从略。

第二十一局　兵不血刃的胜利

黑方　江鸣久　出 $2\frac{3}{4}$ 子　白方　聂卫平

对局结果：白中盘胜　共130手

1978年7月弈于北京

此局是内部训练比赛。

黑7二间高夹后，白8脱先转而挂左上黑星是我的布局趣向，希望能走成图一：黑1如一间关应，则白2至8就是自然的进行，这样结果，黑虽然也不坏，但白2、4的拆二位置十分理想，6、8展开后，形成了从容不迫的布局，白可满意。

黑9识破了白方意图，在左下尖顶，想先发制人，白如26位长，则黑27位飞起攻击。白10再次脱先，以双燕飞攻击左上黑星。布局的寥寥数手便已显出了双方积极进取的态度。

第一谱　1—34　白布局成功

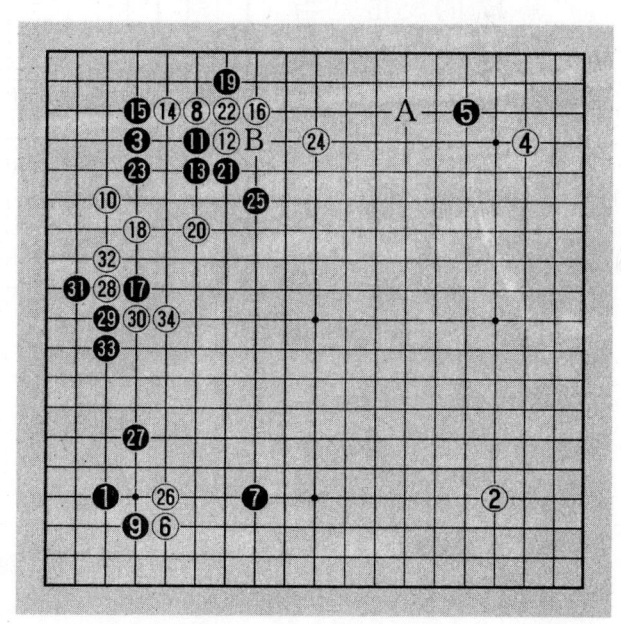

我的围棋之路

黑 11 至 15 是星的靠压定式，但白 16 虎是变招。此时黑如 23 位补断，我就准备在 A 位紧夹黑 5 一子。白 16 如按定式下法则如图二：白 1 以下是定式下法，至白 9 告一段落。局部双方互不吃亏，但白有些讨厌黑 a 位的拆逼。尽管图二结果不能说白就不好，可到底有些过于平凡了。由此可见，在特定的条件下，有时不按定式下反而比定式下法更有效率。

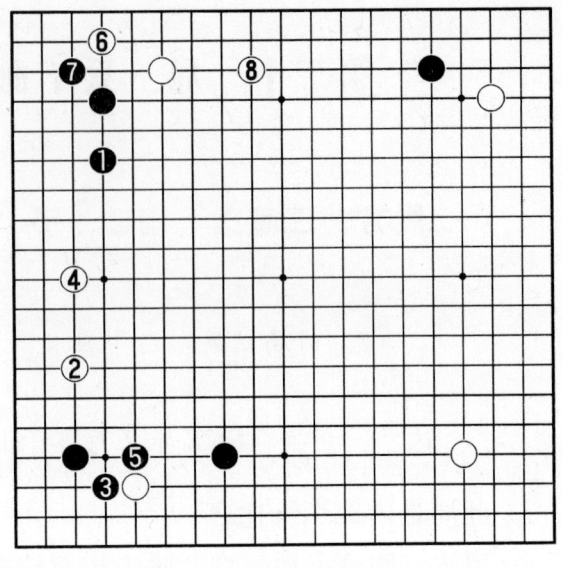

黑 17 的反击是当然的。黑 19 原是想先手便宜一下，白 20 跳与黑 21 交换后，再 22 粘，黑反而损了（B 位的先手打没有了）。白 20 跳时，黑 21 如 22 位断如何？请看图三：黑 1 如断，白 2 就挡下，黑 3、5 虽能先手补上角部断点，但白也走得很厚，右上黑子大受影响。黑显然得不偿失。

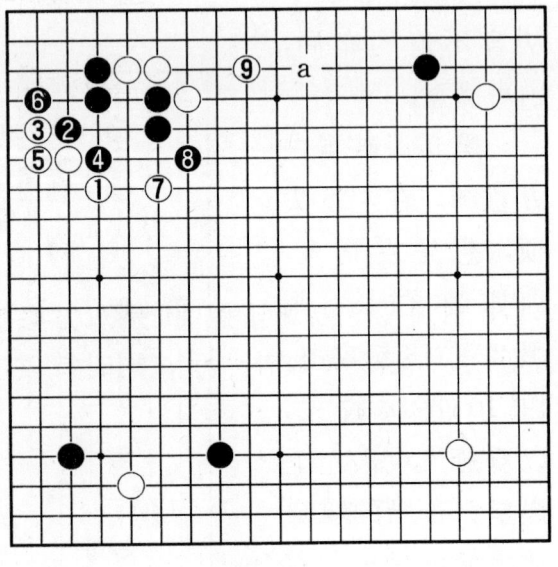

图一

图二

246

当初黑▲点的目的是想让白2位挡，黑再3位压，这时白在4位团是不能忍受的，只有a位扳，于是黑就先手补上5位断点。这和图三结果相比，黑显然要好得多。

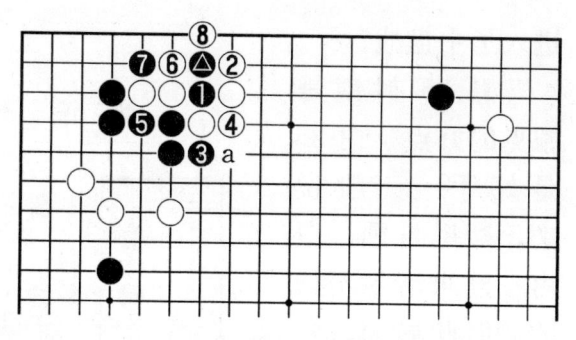

图三

白22粘后，黑23只得补断，至黑25，左上战斗告一段落，白棋先手安定了上边，左边一块再和角上黑棋对跑，黑显然吃亏了。

白26先长一手和黑27交换，是防黑26位虎，使黑无法一手吃净白子，并和白以下的作战相关联。

白28、30扭断即所谓"藤泽流"的腾挪，是此局面最厉害的腾挪下法，黑很难应付。

黑31、33正确，在这里用强反而会吃亏。

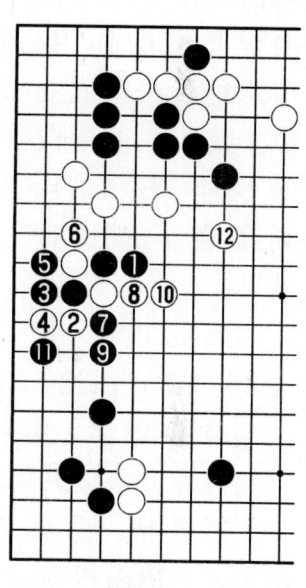

图四：黑1是最顽强的反击，白2打，4贴简明，以下至黑11是双方必然的变化，白12大致补一手，同时有攻击左上黑角的味道，黑不能满意。

图五：黑1如打，白2长，黑3粘时，被白4强硬地拐，黑无应手。

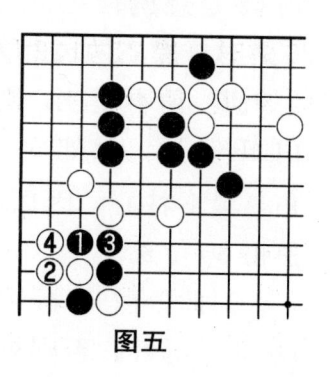

白34退，左边一块白棋不但安定，而且具有厚味，可以说白棋以有利的姿态

图四

图五

进入了中盘战。

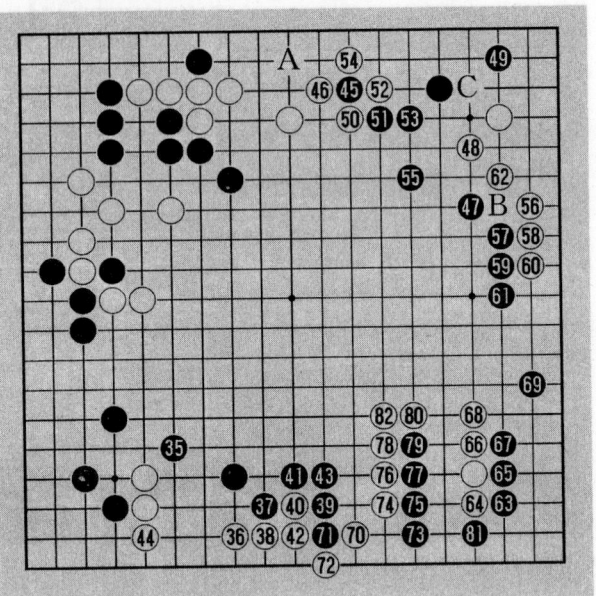

黑35封锁是眼见的好点。白36是好手！一般说来，被黑封锁，白再二路求活是不行的，但此局面，左边白的厚味起了抵消黑势力的作用，白这种战法就成立了。其实在上谱白26长时，我已估计到了会下成这种结果。

第二谱 35—82 不落常套

黑37正着，如在38位靠，白就37扳出转换，黑不便宜。

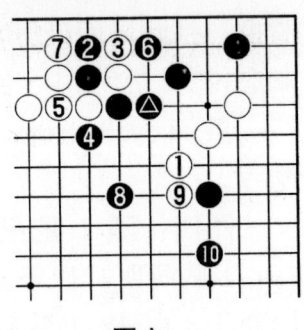

白44做活，本身价值亦很大，将来可伺机跳进角破黑角地。

对黑45，白46不可省！否则被黑A位飞，上边白棋顿成无根的浮棋。另外，白46是想诱使黑50位长，白再B位拆二，这样左右两边就全处理好了。

黑47不上当，先夹一手观白动向。白48尖后，黑如50位长，白就C位补角，黑不甘心。因而，黑49先飞角是苦心的一手，白如出头，黑再50位长。

对此，白50扳是强烈的反击，黑51针锋相对。黑53退时，白54单提好，否则被黑54位立下借用太多，如图六：黑▲退，

图六

白1如尖出，黑2就立下，白3当然，黑4、6的先手便宜很痛快，再8、10攻击。如此，白便陷入了黑棋的步调，局势就混乱了。

对黑55的封锁，白56又一次二路求活，这和左下的白36有异曲同工之妙。同样道理，黑57也不能58位靠下。以下至白62告一段落。

此时，白全盘实空已有四十目，而黑只有左下一块十几目的实空，下边和右上的黑势力，由于白全局没有弱子并不能发挥多大威力，而且右下白星的高位，对黑势力也起了相当的抑制作用。因此可以判断：白明显优势。

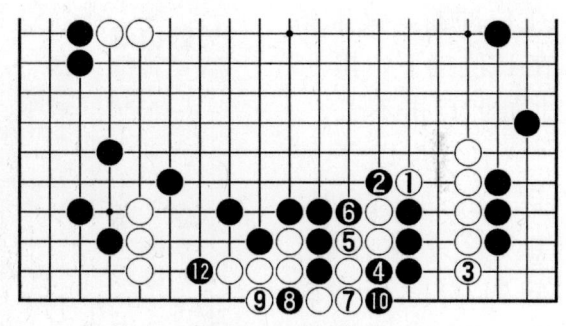

图七　⑪＝❽

因为实空不足，黑63点入三三，力求在实空上取得平衡。在左右黑势强大的情况下，白66再长是正确的，如按通常定式下法在67位扳，反而生出头绪，被黑有机可乘。

白70渡过看似委屈，却是此局面的唯此一手。只要下边联络上，黑就没有可攻击的目标了。

黑71、73再次反击，想切割白棋。但白74以下应对正确，黑无机可乘。至白82粘，安全联络。黑虽在角上获13目实地，但白也使左右黑势的作用大大削弱，白并不吃亏。更重要的是，白一旦走厚，下边的黑势反而变成有破绽的散子。在右下战役中，黑又吃亏了。

过程中，白78不能在79位扳，否则如图七：白1如扳，则黑2断，白3阻渡，黑4是好手，以下至黑12靠下，白崩溃。谱中白78退，黑79再冲，白80便可扳头，此时黑就不能在82位

249

我的围棋之路

断了。因为黑无法收紧气，白可在81位吃黑。

黑83是盘面最大的官子，价值有15目左右。虽然下边黑显得很薄，但为争胜负，只有先捞实地再说。

白84碰严厉！黑如87位退，则白A位跳，既隐藏91位冲断，又准备在B位挡下，黑85非如此反击不可。

白86以下好手，白90断时，黑91只得打吃，至94打吃形成转换，黑打拔一子虽很厚，但补了一手的左下角又被白吃掉，损失相当大。

第三谱　83—130　不战屈人

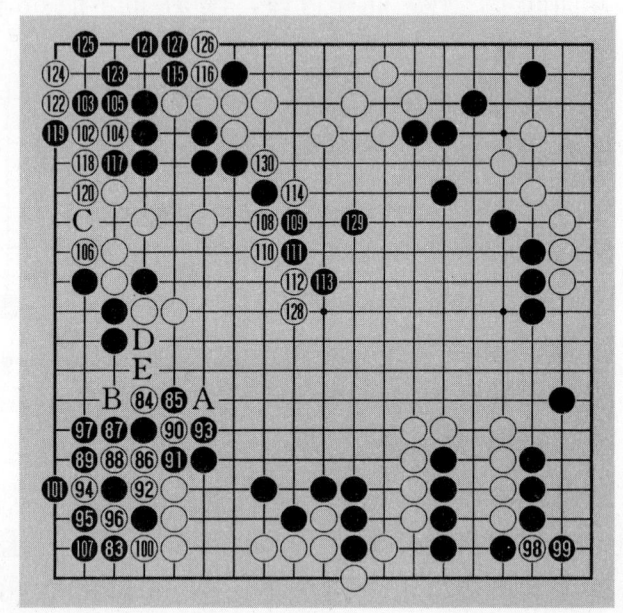

白102、104是白方的先手权利。白106挡很大，防止了黑C点入的官子手段，将来D位压时，黑不敢在E位挡。

白108、110一边扩展己方实空，一边对左上黑棋施加压力。白114断，黑115只得补活。

至白130打，白盘面实空都已领先，且全局厚实，黑见无争胜的机会，故中盘认输。

本局白方并没有下出什么出众的妙手，也没有进行什么激烈搏杀，结果黑棋却输了。细究原因，白所以成功是因为不拘泥于常套，敢下一些别人也许不敢问津的着法，其中白16、36、56很出人意料，尤其36、56竟然在二路爬求活，一般是不肯下的。结果证明，这几着棋是从正确的形势判断出发，达到了不战屈人的绝好效果。正因如此我特将此局选入本书。

第二十二局　漂亮的腾挪战法

黑方　聂卫平　出 $2\frac{1}{2}$ 子　白方　仓桥正藏七段

对局结果：黑中盘胜　共165手

1978年11月26日弈于北京体育馆

从黑1至白12为常见的布局。黑13采取大斜定式是积极求战的态度，以下至白22是大斜定式的正变。紧接着黑如在25位接、24位压或A位长都是正常的定式下法，但我突然下出了23这步怪着。仓桥七段显然吃了一惊，开始陷入长考，他大概以为黑23是我早已研究过的"杀手锏"。

其实，黑23的跳是我对局时忽然想起1976年合肥全国赛中，湖北选手刘乾利对河南名将罗建文时曾这么下过，结果罗建文应对不当而遭败绩，于是灵机一动

第一谱　1—45　不成功的新手

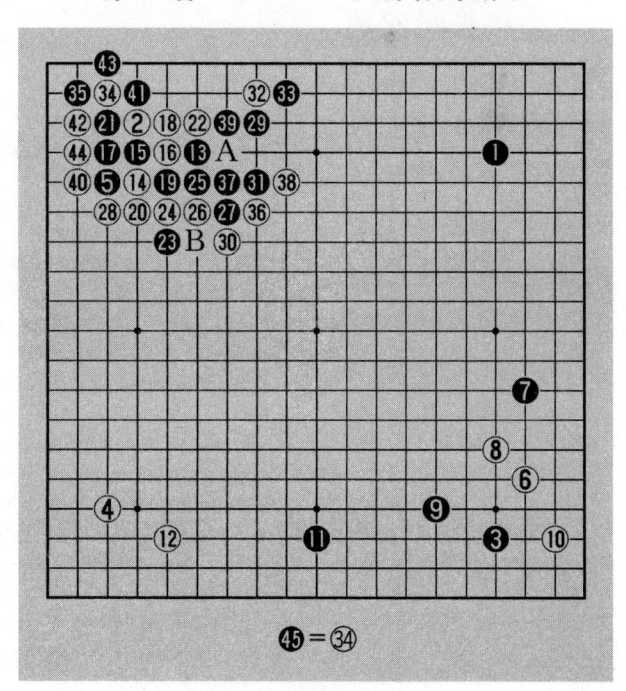

251

我的围棋之路

下出来的，并未对此变化进行过什么研究。

白24冲出，开始了极为复杂的战斗。仓桥七段选择了谱中较为简明的下法。

白30以下是弃子战术。黑31虎补是形的要点。

白34先扳一手，再36先手打，38连扳是贤明的下法。黑39只得如此。接下去，白42、44抱吃很明快。此时我已开始后悔下黑23这步棋了。

至白44形成了转换，黑在上边获20多目实空，白也在左边形成了势力（不过这个势力有B位的缺陷），配合左下白无忧角，我认为左上战斗对白有利。

黑45粘后，白面临着一个选择的难题，是联络36、38二子呢？还是占左边大场？如联络则黑肯定会在左边分投；如占左边大场，黑就切断白36、38二子。白何去何从是本局第一个胜负关键。

经过长时间的思考，仓桥七段选择了把重点放在左边的下法，准备在左边形成庞大实空与黑上边实空相对抗。然而，白46的下法恰恰是使白局势迅速恶化的主要原因。

我认为白46无论如何要在49位接，变化如图一：白1粘，黑2

第二谱　46—100　绝妙的黑93

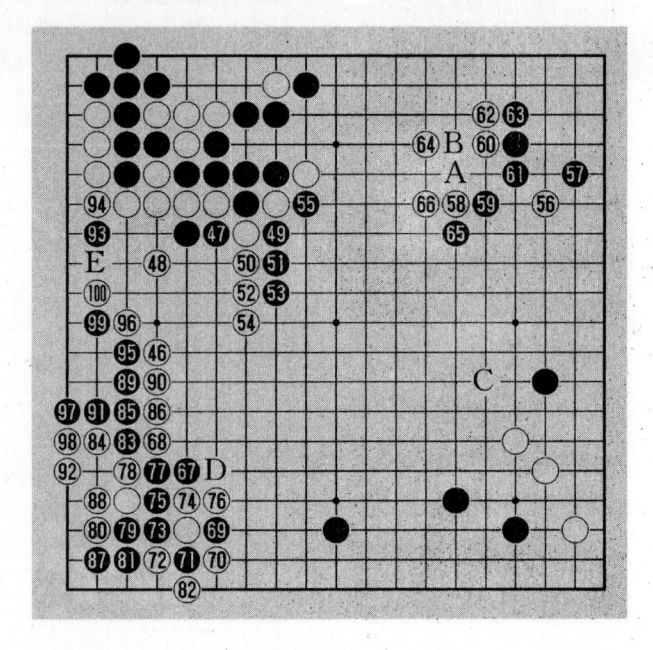

252

分投势所必然，那么白3断严厉，黑有些头痛，黑4如打，白5长，以下a位封锁，b位打吃，白必得其一，充分可战。

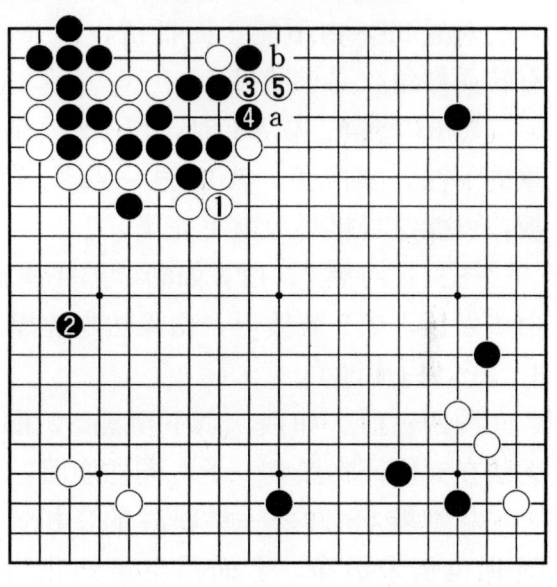

白46即使要走，也应下在90位，这样黑再按谱中下法，白下在90位要比46位好得多。

白46后，黑47断，迫白48应，再49断吃，一气呵成地走至黑55打拔，在上边形成了极壮观的模样，白明显不利。

白56打入刻不容缓，这里再被黑补一手不得了。

在中央有强大外势支援下，黑57是强手，不让白轻松安定，这也是有效利用厚味的常识下法。

白58出乎意料之外，正着是59位跳。白显然是讨厌黑在A位围空，但此手有些无理，在黑厚势周围作战，对白毫无好处。白58还是应在59位跳，变化如图二：白1跳，黑2先刺和白3交换，防白a位靠断，再4位封空，以下至白9告一段落。这样黑围住上边空，白也在右边安定，并获得一些实地。尽管全局黑仍领先，但白大可与黑周旋一番。

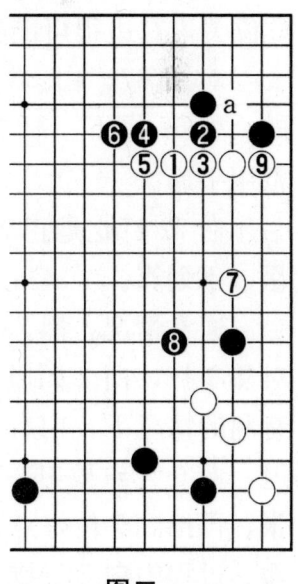

图一

图二

黑59靠断作战是当然的反击，如一心想围上边空而在B位应，则正中白下怀。

对黑59，白不能正面抵抗，白60只有转而靠角，寻求腾挪。

黑61冷静。白64时，黑65扳是自重的下法，实际上，黑凶狠一点于A位扳，可能这局棋马上就下完了。

图三：对黑1、白2如断，黑3冲出，白4如长，黑5就接上，白无法吃住黑1、3二子，白崩溃。

图四：白2如挡，以下至黑5，白因无法在a位征吃黑3一子，同样崩溃。

尽管黑65失去一举获胜的良机，白66退也仍未活净。上面黑空虽然化为乌有，但黑在右边又形成了模样，将来黑在C位关，右边很可能会完全成为实空。

对黑67，白68守左边实空是当然的。黑69靠下，71扭断，是这种棋形的常用手筋。

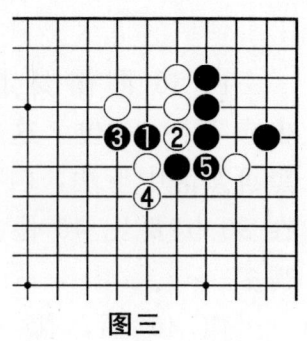

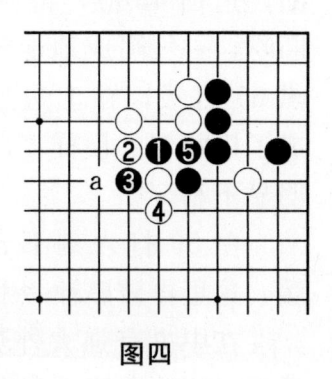

白72打吃是正着，如在74位顶，被黑72位长，白角空失尽，不划算。

通常情况，黑73打时，白是82位提，那么形成图五的变化：对黑1打，白2如提，则黑3再打，白4也只有粘（在白方劫材有利的情况下，白有5位翻打的强硬手段，这一点要注意），黑5退，白6大致要补一手，于是黑先手限制住白模样的进一步扩张，再抢到7位好点，如此则是黑棋盘面至少领先10目以上的局面。过程中白6如硬抢先手在a位爬，黑就b位退，将来黑有c位靠下、d位碰等种种腾挪手段，白左边的宝库就要告急。这种下法无疑是"饮鸩止渴"。

仓桥七段不愧是职业高段棋手,这种胜负关键处是相当敏感的。白74竟然冲出,不惜让黑打穿无忧角来一拼胜负。对此,黑除了坚决应战别无选择。

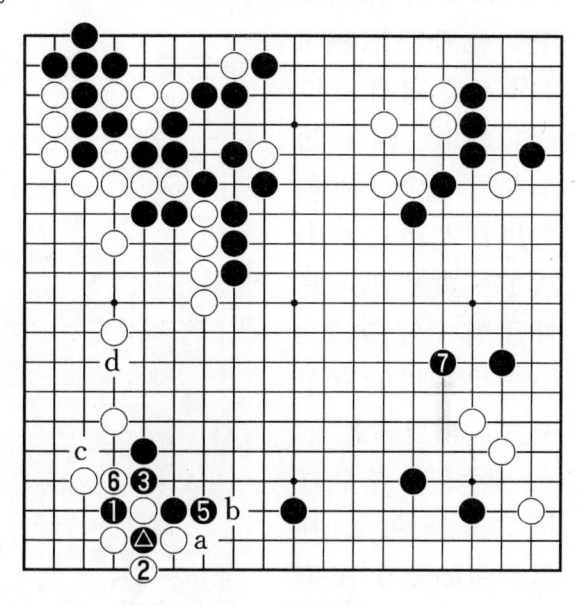

黑75至79为双方必然变化。白80非扳不可,如补83位断点,被黑D位打则前功尽弃。这样黑83断就是必然的结果。在这里,双方展开了一场生死搏杀,谁都不能后退半步。白棋是决心要把左右两块黑棋全歼,黑棋则只要活一块就是胜利,因此,这场搏杀对白棋来说是极为艰巨的。

黑93是本局的神来之笔,有此一手,白已无法逃脱失败的命运。白94粘不得已,如走在别处,被黑94位先手断受不了;如在E位反击,黑有图六的绝妙手段。

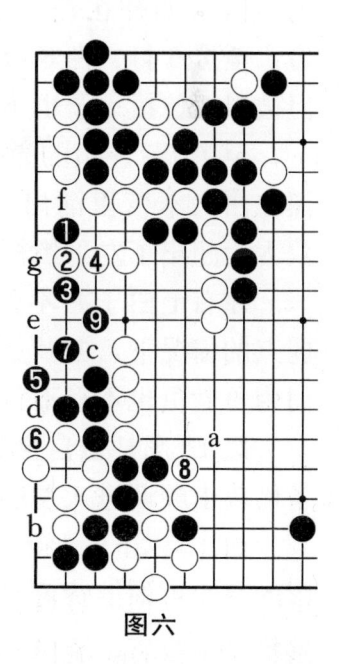

图六:对黑1,白2是最强抵抗,黑3夹是妙手,白4只得接,黑5又是好手,逼白6粘再7位做眼。由于左下白棋也不活,故白8只能先紧气吃左下黑

图五 ④=△

图六

255

我的围棋之路

棋，白如贪心地在 a 位飞吃，黑 b 扳，白差一气被杀。白 8 补，黑 9 也补活（黑 9 如不补，白有 c 位挤，黑 d、白 e 的杀棋手段），结果黑棋在左边白空中活了一大块棋，此外还有 f 位断或 g 位先手渡过的官子便宜，相当满意。

黑 1 单虎是好棋，迫使白 2 补棋，白如硬在 A 位紧气杀黑，则成图七：白 1 如补在外边，至黑 6 打、白 8 扳，崩溃。白 7 如在 a 位长虽可吃左下黑棋，但被黑 7 位拔一子也不行。

至黑 7，左边的激战告一段落。结果黑在白大本营里活出一块 6 目的棋，收获大大超出了左下黑棋被吃的损失。

在右上白子并不强，左边 A 位还有弱点的情况下，白 8 如此深入是危险的，但为争胜负也不得不冒险一搏。

黑 11 虎补强自身是冷静的好棋，准备借攻击顺调进入左边白模样。

白 12 以下既要治孤，又要围左边中腹的空，可谓煞费苦心。白 22 后，黑 23 趁机先手收官，至白 32 挡，黑收获不小。

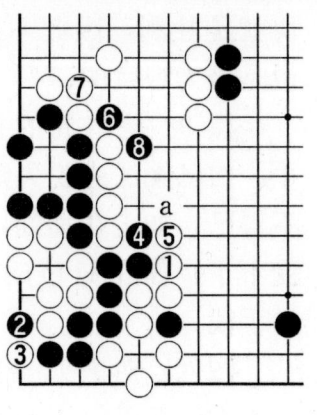

第三谱　1—65（101—165）　白大棋覆灭

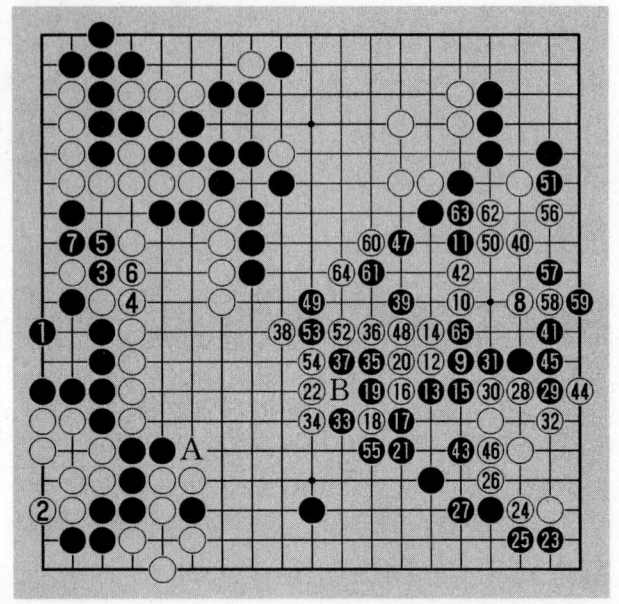

图七

白38是胜负手，先最大限度围住中空，再以右边大块棋的治孤一决胜负，用日本职业棋手的话来说，这就是所谓"玉碎"战法。

黑39以下开始了致命的猛攻，黑65后，右边整个白棋只有一只后手眼，终被全歼。

第二十三局　第一届世界业余锦标赛决胜局

黑方　聂卫平　出 2$\frac{3}{4}$ 子　白方　陈祖德

对局结果：黑中盘胜　共 207 手

1979 年 3 月 17 日弈于东京

1979 年 3 月，第一届世界业余锦标赛，在日本东京举行。参加比赛的有中国、日本、南朝鲜以及欧洲、美洲、大洋洲等 16 个国家的 30 名选手。比赛中，我和陈祖德分别夺关斩将，终于在最后一轮争夺冠军时相遇了。自从 1975 年我获全国冠军以来，陈祖德一直是我的头号强敌，今又一次"狭路相逢"，我多少有些心惊肉跳。但幸运的是，在猜先时，我猜中了黑棋。

在猜到黑棋后，我脑海中便勾画出黑 1、3、5 的所谓"平行型"布局。因为这种布局，黑容易保持实空上的均衡，以便

第一谱　1—31　疑问手白 10

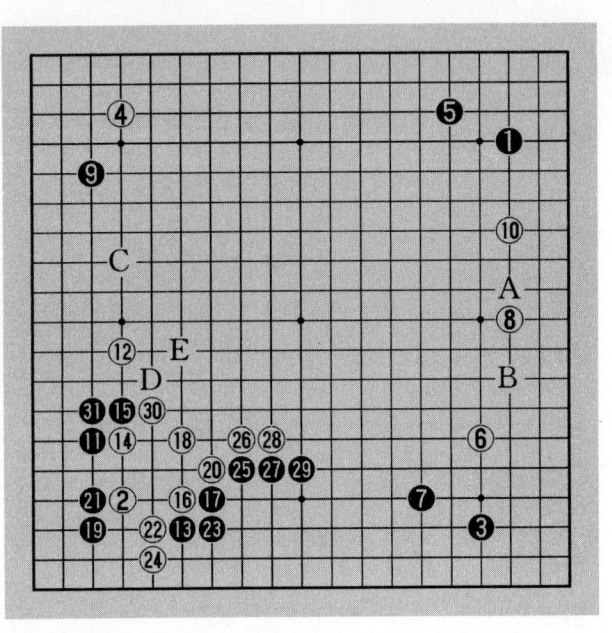

在漫长的拉锯战中一点一点获得优势，而这样"马拉松"式的作战正是喜欢速战速决的陈祖德所讨厌的。

黑5守角后，白最常见的下法是在6位下一路高挂，形成图一变化：从白1至黑8的布局是六十年代最流行的布局，现在仍有许多人采用。以下白或a位一带夹击或b位拆二，成为一局拼耐力的棋。

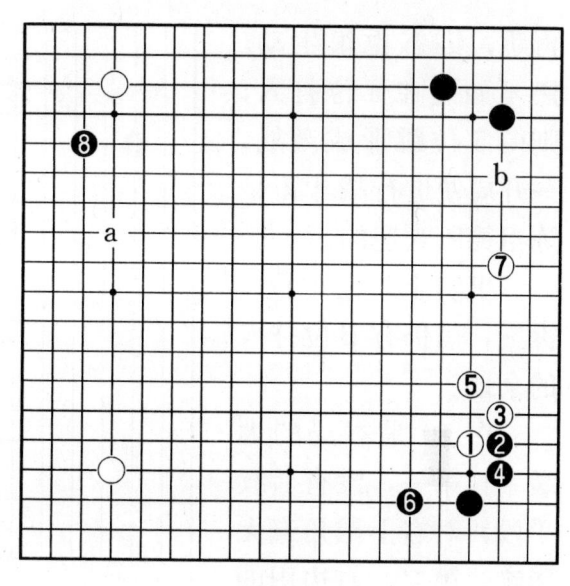

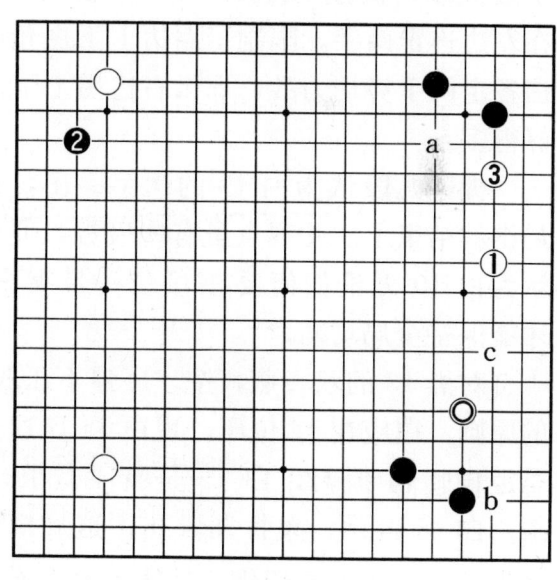

白6二间高挂很少见，意在求变。黑7飞应后，白8拆三有些疑问，似乎应再大一路拆在A位。道理何在呢？请看图二：白1拆，黑2大致要挂角，那么白如想在右边走棋，白3就是好点，下一步有a位飞镇的手段。由于白有b位托角的腾挪余地，白◎一子很轻，可弃可取，所以没必要担心黑在c位等处的打入。

图一

图二

再看图三：黑2如拦逼，白3可考虑跳补，黑4挂角，白5

259

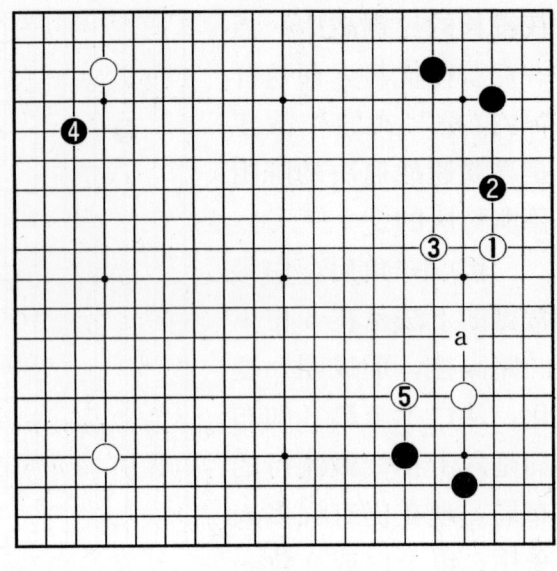

我的围棋之路

再跳，姿态也很生动。黑4如硬在a位打入，则白5位跳形成激战，一开局便进行战斗正是陈祖德所欢迎的。

事实上，谱中白8拆三，黑仍有B位打入的余地。

白10是本局的大缓手！第一，没有后续手段，对右上黑角毫无影响；第二，右边用的手数太多，被黑9、11在左边连走两手，限制了左边上下白角的发展。如果说左边是黑白各走两手势均力敌，那么右边黑上下的角显然比白中间三子要好得多。

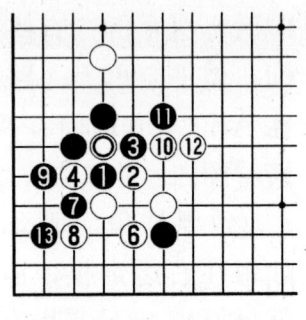

图三

梶原九段认为白10的缓手一出，这局棋就结束了。此观点虽有些极端，但我认为白10无论如何要在C位一带夹击，才能保持全局均衡。

对黑13的双飞燕，按"压强不压弱"的原则，白应在16位压，现白14压这边是趣向。15扳时，白16是新手。黑17扳，白18再跳。大竹九段在评这局棋时认为：这个角上的变化，是从来没有看见过的，真是有趣而新颖的着法。

图四 ⑤=○

不过我对这一新手是否成立是有些疑问的。对白16，黑有图四的反击：黑1打，白2、4是最强硬的下法，黑5就粘上，白6

260

只得补，如贪心地粘7位，被黑6位长受不了。以下至黑13，白方并不便宜。过程中，白2如改在6位虎，则黑2位长，白怎么补都有些头痛。

白18跳后，黑19当然要点三三，这是典型的"左右同形走中间"。

黑21渡过，白方经过长时间的考虑，选择了22、24的下法。大竹九段指出白22应在23位打，如图五：对白1，黑2如长，以下至白13，黑显然不利。大竹九段的意见是不错的。不过，图五白1打时，黑已先手得角，很可能会脱先在左上角先动手，以后再伺机2位长或6位先手取实利。在这里，黑保持着选择权，除非白再补一手。

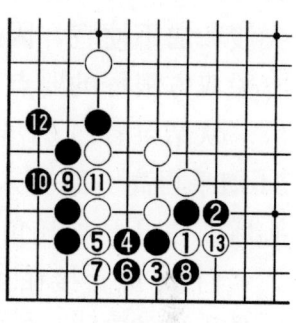

图五

黑23接强硬，由于右边有援兵，我准备正面应战。

既然白30准备虎头与黑31交换，那么白26、28就应予保留，因为黑29退后，下边几乎成为实空，白必须马上打入，将来黑在D位扳断仍然很严厉。故而白26应直接30位虎，待黑31位应，白E位跳补，下边黑棋

第二谱 32—100 黑稳健的攻防

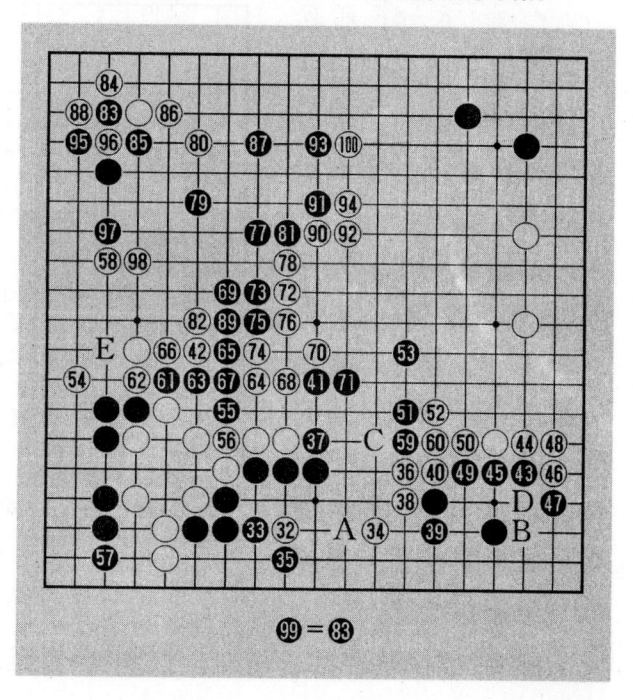

261

一手棋不可能补好，白同样有打入的余地。

白 32 的打入点是形的急所。黑 33 补，白如 35 位应，黑就 A 位补让白一路尖渡，白不便宜，因此白 34 拆。黑 35 是有关双方根据的要点。

从结果看白 34 至 40 的下法嫌重。白 34 似乎再高一路打入为好，待黑 37 位曲头后，白可 B 位托角腾挪。

白 38 应直接在 40 位压，黑要补的话也是下在 39 位，这样白 38 就可补在 C 位，显然比谱中结果要好。

白 42 在补之前应马上在 D 位飞和黑 B 挡交换，白实地要便宜得多。黑 43 立刻定形，机敏。

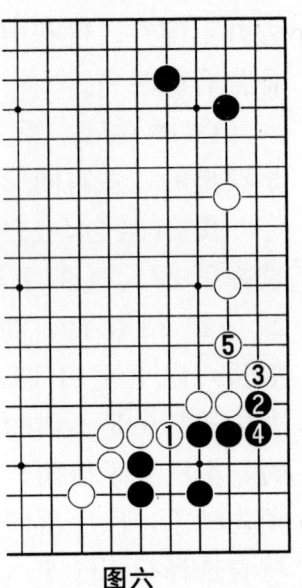

白 46 不好，应按图六行棋，黑虽便宜了几目棋，但白右边要厚实得多，对以后中腹的攻防大有益处。

如谱被黑 51 先手觑，白很难受，白 52 不得不补，黑 53 顺调压缩白空，并走畅自身。此时黑已占据三个角，在实空上已然领先。黑只要稳重，是不大容易输棋的。

图六

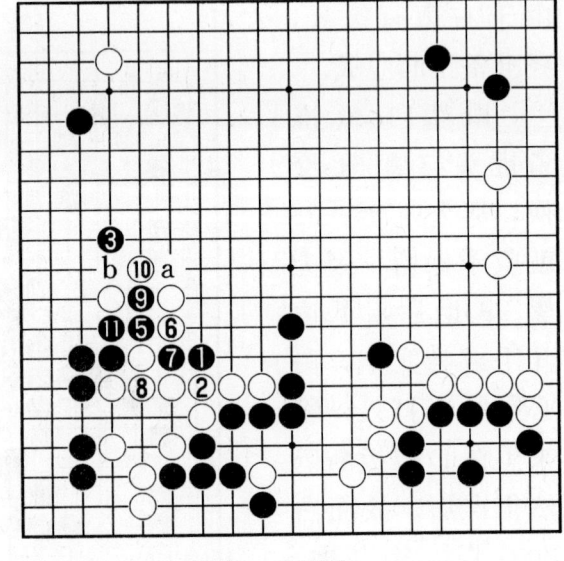

图七　④脱先

黑 53 如凶猛一些，可直接按图七行棋：黑 1 先刺，再 3 位拦逼，白大致要补一手，黑再考虑走谱中的53位。白4如脱先，黑5以下的冲击十分严厉。至黑11，a、b两处断点，白无法兼顾，显然不行。

对白54，黑55先刺，再57补活是好次序。

白58显然是想补E位的跨断，但仍无法阻止黑61扳出的强手，既然如此，白58就应索性在97紧夹，对左上黑子的威胁要大得多。白58正着是在62位补强。

黑61扳出，开始了激烈的争夺。白62只能断，如63位挡，则黑又有图七的手段。

白64虚跳是好手，白72又是一步妙棋，既补断，又要89位挖断黑棋。此时黑如74位补挖断，被白粘成好形，所以黑73并，但被白74夹后，黑仍然很难过。

白82是想在治理中腹之前先手便宜一下。此时黑83至87先在左上角抢攻是灵活的，先加强自己观白的动向。

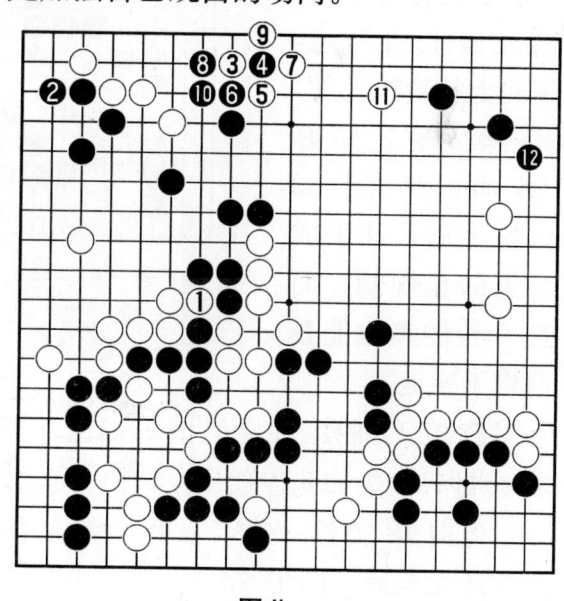

大竹九段认为白88是大缓手，应在89位断吃黑五子，这样全局厚实了，白可放手行棋。不过，这样黑就在88位立，变化大致如图八：白1如断，黑2退后，以下至黑12是自然的进行。以此结果进行一下形势判断，白方，上边5目强，右边补一手后有20目，中腹加左边共20目弱，

图八

再加贴目5目半，共计50目强；黑方，左上25目，右上12目，

右下13目，下边5目，左下10目强，共计65目。可见黑实空已领先十几目，在黑白双方都很厚实的情况下，实空对比便成了决定性的因素。

因此白88打，努力保持实空的均衡。不过，被黑89接，左右两块白棋确实都显薄弱，可也是没有办法的事。

黑93跳冷静，不但求自身安全，并可伺机围上边的地域，此后再于95位打劫就变得轻松了。

黑97是顺手牵羊的劫材。白100是见劫材不利，故先破上边黑地，以左上的劫赌胜负。

黑1、3是好手。此时黑再于33位打大劫，几乎成为黑的无忧劫，而且A位的夹也能置白棋于死地。

第三谱 1—40（101—140） 劫争的得失

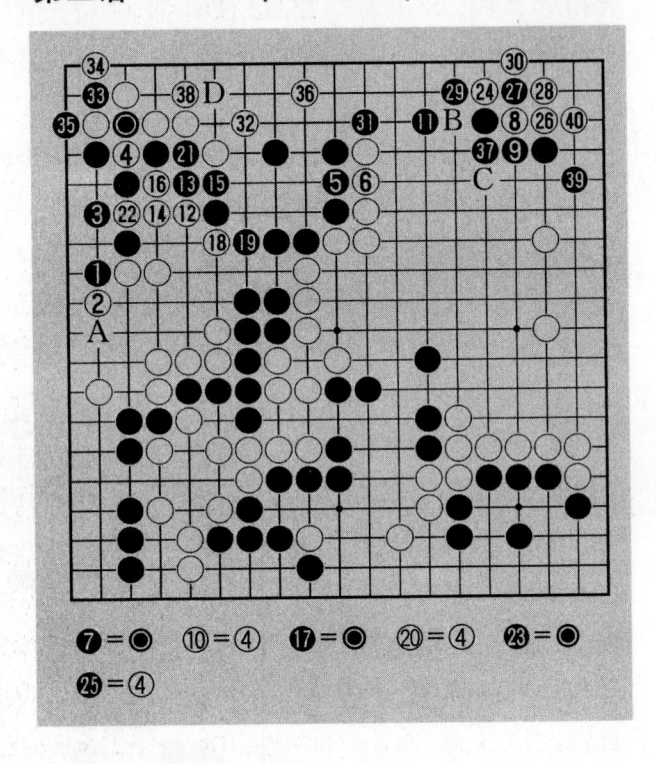

⑦=● ⑩=④ ⑰=● ⑳=④ ㉓=●
㉕=④

白8寻劫材很损，但也不得已。黑11好棋，白如消劫，黑31渡过，上边如此连通成空，白无法忍受。

但白12突然一靠，是我始料未及的，不由出了一身冷汗，幸亏还无大碍。白16挤后，劫的胜败有关黑棋的死活了。

对白24，黑已无法再应，只有消劫。于是白26挡角形成转换。此时黑下一步怎么下是胜负的关键，稍一马虎形势便会

第二部 难忘的四十局

逆转。

黑如按惯例在29位虎,则成图九:黑1如挡,白2打,4扳,黑5只有打吃,白6渡过极大!黑7大致要提,如在a位杀左上白棋,被白于b位猛攻,局势就混乱了。然后白再补,白左右两边都处理好了,而且在右边大获实利,如此黑不乐观。途中黑1如改在2位粘,被白1位长,更加困苦。可见,在周围白势强大的情况下,黑不能用强,必须想办法缓和白的冲击力。

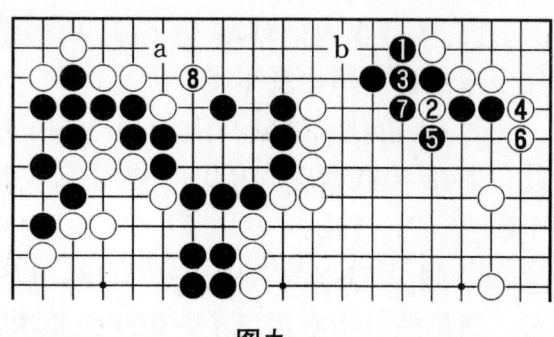

黑27断是摆脱困境的唯一妙手!白28只能吃,黑29再吃,白就来不及在37位先打一手了。黑31冷静渡回又是好手,白32只能补活,如在37位打,黑B粘,白C长,则黑D净杀左上白棋,白地远远不够。

黑33、35趁机先手打拔一子,迫白36补,再37位接,次序正确。至此,围绕左上劫争的攻防战告一段

图九

第四谱 41—107(141—207) 明快地定形

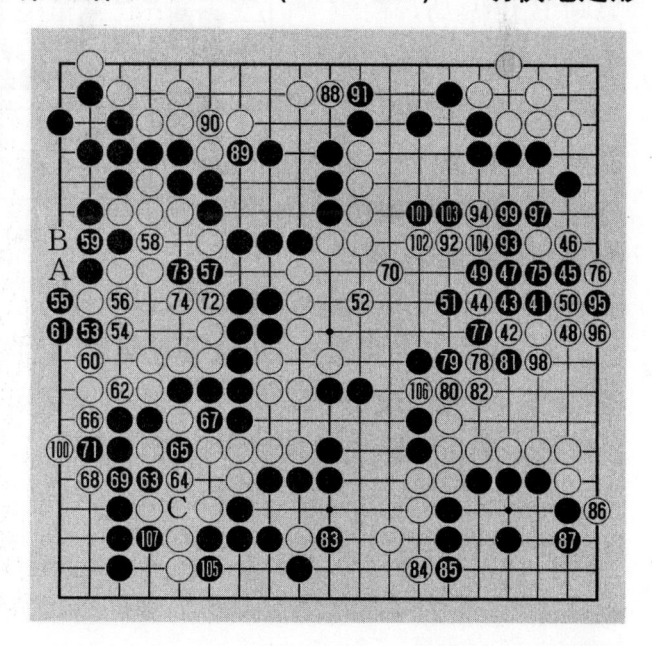

265

落，白作战不成功。

白 38 补很大。对黑 39，白 40 不能不应，否则被黑 40 位扳先手搜刮近 6 目，受不了。

黑 41 锐利，这是与上谱黑 39 相关联的手段。白 42 只能如此，如在 50 位扳，黑有图十的手段，进行到黑 18，白右下将全军覆灭。

白 44 扳时，黑 45 先尖是好棋，以下至黑 51 是双方必然的应对。白虽然救出右边二子，但中央整块大棋意外地变薄了。

白 52 是急所，这里被黑走到，白大块棋的死活就成问题了。

黑 53 发起最后的攻击，白 54 只能退让，如 A 位反击，黑则 B 位做劫，白棋十分危险。

白 62 做眼后，黑如 74 位杀白，白可借 71 位的夹做活，故黑 63 先打，逼白 66 做活，再 67 提通是厚实的下法。

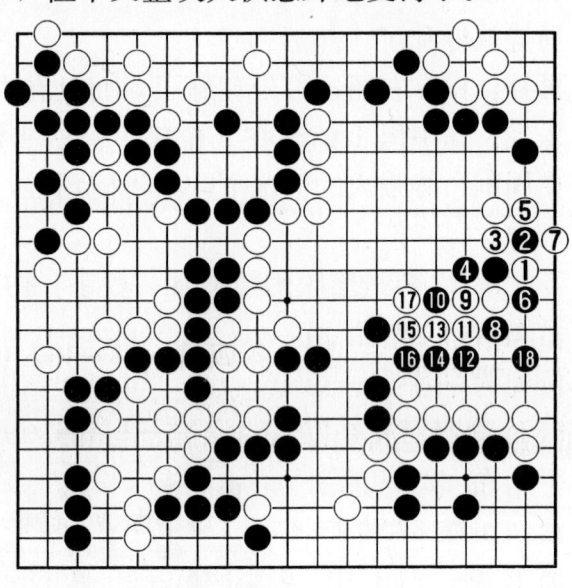

图十

白 68 细，如直接在 70 位补，黑 71 位挡，白就便宜不到了。黑 71 至 73 先手搜刮，黑 77 以下再迅速定形。黑 107 时打，白如 C 位接，黑可一路先手扳过，白遂认输。

第二十四局　第四届全运会冠军争夺战

黑方　聂卫平　出 $2\frac{3}{4}$ 子　白方　华以刚

对局结果：黑胜　共233手

1979年9月弈于北京

这是第四届全运会个人赛中争夺冠军的决胜局，对手是上海华以刚。华以刚是棋坛宿将，虽然他只比我年长几岁，但是在"文革"前就已被选入国家队。在老棋手中间，他的比赛成绩相当好，是一个难对付的角色。

由于双方都熟知对方的棋路，所以我采用1、3、5坚实的"平行型"布局，准备先捞实地打持久战。不料，华以刚和我想的一样，白6大飞挂避开黑的夹击，再8位拆二，也摆出一付准备打持久战的架式。进行至白12，形成了典型的拼抢实地的布局。

第一谱　1—32　恶手白22

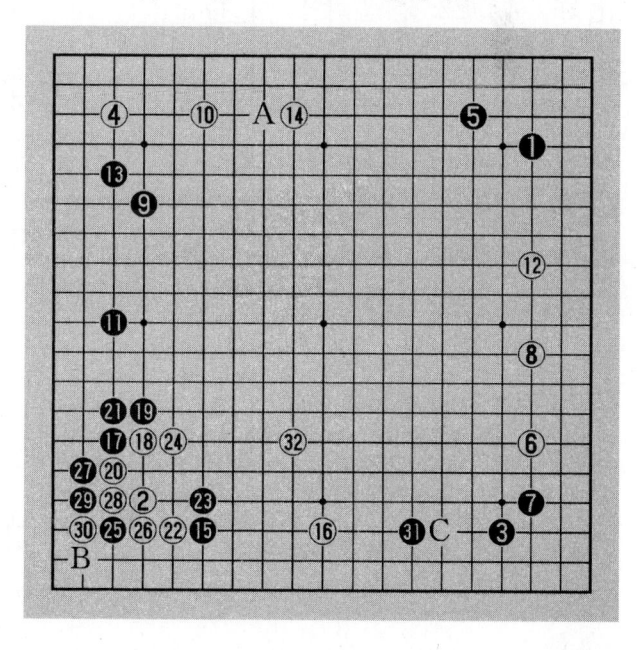

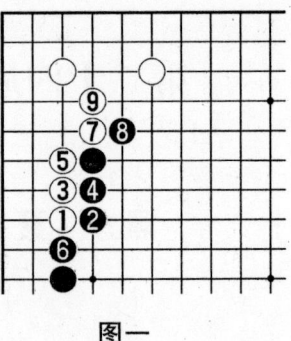

黑 13 的小尖相当大，一方面防止白棋按图一捞空的手段，另一方面暗含有在谱中 A 位紧逼的严厉手段。

白 14 拆二是急所，如不走则成图二：黑 1 以右上无忧角为背景紧逼，白 2 如再次脱先，黑 3 点入厉害！白 6 如顽抗，至黑 11 断，白崩溃。白 6 改下在黑 7 位虽稳健，但被黑于 6 位渡过，白左上成了无根浮棋，也不行。

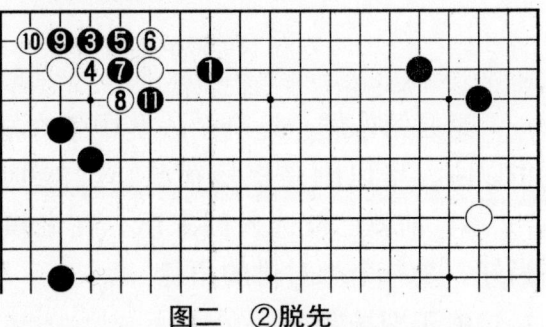

白 16 夹击选点正确。黑 17 当然，如点三三则中白计，由于黑 11 处于三路，变化结果黑形重复不能满意。

黑 21 空接保留变化好。白 22 是恶手！几乎可以说是本局的败着！被黑 23 长，白 24 不得不长，结果黑 25 点三三，白十分难受。进行至白 30，黑已先手得利，以后 B 位一打白整块棋还不活，白显然大亏。当初白 22 应按图三变化。

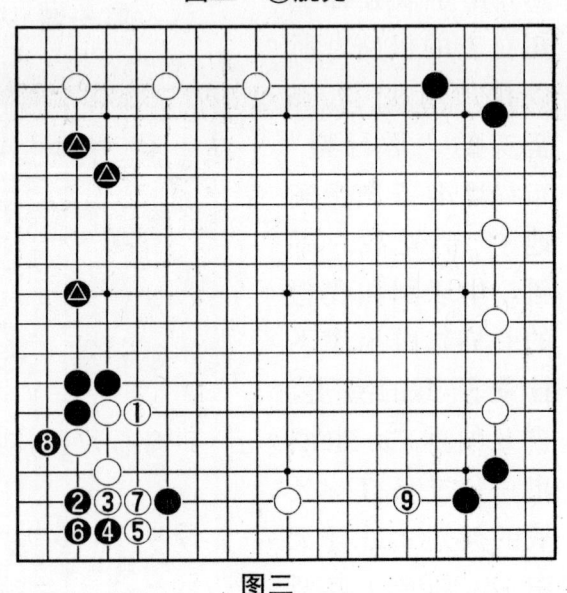

图三：从白 1 至黑 8 是让子棋中常见到的下法，局部白亏了，但把黑△三子放进去考虑的话，左边黑棋子

力就重复了。白得先手后，9位的拦逼成绝好点。此结果白棋充分可下。

白30后，黑左下二子看似很危险，实际上白并无严厉的攻击手段，故黑31冷静地拆二，先扩大右下角地，再观白动向。此时黑如盲目地先逃左下二子，被白在31位或C位拆逼，黑无趣。

白32开始攻击。

黑33在出动左下二子之前，先和白34交换一手，用心良苦，因为左下黑子要出动，下边一带肯定要被白走厚，黑再走，白肯定要A位关出反击。现在交换后，白如想围中腹，黑可直接在B位靠。

黑35、37、39是治孤腾挪的好手。由于黑棋在左边和右边都捞了不少便宜，白绝不能让黑棋在下边简单做活，只有采取将其赶出再于攻击中伺机挽回损失的下法。

白42提，黑43打，白44苦于无劫材，只好先拐头。白如敢在50位开劫，黑就"万劫不应"在中腹连提，白受不了。

白52是正着，如硬在53位断，则黑52位先手断，黑C位

第二谱 33—100 巧妙突围

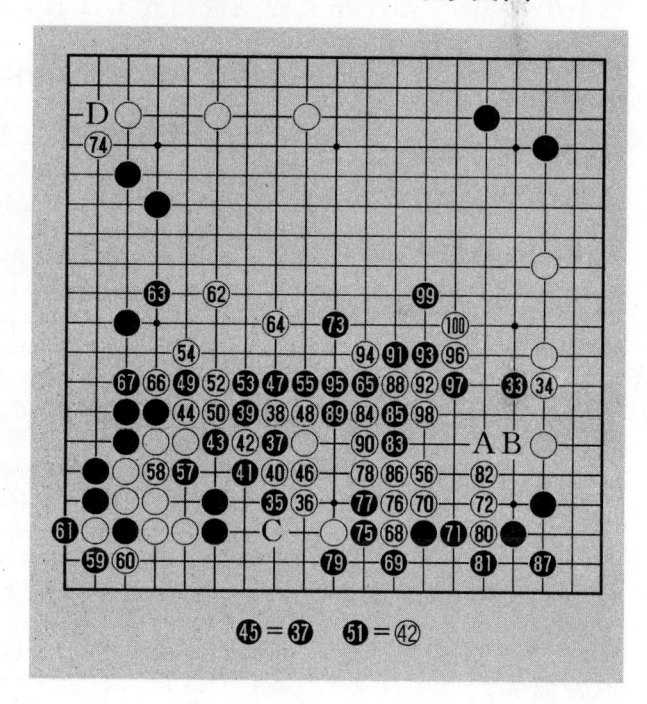

㊺=㊲　�51=㊷

269

立便活净，白还要在60位补活，得不偿失。以下进行至黑55为双方正变。

黑59是使黑迅速确立优势的强手。黑61渡过后，左下白棋反而成为孤棋，白62不得不逃。

白68、70补强，实地有些损，但72刺可封住右下黑向中央的出路亦有所得。黑73稳重，先确保自身不受攻击，同时瞄着左边仍未安定的白棋。

白74很大，防止黑D位先手托。黑75也很大，至79收获也不小，黑75如在左上应则被白先手便宜，不能忍受。

黑83大随手，遭到白84严厉地反击。黑83应直接在87位补，以后83位的刺仍是黑的权利，如谱白86粘后，黑87不得不补棋，被白88断，黑二子成了礼物，大亏！

白100长后，右边一下多成了十几目棋，白挽回了不少损失。

由于在右边黑损了不少，故黑1、3、5对左边白棋发动攻击，希望把白棋赶回右边时顺势补上A位的冲断。

白10先扑一下是准备留一条打劫活的后路。

第三谱 1—51（101—151） 缠绕攻击

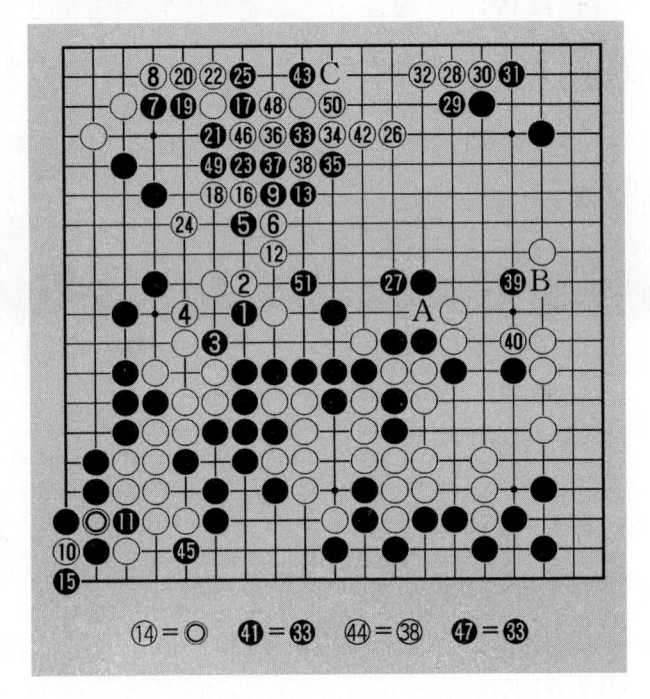

第二部 难忘的四十局

对白16断，黑17靠是妙手！白18只得单补，如正面抵抗，反而损失更大。请看——

图四：对黑1，白2如下扳，黑3反扳，白4不能在a位吃，否则黑5位打是双吃，以下至黑7，白二子被吃。

图五：白2如上扳，则黑3、5两打，再7位接，白8必须补，黑9、11冲下，白仍不行。途中，白2若改5位长，黑3位打、白4、黑7、白8、黑2位接，白一子被割断也不行。

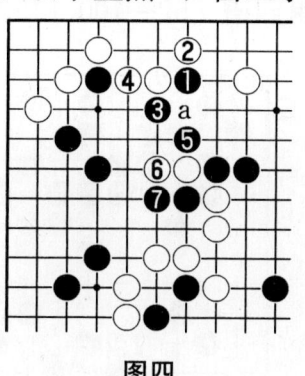

图四 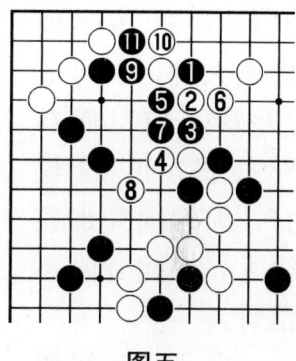　　　　　图五

黑19至25先手打穿白地，再转回27位补断，收获甚大，从黑1开始的攻击大获成功，双方差距又一次拉开了。

白28补强，本身价值就不小，如不走被黑于32位攻击不得了。白上边加强后，左上黑棋就变弱了，白有36位刺，37位断的手段，故黑33也补强。

对白34，黑35虎、37做劫是好手，此劫黑棋并不重，劫打输了损失也不大。

黑39是得意的劫材，白40不得已，如在B位挡，则如图六：白2如挡，黑3以下可马上动出，由于a位是黑棋的先手，中央白二子被吃，白大失败。

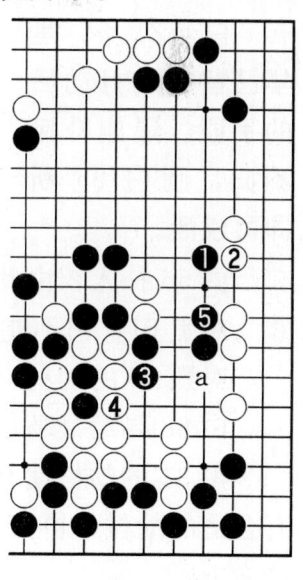

白42因无适当的劫材，只能退让，于是黑43趁机搜刮白空。此时白如在C位应，被黑48位先手打，白不堪忍受，

图六

271

我的围棋之路

故白44提劫。

对黑45的劫材，白46脱先吃上边黑子是破釜沉舟的态度，虽然有些勉强，但形势不利只有出此险招。

黑49自重，此时如在50位吃便形成大劫，白可能"万劫不应"而在38位提，再49位打，黑的损失也相当大，如此冒险不值得。

白50当然要补，紧接着，黑51又开始对左边白大棋展开猛攻。

白52、54是早已留好的打劫活的手段，黑如补接不归，则白55断即可成活。

第四谱 52—100（152—200） 打劫的学问

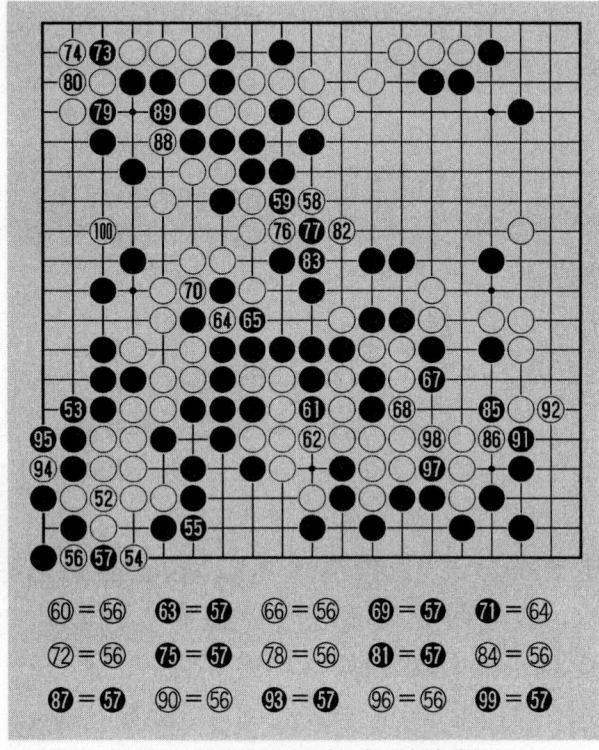

㊿=㊺ ㊽=㊼ ㊻=㊺ ㊾=㊼ ㊿=㊱
㊼=㊺ ㊼=㊼ ㊼=㊺ ㊼=㊼ ㊼=㊺
㊼=㊼ ㊼=㊺ ㊼=㊼ ㊼=㊺ ㊼=㊼

白56扑入，由此开始了有关白大棋生死的激烈劫争。

对黑61，白不能不应，否则白空不够，白64是损劫。

对黑73的劫材，白74如不应，被黑74长先手吃角不得了。

白88寻劫是巧手，黑89也只得应，不然徒生纷乱。

黑91的劫材使92位的夹没有了，局部虽损，但看到白也没有合适的劫材，再打劫也只能找损劫，对比起来黑更有利，所以这么下了。

至黑99提劫，白100虽损也没办法。

白12的劫材大损，黑13挡后便可A位吃白，但除此之外白再无别的劫材，实出于不得已。

黑因打劫已获便宜，便15位挡下，逼白16消劫，再17位厚实地压住。

白18掏角是必然的，黑19以下放白活角，顺势走厚围中空。

白26与黑27交换是防止黑A位的打吃。

黑29厚实，如在31位扳，被白B位断有些讨厌。如谱迫白30补，再31位先手挡，33围中空，黑胜定。

本局黑抓住白棋序盘的一步失误，牢牢地控制住了局势。在左下的攻防战和中盘黑151发起的攻击中，以及最后的劫争中，黑棋充分发挥出水平，是一局攻击相当出色的棋。

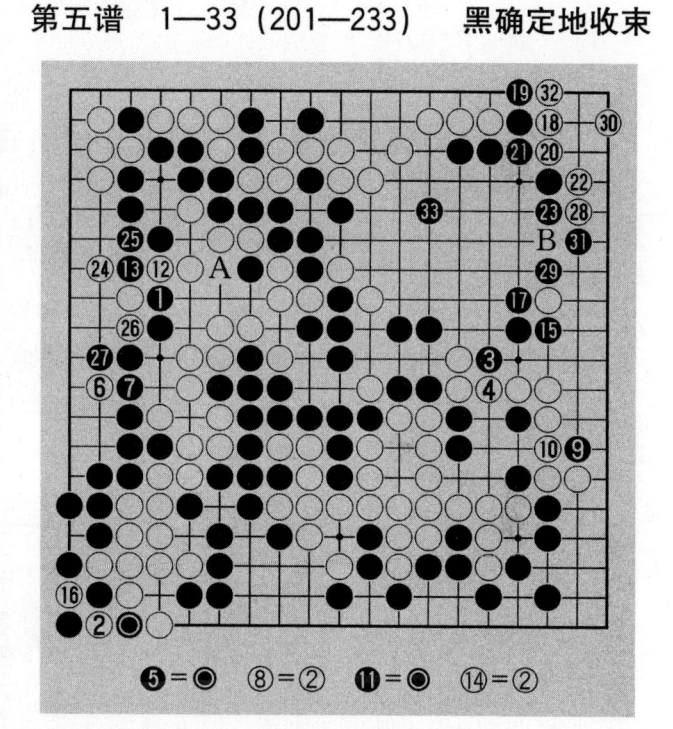

第五谱　1—33（201—233）　　黑确定地收束

五 艺无止境（1980—1983）

第二十五局 与小林的激斗

黑方 小林光一九段 出 $2\frac{3}{4}$ 子 白方 聂卫平

对局结果：黑胜 $4\frac{3}{4}$ 子 共235手（以下略）

1980年6月7日弈于东京

小林光一九段出自木谷先生门下，和武宫、加藤、石田等是师兄弟。1980年时的小林九段虽然从未取得过大型棋战（如棋圣战、名人战、本因坊战等）的冠军称号，但他总是活跃在第一线，是各种棋战中的"危险人物"。日本棋界对他超人的干劲

第一谱 1—39 白的布局构思

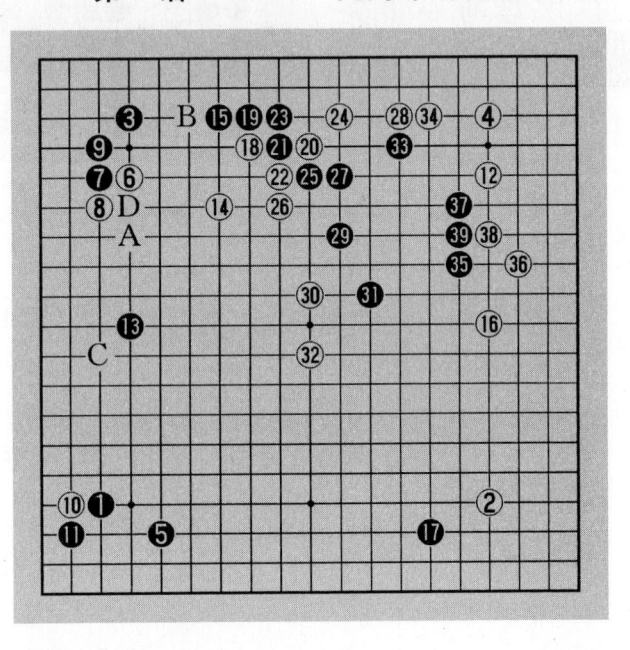

和卓越的棋技印象深刻，公认以小林君这种势头干下去，夺取大棋战的冠军头衔只是时间早晚的问题。

我和小林九段在此之前从未对局过，但他对于我来说并不陌生，从看他的棋谱，我感到小林九段拼劲十足，耐力很好，喜欢取实地的作战，故我准备采取大模样作战，争取速战速决。

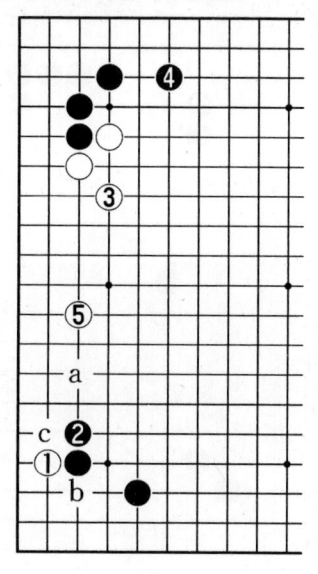

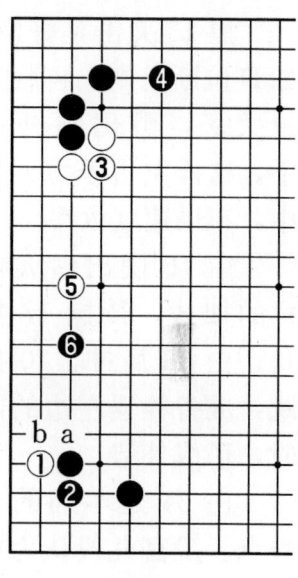

黑9退，白10如A位虎、黑B、白C，黑再于右上挂角，就形成了典型的平行型布局。这种拼耐力的局面，小林九段是欢迎的。所以我避开了这种下法。

白10试应手是一种高级的布局构思。对此，黑有以下几种下法。

图一：对白1，黑2如长，则白3、5展开，有了黑1、白2的交换，黑就不能在a位拦拆，因为白有b位活角的手段。可是黑如脱先，被白于c位爬，黑也很难受。总之，白5拆后，对这一局部的处理黑有些头痛。

图二：对白1，黑2退很稳健，白如再按图一开拆，则黑就在图一a位拦住，白反而损了。不过黑2如退，白可能暂且不动先守右上角，白1也不亏；或者白3接、5拆，黑6再逼时，白可脱先，将来伺机在a位扳出，选择权在白方。黑2如改下b位，则白在a位断即可。

我的围棋之路

黑 11 是最强应手，白 12 也就先守右上角，观白动向再决定左边的下法。

黑 13 夹击是好棋，如 D 位断，则白再脱先抢大场，黑仍须补一手，这样左边子力太集中，布局速度太慢。

白 16 摆出做大模样的架式，待黑 17 挂角，白 18 肩冲，20 再跳，准备补强左边的同时，形成外势。

白 24 是本局的分歧点。武宫九段认为白 16、18、20 的气魄很大，但指出白 24 有点功败垂成，应按图三下，这样白上下呼应，子效很高。对于武宫九段来说，这种彻底的大模样作战无疑是最佳方案。但对我则有不同，我的棋风归根到底还是喜欢取实地的，大模样作战主要偏重于心理战，一有机会便准备转身抢实地，所以在对局时，虽也考虑过类似图三的种种作战方案，但最终还是采取了谱中下法。在这里体现出了棋风之间的差异。

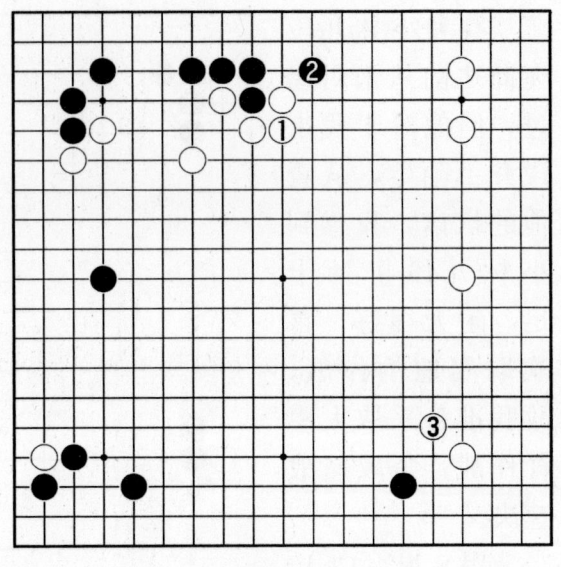

图三

黑 25 唯此一手。白 30 是好手，逼黑 31 飞，白 32 再关，步调比黑要快一步。白 30 如平凡地小飞或单关，黑出头要畅快得多。

黑 35 以下是就地做活的简明下法，至 39，黑已活净，白棋也巩固了右上一带，得到近三十目的实地。小林九段认为黑 25 至 39 活得很舒服，可以满意，我认为这么定形白也充分可下。

黑 39 接后，右上战斗即告一段落。白当然要抢先转到左下动手，第二个战斗又开始了。

如果在左下动手，图四的下法是常用手段，但黑4尖后，白全局显得很薄，黑在a位的飞出也变得严厉了，所以白40、42从上边侵消。

黑43跳起是好棋！由于周围白棋并不强，如此一来，黑中央二子有点像鱼刺卡在白棋喉咙里，吞又吞不下，吐又吐不出来。这里的选点确实很难，也许白40应先在43位镇，把如何补棋的难题留给黑棋。

白44非走一手不可，如被黑棋从这里走过来，攻守形势顿时逆转。

黑45是小林流的顽强下法，即使在治孤时也不放过任何捞便宜的机会。白46毫无必要，当然应保留，以后伺机从外侧刺。进行至白52，白46显然损了。

对黑53刺，白54只有如此，如于56位接，被黑69位飞出就麻烦了。

第二谱 40—101 白误算

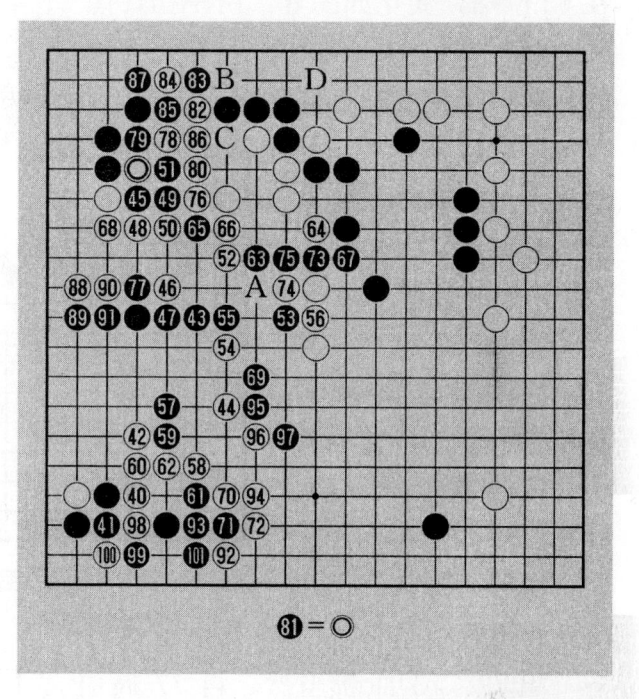

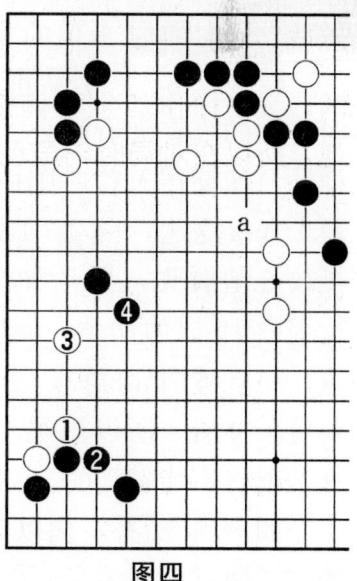

⑧₁=○

图四

白60大恶手！被黑61先手便宜，白难受之极。白60当然应在62位挡，变化如图五：白1挡，黑2、4大致能渡过，不过白在此还有些借用，何况白5先手靠可便宜不少，这里白一旦加强，下一步便可在a位夹击或选择其他走法。对局时，我只想着攻击左边黑棋，所以讨厌被黑渡过，实际上，因为白自身也薄，强攻不可能有多大效果。

对黑63的试应手，白64是最强抵抗，下一步可在67位虎。黑65先扳一手，再67补棋机敏。白68实利很大并间接补上73位的冲断。

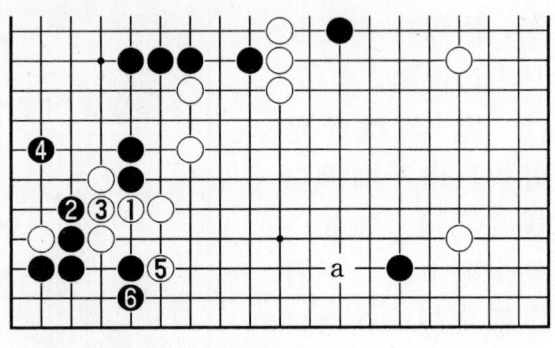

图五

黑69刺后，白已无法再继续攻击，故白70转向下边。

黑73、75冲断当然，再77逼白做活，同时使白A位的冲断成为后手。

白82、84是做活前的准备工作，对将来的收官大有好处。黑87只能这样补，如补在B位，则白有图六变化：黑1如接这边，白2、4先手交换后便可放心地脱先，黑7如想杀白棋，进行至白16成为劫杀，但此劫黑棋也极

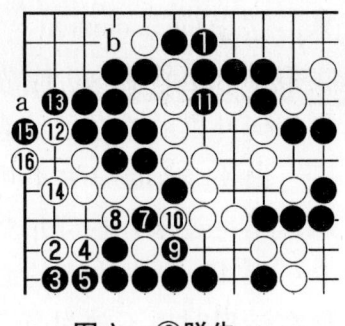

图六 ⑥脱先

重，一旦被白a位提，下一手b位长就把黑角吃了，上边黑棋也要后手补活，所以黑绝不敢轻易开劫，这块白棋就成为先手活，这是黑棋不能忍受的。

如谱黑87补，白以后在C位补活时，就有B位打，D位尖的官子便宜。

黑91挡，左上白棋是打劫活，但白如补一手，让黑在下边先动手，这局棋恐怕就无望了。故此，白毅然脱先转向下边。假如黑棋马上按图六杀白，白可凭借众多的本身劫顽抗，打劫时还可顺手在A位冲断黑棋，黑也有些顾虑。所以双方都暂且放下左上的棋。战斗转向下边。

白98、100大误算，被黑挡在101位，角上也没棋，白棋大损，形势开始急剧恶化。

白2至黑7的变化，虽使白得到42位虎和A位夹的先手，但实地大损，不划算。

此时黑实地不少，白左上还欠一手棋，中央白四子也要处理，形势对白极为不利，如果普普通通按正常下法走下去，白棋必败无疑，所以白8施展胜负手。

小林九段显然没料到白棋会这么下，但也不肯示弱，以黑9长、11挖正面应战。黑17

第三谱　2—55（102—155）　　痛失良机

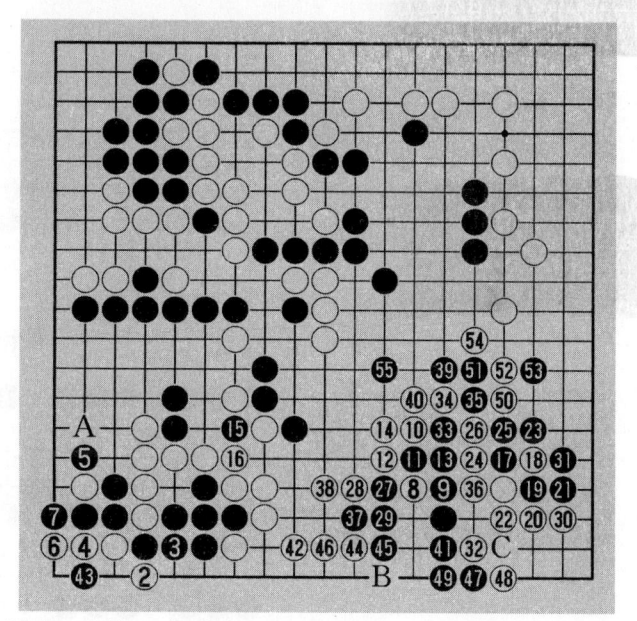

靠、19扭断是通常的腾挪手筋，但似乎有些过分，优势情况下没必要这么下。以下进行至白26，形成了混战局面，白棋又有了新的希望。

实际上，黑19按图七下就不坏，黑只要安定右下角就很容易获胜。

我的围棋之路

黑 27 只有先做活。白 42 是本局的败着，完全计算错了。结果让黑 47、49 扳粘后，白不敢在 B 位吃黑，否则黑在 C 位扑成劫杀，白不利。

局后复盘研究时，观战的吴清源九段大为不解地问我：为什么不按图八变化？问得我面红耳赤。

图八：白 1 是吴清源先生指出的妙手，黑 2 只能补，白 3 连回，黑 4 如补，白 5 是绝对先手，再先手补活，全盘白空领先。

虽然图八只是这一局部的复杂变化中的一例，但不管怎样，都是一个白棋反败为胜的绝好机会，遗憾的是我却轻易地放过了。

对局时我以为白 50 打、52 长，黑 53 必补，白 54 虎，黑三子便无法逃脱，可这又是错觉。黑 55 的妙手使白的最后希望成为泡影。

白无法吃掉中央黑三子，白 56、58 只得连打两手。

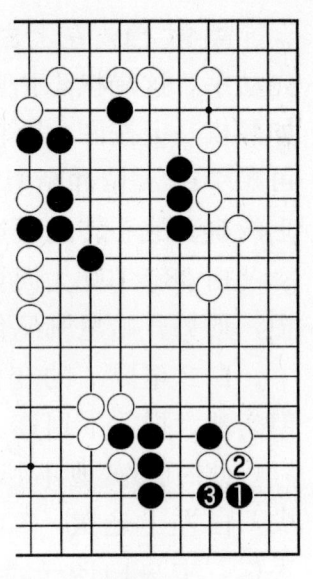

图七

图八

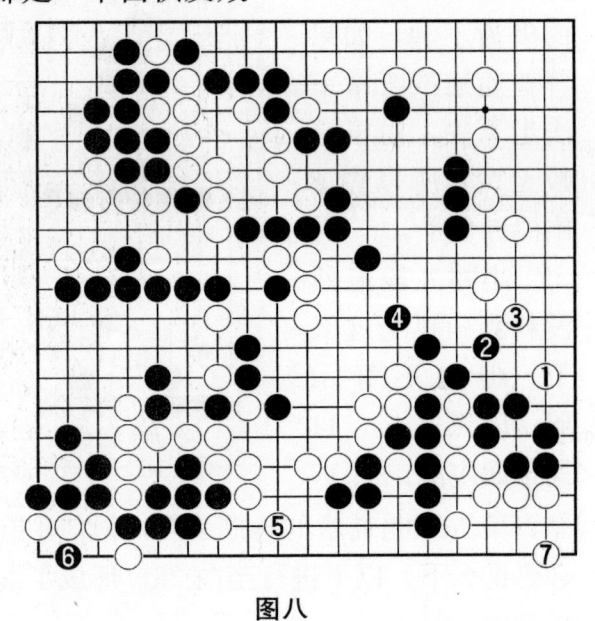

白 60 如在 63 位补活，黑就在 60 位补活，这样白空不够，所以不得不 60 扳拼胜负。黑 61、63 当然，至 65 成为大劫争。

280

白66不能马上在72位打吃，因为左上白大棋也是劫活，同时打两个劫是不行的，所以先冲断，待黑67断，白68再把左上活净。

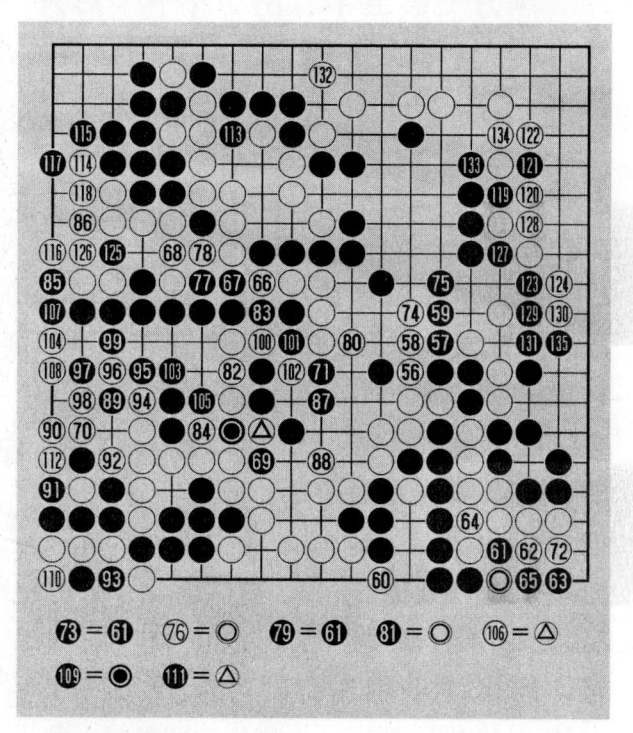

白70隔断黑棋，黑71补后，白72打，劫争开始。

对白80的劫材，黑81消劫，先吃掉右下角，左边黑棋也是劫活，但本身劫多，黑并不惧。

白82以下奋力拼杀，至112形成大转换。白吃掉了左下黑棋；黑吃掉白四子，左边大棋活净。白棋并未捞到便宜。

黑获先手后，113以下开始收官。黑119以下收官次序井然，至黑135，黑已胜定。

本局白序盘构思有可取之处，但中盘连出坏棋，许多地方完全看错了，特别是142手放过了一举获胜的良机，暴露出自己棋艺上的弱点。这是给我深刻教训的一局棋。

第四谱　56—135（156—235）　黑高明的转换

㊀=⑥①　㊅=○　㊈=⑥①　㈠=○　⑩⑥=△
⑩⑨=●　⑪⑪=△

第二十六局　虎头蛇尾之局

黑方　聂卫平　出 $2\frac{3}{4}$ 子　白方　本田邦久九段

对局结果：白中盘胜　共278手

1980年6月弈于日本小仓

白4如占51位的小目，我是准备下中国流的。如谱，黑5如下在7位成中国流，白肯定会在右上小飞守角，从理论上说，这样黑稍稍吃亏，所以黑5先挂角。

黑7三间夹时，白8脱先是疑问手。表面上看，白8的下法很积极，谈不上是坏棋，但用"手割"办法一分析，白8之不当就非常明显。图一：把实战的次序颠倒一下，黑1下中国流，白2是绝不会走在这儿的。当然应下在a位守角。黑3立即挂入稍嫌急躁，

第一谱　1—55　照顾全局的弃子战术

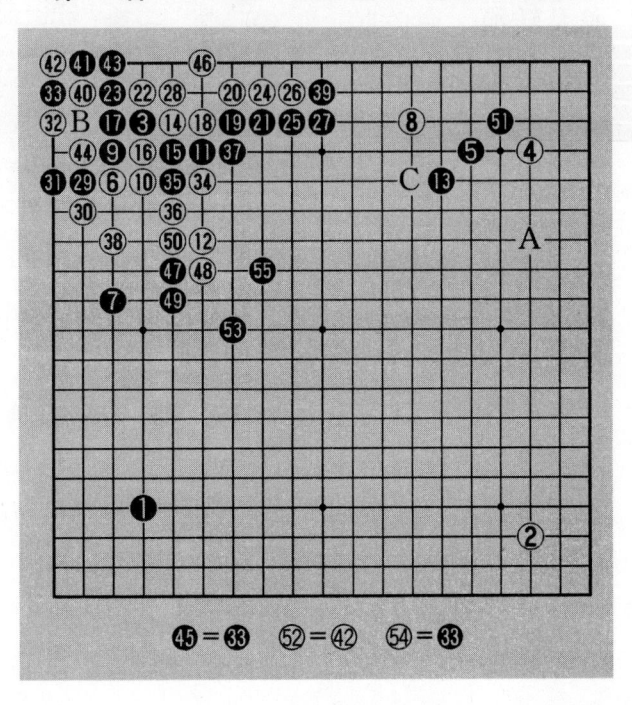

㊺=㉝　㊼=㊷　㊾=㉝

但并不能算坏棋，可白4低挂肯定是坏棋！在对方中国流布局时，这么低挂白方不利已成定论，应当高挂。因此，谱中白6、8两步棋不好。

白的本意显然是想看黑在右上的动向，再决定左上的下法，但被黑9、11抢先攻击后，白有些难受。

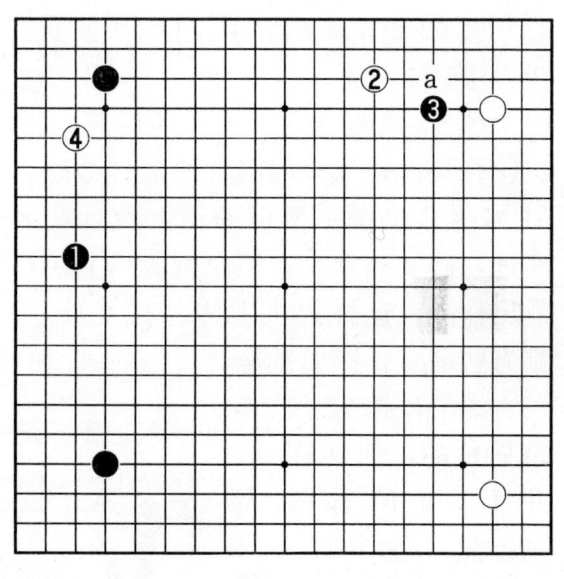

对黑13，白如按定式在A位拆二，则黑就马上在27位一带夹兼拆，既补上白14位的搭断，又攻击白8一子，黑十分满意。因此，白14、16强硬地搭断，进行挑战。于是，布局宣告结束，仅十几手棋就进入了中盘战。

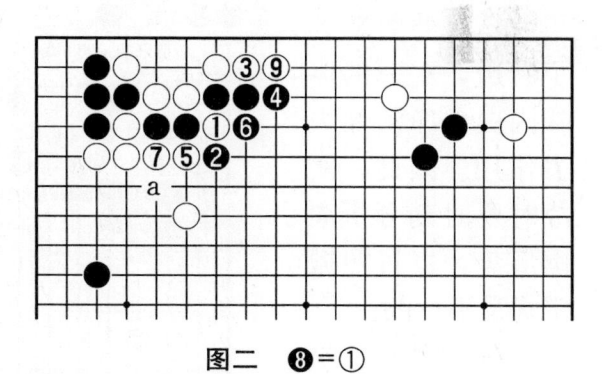

白22先扳，再24爬，次序正确。如先在24位爬，被黑22位立就坏了。白24如能先在37位断一下就好了，比如走成图二的结果，白可满意。如图二中，白3爬时，黑4改在6位提是好手，这样a位的穿象眼和9位的扳，黑必得其一，所以白1并不成立。

黑31立是强手，如虎补，白仍按谱中走法，黑角上是"大猪嘴”死形。进行至黑 45，黑角虽是打劫活，但白无适当的劫材，只得 46 先补活。途中，白 34 如在 37 位断，黑有 36 位跳的严厉反击，白不行。

黑 47 是机敏的好手。白 50 虽委屈也没办法。

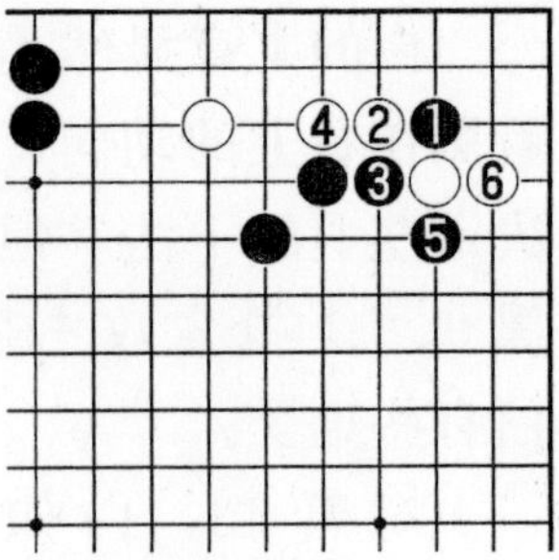

图三

黑 51 先断绝白 8 一子的后路，再 53 飞起张势，是从全局出发的最佳战略。黑 51 如在 B 位提一手可净活，而且获 8 目实地，确实非常大，但白可能马上在 C 位靠出作战，这样黑棋上边、右上及左边，都有些弱点，黑无把握。

第二谱　56—102　优势下的攻防

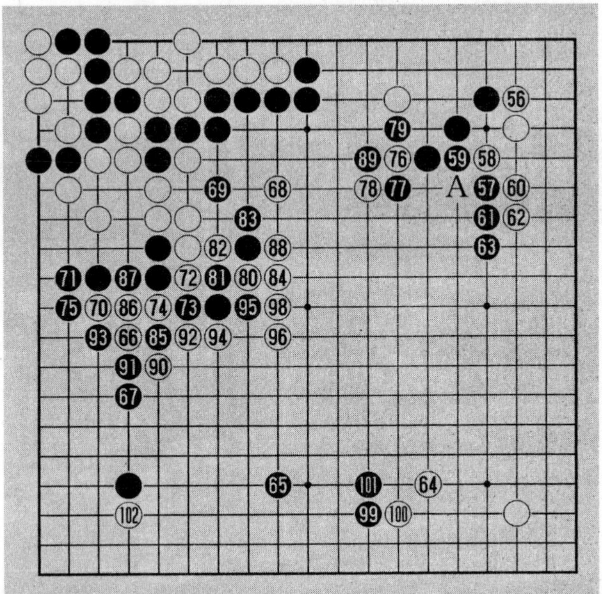

(97)=(85)

黑 51 按定式是托角的，但这样并不好，请看图三：黑 1 如托角，白 2、4 好，至白 6 长后，黑外势转到了右边，左上的厚味因白角净活而失去作用。因此，实战时要时刻分析周围形势，盲目照搬定式是不行的。

白 54 除了吃左上角别无选择。黑 55 是全局的制高点，既封住了左边白棋，又防止白 C 位出动，此外还加强了左边黑棋，可谓一举三得。

至黑 55，围绕左上角的攻防战告一段落。显然，黑形势大好，黑弃子战术是成功的。

黑 57 应按图四的下法下，这样中央的结构更有弹性。如谱至 63，黑多了 A 位的断点。

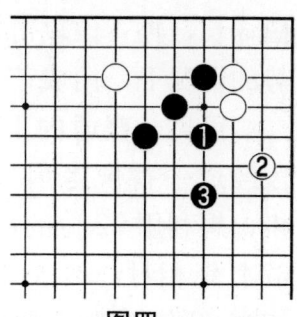

白 64 当然。此时再被黑尖冲三三，这局棋就结束了。

黑 65 拆后，左下的规模非常宏伟，白当务之急是防止左下模样地域化，但如何动手是个难题。一般情况，在星位两翼张开时，侵入的第一感是点三三，那么结果大致走成图五：至黑 16 止，白虽先手得角，但黑也走厚了，白 a 位冲断的余味消失，左边完全成为实空，而且白侵消中央变得极为困难。这是白的失败图。

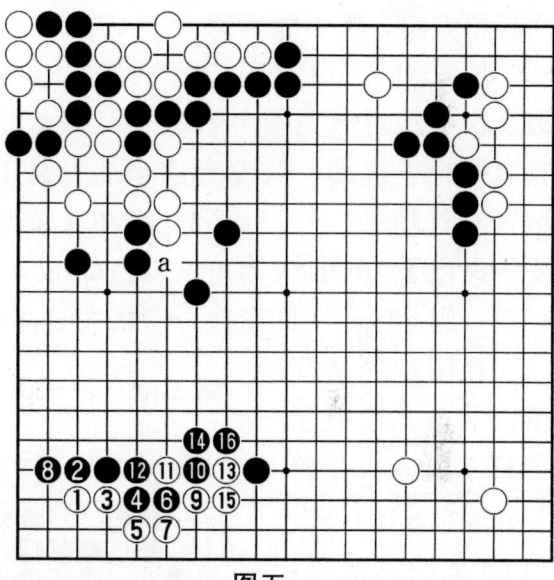

那么白按图六行棋如何？白 1 如挂，黑 2 尖顶，逼

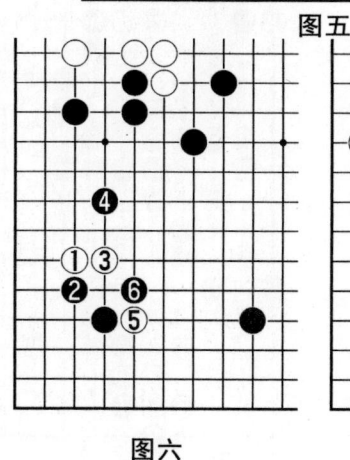

图四

图五

图六 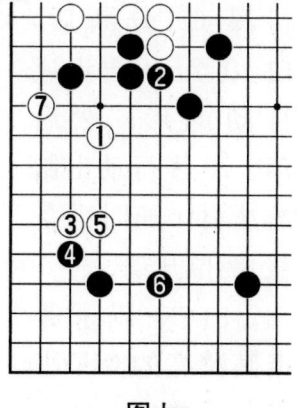　　　图七

我的围棋之路

白3长，再4位攻击，白5如靠下，则黑6扳断，在周围都是黑势的情况下，白成苦战。

可见，普通的下法都不行，本田九段经过一番长考后，走出了白66这步棋，想利用72位的冲断来侵入左边。黑67针锋相对，不给白腾挪的机会。黑67如在72位补则正如白意，变化如图七，白轻松安定，黑不能满意。

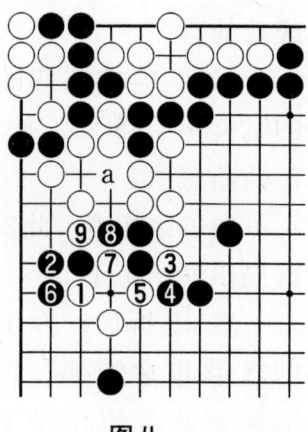

黑67后，白有图八所示的打劫手段。这个劫对黑白双方都很重，但此劫是黑棋先手提劫，白没有适当劫材是不敢冒险打劫的，一旦劫败，黑在a位断吃中央白子，白损失惨重。可白如不马上在这里动手，被黑再补一手，则66与67的交换，白棋大亏。看来白有些左右为难了。

图八

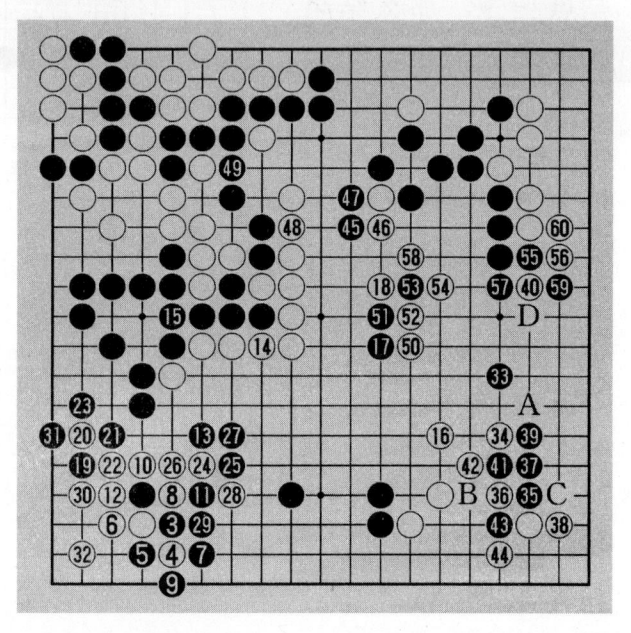

在困难的情况下，本田九段显示了日本高段棋手善于处理难题的功夫。白68先突入黑阵，待黑69分断后，白70至74再走成打劫的形，然后76、78强行动出制造劫材，随时准备在87位开劫。

白80以下是极其漂亮的弃子战术，至黑99，白先

第三谱　3—60（103—160）　黑的错觉

286

手处理好了中央，并消掉了黑模样。可以说，这一战役白棋成功了。不过，黑上边、左边和下边极厚实，获实利也不小，局面仍然领先。故而，白102再次打入黑阵，挑起第三次战斗。

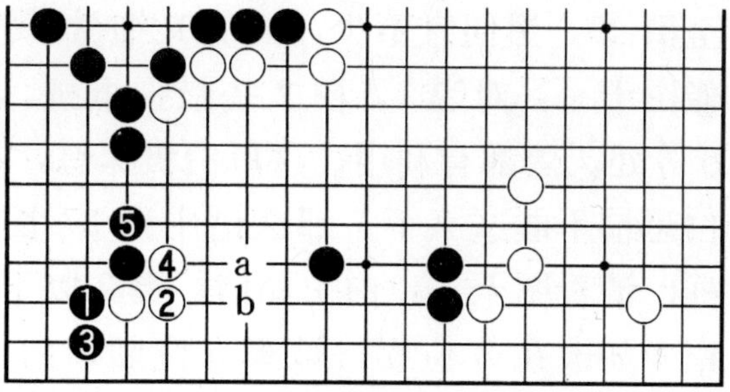

黑3以下误算，当时以为黑13封时，白必然后手补活，不料，白12提后已是净活。被白16一跳，黑顿觉实空不足。黑3应在6位扳，如图九：白2如退，黑3立，至黑5，白只能a或b拆一，黑不但保住左下角地，而且能获先手。途中白2如改在3位扳，则如图十，结果黑仍然是先手。总之，黑只要在左下获先手，局势就不坏。

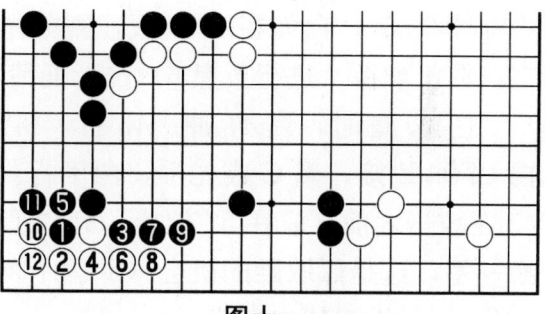

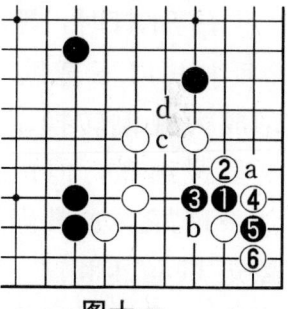

由于形势有些不妙，黑17开始攻击中央白棋，希望借攻击挽回局势。

对黑19，白20是唯一的做活手段，当初黑3的误算就是忽视了这着棋。

黑33远远瞄着中央白棋是高级的攻击技巧，如马上强攻白棋，并无成算。白34当然，否则被黑37位先手拆受不了。

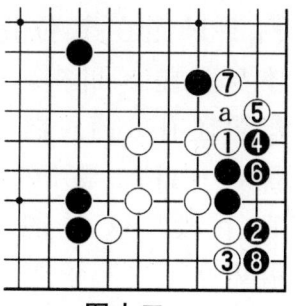

黑35是胜负手！白36是本手。以下

图九

图十

图十一

图十二

我的围棋之路

至黑39，黑便宜不少，局势又细微了。那么白36反击呢？比如像图十一：对黑1，白2是最强抵抗，但是黑5断后，a、b、c、d等处，黑都有利用，这里白棋味恶，在中央大棋未活的情况下，白恐怕不敢这么下。那么谱中黑37长时，白38在39位挡怎么样？请看图十二：白1如挡，黑2以下轻松做活，白不行。途中白7如改在8位拐，被黑a位断，白中央大棋恐怕会遭到缠绕攻击。

黑39时，白如在A位扳，则如图十三：白1如扳，进行至黑6，白形崩溃。

白40跳时，黑41冲、43打，机敏！白44如B接，黑C成先手，白不肯。黑45在攻击之前，应在57位压，和白D交换一手，这是黑取胜的机会（原因下面将讲到），可惜黑错失良机。

白54打时，黑有图十四的变化：黑2反打，以下至黑12形成大规模转换，这样虽极细微，但白棋似乎稍好。如果当初黑先11位压和白a退交换一手的话，此时白1只能在b位拐，本身就差3目棋，何况黑还有c打、白d、黑e、白粘、黑f的收官手段，这样黑有胜望。

由于转换不利，

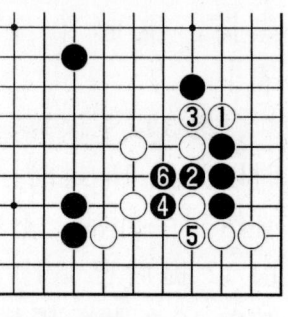

图十三

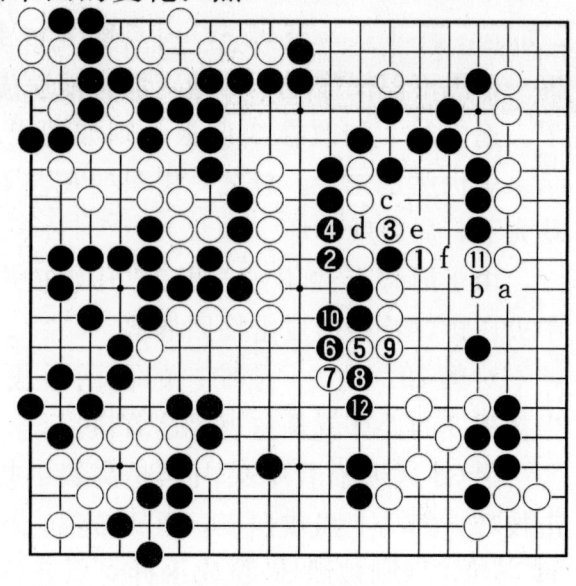

图十四

黑 55、57 只好如此。白 58 提一子后，中央大龙已告平安；黑 59 先手断吃一子亦有所收获，但从全局看黑稍有利。

白 60 粘，局面仍然是细棋。

第四谱　61—100（161—200）　　恶手黑 61！

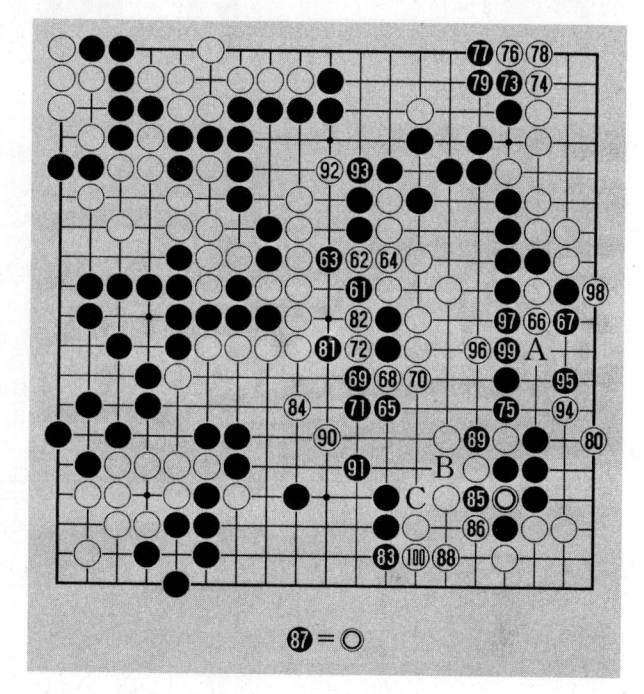

黑 61 恶手！当然应在 65 位单跳，保留在 62 位先手长的权利，如谱白白损了好几目棋。

黑 67 时，白不能马上在 A 位长，否则中央大棋有危险。

白 72 吃二子本身很大，而且厚实，此时便可看出黑 61 的过错了。

黑 75 补强不可省。

白 80 是盘上最大的官子，有近 12 目的价值。

黑 99 应直接在 A 位提，如谱下法损了 1 目。

白 100 很大，不但有一路的先手扳粘，而且黑 B 提时，白可 C 位团眼。

以下进入小官子，局面仍很细微。

黑 21 是最后的败着！当然应在 35 位扳。白如 A 位挡，黑再 21 位补，将来黑可在 23 位先手提劫；白如 40 位团，则黑获先手抢 22 位的官子。如果下成这样，黑或许可以胜半目。谱中黑 21 等于走了一手单官。

我的围棋之路

至白 78 提劫，黑因劫材不足，只得认输。实际上此时黑只输半目。

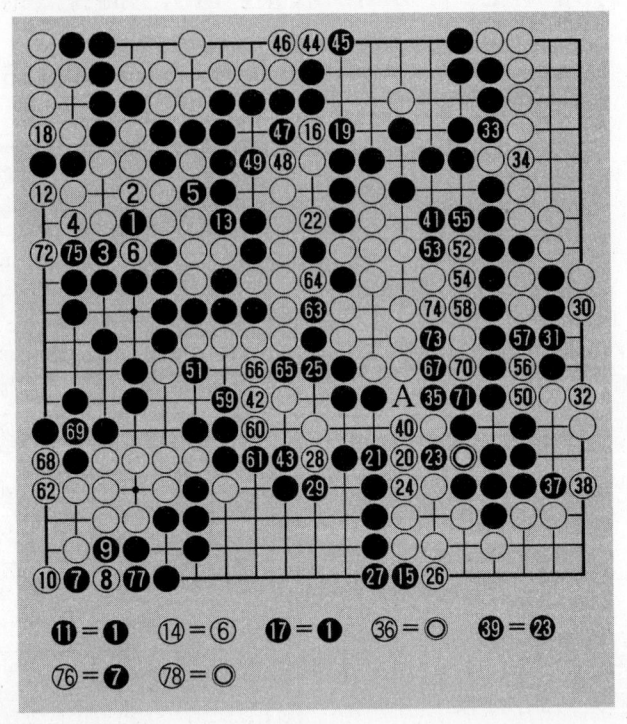

本局布局因白方失误，黑一直遥遥领先，但关键时刻连连失算，最终导致败局。这使我更加认识到，对专业棋手来说，把优势转化为胜势是何等的艰难。

第五谱　1—78（200—278）　　败着黑 21

第二十七局　力胜"克星"

黑方　聂卫平　出 $2\frac{3}{4}$ 子　白方　黄德勋

对局结果：黑中盘胜　共171手

1981年9月15日弈于温州

在"老棋手"中间，以攻杀著称的除陈祖德外，大概就数黄德勋了。黄德勋的攻击和陈祖德有所不同，陈祖德的攻杀基本上是凭感觉，而黄德勋的攻杀却完全凭计算，所以一旦出现复杂难解的肉搏战，他的力量就会爆发出来。黄德勋的这种特长，使他常常能下出一些别人根本想不到的着法，从而出奇制胜。我从1976年开始到1980年，在全国比赛中从未赢过他，以致形成了一种心理上的障碍。1981年的全国比赛中，我们再度对阵。在下这局棋时，旁边围满了观战者，大家饶有兴趣地注视着——聂

第一谱　1—47　白序盘苦战

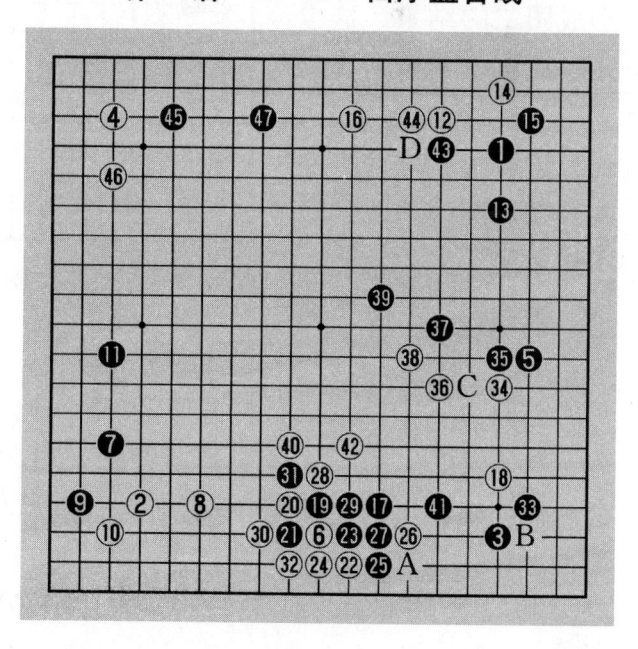

卫平是否仍会败在"克星"的手下？

当时，我执黑棋时是不大用中国流布局的。这局棋我所以选用攻击性强而且复杂多变的中国流布局，是想在气势上压倒对方，以其人之道还治其人之身。

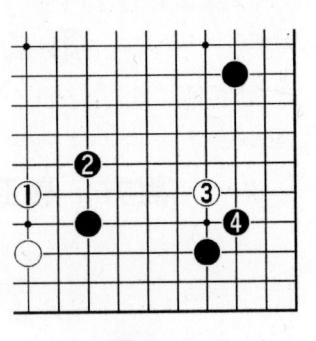

白6的下法是当时流行的，现在一般是在12位挂角。

黑17是我的布局趣向，希望下成图一：白1如关起，则黑2也关，白3侵入，黑4发动攻击。这样在右下角是黑四个子打白一个子，黑可取先发制人之功效。

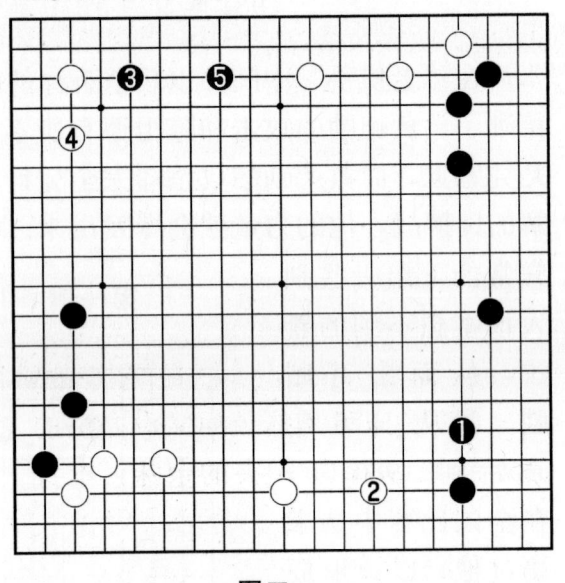

白16拆后，黑如在18位守角也是好点，形成图二的结果，这也是一局棋。不过，我感到图二的下法太平凡，而且这种细棋局面也和我当初选用中国流的意图相矛盾。

黑19是和黑17相关联的下法，至31止，是棋的自然进程。不过，从结果来看，黑的趣向并不十分成功。白左下已成实地，而黑棋被白26先手刺，28先手打，成为一团愚形。特别是白26一子随时可在A位夹，再动出白二子，黑右下并不牢固。这是黑棋感到难受的地方。

黑33抢攻当然，如41位补，被白B位托，黑无法忍受。

白 34 是近乎败着的大恶手！应按图三行棋：白 1 是轻灵的手段，黑 2 如尖应，以下至白 5，白出头很畅，显然不坏，途中黑 2 如改在 a 位靠，变化如图四所示，白棋也不坏。

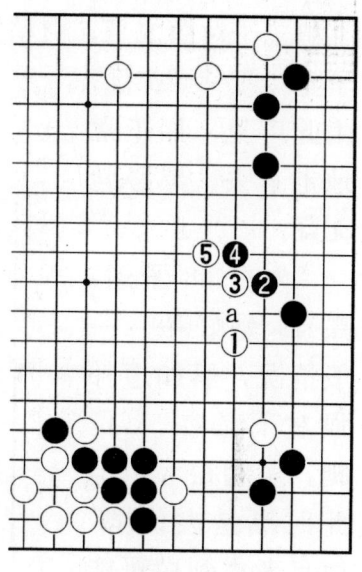

紧接着白 36 又是一步坏棋。既然已经走了 34，白 36 就只能 C 位长。谱着白 36 跳，棋形太薄，凑黑 37 绝好地追击，白 38 只得尖，黑 39 又是好点。由于白 34 的过失，白被迫连走两步毫无价值的单官，而且把棋走重了。与此成对照的是，黑 35、37、39 三手棋姿态生动，大大扩张了右上势力，并继续追击着白棋。顷刻之间，白局势恶化了。

为了安定右边白子，白 40 不得不忍痛和黑 41 交换，然后再 42 补强。这对白来说是痛苦而又没办法的事。黑 41 消掉白 A 夹的余味，本身实利也很大，最重要的是获得了先手，黑成了压倒优势。

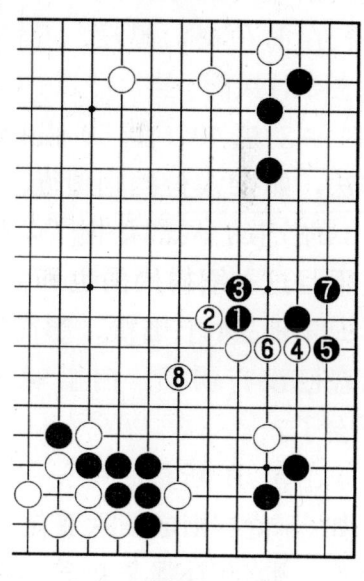

黑 43 压是先手便宜，白 44 忍让正确，将来可从中间浅消右边黑阵，如在 D 位扳，反促黑阵巩固。

黑 45、47 在左上建立根据地，至此布局结束。

图三

图四

现在作一下形势判断：白方右上和黑方左下棋形相同，可互相抵消；白方左下的实地加厚味与黑右上的一块棋大致相等；左

我的围棋之路

上黑二子对白二子，白稍好一点；剩下的黑右下角比右边几个白子至少要多 20 目。由此可见，如正常地走下去，黑必胜无疑。

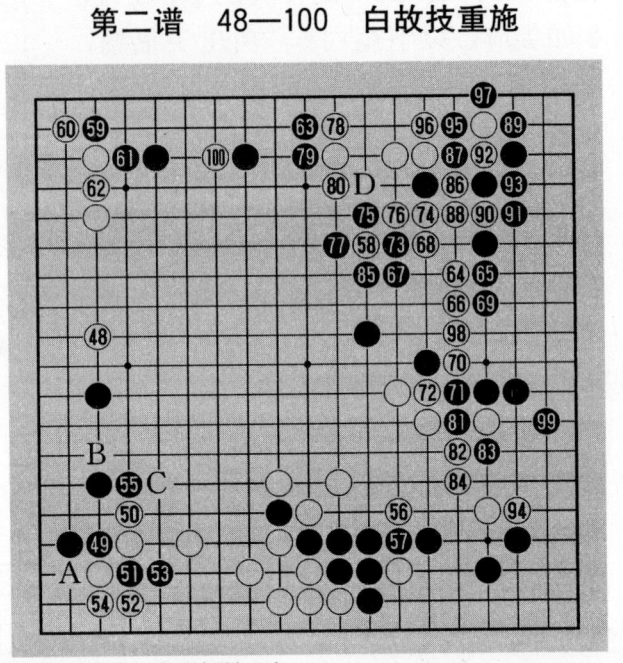

第二谱　48—100　白故技重施

对白 48 紧逼，黑 49 是好手。一般情况，黑如想补强左下是在 A 位爬，实利很大，但此时黑是大优势，而且考虑到白可能会依仗周围厚味强行在 B 位碰，黑没必要冒风险。

对黑 49，白 50 强调中央是顽强下法，如在 A 位挡则图五：黑 1、3 和白 2、4 的交换，局部是损了，但能先手安定左下，白 a 位的伏击也不复存在。黑 5、7、9 再巩固左上黑棋，黑简明定形之后，全盘已没有弱子，白棋就没有争胜负的机会了。

黑 51 断是时机。白 52 是最强抵抗，如 53 位打则成图六变化，白不能忍受。

黑 55 补强是正着，将来在 C 位长是先手，A 位拐也是先手。

白 56 看似先手得利，实是促黑走厚，应保留。在劣势时，应尽量保留变化，不

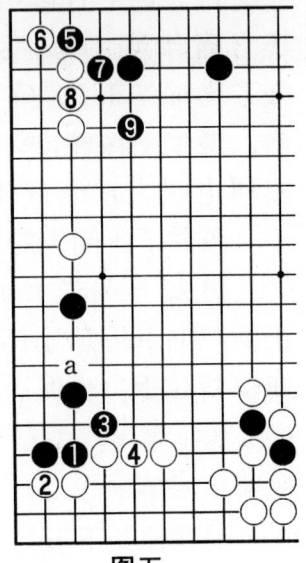

图五

让对方简明定形，才有可能争胜负。

白 58 明是消黑右边模样，暗是准备强攻左上黑棋。故而黑 59、61 先手便宜后，立即 63 飞做活，使白无可乘之机。

白 64 最大限度破黑地，但本身棋形不整，被黑 67 以下严厉反击，至 93 为止，白未见便宜。

白 94、黑 95 是双方见合的大棋，白只能走到一个。

白 98 不得不补，否则黑 D 位长是先手，右上大棋很危险。黑 99 补也很大。

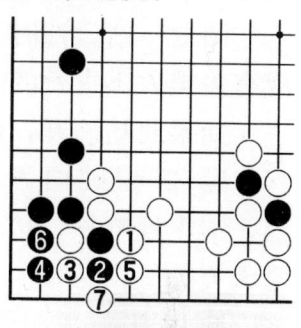

白 100 的打入是我根本不曾想到的。此着一出，我不禁大吃一惊，过去败给黄德勋的情景又浮现在脑海中。对白 100 如应付不当，中央一团黑棋就可能受牵连，黑的胜势就要动摇了。

图六

黑 1 至 7 是最稳健的应法。此时让白围点空也没什么了不起，黑只要确保活棋便可稳获胜利。

白 14 是企图借攻击扩张中腹。白 16 顶时，黑 17 顺势先分断白棋。至黑 23，白棋不得不后手补活。黑得到先手后，25 以下先手定型，再回过

第三谱 1—71（101—171） 无懈可击的胜势

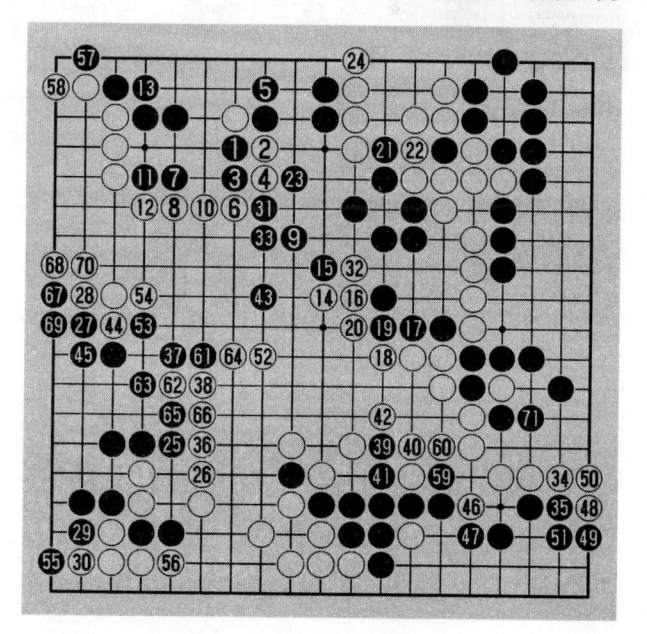

295

头来在 31 位断吃白棋二子，形成了不可动摇的胜势！

黑 31 后，白 32 立即冲了一手。看上去这很像是步随手棋，实际上隐藏着杀手，请看——

图七：白◎冲时，黑如脱先，白 1 以下立即出动，至白 7 形成有关黑大棋生死的大劫。

如果此劫一开，黑优势的局面便马上逆转了。

黑 33 识破白方计谋，牢牢地补棋。以下已无关胜负。

此局从棋艺上来说，并不很出色，但这是六年来我第一次在正式比赛中战胜了自己的"克星"，从而克服了自己的心理障碍。所以特将这局对我来说很有意义的棋选入本书。此外，"一着不慎，满盘皆输"的道理，在这局棋中表现得尤其突出，也可使爱好者们引以为戒吧！

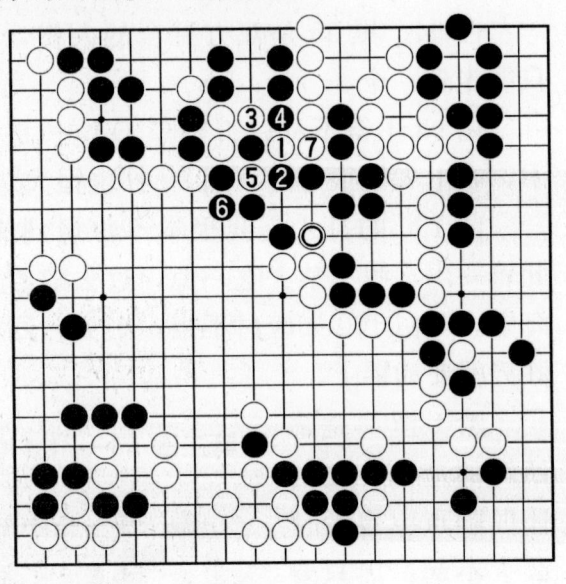

图七

第二十八局　夺取"国手战"冠军的前哨战

黑方　聂卫平　出 $2\frac{3}{4}$ 子　白方　曹大元

对局结果：黑胜 $3\frac{3}{4}$ 子　共111手（以下略）

1981年8月2日弈于北京棋院

这局棋是首届"国手战"的单淘汰比赛的最后一轮，比赛气氛相当紧张。

黑1、3走二连星是我经常使用的布局。白10选择拆一是一种彻底取地的态度，准备以实地对抗黑模样。如果均衡地下，白10考虑在A位尖，下一手B位飞是消黑势的好点。记得藤泽朋斋和吴清源的十番棋中，曾多次出现过这种局面，朋斋九段是走在A位的。

白10既然走在低位，黑11当然高拆，如低拆，可能会形成图一：从黑1到11是棋的自然进程，白有a、

第一谱　1—28　白布局的方向错误

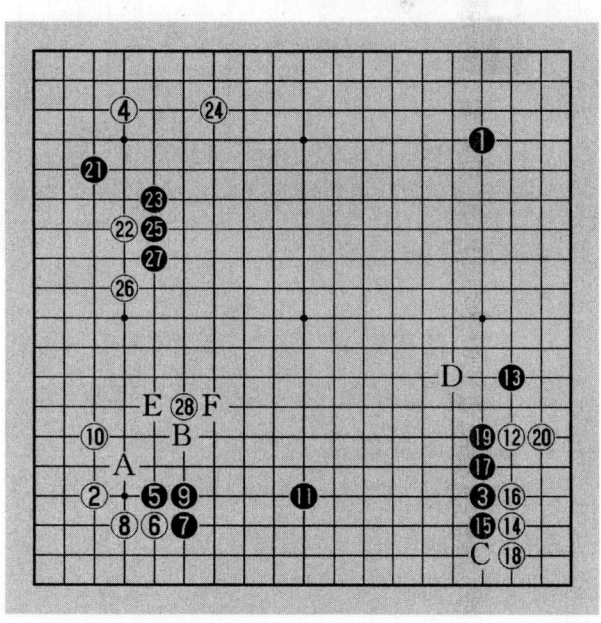

我的围棋之路

b 位的浅消好点，我不大喜欢这个结果。

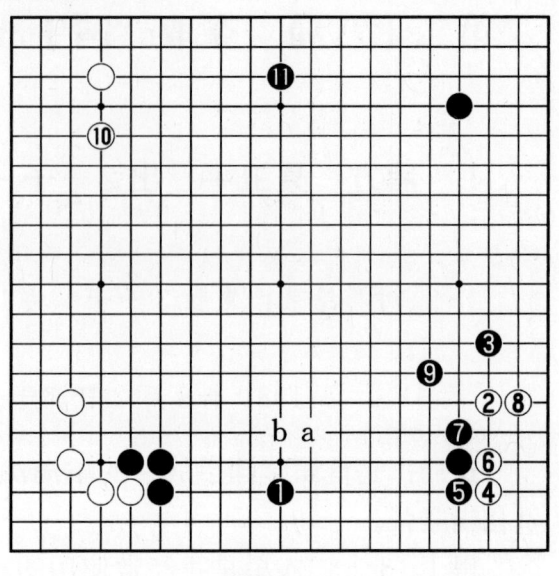

对白 12 挂，黑 13 几乎可以说是必然的一手，如果单关应，则如图二：黑如 1、3 应，白 2、4 从容展开，黑二连星的威力完全消失，下边黑阵还留有 a、b 等处的打入点，黑不能满意。

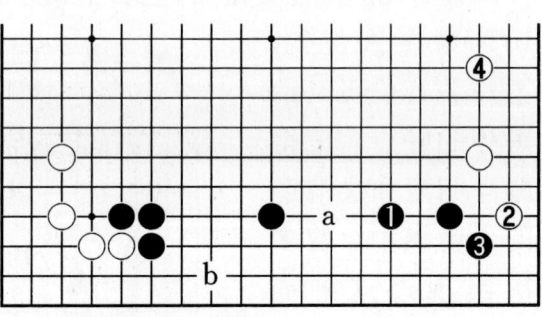

白 14 点三三是正着。如按图三行棋，白多少有些重，黑 2 顺势追击，白二子成为浮棋，a 位点三三恐怕也走不上了。结果黑△和白 1 的交换，黑显然便宜了。

黑 21 按定式是在 C 位或 D 位补一手。如谱挂角是强调布局速度的下法。

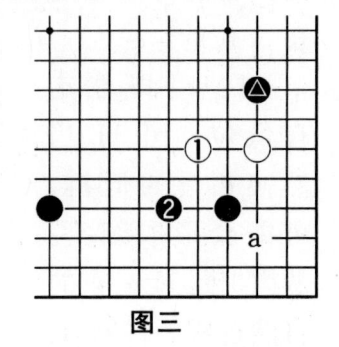

白 22 是常见的定式下法，本来无可非议，但此局面却是一步恶手！黑 23 以下至 27 是正常的定式变化，局部互不吃亏，可从全局来看，黑 23、25、27 和下边黑势遥相呼应，全盘子力顿觉活跃。白不利是显见的。

图一

图二

图三

298

黑27长后，白选点很困难。白28非出头不可，这里如再让黑先动手，上下连成一片的话，白就无望了。不过白28到底走在哪儿好是个问题。走在E位虽厚实，但被黑F位绝好地镇，白不堪忍受。谱着白28避免了黑镇头，但由于黑A刺是先手，棋形有些薄。这里白真是左右为难，对此困境要负直接责任的是白22这手棋。回过头来看，假如当初白10如走在A位，此时在B位飞即得到好形。白22应按图四下法行棋。

图四：白1、3靠压是不拘泥于定式的灵活下法，至黑8拆告一段落。由于白△一子像锐利的刀尖限制了黑在左边的发展，因此黑8的拆只能起做活的作用。相反，白1以下却走在了具有充分发展的上边，白当然可满意。

正因为白方定式选择失误，白28被迫勉强出头，结果遭到黑棋猛烈的打击。

黑29击中白棋要害！紧接着黑31锐利。白32不得已，如33位接，

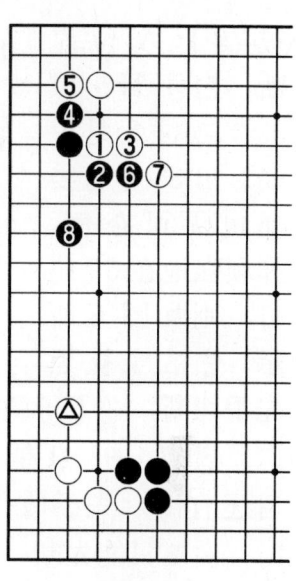

图四

第二谱　29—77　黑连续猛攻

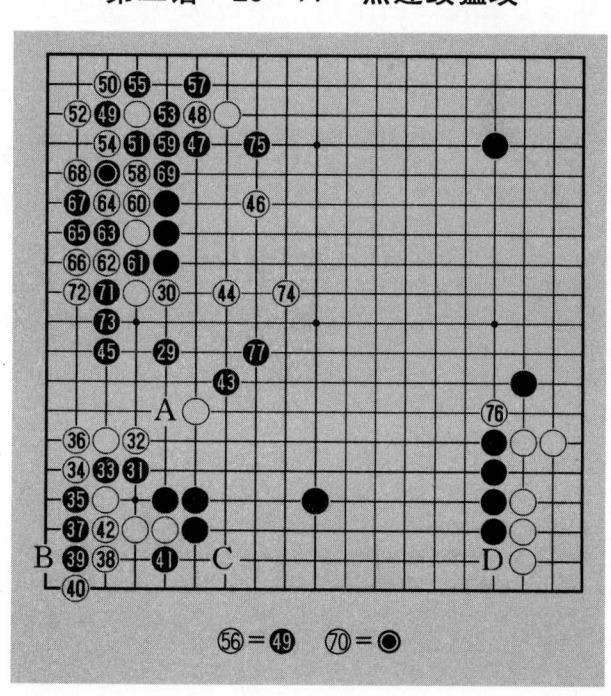

㊶ = ㊹　㊱ = ●

被黑于 A 位靠断，白不行。黑33、35 冲断是手筋。白36 尽管委屈也无可奈何，如顽强地在 37 位打，则如图五所示，白二子被黑先手切断，一下子就崩溃了。

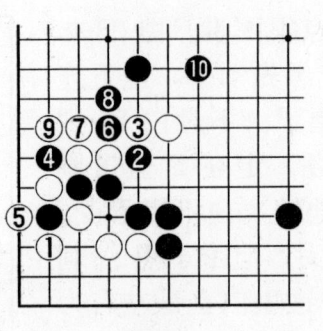

图五

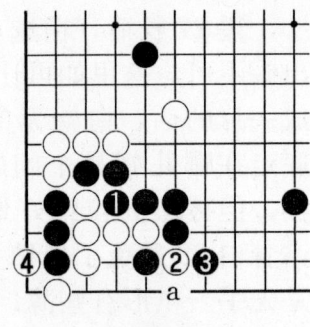

图六

黑37、39、41 是绝好的先手便宜，以后还有图六先手收气的手段：黑1紧气时，白2只能先断一手，至白4可杀黑三子，但黑 a 位提是绝对先手。

黑43 又是好手，白不能冲断，否则如图七变化，白不行。不过黑43 应马上接图六下法定形，以免将来有变。另外，白腾出手来在 B 位单补，黑也有点讨厌，如脱先，下边则留有打入，如 C 位补，白已先手便宜了。

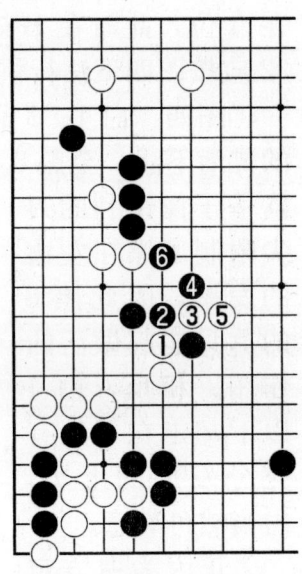

黑47 先和白48 交换一手，再49 托、51 虎，是行棋的次序。白52 是最顽强的抵抗，如53 位接，则如图八：白2 如接，黑3 便靠出作战，由于黑在 a 位立可净活，白成苦战之形。

从黑53 到73 是双方必然的变化，结果形成转换。

在黑棋的厚壁面前，白中央几个子显得异常的薄弱，因此白74 不得不补。

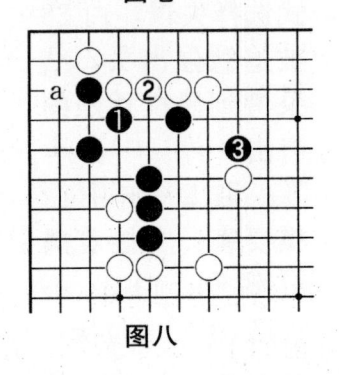

图七

图八

黑75也补一手吃白二子，本身价值不小，而且继续对中央白棋施加压力。

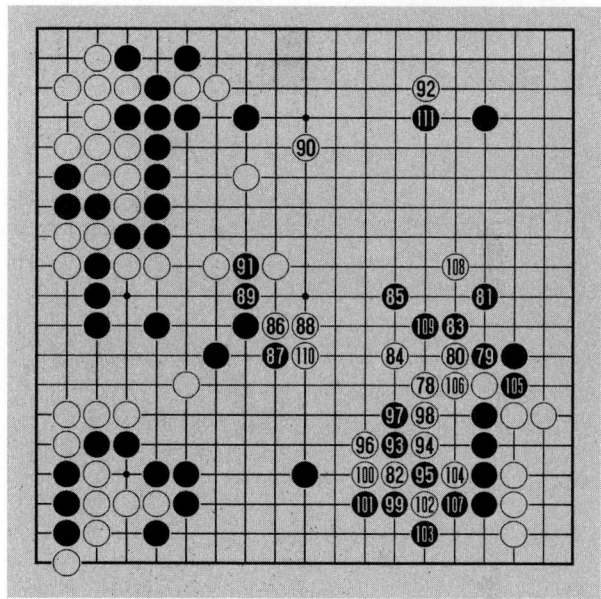

白76本手是补强中央弱棋，那么黑棋也许会D位挡，黑明显优势。故谱着白76扳出作战，希望把局势搅乱。

黑77脱先自补是确实的好手，黑无后顾之忧便可放手攻击中央白弱棋。

对白78，黑79、81在右边展开是灵活的作战构思。让白82打入，再83、85扩张右上，同时进一步威胁白中央弱棋。

第三谱　78—111　右下的腾挪战术

白86至90是弃子转身的下法，但被黑91冲断，黑不但获10目以上实利，而且全局极厚。相比之下，中央的白子几乎全部成了散兵游勇。如果从争胜负的角度出发，白86不如在101位尖，吃净黑四子，再以治孤争胜负。这样尽管前途艰难，也比实战结果要好一些。

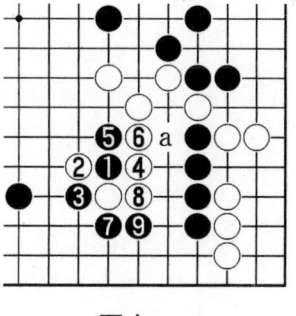

图九

黑93是锐利的手筋：对白94、黑95扭断成腾挪之形，白怎么都走不好了。至107，黑成功地接回右边四子，大获成功。途中白94如改96位扳，则如图九：黑5长

301

时，由于黑 a 是先手，白 6 只得接，于是黑 7、9 仍可渡过。

白 108 调子大乱，被黑 109 长，白 110 不得不补，否则被黑分断，右下白棋危险。黑争到先手后，再转回于 111 位压，已成不可动摇的胜势。最后，黑处处厚实地定型，白再无争胜之机。

本局是黑棋成功的攻击战例。左上、左下及右下一带的攻防，黑充分发挥了抢攻的威力。

第二十九局　"天杀星"的魔力

黑方　加藤正夫九段　出 $2\frac{3}{4}$ 子　白方　聂卫平九段

对局结果：黑胜 $2\frac{3}{4}$ 子　共105手（以下略）

1982年6月13日弈于日本东京

加藤正夫九段是日本超一流棋手中棋风最凌厉的一员骁将，在两年前（1980年），曾一年内连夺五项大比赛的桂冠而威震棋坛。虽然在我们对局时，他只保持一个"天元"的冠军称号，但我也清楚地意识到，等待我的将是一场艰难的战斗。

白6三间低夹，是想在布局时尽量走得从容一些，希望能走成图一：黑2以下至白7是最常见的定式变化，这样局面就一下子变得从容不迫了，形成一局比拼耐力的棋。

白6如改下二间高夹，很可能会

第一谱　1—30　白布局有利

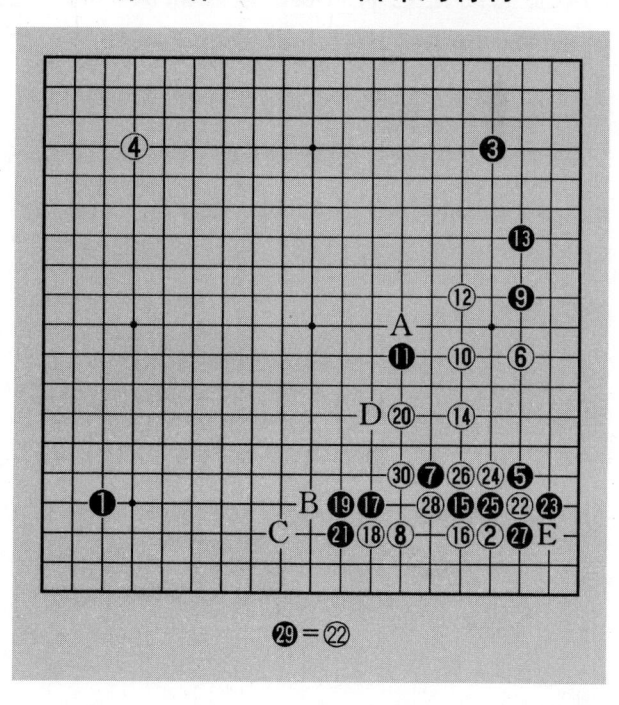

我的围棋之路

形成图二变化，至黑12虽是很常见的下法，但一开局便进行激战，正是好斗的加藤九段所欢迎的吧。

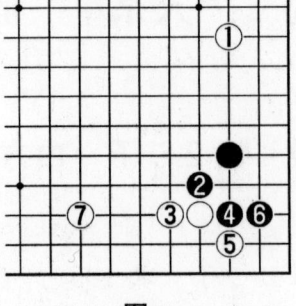

黑棋显然不满意图一那种平稳而缺乏变化的走法，因而不管白6三间夹，仍黑7二间跳，黑9紧逼。

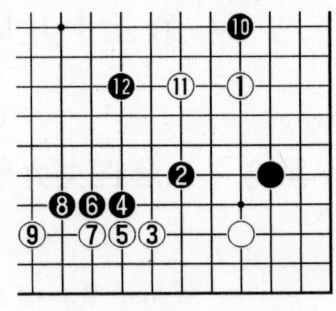

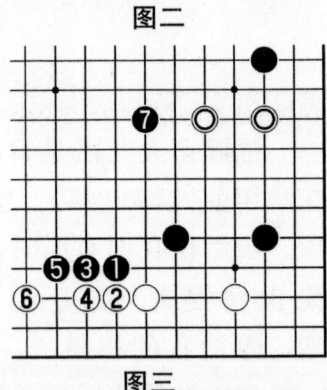

黑11单镇，这是不久前赵治勋九段下出的新手。常见的走法如图三，这样走比单镇厚实。但黑1至白6的交换先把实地送给了白棋，而攻击白◎二子的收益暂时还是未知数，这是黑棋不满的地方。由于现代日本高段棋手一般都极注重实地，故赵治勋的新手的意图是先保留下边的交换，抢攻白◎两子，观白动向，将来可伺机在4位逼。总之，实战走法与图三变化各有利弊，优劣全凭棋手今后的处理能力。

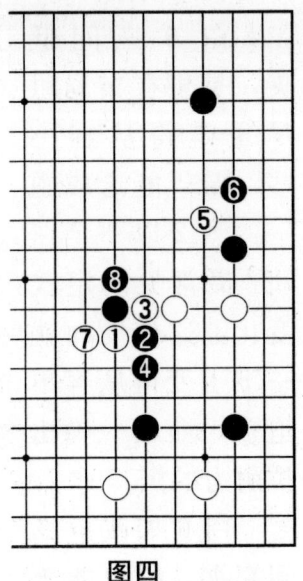

白12平稳，积极一点则如图四，这将形成很复杂的战斗，但局后研究时，藤泽秀行和安永一两位先生都认为这是白充分可战的局面。当时我所以没选择此图下法，是有些担心加藤九段勇悍、准确的杀力，不敢让局面过于复杂。

白14如果是在图三的情况下，一般

图一　　　图二　　　图三　　　图四

304

是在 A 位靠出的，但现在黑没有交换下边几子，白当然设法冲击黑的薄弱之处。

白 20 当然要跳出，如仍机械地于 21 位爬，黑 B、白 C 后，黑就 20 位封锁，白 14 反成了坏棋。

黑 21 是与白 20 各得其所的好点。

对黑 23，秀行先生的意见是在 D 位搭，强调中腹的势力，这是一种气魄很大的下法。

白 24 如随手于 E 位挡，就被黑先手大得便宜了，因此实战的反击是唯一可行的对策。

到白 30 为止，白上下两块安然通连，黑趁势取得角地，局部变化可说是两分，但就全局的配置来看，日本很多高手认为是白成功的布局。

第二谱　30—72　因祸得福

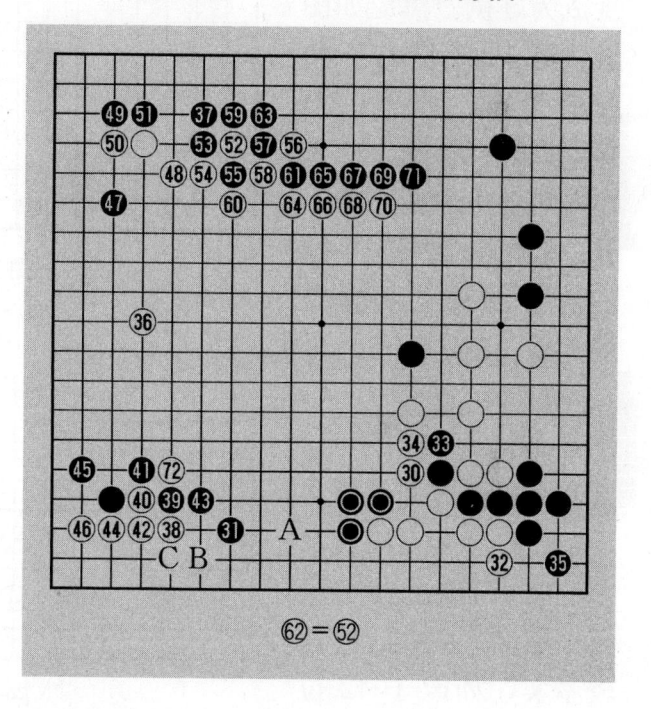

白 30 后，在中央形成厚味，黑必须要在下边补棋，但如何选点是个问题。如 38 位守角或大飞守角，则担心白立即打入攻击黑❶三子，如拆二，角上又嫌薄弱。如谱黑 31 持中庸之道，兼顾了左下角和黑❶三子。不过，黑仍有不满之处，因为这样又给以后的补棋造成不利因素，比如黑将来在 39 位补，白仍有 A 位的打入。这是黑棋没办法的事情。

白32先手利过早，险些弄巧成拙，应单走36位。这是全局双方必争的大场。

黑33次序好，但35是大缓手，使白32反成为好棋。黑应如图五：黑1、3借右下角死活关系，逼白2、4接，黑5再补活。由于白6对上边冲断不能不补，黑便能争到先手抢占谱中36位至关重要的大场，白形势马上恶化。

白38急于打入，主要是担心实空不足。其实黑在下边并无好点可补，白完全可以先在左上应一手。

黑39压的走法比较厚实，如改于42位尖顶，想强攻白棋，则如图六所示，黑反而自讨苦吃。

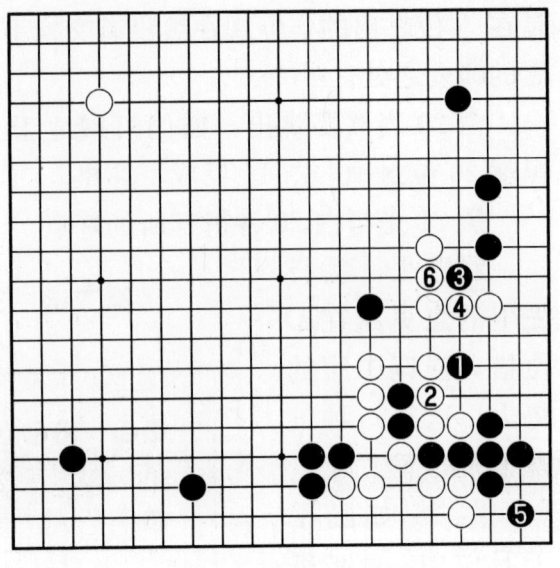

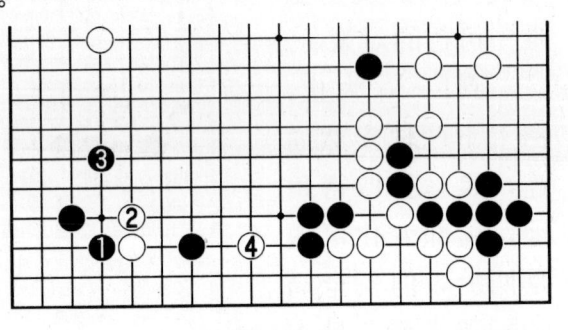

图五

图六

白40强手，一般在征子不利的情况下，白不能这么走，因为黑有图七的反击手段，黑3接后，白无法a位征吃，将大亏。但由于此时白在右上角有强有力的引征手段，黑不能弃右上不顾。

以下至白46是双方必然的应接。黑47应立即于B位小尖，与白Ｃ挡交换，否则以后被白于 72 位断后就来不及了，这对今后的作战是很有影响的。

黑 47 双飞燕夹击，虽很有力，但如按图八行棋，可能更好些。

白 48 是冷静的一手，此时无论在哪一边靠压，都是黑棋欢迎的。白 52 飞压紧凑，与中腹遥相呼应，模样十分壮观。

黑 53、55 当然要冲断反击，如于 59 位爬，让白轻易构成大模样是无法忍受的。

白 56 是手筋。黑 57 若于 60 位长，则如图九，黑中央二子被迫在白势力范围内作战，是白棋理想的结果。也许白 56 应直接在 59 位挡，变化如图十，似乎比实战积极一些。

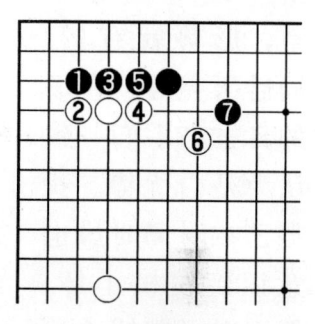

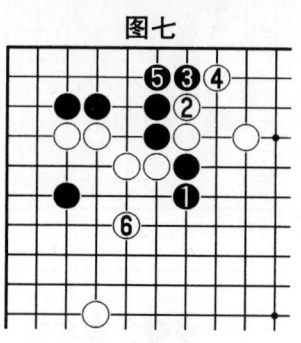

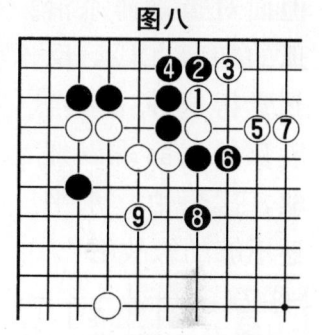

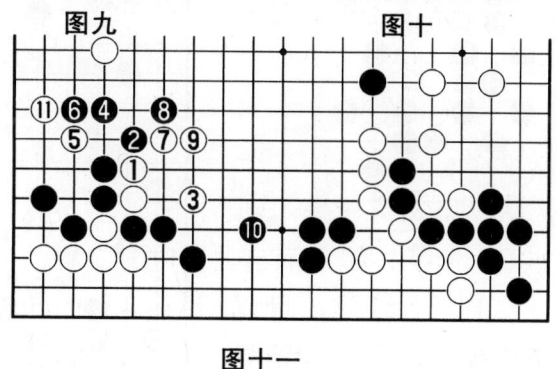

白从 64 开始一路压过去，中腹规模之大越见明显，而且有了白 70 一子后，左下 72 位的断就成立了。

我的围棋之路

白72断严厉！此时黑左右两块均薄弱，有被缠绕攻击的可能。即使黑棋都能做活，白只要在攻击中趁势围起中空，形势就有望。局后研究时，在场的日方高手们一致认为是白优势。我自己在对局时虽也意识到白棋不坏，但面对极善搏杀治孤的加藤九段，反到觉得这种一举定胜负的局面难以驾驭，这恐怕是水平还不够的缘故吧！

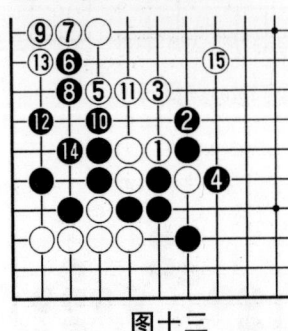

第三谱　72—84　白棋连续失误

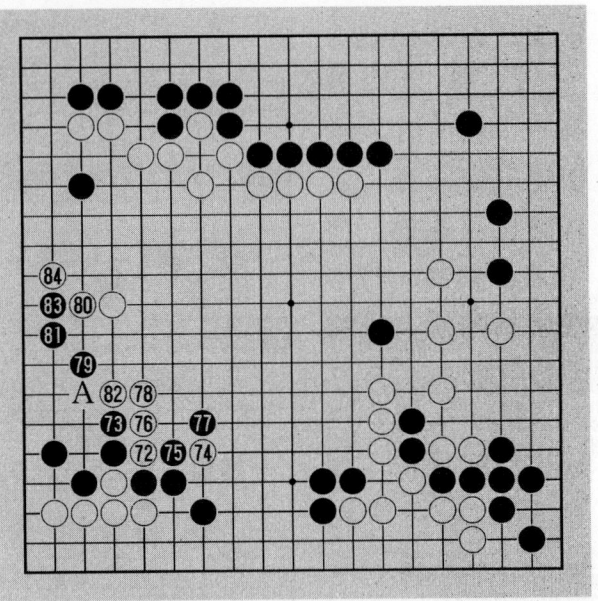

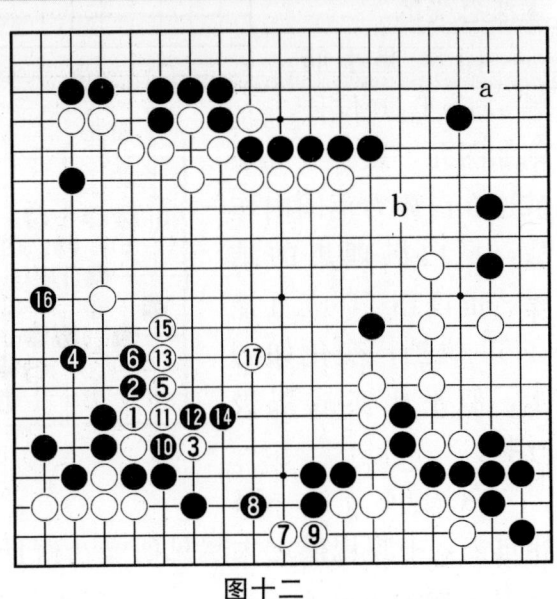

图十三

白74的跳，自以为是形，但在如谱情势下却是恶手。此时白唯有在76位压才是正着。

图十一：对白1

图十二

压，黑2扳，4虎似乎很愉快，但白有5位透点的妙手，黑6如顽抗，以下白7扳、9退是先手，黑10不能不补，白再扳到11位，黑左边一块还没有眼位，不免要为其死活担忧。

图十二：黑4如先安定左边，以后白7、9不仅大得实利，还逼迫黑冲吃白3一子，白趁势走到13、15，封住黑棋。黑16出于无奈，白17再封锁，中腹大致已成实空。右上a位点角与白b位围空，二者必得其一。由于黑下边一块尚未活净，可以说是白方乐观的局面。

黑75、77算路准确，先安定下边，再做活左边，白所得无几。

白78长太拘泥于棋形，此时仍应按图十三在1位断，这虽已落

第四谱　84—105　错失良机

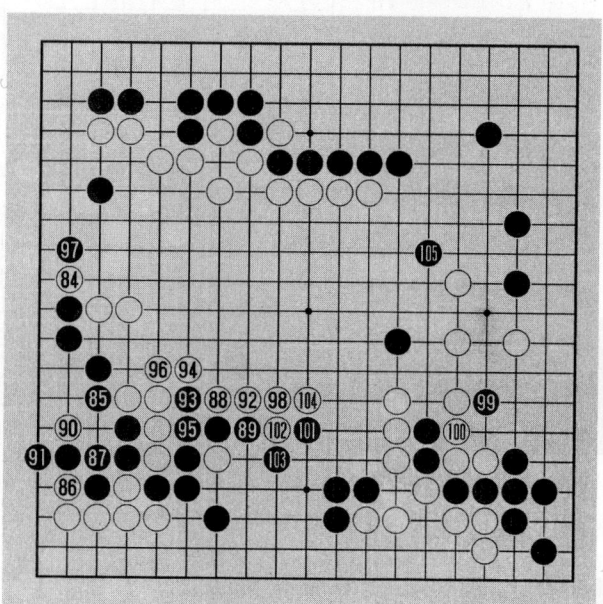

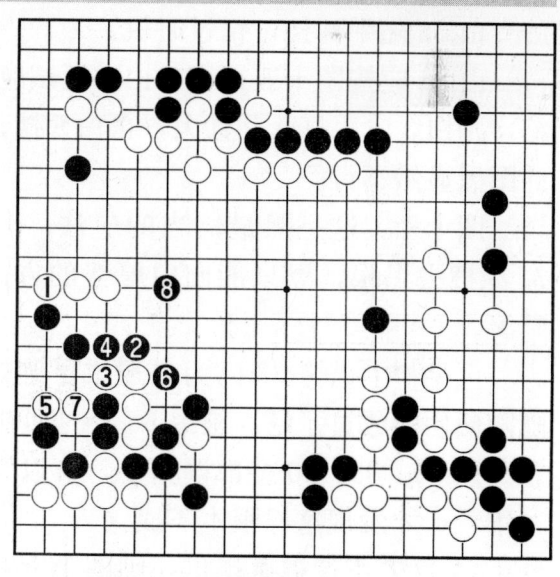

图十四

后一步，但也比后来的实战结果要好。这样，亡羊补牢，或许还可一争胜负。

白82不得不冲，否则黑有图十四的手段。

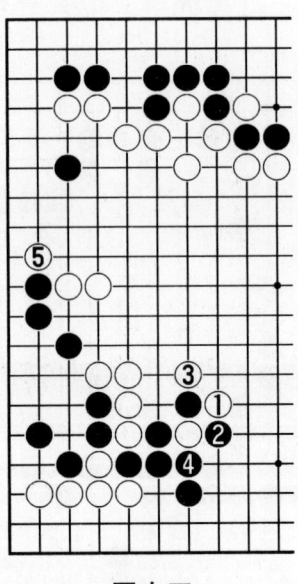

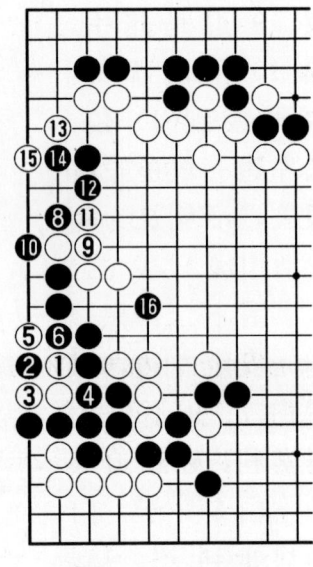

图十四：白1若挡，则黑2靠出，白3只能冲，黑4以下是绝好的弃子战术，至黑8，白中央模样烟消云散，白显然不行。黑83太贪，应在A位挡，白棋没有机会。

图十五　　　　图十七　⑦=❷

白84随手一挡，错过时机。

白84应按图十五行棋：白1扳试应手，时机绝好，黑2如退缩，则白3先手打获利甚大，再白5挡，黑左边尚有被杀的危险。此图黑显然不行。

图十六：这是黑最恰当的应法，但白3先手补强后，再5、7、9搜去黑根，黑只能向白厚势的方向去挣扎求活，前景十分暗淡。

可见，上谱黑83已为白造成了绝好的机会，遗憾的是白84随随便便就放过了它。被黑85及时回补，白棋已悔之晚矣。

白86、88、90全都误算了，自以为能杀黑棋，至黑91时再一细看，才发现这样根本不成立。

白92若继续追杀黑棋，则图十七是必然的结果，至黑16飞出后，白棋也被分断，不但无法歼黑，自身反而出现危机。故白

92 只得临时变招。

黑 93、95 先手补净下边，再 97 夹消除后患，次序严谨。白棋最后的希望破灭了。

黑 105 抢先消白中腹大空，白实空明显不足。白已无法与黑争胜负了。

本局白棋在左下攻击黑棋时，74、78 几步棋失误，说明自己棋艺存在欠缺之处，需要认真总结经验。这局棋是我对日比赛的一次惨败，因为不但棋输了，而且精神也输了。我痛切地感觉到以往那种放胆作战的勇气和旺盛的斗志，在我身上逐渐消沉了。1980 年以来，许多队友都感慨地说："很久没有看到小聂不拘一格的奔放的好棋了……"我自己虽也有所感觉，但并不以为然。现在我该猛醒了！除了棋技之外，如何复苏我傲视群雄的锐气和拼死打败日本"超一流"棋手的勇力，才是我今后最重要的课题。

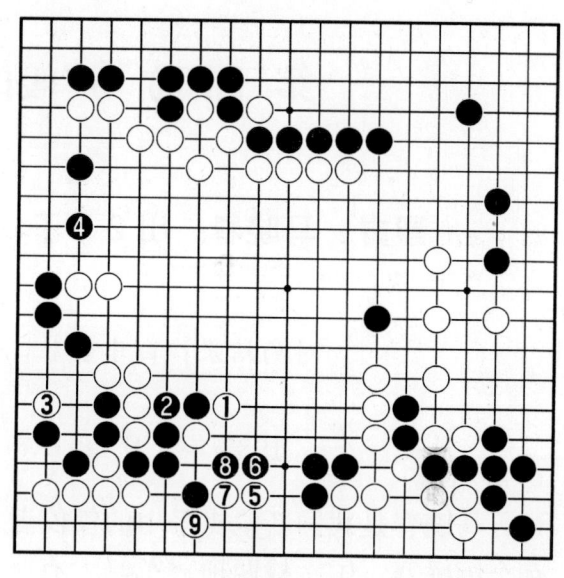

图十六

第三十局 严峻的挑战

黑方　马晓春　出 $2\frac{3}{4}$ 子　白方　聂卫平

对局结果：白中盘胜　共 194 手

1982 年 9 月 28 日弈于北京

马晓春是我国新锐棋手中的佼佼者。1982 年，他从我手中连夺全国联赛、国手战两项冠军，大有一举开创"马晓春时代"之势。为此，上海《围棋》月刊社特意举办别开生面的"国手夺魁赛"，由我和马晓春以五局比赛再决高下。对我来说，能否阻止住锐气正盛的晓春是对我意志和技艺的严峻考验。

这是夺魁赛第三局，由于前两局弈成一比一，所以此局一开始，双方就为夺取布局上的优势而竭尽全力。

黑 9 拆后，白当然要在左上动手，问题是下在哪儿才好呢？普通下法是立即挂角，变

第一谱　1—20　黑布局的缓手

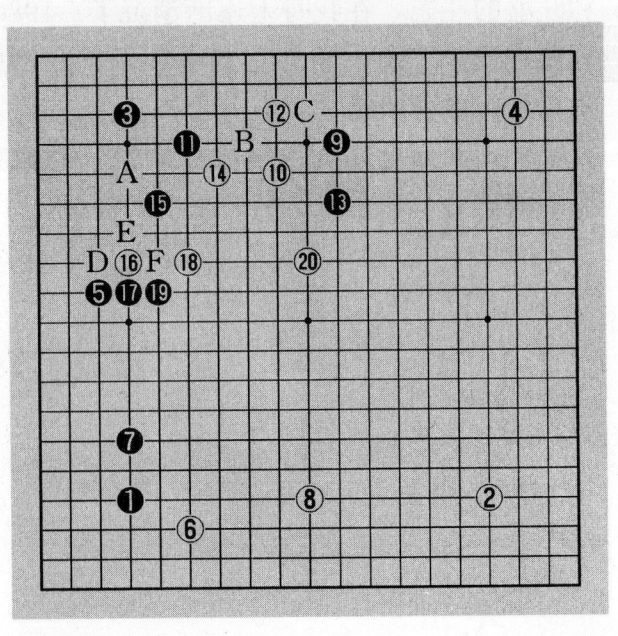

化如图一或图二。

图一：对白 1 挂角，黑 2 飞应，以下至白 9 为常见的形。但这结果黑▲1 子的位置显得很好，以后黑 a 位攻击是好点，白不大满意。当初黑▲如下在 b 位，白 1 以下的走法就相当不坏，这一路之差不容忽视。

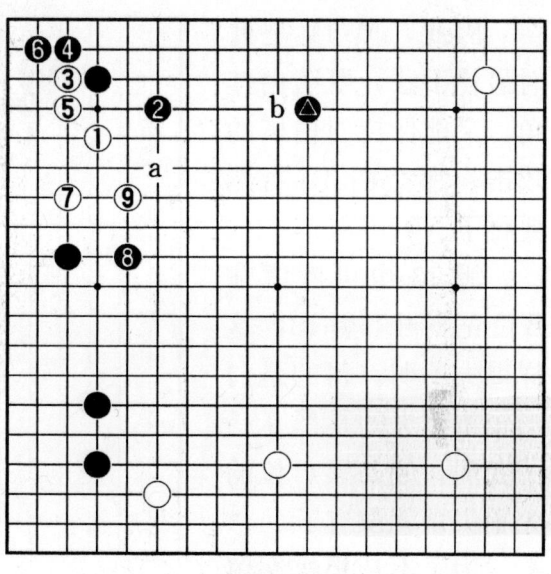

图二：黑 2 应时，白改在 3 位压，再 5 托，结果与图一大同小异，黑▲一子位置仍然不坏。

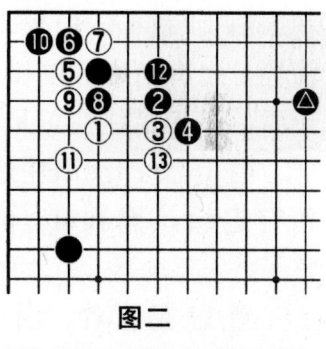

可见白棋如立即挂角正合黑心意。所以白 10 轻吊，目的是以后 A 位挂角和 12 位跳下两者必得其一。

对付白 10 的浅消，黑可能会有图三中 1、3 搭断的强烈手段，但白可运用弃子战术从容安定，黑并不便宜。

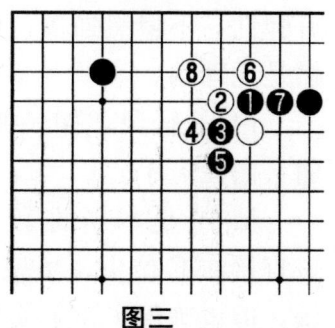

黑如 12 位应，则如图四：白 2 挂角时，黑 3 如飞，则白 4 靠，6 虎，露骨地征吃，由于黑方征子不利，黑不能这么下。

黑直接在 A 位守角如何？图五：黑 1 如守角，则白 2 以下简单向中腹出头，如此，黑攻击性的中国流一转入取

图一

图二

图三

地则威力倍减，何况白还可在 a、b 位从容打入。

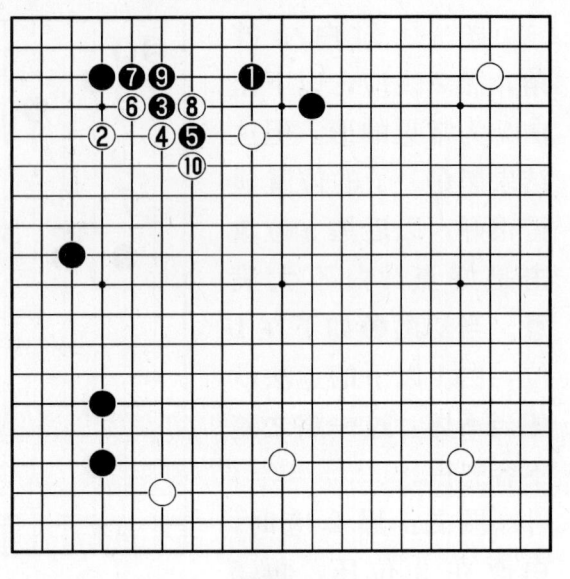

因此，黑 11 是此时最佳下法，既防白挂角，又能保持对白棋的攻击。那么白 12 当然要跳下。

黑 13 也可考虑在 B 位先刺再下黑 13，这样得失不明。得的是白形较重，失的是黑 9 一子变弱，例如黑 C 位的先手尖顶就没有了。

为了不让黑棋保留随时能在 B 位刺的权利，白 14 整形，但黑 15 顺势加强左上阵势，也有所得。围棋就是这样充满了矛盾，一步棋往往总是有得有失。

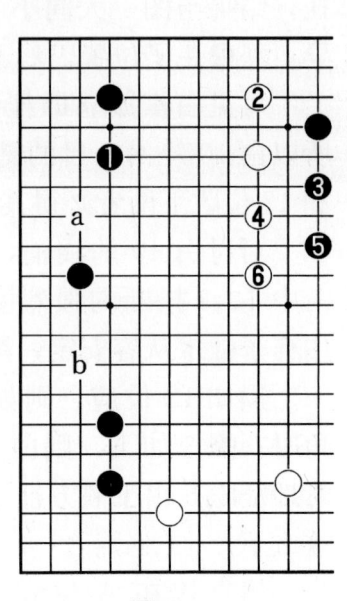

白 16 立即浅消左边黑阵势是急所，稍有迟缓，黑在 19 位关，阵地就完整了。

黑 17 是正着。由于上边白三子极有弹性，不惧黑强攻，所以黑如硬断白棋是无理的。

白 18 轻灵，如长则重，被黑 D 位曲，白无应手。

黑 19 是本局的第一步疑问手，应该直接在 E 位尖，虽说有给白先手利之嫌，但也确保了左上实地。如此，形势尚难预料。

图四

图五

第二部 难忘的四十局

黑 19 之不当，使白产生了 20 的绝好手段，一方面对黑 9、13 二子施加压力，另一方面准备在 F 位接，破黑地。至此，我感到白棋开始领先了。

黑 21 恶手！凑白 22 整形，自己还要后手补。黑本来在 B 位可一手走净的空，现在用了三手才走净，而且还给白留有很多余味。

第二谱 21—56 黑局势恶化

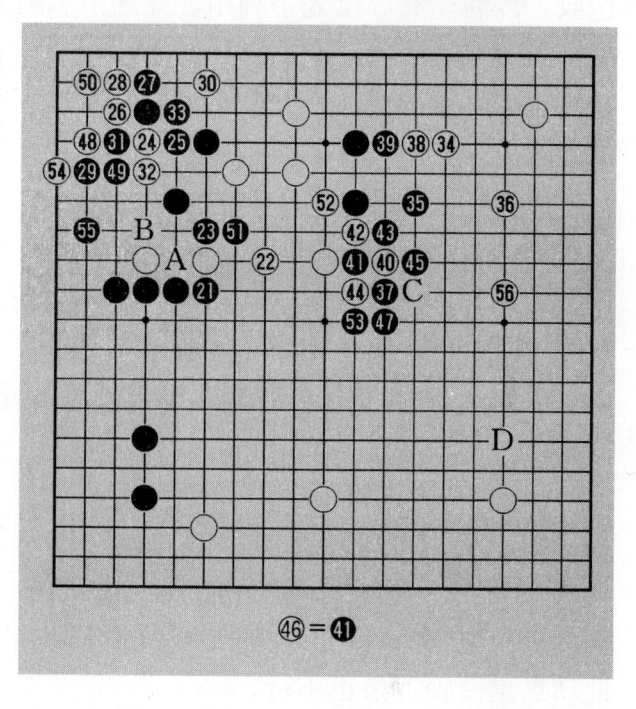

㊻＝㊶

黑 23 的尖补好像效率很高，实际上味道极坏，不如在 A 位冲。这样虽被白 23 位先手利用，但黑实接之后，左上的实空毕竟不小，局势还不致于迅速恶化。

白 24 碰，时机正好！由于黑阵味恶，白的腾挪是不成问题的。黑 25 是最顽强的抵抗，如于 33 位退则如图六。

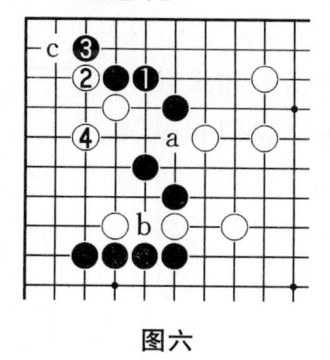

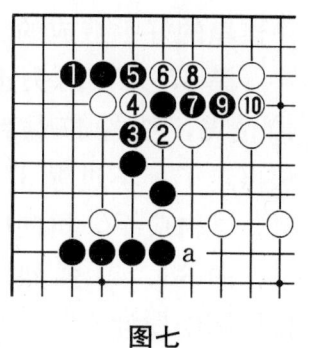

图六　　　　图七

图六：白 2 扳，4 虎后，由于黑无法兼顾 a、b、c 三处，白在黑空中立即出棋了。

315

我的围棋之路

图七：黑1若长，白2马上冲断，至白10利用弃子先手将黑包收，以后还有a位先手利用，此结果黑最不好。

黑5如按图八在1位退，至白8，黑崩溃。

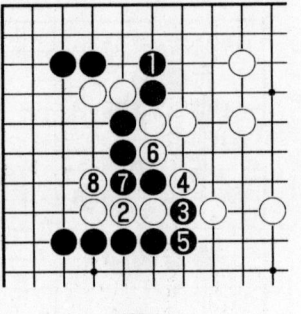

黑27不得已，如按图九下法在1位打，则白2先手打吃后，可脱先，以后或在a位长与右边联络，或走b位长活角，这样白棋太舒服了。

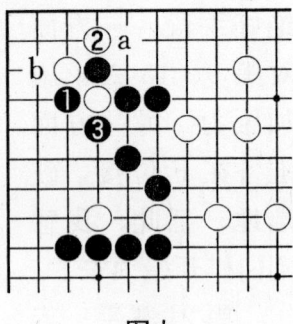

图八　　　　图九

白30先手点痛快！黑33只得成愚形接住。左上角白还有图十的手段：白1、3后，黑4如硬杀角，白5长，黑形崩。黑4如改a位打，则白4位做劫，此劫黑重白轻，黑也不行。

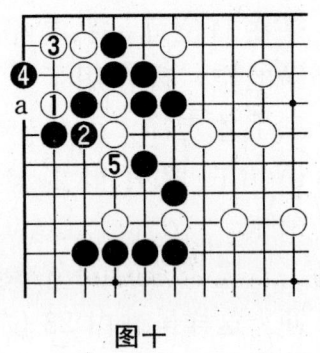

白34保留左上手段，转而向上边黑二子攻击。至此，白优势历然，这主要是黑19、21、23三着坏棋和白18以下一连串的好手造成的。

图十

黑37大飞出头正确，如求稳在40位飞，被白47位镇，这局棋就没法再走了。不过黑37也许先于38位碰，试白应手，再向中腹出头为好。

白38、40强烈。黑41如于45拉扳则中白计。

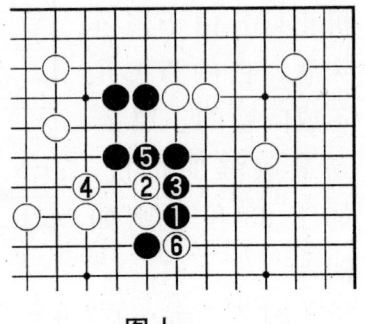

图十一：黑1如扳，白2、4后，黑5只能补断，白6断，黑成大

图十一

苦战。

黑41是脱险的好手，虽然弃掉一子，但确保了联络，更重要的是向中腹出了头，下法很漂亮。

白46因无适当的劫材，只得忍耐粘劫。

白48、50活角时机有问题，由于黑有C位断点，白应马上在D位一带引征，迫黑补断，再去活左上角。

黑51补后，白52也只好补，黑53曲头走厚中央，这样白引征时黑就

第三谱　57—109　黑奋力追赶

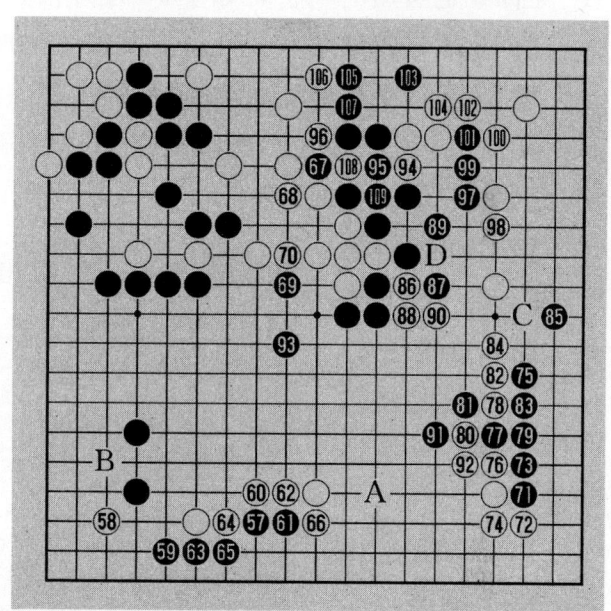

能脱先，因为C位断点已不厉害了，故而白56只能先拆边上大场。

白60是照顾全局的下法，如后手活角，那么黑可能在A位夹攻，局势顿呈复杂，黑扭转劣势的机会明显增加。现白方准备弃掉白58一子，在外边形成厚势，可简明地保持优势。

黑61无奈，如想破坏白棋形状而如图十二中1位挖的话，白将2、4反击。由于黑征子不利和白有a位冲的手段，黑不成立。

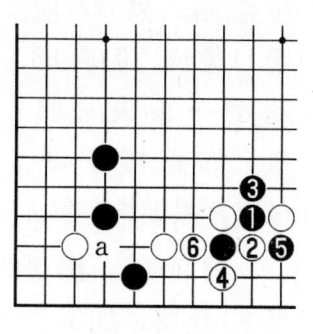

图十二

我的围棋之路

至白66拐头，这里的作战黑先手取得了实地，但白也在外边取得了厚势，并留有在左下B位透点的活角手段。

黑67、69先手得利后，再71托角，次序正确，并缓和了白86位的切断。

白72是当然的一手，如于73位外扳，正是黑所期待的。

白76压是棋形要点，此处有关双方的厚薄。

黑77扳随手！遭到白78夹的痛击后，黑如长出弃71、73两子，又觉实空损失太大，所以只得79位忍耐。白80封头痛快之至，至此白优势更加巩固了。

黑81断是为83接、85飞凑步调，黑如直接于83位接，白肯定要在C位尖住，黑实地明显不够。

第四谱 10—52（110—152） 白沉着应战

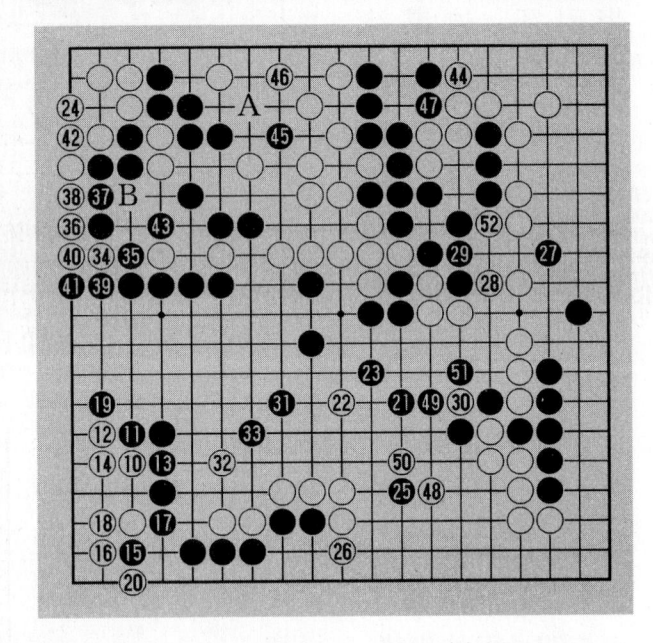

白86断是误算，以为能借攻击获利，就直接在B位活角。黑87应于D位长，但白88随手一长失去良机，如直接于89位点，黑很难应付。

白90补，黑竟然先手活了，是我走白86断时所没想到的。黑93重要，如不走，被黑93位一击，黑中央二子将被吃掉。

白94开始攻击，但至黑109，黑棋正好能活。白在这一带下得不成功，局势有些接近了。

白10活左下角比活左上角大。在如谱周围都有黑棋的情况下，我认为白10以下的活角最好。

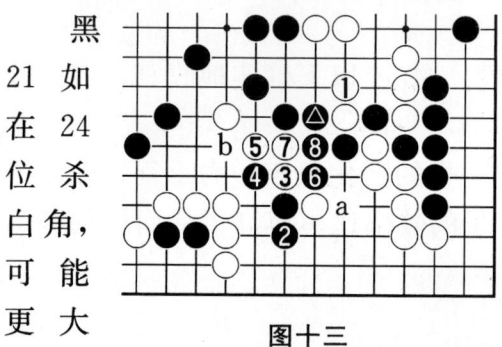

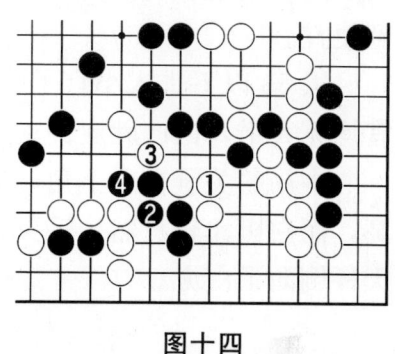

黑21如在24位杀白角，可能更大一些，但如此白A位尖有先手味道。

白34以下的先手收官是白的权利。黑如38打，则白B打吃成劫。

白48是收官的巧手，最大限度围住了下边。

黑49打吃，白如随手一长，顷刻就会生出波澜。

图十三：本来黑2是不能立下的，因白有3、5的反击。但多了一个黑▲子后，白3以下就不成立了。黑8接后，a、b两处黑必得其一，白崩溃。

图十四：上图白5如改在本图白1接，则黑2也接，

图十三　　　　图十四

第五谱　53—94（153—194）　小官子

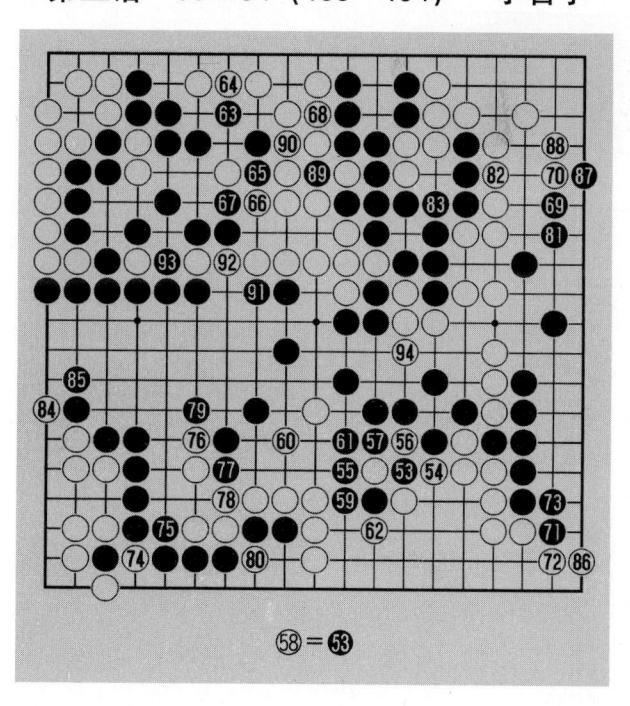

㊽＝㊼

319

白3、黑4后，白无法捕杀黑子。这样白也不行。

白50识破黑棋计谋，至52形成了小小的转换，黑并没有得到便宜。

黑53以下进入小官子阶段。白54以下确实地收官，双方收官均无大错，白已胜定。

本局的关键在左上角，这一带的变化黑棋子力重复，效率不高，而白棋比较自然、轻灵，子的效率比黑棋高，从而使局势的天秤倒向了白方。

第三十一局　得意的攻击战例

黑方　聂卫平九段　出 $2\frac{3}{4}$ 子　白方　王汝南八段

对局结果：黑中盘胜　共133手

1983年4月11日弈于杭州

这是1983年全国个人赛的对局，执白棋的是我的老对手王汝南八段。从1975年全运会开始，我和他在正式比赛经常相遇，虽说是胜多负少，但每一盘都甚感吃力，有几盘简直是死里逃生。此番再度相遇，我决心全力以赴，打一个漂亮仗。

考虑到对方官子功夫比较好，我采用了1、3、5的三连星布局，准备速战速决。

白2、4是对付三连星的常见下法，也是一种强调布局速度的积极态度。

黑15立即尖冲左上三三是预定的战法。黑15如在A位挡也是正

第一谱　1—37　有趣的大模样作战

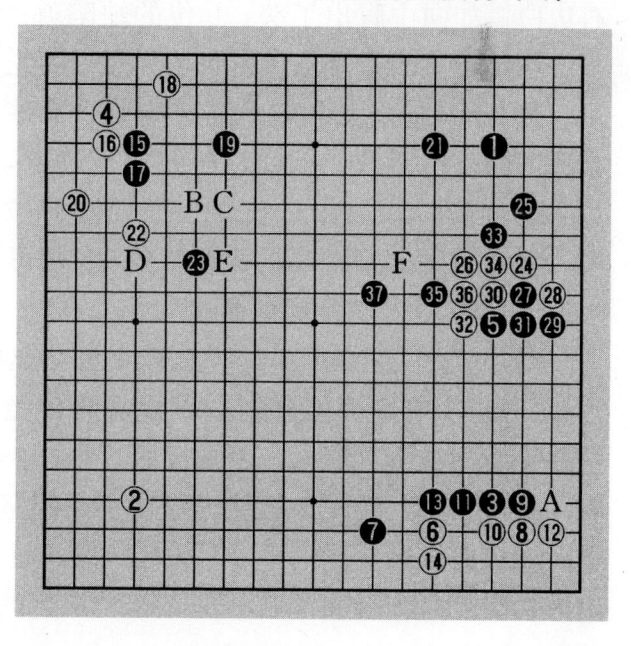

着，但白肯定在右上挂角，黑子力有偏于一方的感觉，我不大喜欢这种下法。

黑21是布局趣向，促使白22飞，黑23再飞罩。这种彻底的大模样作战是我近年来的特创战法。一般情况，黑21是按图一行棋：黑1是定式，那么白2大致会挂角，黑3、5攻击，白6虽只能拆一，但也

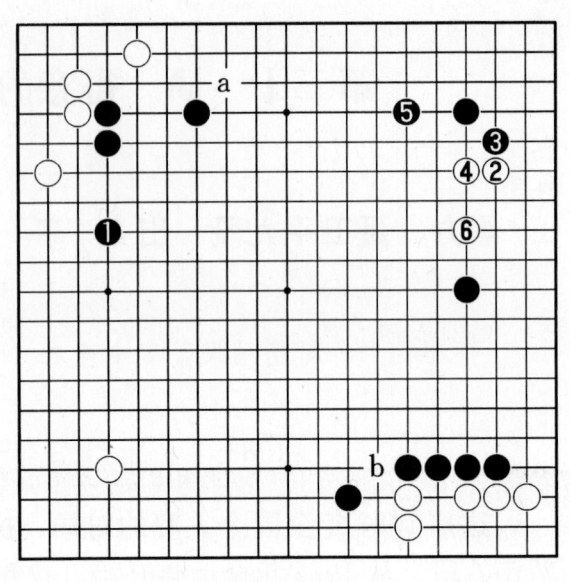

图一

不惧黑的强攻，以下黑怎么下就不清楚了。这里被白打出一块棋，黑势力就分散了。此外，上边因有白a位的飞入，很难成空，右边白棋如向中腹出了头，b位的缺陷就严重了。总之，图一的下法虽然在实战中常见，但我认为黑棋不充分。

黑23与左上三个黑子的结构似乎有些松散，但白并没有什么严厉的反击手段。例如，白如B位冲击，黑就C位挡住，15、17两子可弃掉；白如C位冲击，则黑B位挡住，白仍无后续手段。将来黑还有D位靠的手段。黑23也可考虑下在E位，但将来白于C位冲击，黑有些难办。

白24恶手！被黑25、27猛攻，黑全盘的子力顿时活跃起来。因此，白24应冷静地分析一下局势再决定行动计划。在周围都是黑势时，白不宜深入，否则被黑攻击，黑势正好发挥作用。还有，白应看到，黑左上的结构毕竟不是很坚实，在下边还欠一手棋，如果白棋凌空浅消，一旦安定，黑右上和右下的缺陷就暴露出来，因此白作战的基点不是去破黑右上的空，而是在中央消黑

第二部 难忘的四十局

势，这样局势尚难预料。

白 26 出头不得已，如在 31 位托做活的话，则如图二：黑 2 扳、4 打，至黑 12 形成极厚的外势，而白尚需做活，此结果白方大亏。

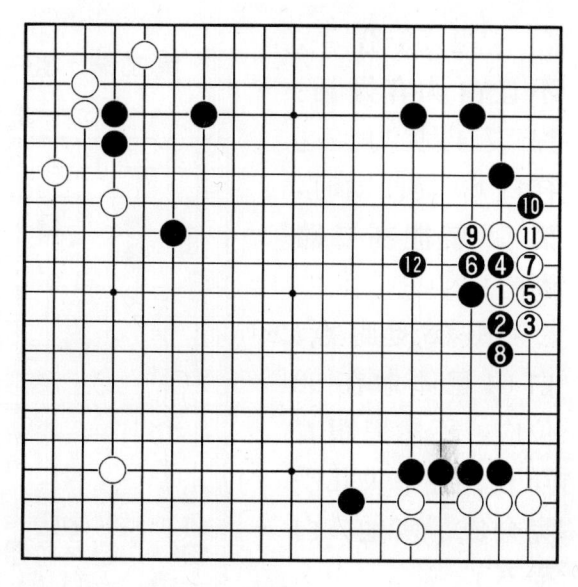

白 28、30、32 的一连串俗手，是我没料到的。也许白方是期待着下成图三的结果，这样白当然不错，但这纯粹是一厢情愿的如意算盘，黑根本不可能这么走。白 28 要走的话也应直接在 32 位靠。既然白 28 先扳了一手就只能在 F 位单关，局势尚不致立即恶化。

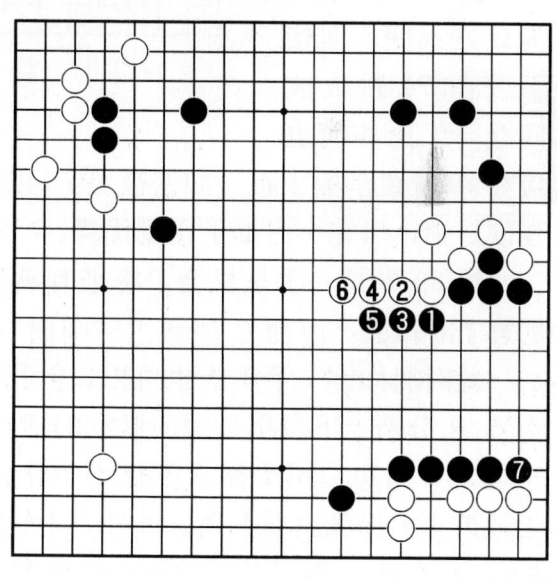

黑 33、35 先手刺，白马上成了一团愚形。黑 37 再跳补攻击，白开始了艰难的治孤。

白 38 不妥。正确下法应如图四：白 1 先刺，这时黑 2 大致要接，然后白 3、5 出头，这比实战结果好得多。47、49 交换大损，但不如此便无法做活。

图二

图三

我的围棋之路

黑 53 强手，不让白从容做活。黑 57 再提好。这样白 60 提回劫时，黑 61 就能在二路断吃。

黑 63 是好点。白 64 已不敢在 90 位应，不然黑跟着 75 位跳，中央几乎完全成了实地，白受不了。

白 66 至黑 73 为双方正变，但接下去白 74 跳大成问题，无论如何也应在 79 位跳消黑中腹。如谱被黑 75 以下强硬封锁，黑完全占据了压倒优势。

黑 89 先打一手是机会，将来有 A 位的官子手段。

此时黑如围一手中腹也可以，但我认为黑 91 分断上下白棋是通向胜利的捷径。至黑 99，右边白棋为做活不得不 100 提，于是黑 101 提巩固右上角。此外，上边白棋又须忙活，于是左上黑子也自然巩固了。

白 2 不得不与黑 3 交换，再 4 飞做活上边白棋。

第二谱　38—101　黑压倒的攻势

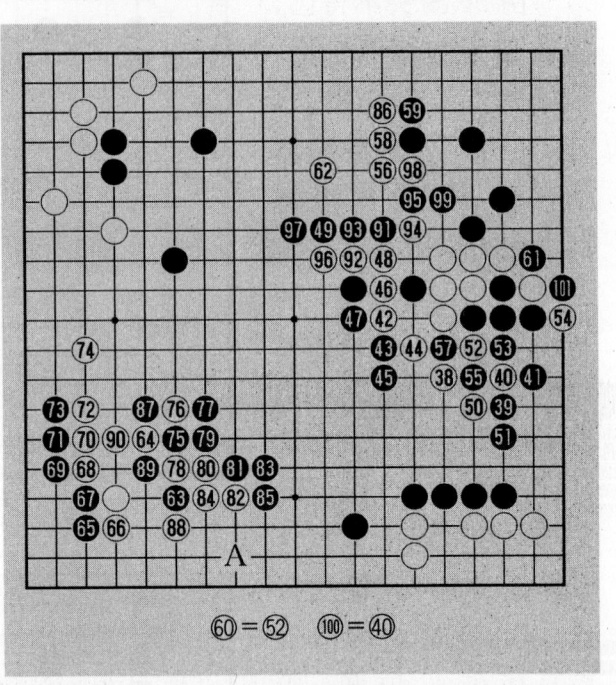

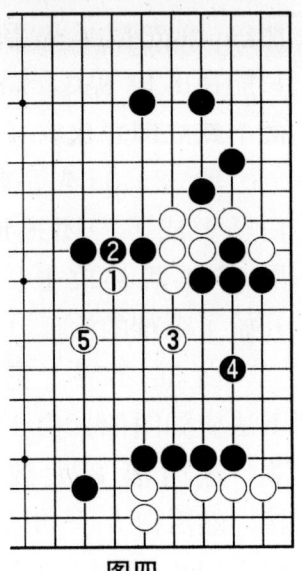

⑥⓪=㊺②　⑩⓪=㊵

图四

白 6 至 14 竭力腾挪，想制造纠纷。黑 15、17 是厚实的下法，至黑 21，黑全盘再无弱子，下一手就准备在 22 位劫杀白大棋，所以白 22 只得补活。

黑 25、27、29 是收官的手筋。白 30 如在 31 位接，黑就 A 位扳，白不利。

第三谱　2—33（102—133）　白溃败

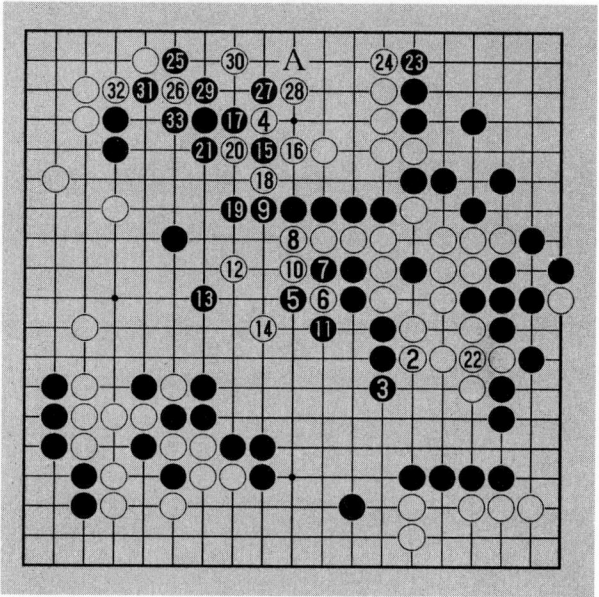

黑 33 提后，黑全局极厚实，且实地远远领先。至此，黑已胜定。本局，黑 21、23 的布局构思是有趣的。围绕右边一带的攻防，黑方充分显示出攻击的技巧，并将优势保持到终盘。相比之下，白 24 打入遭到黑方猛攻后，步调有些混乱，几次战斗都吃了亏，故导致败局。

六　重量级的决斗（1984）

第三十二局　与"超一流"棋手的差距

黑方　小林光一九段　出 $2\frac{3}{4}$ 子　白方　聂卫平九段

对局结果：黑中盘胜　共115手（以下略）

1983年7月1日弈于上海

第一谱　1—36　懊悔的白14

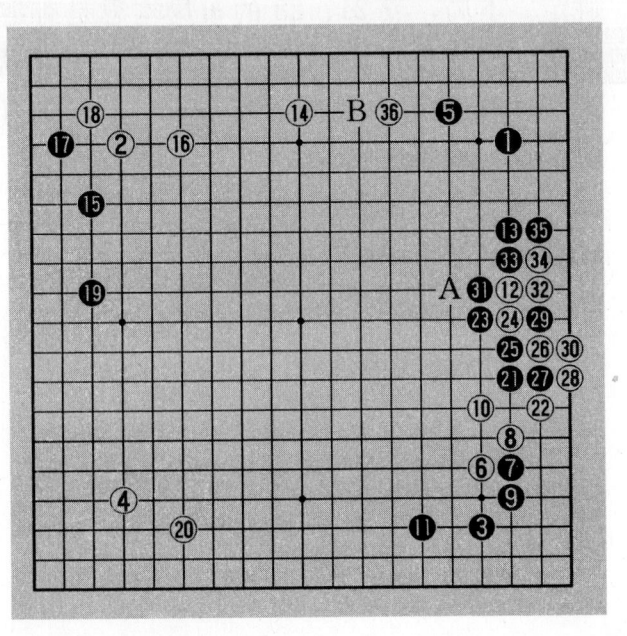

这是1983年日本围棋代表团访华比赛的最后一轮比赛。我的对手是小林光一九段。在此之前，小林九段连战连捷，勇不可挡，因此阻止他席卷而归的重任便落在我的肩上。

黑1、3、5是小林得意的布局，在日本重大的棋战中，他执黑棋时常常这么走。

第二部 难忘的四十局

小林九段是木谷实先生的得意弟子，因此他的棋有"木谷流"的典型特征：喜欢实地，在实地上可说是寸土必争；战斗力很强，善于打持久战。根据这些，我走了两个星位，准备尽量加快布局速度，避免与黑棋在局部斤斤计较。

黑 13 是积极的下法，下一手可在 21 位打入。黑 13 在左边分投则如图一：从分割左边白势来说，黑 1 是绝好的大场，但白 2 也是好点，以后可 a 位镇扩张势力。此结果和谱中黑 13 各有千秋，谈不上哪一种下法更好，在这里体现了棋风的差异。

黑 13 后，白如在 A 位关补也是有的，那黑肯定要在左边星下分投，我不喜欢这种从容下法。

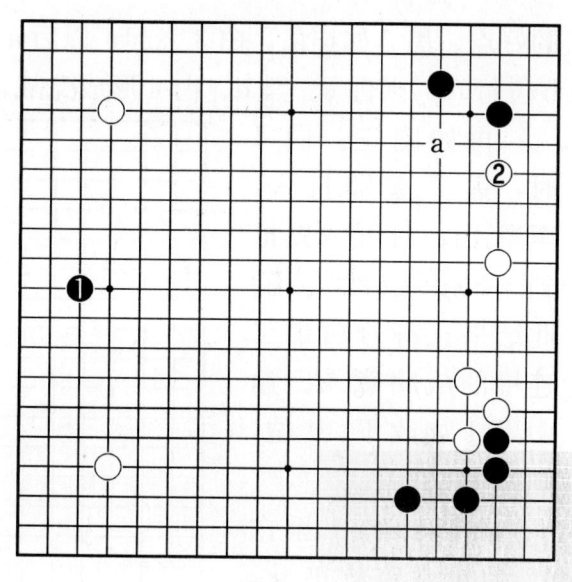

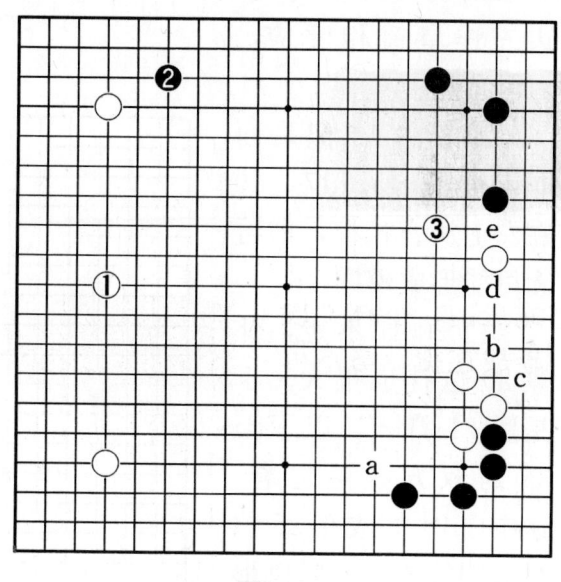

白 14 是我痛悔的一手，应如图二：白 1 才是贯彻二连星意图

图一

图二

327

的好点。黑 2 如挂角，白 3 飞起，以后 a 位是绝好点。黑以后如在 b 位打入，则白 c、黑 d、白 e 形成急战，这是白充分可战之形。

再如图三：白 1 时，黑 2 立即打入，至黑 16，白可争先抢到 a 位一带的大场。此结果正符合白走二连星的战略意图。途中黑 4 如改下 10 位，则如图四变化。

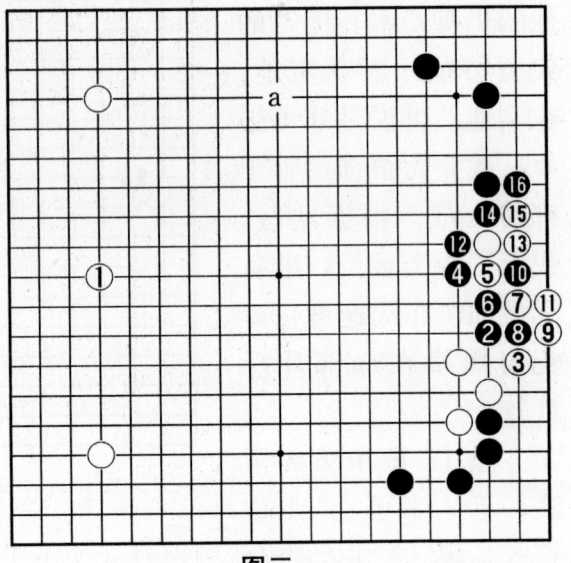

图四：黑 1 至白 12 为正常定式变化，结果白右边外势与左边三连星遥相呼应，白可满意。

谱着白 14 似是而非，被黑 15、17、19 在左上从容扎根，白再无可能形成模样。

白 20 如不走，让黑 20 位挂也很大。于是黑 21 打入，以下至 35 为双方必然之着。途中白 24 如改在 26 位跳，则如图五，黑棋形虽不如谱中结果厚实，但得了先手，白不能满意。

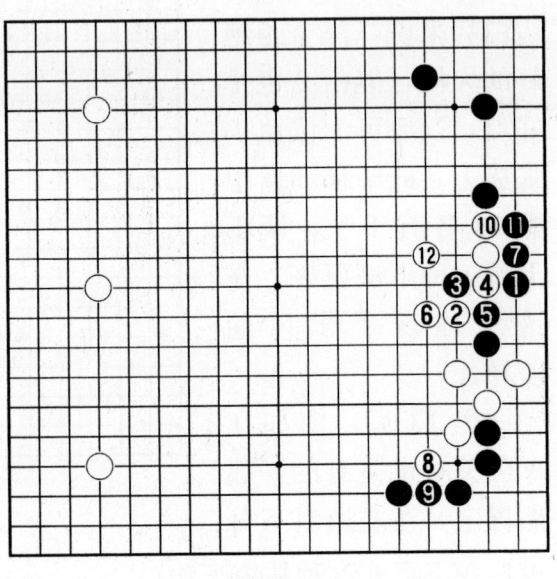

图三

图四

右上黑走厚了，白 36 便须立即拆二，如让黑 B 位拆，右上几乎全部成为实地，白受不了。

布局至此，白不知不觉陷入了黑棋的步调，形成了白棋当初想极力避免的争实地的局面。这完全是白 14 的罪过。

白 38 恶手，凑成黑 39 的好调。无论如何白 38 应按图六行棋：白 1 靠正着，黑 2 如扳，则白 3 退，黑 4 拆逼，则白 5 是好手。以后黑如扩张下边，则白有 a 位断的利用，而且白还可在 b 位一手就吃掉黑三子。谱着白 38 对黑毫无迫力，将来还须费一手棋在 68 位吃黑三子。

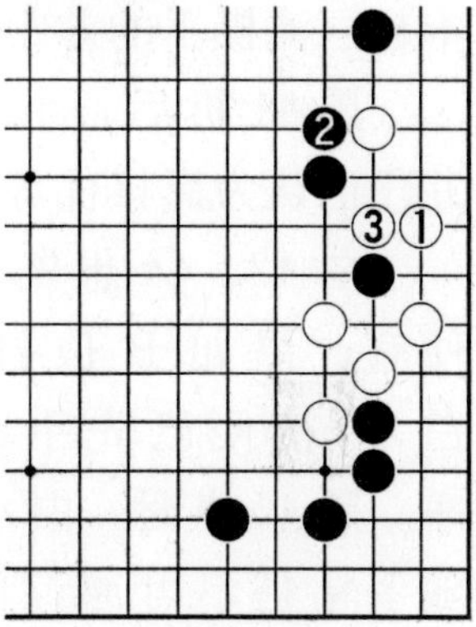

图五

白 40 又是恶手！实战时我以为左下角走坚实后，一是产生 A 位拦逼的好点，二是能放心大胆在下边打入。实际上判断完全错了。黑 41 几乎是唯此一手，而后白如打入下边，黑 39 一子向中腹出头后，立即就有了 61 位的侵角，白等于自找苦吃。后来，藤泽秀行先生指出：白 40 应直接在 A 位紧逼，一方面对左上黑棋施加压力，另一方面黑如马上

第二谱　37—77　白缺乏自信的表现

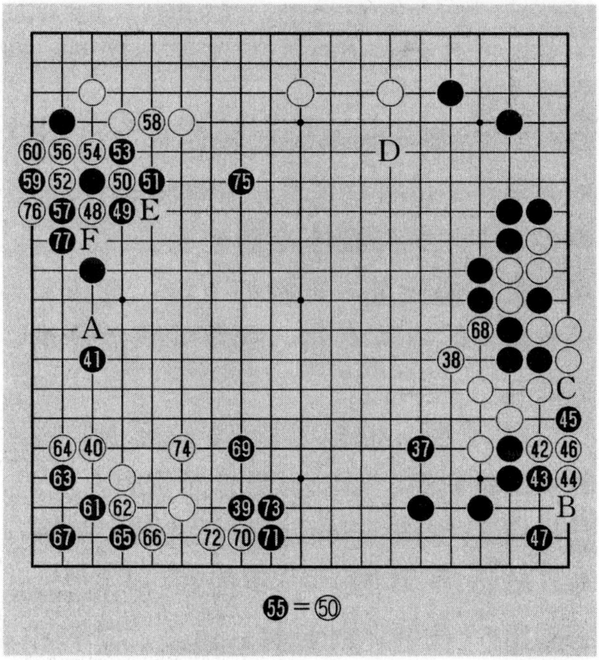

我的围棋之路

侵角，必然促白在外边走厚，白便可打入下边决一胜负。此时，白局势已不乐观，不如此便无法争胜负！

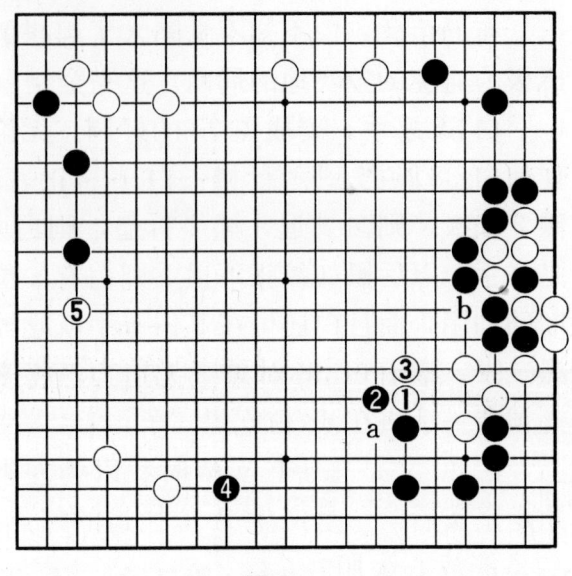

秀行先生的精辟分析使我感到了与日本超一流棋手的差距。

黑41拆后，小林九段也认为黑棋优势。

白42、44想先手便宜，黑如B位打，白46接便已先手活净。黑45点时，白46随手粘是不可原谅的恶手！当然应在图七2位粘，这样黑3再跳，以后a位打是后手。如谱黑B打成为先手，官子出入甚大。何况黑仍能在C位先手破眼。

图六

黑47很快地跳补。我发觉了白46的恶果，不禁有些慌乱，在懊悔、自责、沮丧之中，我又极不冷静地在48位碰，希望把局面搅乱。正确的下法，是在D位关起，形势虽不利，但尚可慢慢寻找机会。

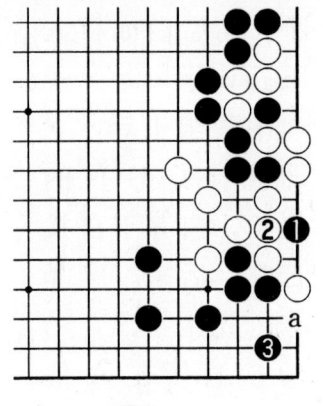

白50断，遭到了黑51的反击，这是我没料到的。原以为黑只能按图八应，这样白3、5先手利后，再7关起，可满意。如谱黑51打，白不能在53位粘，否则黑57位补，白E打，黑长，白D位关，结果白棋白白多了

图七

330

第二部 难忘的四十局

51位的断点，与图八相比，白棋大亏。因此，白52以下的转换是必然结果。至白58止，局部是白棋便宜，但从全局来看，黑左边变得很厚实，使白上边和左下角变薄了，所以白棋不但没占着便宜，反而吃亏了。

黑59很机敏，此时白60只能挡，于是黑77位退或提48一子成为先手，黑先手防止了白48一子动出的可能。

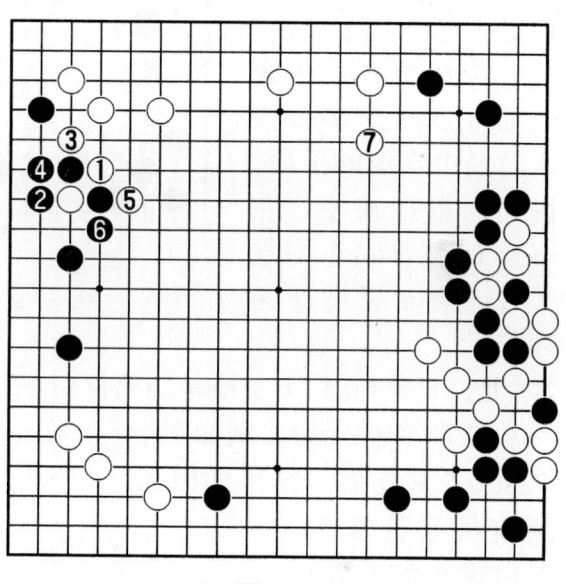

黑61侵角严厉！由于黑上下左右均有接应，白如硬杀黑角，反招不利。白62只得如此，白64是缓手，应按图九反击：黑▲尖时，白1碰是好手，黑2大致要扳，至黑8补角。白9断，结果比实战要好一些。

图八

黑67补，角上成打劫活，但白因无适当劫材，而黑在右边劫材却很多，所以白不敢马上打劫吃黑角。这样，白方费了三手棋的角地，只好忍痛让黑夺去，实空对比对黑非常有利。

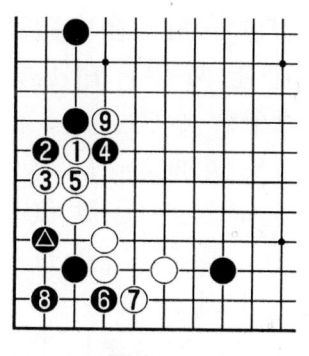

白68断吃是防黑C位先手破眼。这种先消除隐患再放手作战的下法并无错误，亦可认为是本手。不过，黑69位关起，白左下顿感薄弱。故而，在劣势情况下，白68的本手就有些缓了。白也许应按图十行棋：白1、3靠压，虽然黑4单接是好手，将来有a位点方的手段，但白毕竟能

图九

331

我的围棋之路

先手压缩黑地，并多少缓和了黑 b 位破眼攻击。然后，白可脱先扩张上边，这样下虽很勉强，但也不失为一策。

白 70 以下补强，虽有促黑走厚之嫌，但也不得已。

黑 75 是扩张中腹的绝好点，并含有侵入白上边阵地的手段。由于白棋在左上、左下及右边的战斗均吃了亏，局面黑已遥遥领先。

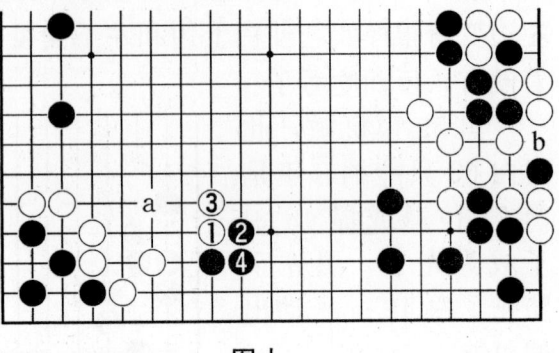

图十

白 76 先与黑 77 交换是防黑保留 F 位提的先手。

白 78 如保上边，则如图十一：白 1 尖补可确保上边实地，那么黑 2 扩张中腹，结果如何呢？a 位大致是黑的先手权利，左下黑棋虽是打劫活，但白现在仍不敢开劫，如 b 位打，黑 c 做劫，就算黑放弃左下角，在中腹连走两手，白也不行。

因此，白 78 先消黑空是胜负手。黑 79 当然打入上边，如在 80 位应，被白再回手补上边，黑大亏。于是白 80 进入下边黑地争胜负。

第三谱　78—115　白大败

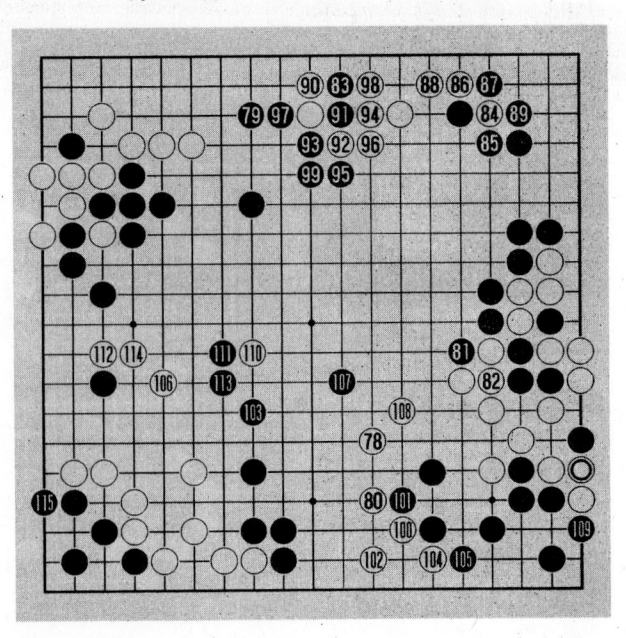

332

黑83是好手，白无法正面抵抗，只得84位进角腾挪。白84如直接于90位挡，则如图十二，上边白棋成为孤棋，受不了。

黑87以下确实地应付，至黑99告一段落。结果白虽活净，并得到8目实地，但黑右上角已确保，中腹也进一步加强，这里的定型使黑的优势更加巩固了。

白100以下先手利后，再106突入左边黑阵。对此，黑107先迫白108联络，然后109补棋，是极好的次序。此时白◎粘的恶果便清楚地显示出来了。

白110冲击黑的薄弱之处，想再次挑起纠纷。遭到黑111的强硬反击，只得112位腾挪。黑113不中白计，冷静联络是好棋。白114只得退。黑115顺势补活角，以后还有图十三的手段。白棋什么也没得到，还白白损失了110一子。至此黑已胜定。

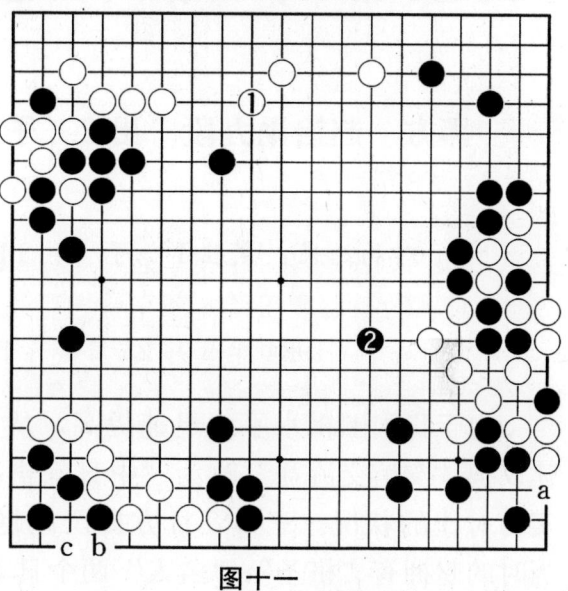

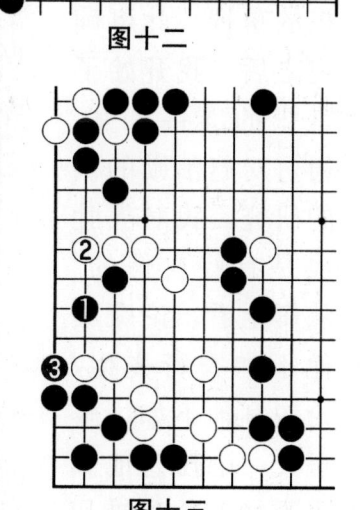

图十一

图十二

图十三

第三十三局 令人遗憾的失败

黑方 赵治勋九段 出 $2\frac{3}{4}$ 子 白方 聂卫平

对局结果：黑胜 $1\frac{3}{4}$ 子 共141手（以下略）

1984年5月25日弈于日本东京

由于我国围棋水平的迅速提高，从1984年开始，日本方面建议把"友谊交流赛"改为"中日围棋决战"，以适应中日围棋实力对比的状况。三月，日方提议让赵治勋与我下"三番棋"。当时的赵拥有"棋圣"、"名人"两个日本最大的王冠，被誉为日本"第一人"。日本派他出阵，足以说明日本对中国围棋的重视。此事确定之后，我开始了紧张的准备工作。通过对赵治勋的棋的研究，我对战胜他是有些自信的。从棋上看，论豪放他不如秀行先生，论锐利他不如加藤正夫，论技艺他似乎不如大竹英雄和

第一谱 1—47 模样与实地的对抗

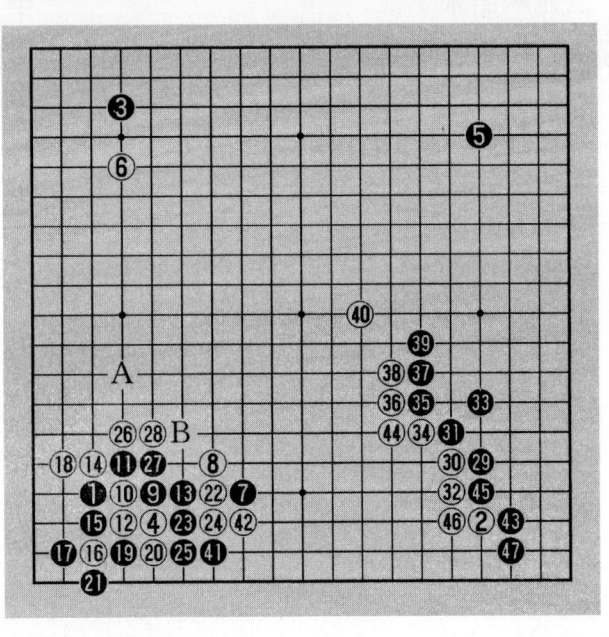

林海峰，更没有吴清源和坂田荣男全盛时期那种横扫千军的霸主气势。我认为，赵目前的辉煌成果与其说是凭技艺，不如说是凭旺盛的斗志、超人的精力及强烈的自信心，而这些也正是我所自负的。我自恃可与赵一争短长。

　　对黑7的二间高尖，白在28位大关或13位小尖都是极普通的走法，但我感到这么走太平凡，而且对方肯定也很熟悉，故白8象步飞出，意在求变。

　　黑9靠压至白28封锁，步数虽多，却是双方必然的定式变化。结果黑先手在角上得了15目实地，白外势也很雄厚，局部两分。如此，这局棋的骨格也明显了：白将采取模样作战，而黑以实利相抗衡。途中，白20先打一手，再22冲是绝对的，如先在22位冲，则被黑20位吃，白大亏。

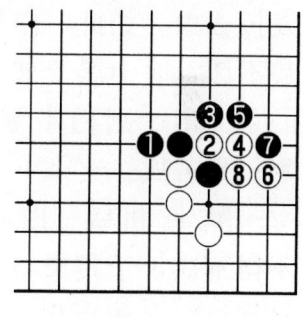

图一

　　局后，石田芳夫等日本高手认为，白28可以在29位守角，黑如马上于28位压出，白可A位跳。或者白28可在左边拆一手。这样，白棋可在实地上保持均衡。也许是因为他们都吃过赵的苦头——赵在先取实地后再掏别人的空时是极厉害的。但我认为，白28彻底封锁是有力的。

　　黑33以下，无视白棋的大模样，而猛捞实地，是赵氏棋风。如果是我执黑棋，大概会把33下在34位，如图一。

　　图一：黑长1位，白2断必然，以下至白8为定式。结果白获实地，黑获外势，局部也是两分。不过，黑1的硬头使白左边的厚势逊色不少，黑不算坏吧。

　　白40太过分！当然应在41位挡，变化如图二：白1挡大极。此时黑如在5位拐头，则白于2位接，下边一下子成了40目实地，这是酷爱实地的赵所无法忍受的。因此，黑2必定来断。黑

6如飞，则白7长，黑8只有补。白9厚实地拐头后，右边黑阵顿时瓦解，再无发展余地。白下边大空虽也被破，但中央黑数子并未安定，右边白厚势正好能发挥威力。如此，白局势不坏。途中黑6如改a位尖出，则白b镇，黑仍是苦战。

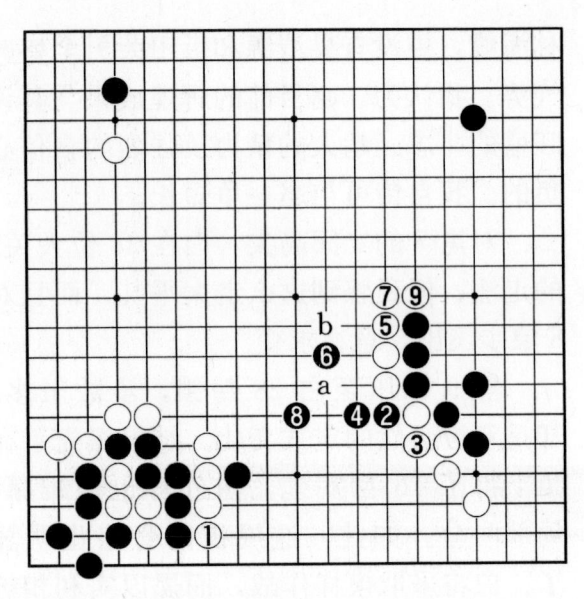

黑41机敏。白42不得不应，于是黑将来可伺机于B位扳出，白厚势多少有点缺陷。黑43立即靠角是好棋，白因自身有毛病不敢反击，只好44单接，被黑45、47大得实利。虽然此时形势还是难分优劣，但这样被黑棋心满意足地获取实利，从实战心理上看，不能不说是白的失败。

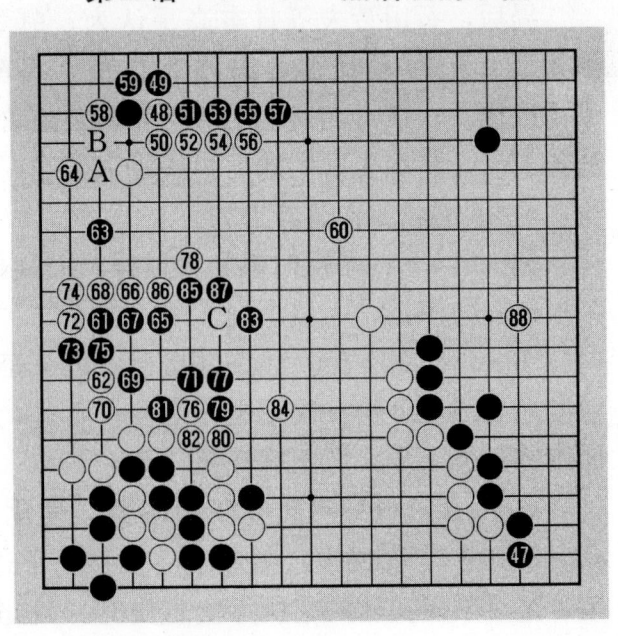

被黑47最大限度地捞去角空后，我突然对形势失去了自信，急躁

图二

第二谱　47—88　黑治孤的手段

之中走了白48这手棋。局后，日本许多高段棋手认为，白48如在66位一带补一手，形势并没有坏。如谱，黑49扳，白50以下连压便成了背水一战之势。

白52不是定式下法，一般情况是损着，但为了照应中央，也只有如此。如拘泥于定式，则如图三：白1断是定式正变，到白5抱吃告一段落，局部两分，但紧接着黑6飞起成绝好点，白中央的势力大受影响，白不行。途中，白1如改于3位断，则黑a、白1、黑b、白c，黑先手得角，再突入中腹，白因有征子的负担，无法放手作战，结果也不行。

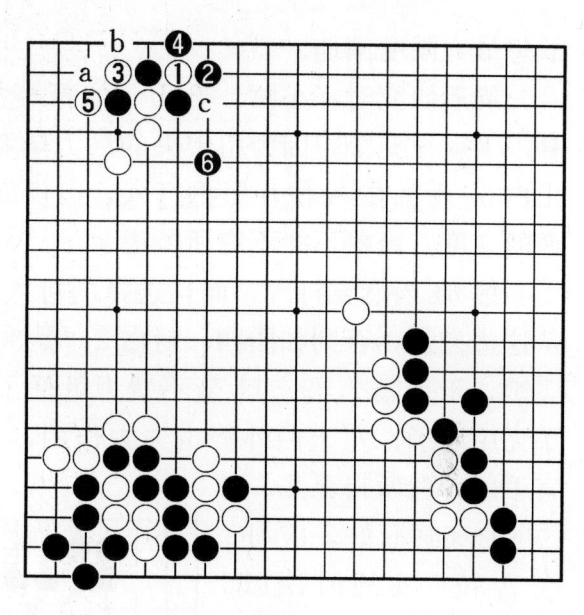

白60坏棋！如此就想把中央全围成地，简直像业余棋手的下法，纯属一厢情愿。实战时，我觉得黑已获很多实地，白棋如不把弦崩紧些恐怕要输，

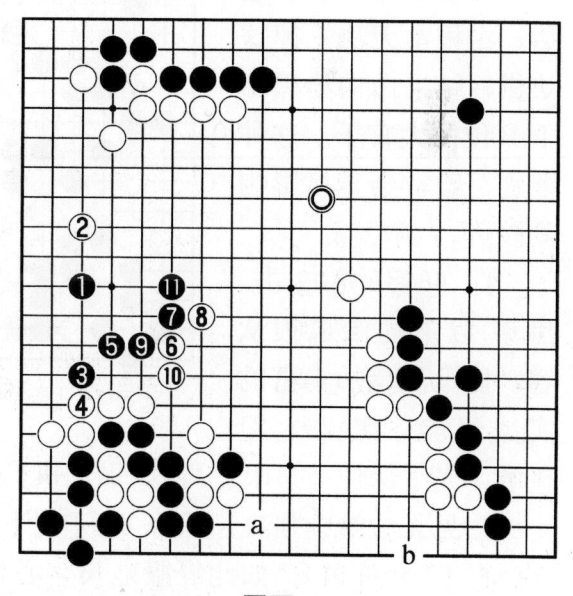

图三

图四

故想最大限度围地。

局后研究时，小林、石田、加藤等都认为，白60如在左边补一手就很充分，因为白中央的潜力毕竟很大。石田九段甚至提出白60可补在A位，黑再打入，白棋就硬吃，这是一种准备拼命的态度，黑棋不能不有所顾虑。

黑61当然要打入，而且选择的打入点恰到好处。白62只好从这边拦逼，否则如图四：对白2，黑3刺、5尖沉着，白6只能飞镇，于是黑7、9、11毫不费力就活了。这样白◎一子明显成了无用之子，左上白外势也失去作用，下边黑还有a、b位的收官手段，白所得无几。

白64不好，应补在A位。实战时误以为这样对黑棋威胁大一些。其实，黑65关起后，白根本无法吃掉这块棋，结果白白给黑留下B位的大官子。这种差别，常常会直接影响到胜负。

白66开始攻击。黑67以下的治孤很从容，显示了赵的丰富的实战经验。黑79、81机敏，先手保住一只眼，再83飞，棋形整齐。

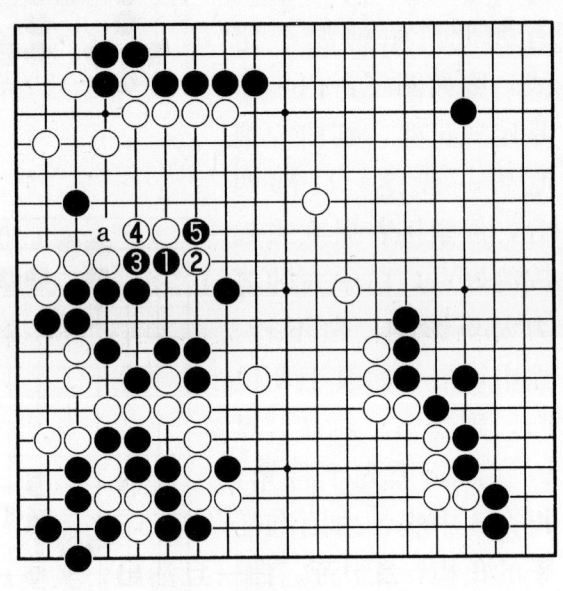

白见无法继续强攻，只好84守住下边实地。

白86允许黑87如此舒服地长，心情上是难过的，但为争先手，也没办法。当然，86很想在87位扳，黑如C位应，白再86位打就再好不过了，但担心黑有反击手段。

图五

图五：白2如扳，黑3先团，白4只能挡，黑5断有些麻烦。白因有a位弱点，万一落个后手，被黑抢先在右边补，这局棋就无法再下了。

黑87后，这块黑棋不但活净，而且活得很大，白攻击落空，形势黑方有利，故而白88打入，寻求战机。

第三谱 88—117 白奋力追赶

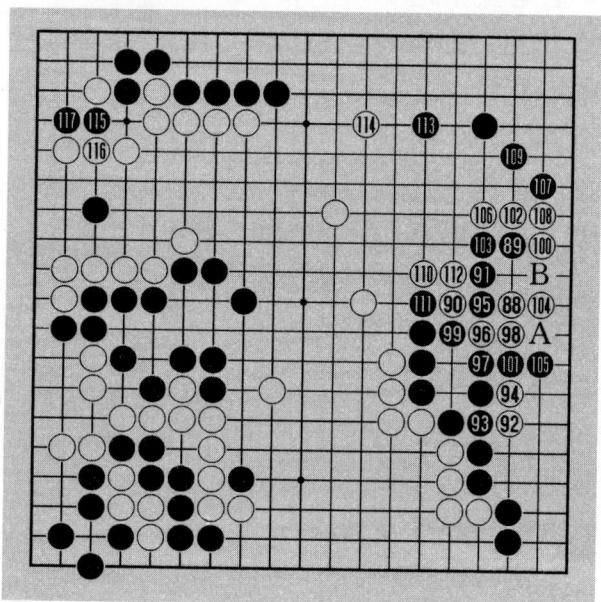

白88打入，瞄着92位的透点，因此黑只要简单地在A位应，就是黑棋不大容易输掉的局面。实战黑89似乎很严厉，实际上徒生事端，反使白有机可乘。

小林等人认为，白90应立即在图六1位透点，白3后，黑4、6、8是最强应手，白9跳出。由于白a位飞可先手获一眼，治孤不会很苦。白一旦活出，实空对比很可能于白方有利。

实战时，我有些担心遭到黑棋猛攻，故90位先跳了一手。黑91有疑问。此时还是应在101位尖补，仍是黑棋优势。也许优势意识很强的赵担心白有图七的手段，不愿惹麻烦吧。

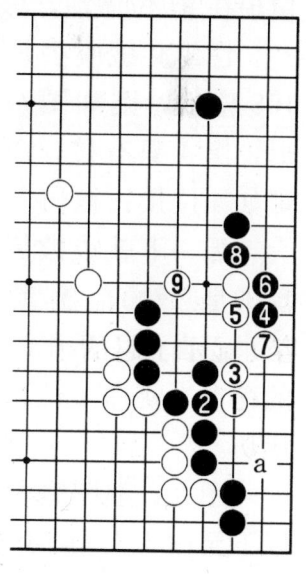

图六

我的围棋之路

对黑91，白如老老实实地于95位粘，则黑再101位补，这是黑棋的如意算盘。显然，这样黑91的刺不仅让白走重，而且缓和了图七中白2的打入。

白当然不肯让黑如愿以偿，白92是锐利的反击。

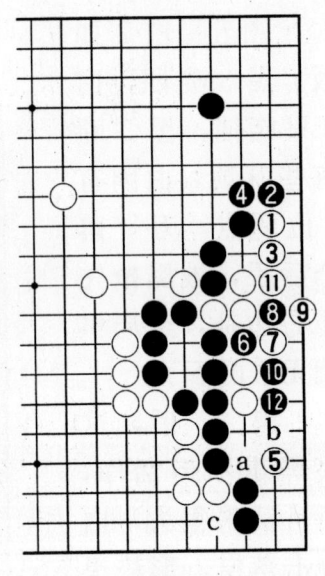

图七　　　　**图八**

黑97只有如此，如在99位断，被白顶在97位做活，黑无法忍受。

白100试应手是好棋，黑如随手于108位扳，则如图八：黑2如扳，白3退，黑4只有接，白5飞是妙手。此时黑如a位接：被白b位退，活得如此之大，黑一下就成败势了，所以黑6以下反击是必然的，到黑12止告一段落。此结果，白先手活了一块，另外白5一子的存在，使白c位挡成为先手，白大获成功。

图九：上图黑8如改在本图1位断，以下至白6，黑虽获先手，但角上两子被吃，损失太大，黑棋仍不行。

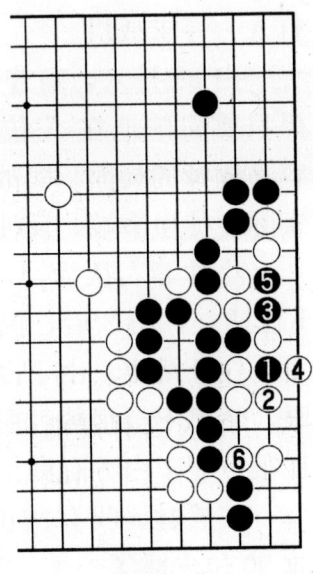

图九

黑101既然先冲，白102当然扳起。黑103虽委屈，也只得

第二部　难忘的四十局

如此。

白104大恶手！当然应当于B位退，黑仍然要走105位分断，如在A位扳，将来白于104位团仍是先手。如谱白106贴长时，黑生出107刺的好手。

图十：白1如退，黑2必然，白3时，黑4如刺，白有5位尖出的严厉反击手段，黑不行。但实战白1是走在a位，白5再尖出时，黑b位断成了先手，白反倒不行了。

白108只得接。赵棋圣在确信黑优势后，弃掉中央四子，转身守住右上角的实地。

白114是胜负手。黑115、117很大。显然，黑棋认为这样就赢了。

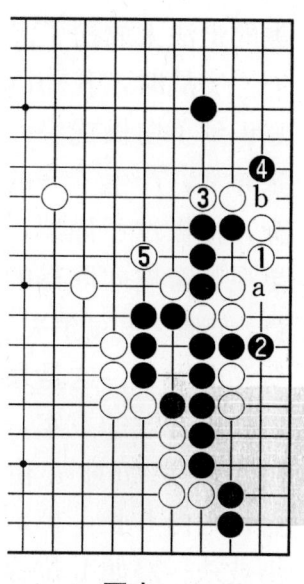

图十

第四谱　17—41（117—141）　瞬间的逆转

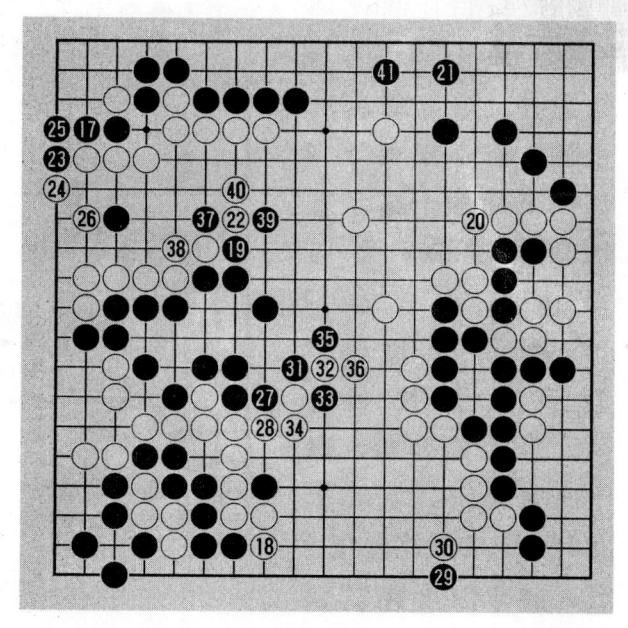

黑17以后，形势到底如何呢？大致判断一下，黑方：下边左右两角40目已成定局，上边两角因白有侵消手段，能成多少地还是未知数。白方：左右两边实空已在33目以上，下边若能争到18位拐有40目，实

341

我的围棋之路

空已领先于黑棋。由此可见，赵棋圣的形势判断有些失误，上谱黑的走法太放松了。

实战时，我却因为意识到了白棋优势而紧张异常，产生了守的念头，行棋过于谨慎，以至艰苦奋战才取得的优势，转瞬之间就消失了。

图十一：这是最有力和最有效的方案，至白15，黑如补 a 位断点，则白 b 长，黑数子仍被杀；黑如 b 位提白三子，则白 a 位断。如此直接掏空黑右上角，黑不仅没目还有死活顾虑。黑4如改在6位尖补，角上还差一手棋，就不能再于4位一手补净。这个差别事关全局，不可小看。

图十二：这是中策。白1有15目价值，黑4如补角，以下收官至白27，左上角与后来实战净差出9目，如此白可稍稍领

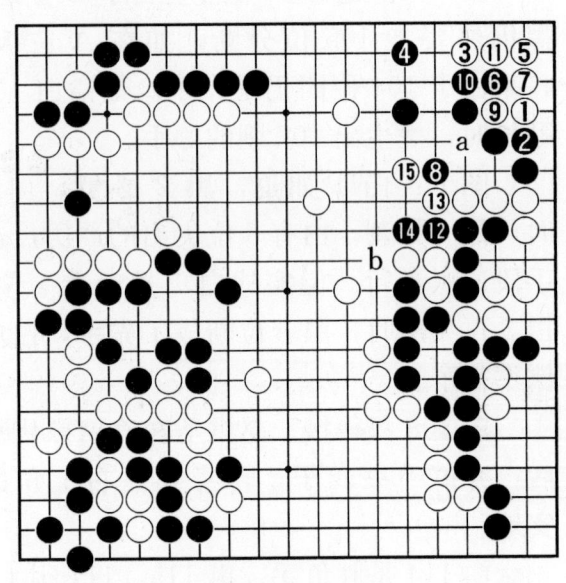

图十一

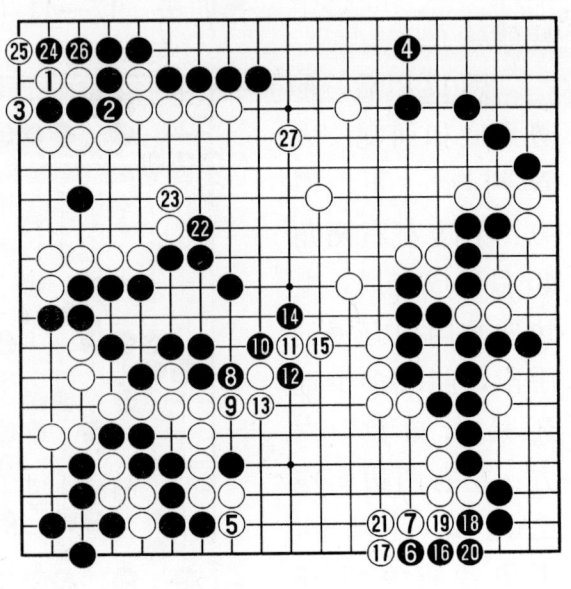

图十二

先。黑 4 如不补右上角，直接于下边破空怎么样呢？

图十三：白 4 点时，黑只得 5 位应，以下至白 20 为正常的收官，白棋仍然领先。

实战白 18 守下边的空，是最下策。这里白棋形势判断也出现了失误。

白 20 如此"沉着"，令人费解！被黑 21 补净右上角后，白棋已经输了。本局白方因心理压力太大，虽有不少取胜的机会，但关键时刻一再退让，而痛失这关系重大的第一局，至今深感遗憾。

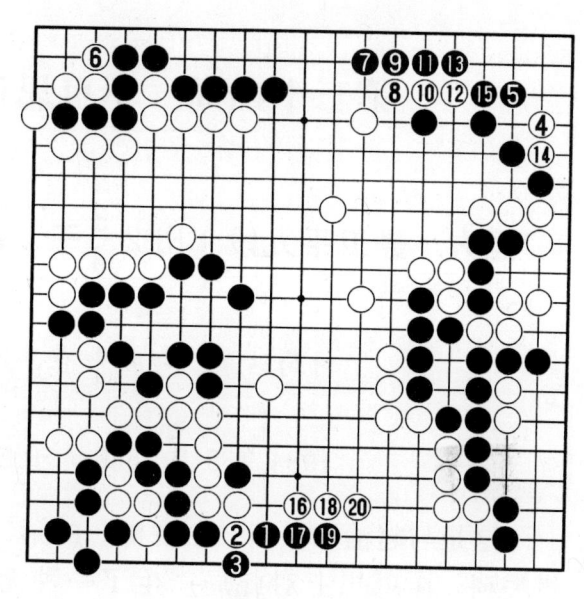

图十三

第三十四局 不可思议的失败

黑方 聂卫平九段 出 $2\frac{3}{4}$ 子 白方 赵治勋九段

对局结果：白胜 $\frac{1}{4}$ 子 共220手

1984年5月26日弈于日本东京

这是与赵治勋棋圣"三番棋"的第二局。由于第一局我执白棋失利，在思想上对此局产生了一种无形的压力，心情有些紧张。特别是对胜利的渴望过于强烈，影响了水平的正常发挥，以致在取得优势后大失常态，走出了一连串不符合自己水平和风格的坏棋，终于以零比2饮恨败北。

黑1、3、5的三连星布局，是我所喜爱的。针对赵酷爱实地的棋风，从不甘示弱的对局心理来说，我准备再次以大模样作战对付他。

白6守角，任凭黑7拆形成模样，显示出白方是擅长对付大模样

第一谱 1—21 黑的大模样作战

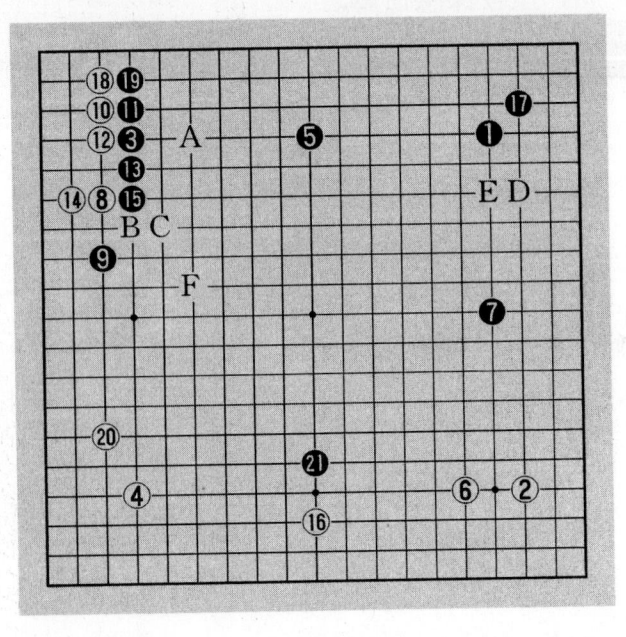

第二部　难忘的四十局

的。否则，一般是不愿以白6与黑7交换的。

黑9一间夹是预定的下法，如单在A位跳，就不符合走三连星布局的意图。

白10点三三必然，走别的都不好，至白14为止是定式常型。

黑15压是强调中央的一种趣向，但留给白B位扳出的手段，也许仍应在C位飞，按普通定式走好一些。

白16冷静地拆是赵九段的棋风，按常规，在D位挂角的人可能多一些。如此漠视黑上边的大模样，显示了他正面应战的自信心。

黑17在右上补棋是紧迫的，但实战走三三小尖，虽很扎实，却对全局的照应不够。局后分析，还是以E位关补为宜。

黑19太贪，应按图一下：白1立时，黑2是好点，白3如扳出，黑4则飞，左上四个黑子从轻处理，这样黑右上一带规模相当大，白如何侵消是个难题。如谱黑19挡，白已先手得利，B位扳出也变得有力了。

黑21在F位飞补也是理想的着手，但白肯定会21位关起，形成双方互围的形势，白下边结构太理想，黑不能满意。实战时，我感到21位的镇实在诱人，加上对白22扳出已有充分的思想准备，故否定了F位飞的走法。

白22扳出是必然的。黑23飞，是我所喜欢的走法，它比直接攻击来得较为含蓄。若如图二在1位断，在这种配置下显然是失策的，也是无益的。局后研究时，加藤九段提出一种方案。

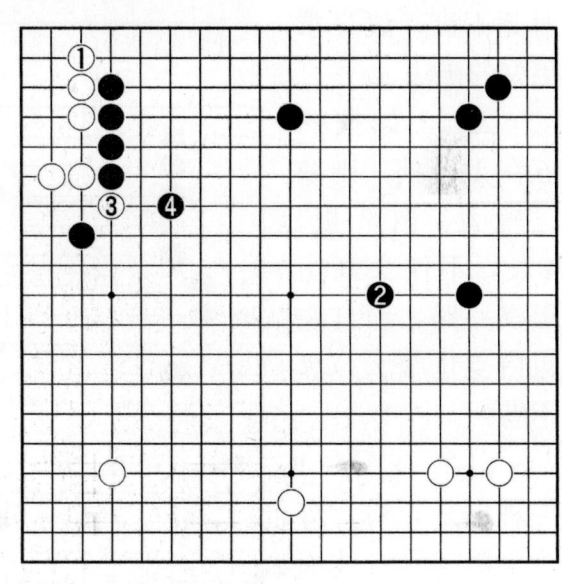

图一

345

我的围棋之路

图三：黑1单扳，同样能顾及右边形势，白若4位长，黑在2位一线压过来，将十分痛快。至黑5，黑中央形势极壮观。

白24单走36压，是容易想到的，我就准备在37位大飞，或者如图四的走法，都是我所乐意的。白似乎对此不满，故寻求更好的走法。

黑25如按图五在1位挡，则缺乏魄力，白2扳、4长，不仅头高出黑棋一路，而且左边白空也很大，黑不满。

白26在图六1位跳出是正着，进行至黑4飞，从局部而言是两分的结果，但从全局来看，是黑生动的

第二谱　22—43　黑优势

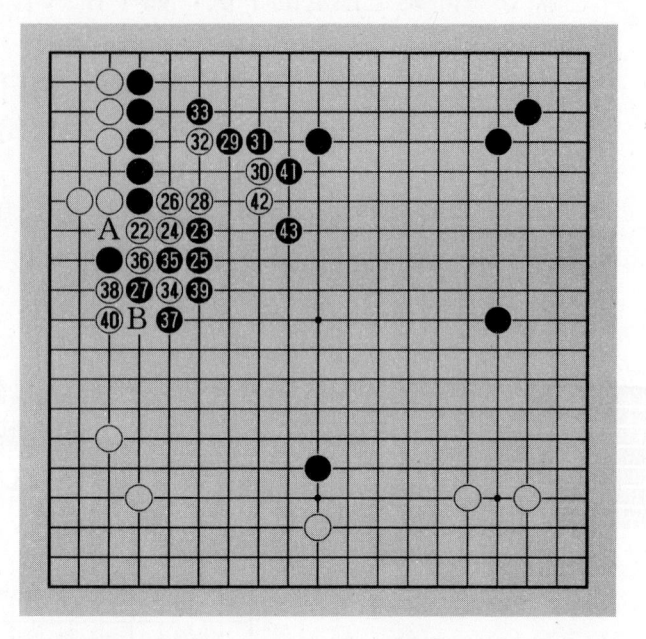

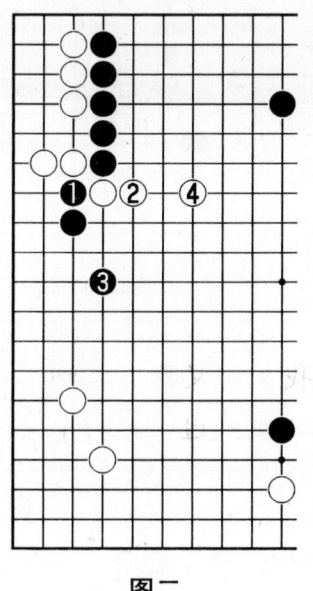

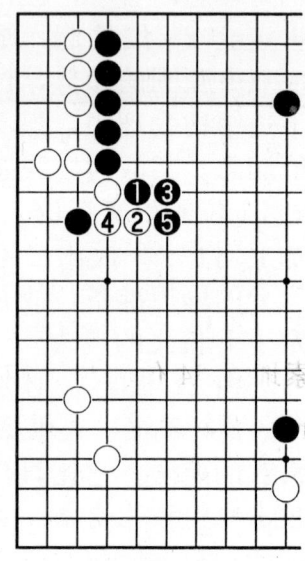

图二　　　　图三

局面。

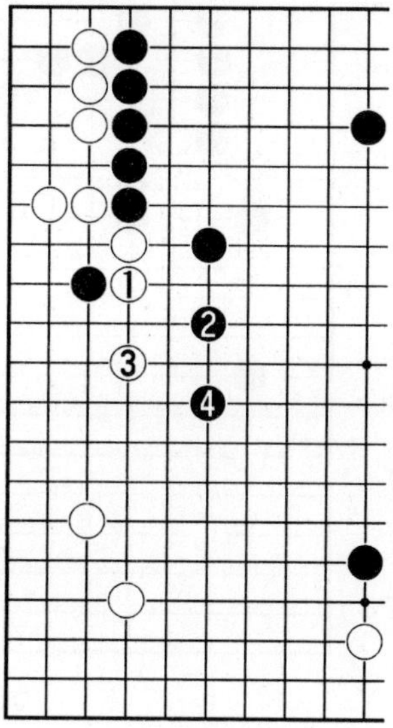

如谱白26毅然侵入黑阵,彻底掏空,虽不失为一种策略,但从效果和局后研究看来,却是造成被动的主要根源。据当时在场的日本众多高手的看法,白可能还是如图六那样忍耐要好一些。

黑27当然要进行反击。白28以下虽侵消掉黑棋的一部分势力,但也使黑上边的阵势如固,优劣难以判断。

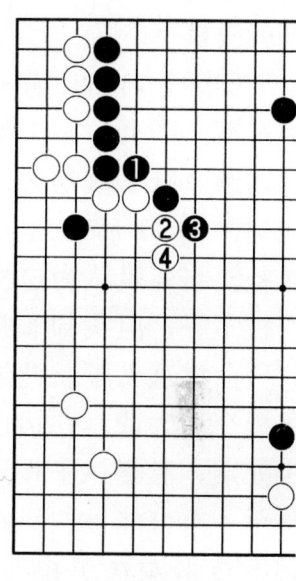

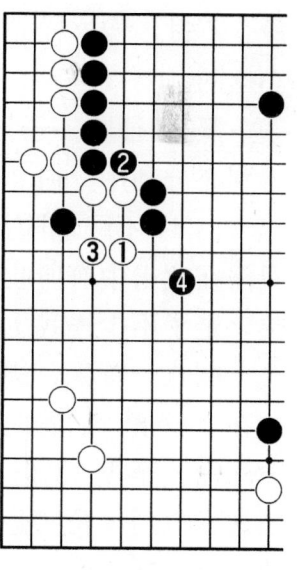

至黑33,中午封局时间已到。午餐时,同伴中有人问我,下一手白可能下在何处?我认为白在A位粘是一种下法,如果硬在34位跨断,则有损无益。因此,我作好了白A位粘,黑在43位跳封的准备。不料下午比赛开始后,对方竟不假思索地在34位跨出,使我又惊又喜,感到将获意外之福。不过赵治勋经过一小时午休后,竟选择了这个不理想的着点,其用意确实让我迷惑。局后我就此请教他,他认为白在A位粘对黑毫无攻击作用,而34位跨断变化要多一些,黑若贪恋一子在B位长,则正合白方意

图四　　　图五

图六

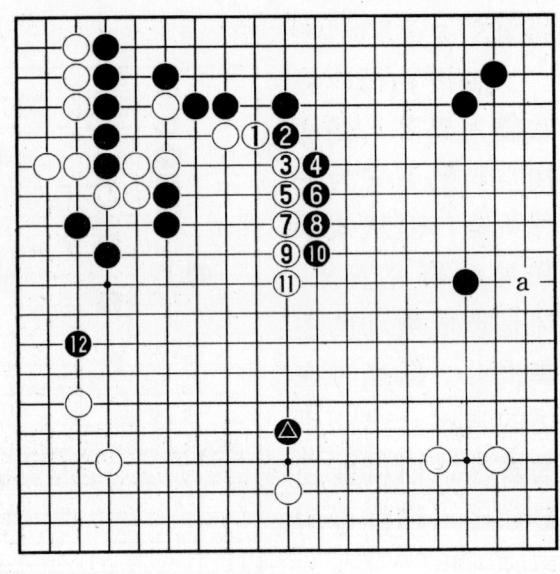

我的围棋之路

图。总之，白34不跨断就没棋下。

实际上，白还有一种对策。图七：白1如长，黑2以下就是必然应对。白11后，黑12再补。赵九段认为这样白棋不好，但我却非常讨厌白棋这么下。此结果黑全局太薄，左边还未安定，黑▲一子相当孤单，有可能被白棋在缠绕攻击左边黑棋时，

图七

完全将黑▲吞掉。此外黑只有上边一块空，白还有a位的破空手段。不过，像这样先予后取，送黑成上边实地的走法，他肯定要心疼的。

黑37征吃一子，中腹增厚，再41、43封住白棋，全局子力得到充分利用。白26以后数子成了坏棋，黑局面明显优势。

白44不顾危险深入虎穴，是劣势下不得已的顽强手段，黑只需在攻击中有所收益，便可保持优势。但实战时，我却头脑发热，走了不少连我也感到无法解释的坏棋。

图八：首先，谱中黑45从下边飞就犯了方向性错误，当然应在1位镇，白若向中央出头，出路狭窄，前途暗淡。白2大致要求活，至黑13止，白虽做活，但黑中央极厚；上边完全成为黑地，以后a位夹还很可能是黑方的权利，黑明显优势。白6如改在9位断，则黑b位退，白再6、8位扳粘，黑就c位补或d位征吃，白仍不利。

图九：更凶一点，黑1可直接靠住，白2如扳，黑3则断，

348

第二部 难忘的四十局

白2如a位扳，黑同样b位断，白处境艰难。

如谱，在没有把握歼白棋的情况下，将白棋赶向自己的中腹，无疑是引狼入室！

白46轻灵，如径于48位压，黑50位爬，一手取得了右边实空。白46如50位挡，被黑48位贴，白棋显得笨重。

黑47方向又误，无论如何也应在A位攻击，这样既可确保上边实空，又能继续攻击白棋，无需担任何风险，是最简明的下法。

白48不失时机地先手便宜，甚为机敏。此时黑再于50位爬过就不成立了，因为被白49位顶，再B位扳出，黑47一子位置极不好。

白52好形，左右都有后续手段。

黑53为了破白眼形，只得笨长。其实当时若能冷静一点，改于55位飞过，让白52位靠做活，尚不致于劣势。可是由于悔恨前两着的失误，却导致了连锁性的错误。

第三谱 44—100 黑连续失误

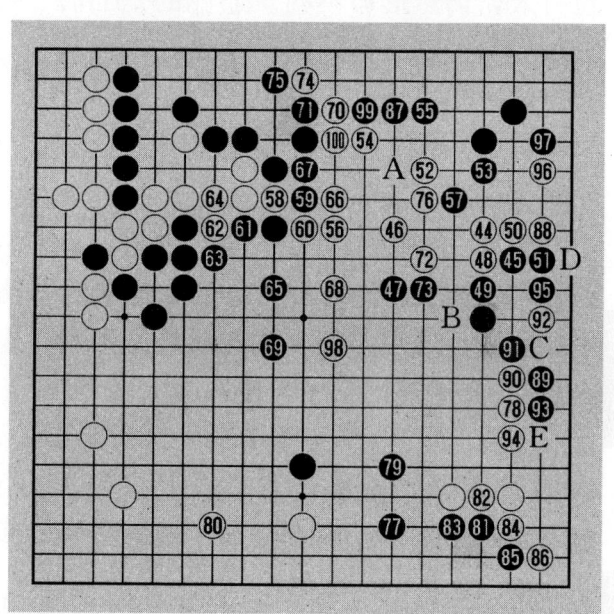

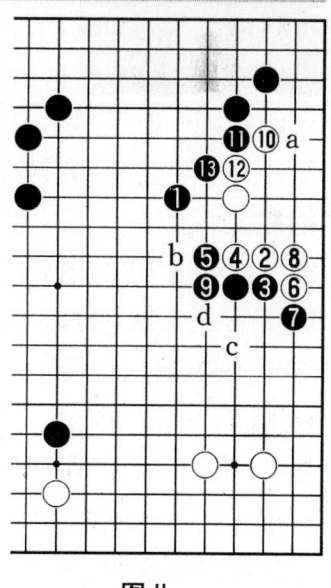

图八

我的围棋之路

黑57又是该指责的一手，应在58位接才是本手。黑争得先手后，于77位打入，仍然形势不明。遗憾的是当时头脑发热，怎么也冷静不下来，错过了一个又一个机会。

白58冲断严厉，迅速抓住机会，真不愧为超一流棋手。

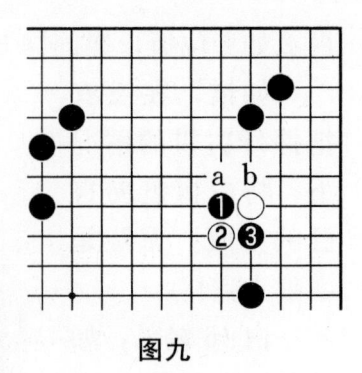

黑69大缓手，几乎近于败着。此时在72位吃三子很大，先保持实空的平衡，中央即使让白先动手，也没什么了不起，如此形势虽不利，但道路还很漫长。实战被白72先手连回三子，出入太大了。

至白76，白棋大体上活了。很明显的，白从44一子孤军深入到76做活，把黑棋右边、上边和中腹的势力、空全部破掉，实在是出乎双方意料的结局。黑形势开始恶化。

黑77打入刻不容缓。黑79缓，应直接在80位打入，以下变化繁复，白棋也没有把握。

白88挡下，既收了官子，又对黑右边有影响，本身还留有做眼的余地，可说是一举数得。

黑89不可省略，若再被白于92

图九

第四谱 1—50（101—150） 败着黑37

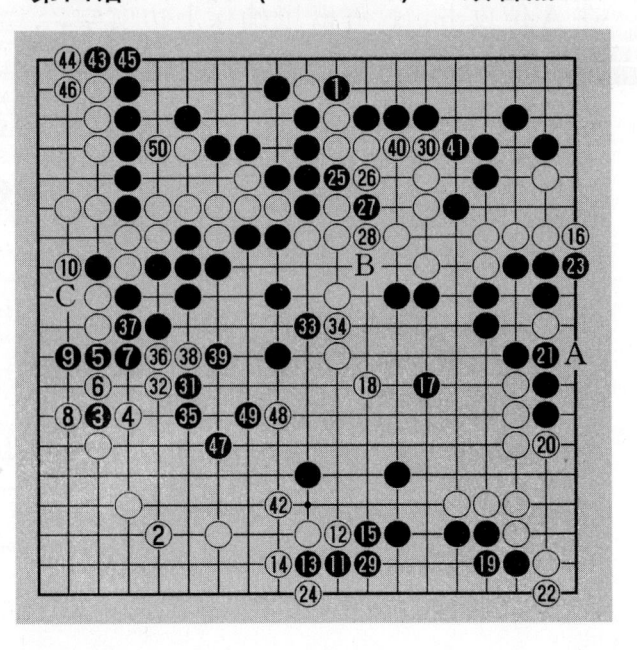

位点，黑将无应手。

白92点试黑应手，很巧妙。黑93若于C位接，白D位扳过，黑眼形尽失。黑若改于95位顶，白C位断吃一子也相当大，黑颇感为难。

白94缓手，此时怎么也应在E位扳，如此白明显优势。实战黑95补后，黑总算缓了一口气。

图十

图十一

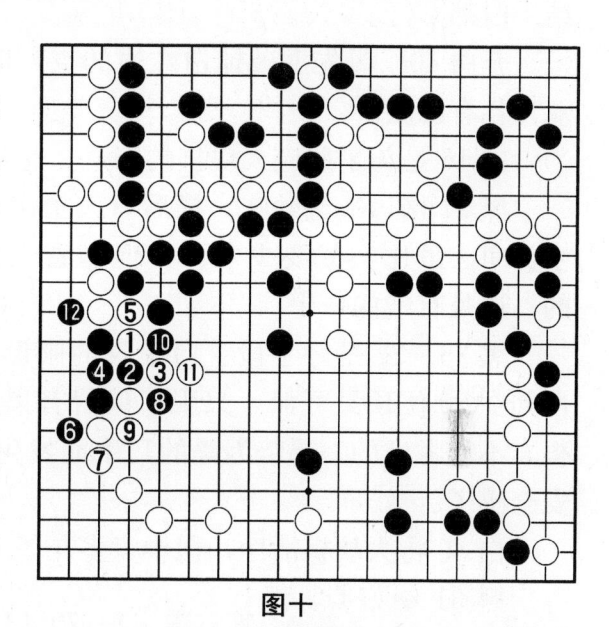

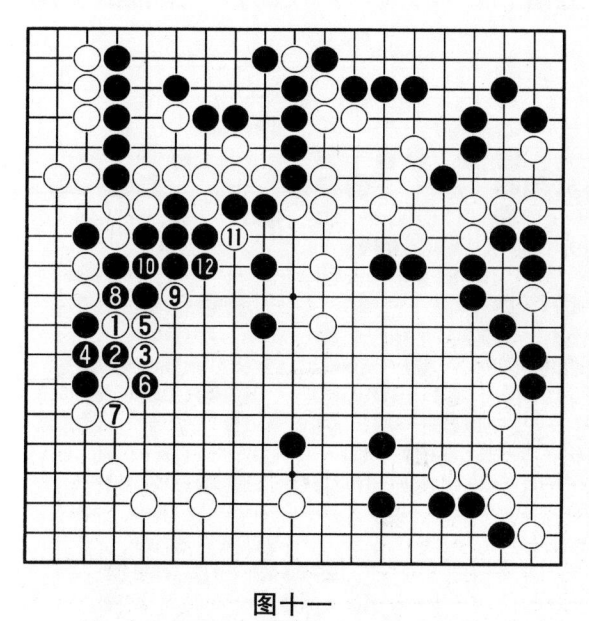

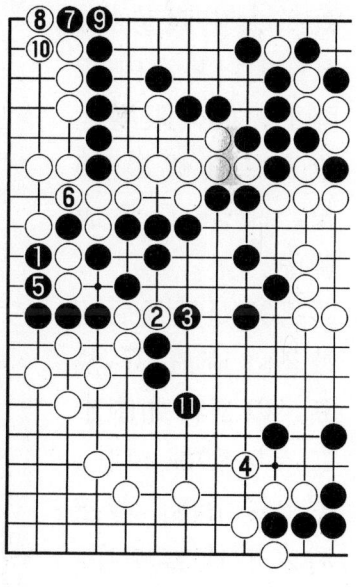

图十二

黑3是破空的常用手段。

白6只能如此，如想硬吃黑棋，则如图十、图十一的变化，

351

结果白都不行。

至白10，黑先手破掉白左边的空，但白左下角也加厚不少，双方各有所获。

白16是为了照应大块棋的安危，这是优势时的担心。

黑21接，缺乏妙味。局后有人指出，此手可在A位尖，一手补净。虽比实战要少4目，但能省出一手棋，也是不可小看的，这是有趣的一手。

黑25、27是好手段。白中腹的眼形顿时成了后手眼，因为白如在30位顶虽可保一只眼，但留有黑B位尖断的手段，这是根本不能考虑的。局势因黑的巧手而发生了变化，白棋大块缺乏安全感了。

白30将大块棋活净，但毕竟多花了一手棋。

黑31绝好点，既扩大中腹势力，又侵消白势。白32强手，最大限度地收官。但被黑35长，白36已势成骑虎。

37是黑最后的败着，应在C位断，以下将如图十二，与实战相比，差出一手棋。若按后来的收官顺序，黑C一手棋可放在别处，那胜负就难说了。

第五谱　1—70（151—220）　遗恨的一局

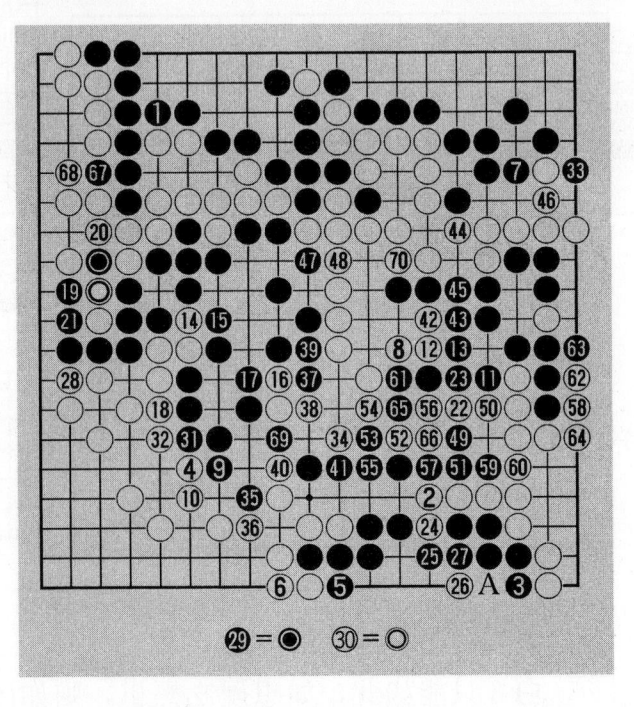

白 2 长没有必要，保留 A 位托还是很大的。

以下小官子没有什么出入，但结局应是白胜 1/4 子。由于黑最后损了 1 目（黑 61 应在 62 位打吃），结果使白多赢了 1 目。

本局的失利在于我求胜心太切，因为第一局的失败，渴望在第二局翻回，所以取得优势时担心重蹈覆辙，总想一下子击垮对方，可计算时又欠周密，显得极不协调，犯错误后又头脑发热，一错再错，直至败势。当重温这局棋时，也明确了今后的研究课题。怎样弥补不足之处，提高棋艺素养，我在认真地探索着……

第三十五局 再战"天杀星"

黑方 聂卫平九段 出 $2\frac{3}{4}$ 子　白方 加藤正夫九段

对局结果：白胜 $1\frac{1}{4}$ 子　共256手（以下略）

1984年6月5日弈于日本大阪

继与赵治勋的"三番棋"后，第二次"三番棋"在大阪拉开战幕。我的对手是排在日本第二位的加藤正夫，他近来以显赫的成绩、高超的棋艺、谦和的态度赢得了大家的尊敬。第一局我在优势的情况下，因一步随手酿成大祸，断送了一局好棋。本局是第二局。怀着连败三局后极为沉痛的心情，我开始了更为艰难的拼搏。

白6一间高夹至黑13，是定式的正变。紧接着白14是变招，普通是在上边A位拆。对此，黑如随手在18位长则正中敌计，白马上就于17位曲，黑棋非常难受。如谱黑15飞

第一谱　1—22　秀行的敏锐感觉

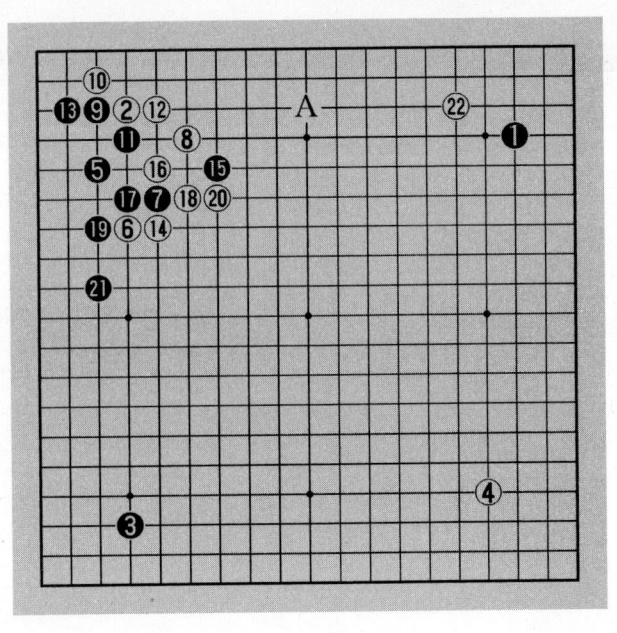

出是手筋。

白16一般是按图一变化的，这是一般的走法。如谱白露骨地分断显示了加藤九段勇悍的棋风。

至白20的结果，得失大致相当，但黑21平凡地跳补不充分。事后，藤泽秀行先生来信指出黑21应如图二变化。

图二：黑1紧凑！秀行先生认为这是此际唯一的应手，白棋只能脱先。白a位压与黑b长的交换显然白吃亏，白也不能在c位断，那么黑将来补棋时可一手打在a位，实利不小，又大大加强了左下角，黑可满意。

对秀行先生的批评，我心悦诚服。日本超一流棋手在这种地方的敏锐感觉，是值得我好好学习的。

黑23有把棋的味道走净之嫌，此时在26位三间夹是好点。

图三：对黑1、白2至6如先安定右上角，则黑7先手退，再9位搜根锐利，白10、12如立即冲断则无

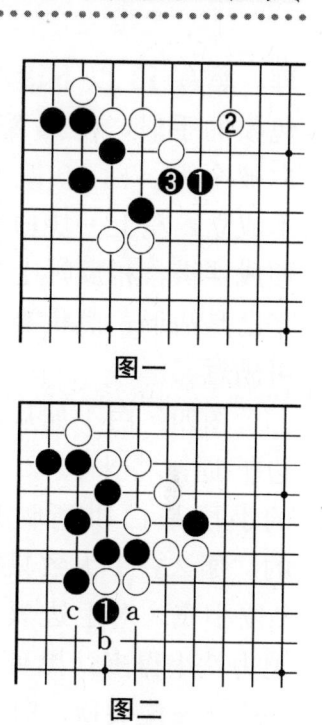

图一

图二

第二谱 23—43 黑31缓手

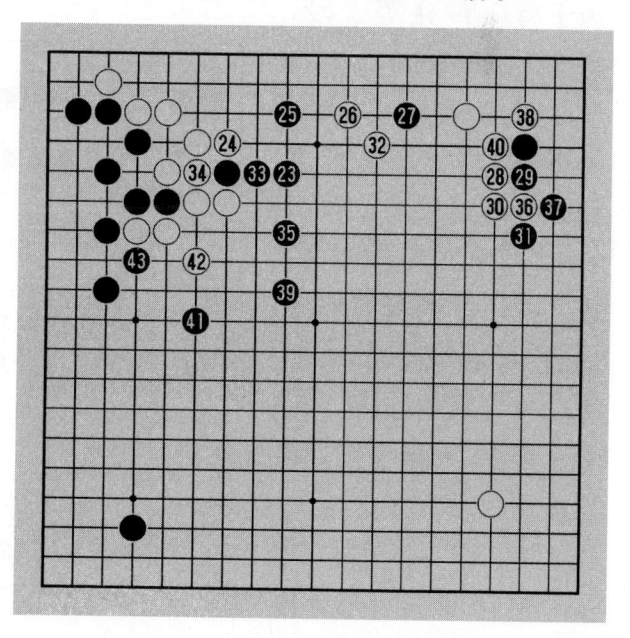

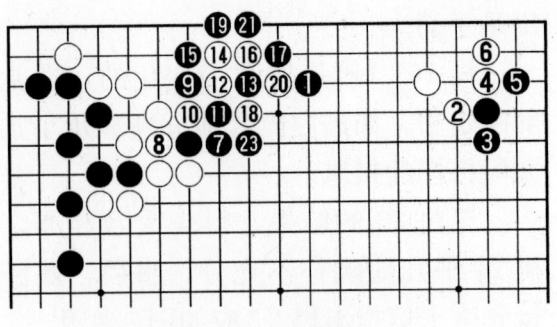

理，黑有 13 以下滚打包收的手段，至黑 23，白被全歼。白 10 既然不成立，左上一块白棋便成浮棋，相反黑上边却已是活形，黑棋当然可满意。

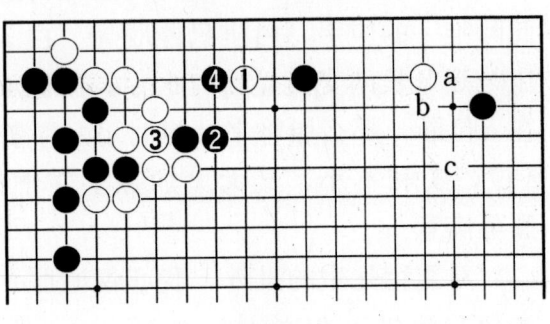

图四：白 1 如从这边拆逼，将来黑 2、4 的手段是白棋所讨厌的。那么白 1 大致只能 4 位小飞，对上边黑子迫力就小得多，黑可能马上于 a 位尖顶，白 b、黑 c，先捞实地。上边黑子有 1 位碰等手段，腾挪不成问题。

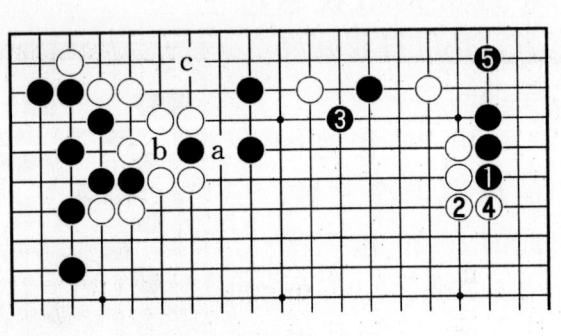

如谱被白 24 补，黑再 25 跳下，已有落后一步的感觉。

白 26 明知黑 27 要打入，还最大限度地拆逼，如此公然挑战是加藤九段的独特风格。

图三　㉒＝⑬

图四

图五

黑 31 大缓手！如果是现在，我毫不犹豫会按图五走棋，白 4 挡虽然很厚实，但黑 3、5 把上边和右上角均安顿好，将来可伺机 a 接、白 b、黑 c，攻击左上白大棋。如此，黑简明易下。

被白 32 尖补后，黑只有 35 跳出逃孤。

图六　　　　　　　　　图七

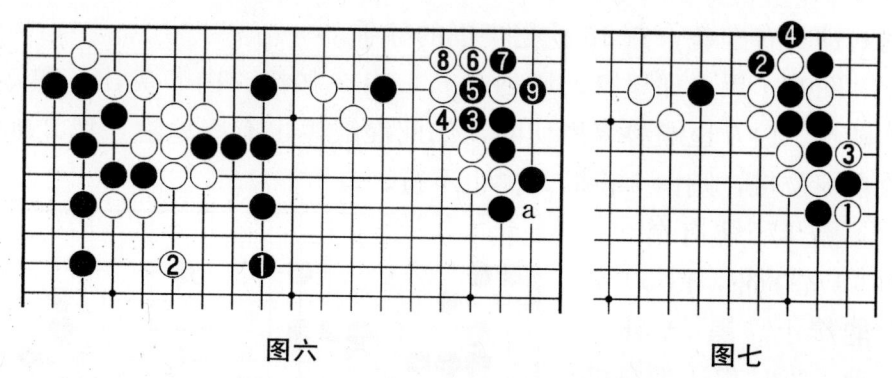

白36、38机敏。本来我在走黑31时，已预想白32会尖补，那么黑伺机在38位长，白很难应付，可现在被白先动手，黑后悔莫及。

黑39跳，以为白必然要在左边应，然后黑准备按图六先收角空。途中白8如改在a位断，则如图七，转换结果白相当不好。

不料白40意外地顽强，抢先补强右上角，左边大棋静候黑棋来攻。

黑41当然的一手。白42冷静。黑43虎补后，白如何突出重围成为本局第一个胜负关键。

此时，白如委屈地于73位补活是不能考虑的，但如用一般方法出头，既恐让黑走得太厚，又怕黑棋有变，不过，白对黑

第三谱　44—75　复杂的中盘战

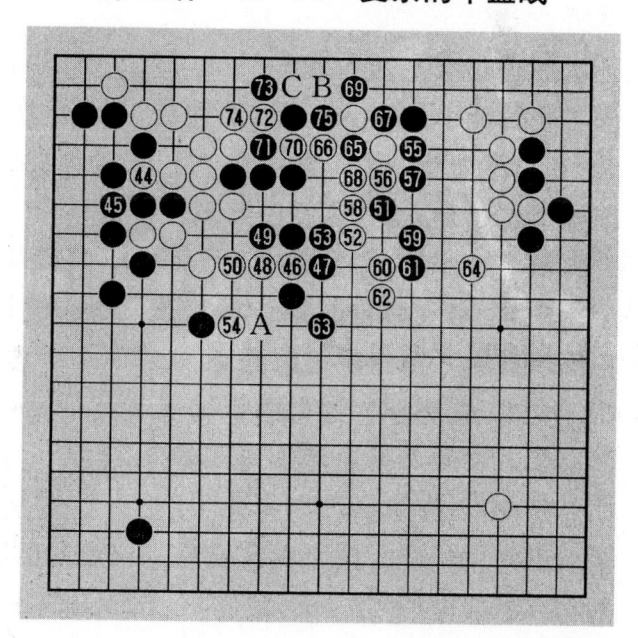

357

的封锁早有准备，白46挖是突围的好手。

图八：黑1如里打，则白2长，黑3如接，白4尖出，黑5如硬封，白6也顺势将黑切断，如此混战黑也有些危险。黑3如改在6位接，则白3位断，黑也不行。

黑47只有外打，再49先手冲，白50也只能接上。黑51补法生动，当时我认为白棋坏了，原因是：黑51后，马上就可55位冲出吃白二子，白如补棋，黑就A位尖封，白再于53位断，黑就不怕了，故而白只得后手补活，黑将一举获得优势。

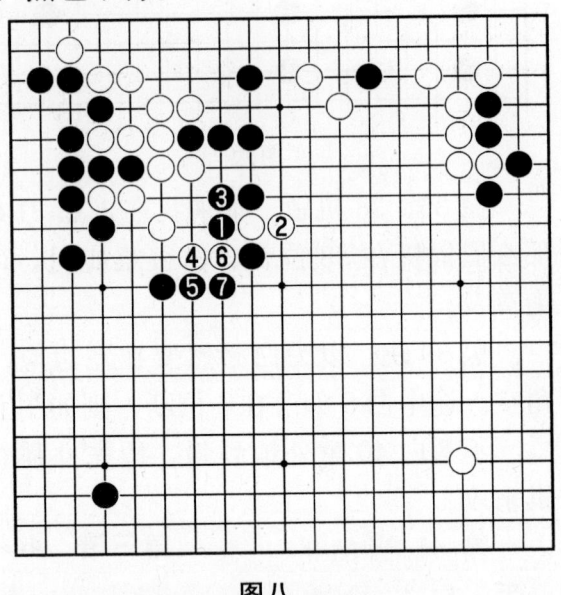

图八

加藤九段不愧为处理难题的能手，白52显示了他雄厚的实力和高超的棋技。此时黑53只得先接一手，如硬在A位封锁，被白53位断，黑反倒难以收拾。于是，白54便可突围。

黑55冲时，由于有了白52一子的接应，白56、58就成立了。白62出头后，形成一场混战，黑左右两块孤棋和中间一块白孤棋对跑，白当然可以满意。

白64大恶手！如果白棋输了，此手就是败着。黑65是绝妙的手筋，加藤九段显然忽略了这步妙手。白64应先在B位求联络，黑如C位阻渡，白再走64位，这样黑65的手段便不成立了，形势白优势。由于白没有作这一交换，黑65后，白66只得抱吃，忍痛被黑67、69通连。白70、72只有把中央黑棋冲断，

第二部 难忘的四十局

寻求战机，否则黑左右孤棋连成一块，白单方面逃孤是无法忍受的。但是，黑73打极为痛快，再75补活，右边至上边这块孤棋已活净，并得到不少实地，中间虽是孤棋，但白中间一块也是孤棋，双方对跑，黑并无害怕的道理。如此，形势一下逆转，成为黑绝对优势的局面。

黑79、81、83先走畅自身，再85扳出，很严厉。

白90、92是最强烈的胜负手，否则被黑90位贴长，左下全部成实地，棋也就到此为止了。

黑93的方向完全错了！送白安然联络。接着黑95、97在下边围地，看似很大，其实劲使得全不是地方。白96、98极大，黑既然要围下边空，就不能再

第四谱　76—105　黑行棋方向的失误

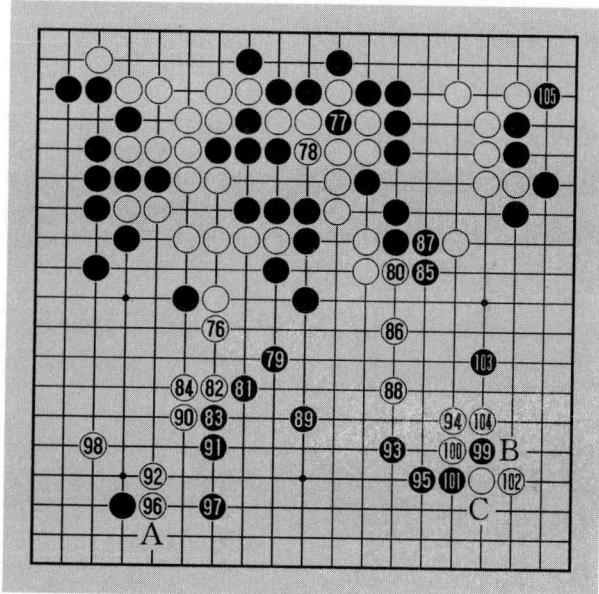

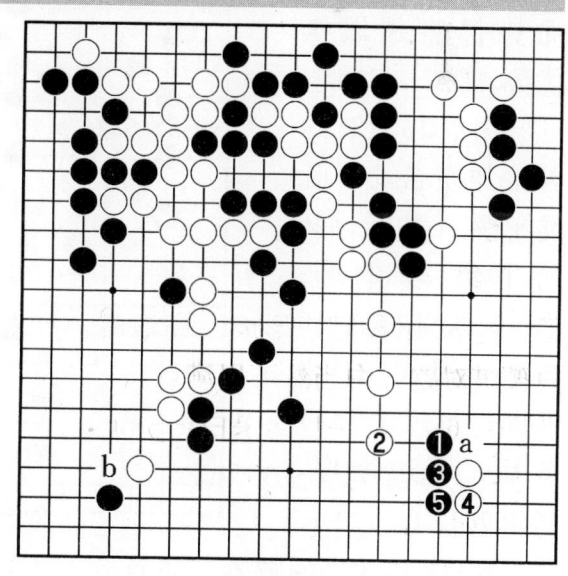

图九

我的围棋之路

于A位扳去活角。黑下边最多围了不到30目棋，如此转换，黑不划算。

局后加藤正夫认为，黑93在100位肩冲，缠绕攻击中央白孤棋，是最厉害的走法。

图九：对黑1，白无论在a位或3位爬都不行，黑跟着长后，中央白孤棋更加困苦，因此白2只有跳，黑3、5趁势挡下，白极难应付。如在右下边应，怕中央白棋受攻，如先安顿中央，黑a拐头又不能忍受，白棋将左右为难，此外黑一旦争到先手在b位贴，白也受不了。

加藤的意见极为正确。黑在这里出现了误算，直接原因是误以为黑99、101搭断后，白102只能补在B位，这样黑可C位打取角。不料白有102退的好手，黑什么便宜也没捞着。

黑103先手利是时机。黑105大极！争到此点后，局势仍然是黑棋优势。

白10、12的补法煞费苦心，既防了黑A冲断，又防了黑37的刺。白10如直接在16位补，恐黑37位刺断。不过，黑11应后，下边变厚，黑也放心了。

第五谱　5—44（105—144）　黑31败着

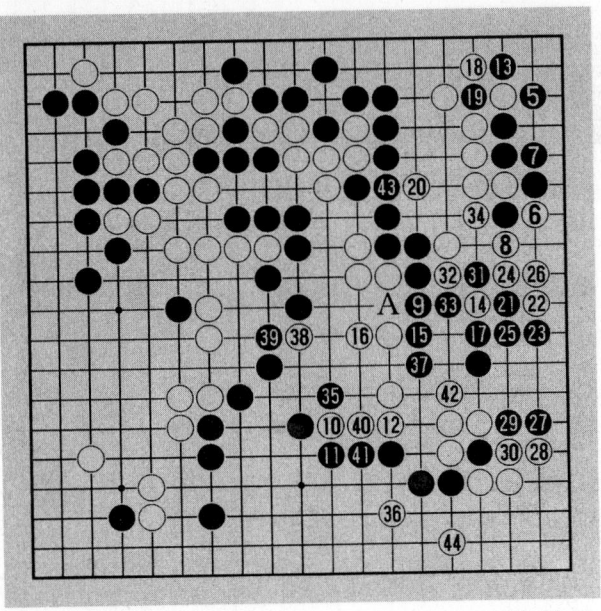

黑31是本局的败着！简直令人不可思议。此时只要简单地在43位接，便是黑简明优势的局面。

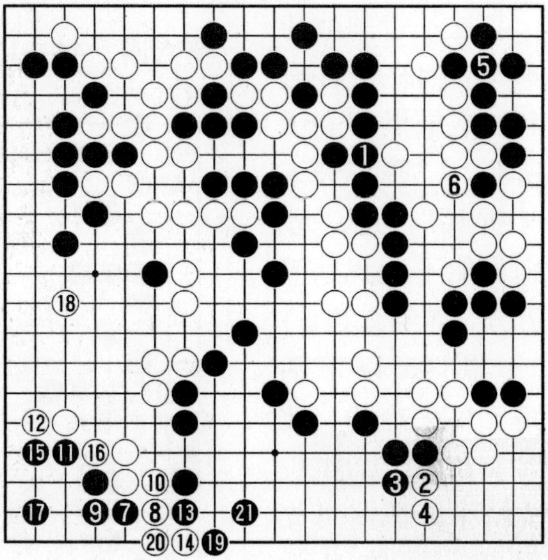

第二部 难忘的四十局

图十：黑 1 至 21 是双方正常的收官，这样黑可简单取胜。过程中白 6 若脱先他投，黑有参考图的劫杀白棋的手段，白恐怕更坏吧。

当时在极度紧张、兴奋之下，我误以为图十一 1 位打吃一子已活，漏算了白 8 夹的破眼手段，造成一手棋的损失。

图十

心慌意乱之下，黑 35 打吃又犯了一个大错误，遭到白 36 的严厉反击。黑 37 长时，白 38 好棋，40 接成为先手。黑 41 无奈，白 42 后，黑 43 还是要

参考图 ❺=△

连回，于是白 44 飞渡。黑等于在双方激战的关头，脱身在中央走了一个单官。这短短几着内，黑接连损出两手棋，形势顿时急转直下。

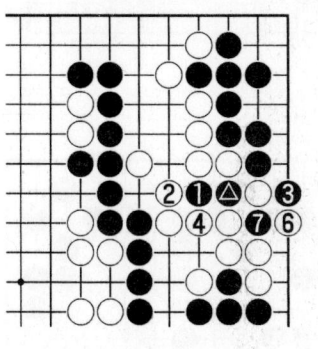

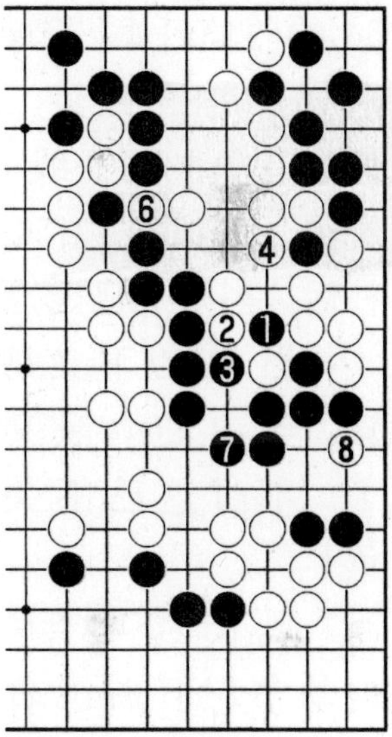

图十一 ❺脱先

黑 35 若及早醒悟，改在 43 位单接还来得及，以下仍如图十的变化，黑仅损失了右上角 5 位粘的官子，从全局上讲影响还不大，黑仍可保持一点优势。

361

这一带的战斗本来应该是黑有利，结果黑却一无所获，“赔了夫人又折兵”，这一差别不能不让我感叹万分，苦笑无言。

黑 45 以下活角已失去冷静，此时如在图十二 1 位先搭下，黑 5 可先手挡，再转身活角。白就没有 52、54 的收官手段了。这样，黑虽劣势，但尚有争胜的一线希望。如谱被白 54 尖补后，黑败局已定。

黑 71 以下又是误算，至白 90，黑又损了。不过这已不关胜负了。

黑 1 以下尽管顽强地劫争，但白沉着应付，黑毫无可乘之机，不得不饮恨败北，留下了无限的悔恨和深深的内疚。

第六谱　44—100（144—200）　黑断念

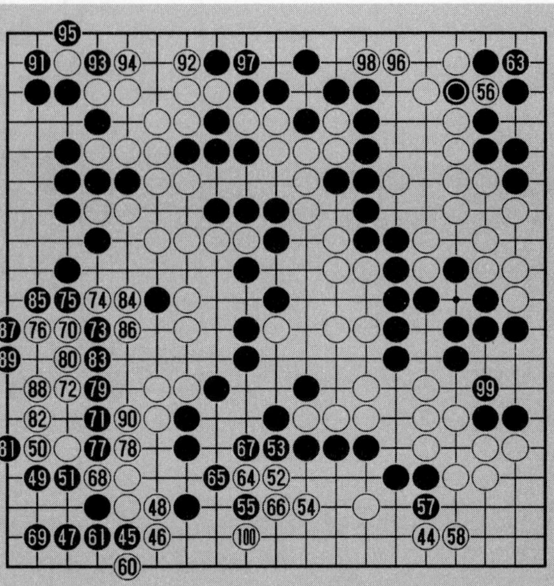

(59)=◉　(62)=(56)

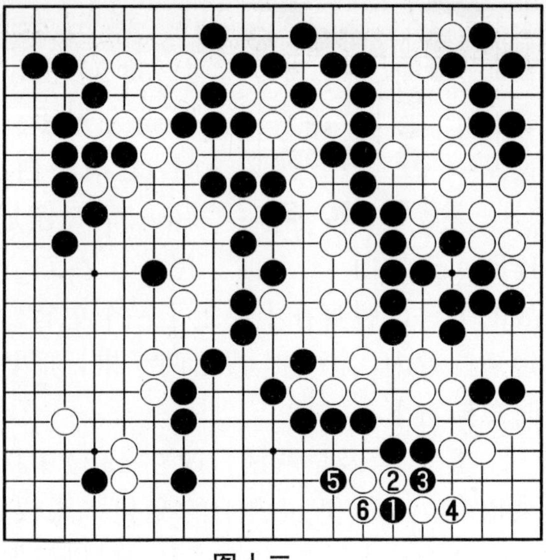

图十二

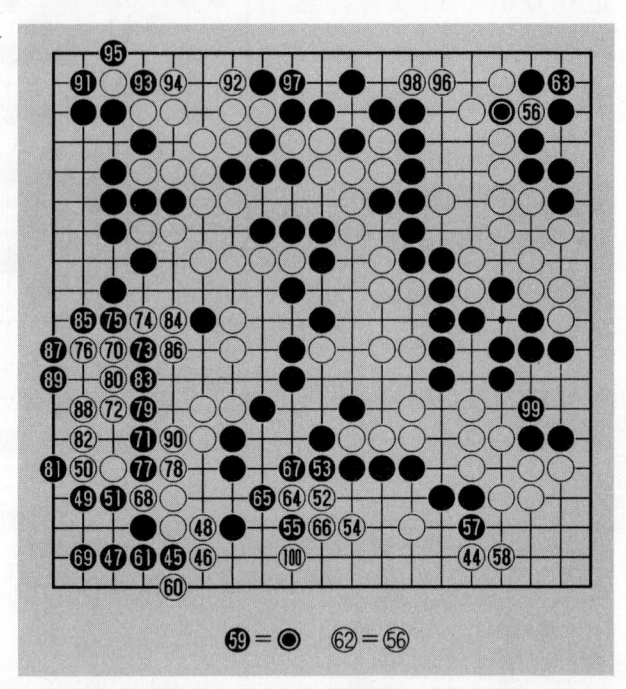

两个"三番棋",结果 4 比 0,这说明了我与日本超一流棋手的差距。对方无论在优势或劣势时都有较准确的判断,对各种机会敏感,抓住战机后便不松手,一气呵成。他们的棋有很强的韧性和弹力,很难一下子击垮攻破。在不利时头脑清醒,不急不躁,特别是读秒后也镇静自如,这些都是值得我学习的地方。但是,这一切并不是说他们就尽善尽美不可战胜了,我觉得他们还是有薄弱之处,在大局观上并不十分出色,接触战也并不强于我们。我相信,通过今后的努力,是能赶上去的,时间不会太久,一定能赶上去的!

第七谱 1—56（201—256） 无效的劫争

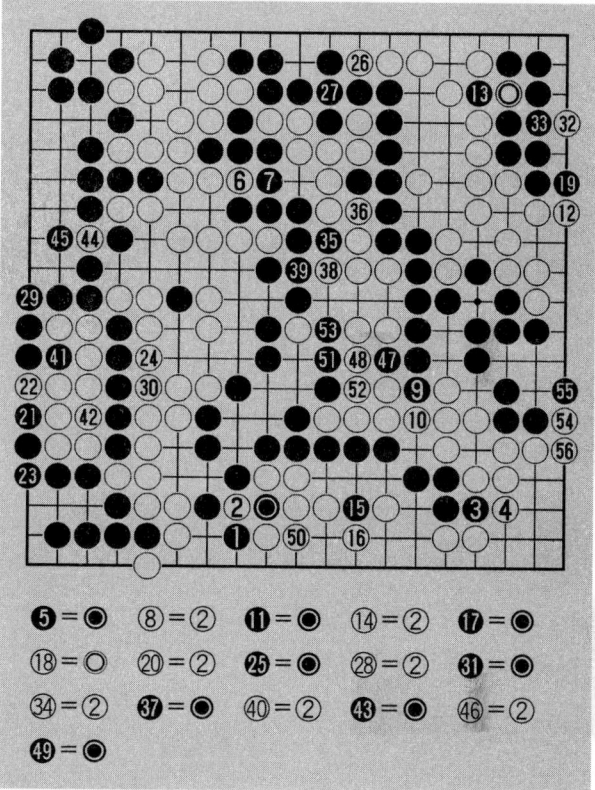

⑤=◉ ⑧=② ⑪=◉ ⑭=② ⑰=◉
⑱=○ ⑳=② ㉕=◉ ㉘=② ㉛=◉
㉞=② ㊲=◉ ㊵=② ㊸=◉ ㊻=②
㊾=◉

第三十六局 感觉与计算的较量

黑方 坂田荣男九段　出 $2\frac{3}{4}$ 子　白方 聂卫平九段

对局结果：白胜 $3\frac{1}{4}$ 子　共275手

1984年10月7日弈于日本东京

应日本NHK电视台的邀请，我于1984年10月7日在东京与坂田荣男九段进行一场电视快棋比赛。

坂田先生是我尊敬的日本棋手之一。他今年六十四岁，曾先后获得六十四个王冠，这在围棋史上是独一无二的。至目前为止，得冠军排在第二位的大竹英雄九段，也只有三十八个。由此足见坂田先生超群的技艺。

由于这是要在电视上实况播放的快棋赛，限定每方每步棋用三十秒，但有十分钟的机动时间。

众所周知，坂田先生快速计算的本领是超群的，而

第一谱　1—30　黑序盘的缓手

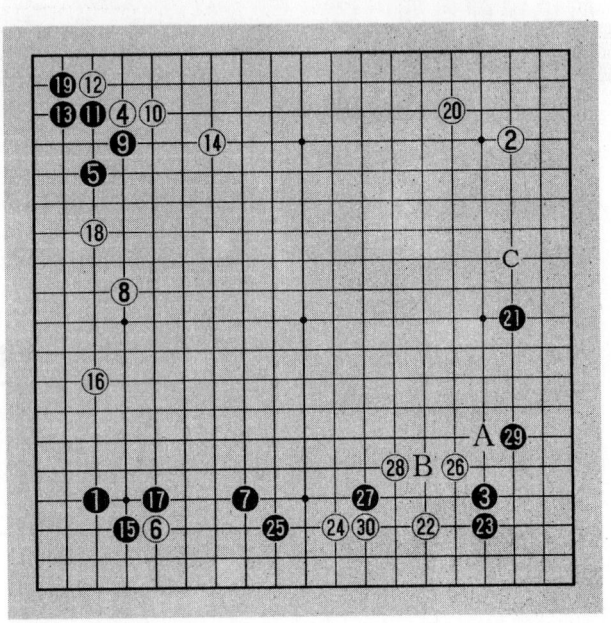

我则偏重于感觉。因此，从双方棋风来看，这局棋可以说是感觉与计算的较量吧。

至黑 7，是十分常见的布局，双方都下得飞快。

白 8 如直接在左下角动出，局面显得单调。因而，在左上攻击黑 5 一子是积极的态度。

白 14 如图一那样在 1 位拆二，则黑有 2 以下的先手，黑 6 再拆逼，白左边一子显得单薄。因此实战飞起，以呼应白 8 一子。

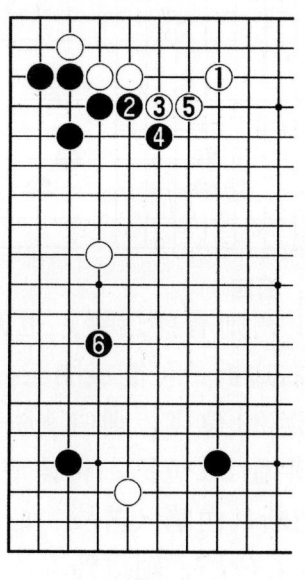

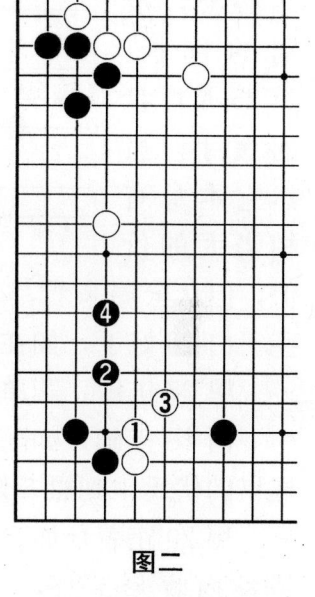

黑 15 尖顶，期待白动出 6 一子，成图二。黑步调相当流畅，左下角实空可观，而白上下均不安定，白显然不满。

白方当然不会如黑所愿，白 16 弃子转身，再 18 建成稳固的堡垒，双方各有所获。黑 19 不可省略，这是有关根据地和双方厚薄的要点。

对白 22 挂角，黑 23 玉柱守角是最强应手，从守空的意义上来说，也是最有效的。如在 A 位跳或 30 位夹，

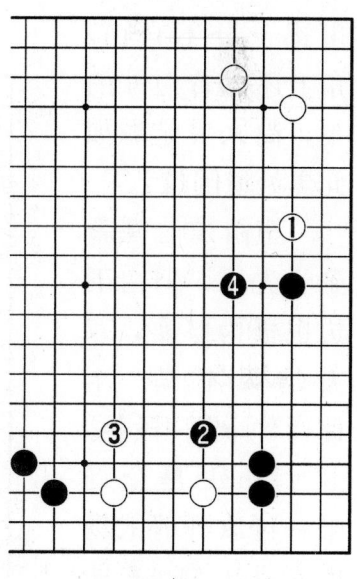

图一　　　　　图二

图三

白都很容易进角。

白24拆二必然，没别的选择。黑25是序盘的缓手，虽然它本身有相当大的价值，但从全局来看，步调则有些迟缓，也许在B位飞更有力一些。白26好手，如在右边拆，可能成图三，黑子效很充分。

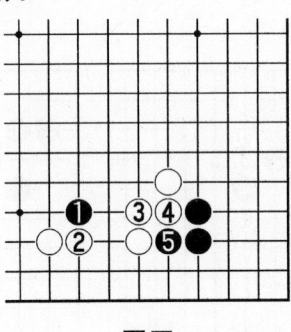

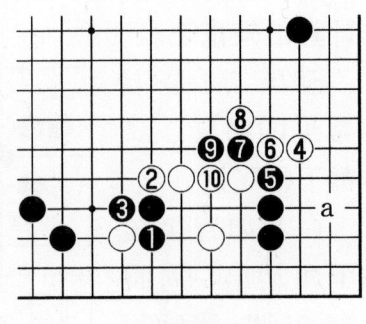

黑27机敏，若单走29位飞，则白就脱先在C位拆逼。

白28正确，如随手在30位挡，将铸成大错。图四的手段是黑棋的伏兵，到黑5切断，白陷入苦战。

黑29正着，如走30位挡，则成图五：至白10止，黑中央二子被白收紧了气，出逃十分不自由，角上还欠着白a的飞，尚未安定。如此黑处境困难。

至白30，黑争到了先手，但白下边也极为厚实，双方均无不满。至此，布局告一段落。

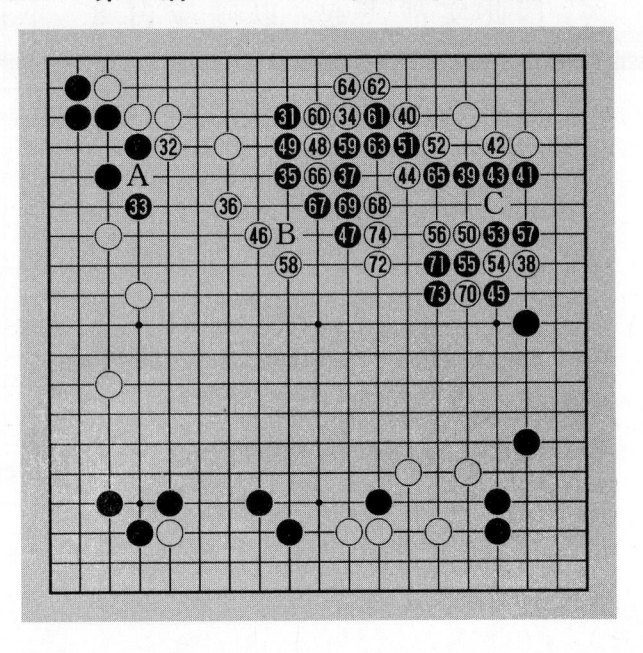

黑31是全局唯一可以开辟战场的一手。白32曲具有强烈的先手意

图四　　　　　图五

第二谱　31—74　变幻的中盘战

味。黑 33 若脱先抢 61 位的拆二，白就 A 位打，然后 33 位退，一手封住黑棋，黑无法忍受。

黑 37 曲镇要紧，这不仅因为它是棋形的要点，而且有此一手，白上边的拆三就显得薄弱了。

白 38 有些无理。正确的下法如图六。对局时，我觉得黑实空捞得太多，便不顾一切地先占大场。实际上，这是一种极不冷静的下法，反而容易被对方有机可乘。

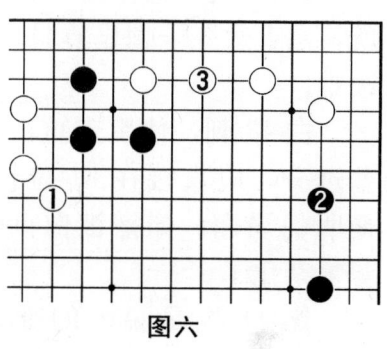

图六

黑 39 过早，准备工作不足，应先走 B 位跳，如图七，与白 2 交换一手后再走 3 位，从实战的进程可以看出，两种下法相差甚远。这本是一个很好的领先机会，但黑方没有抓住。

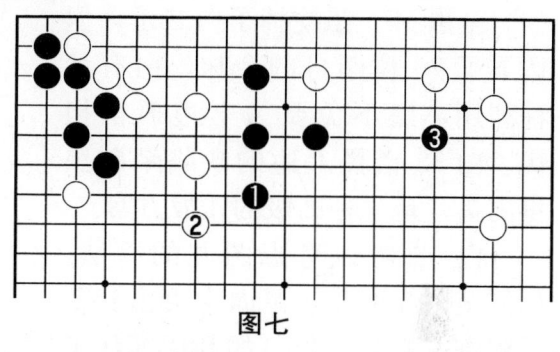

图七

白 40 本手，如走图八的白 1 补，经黑 2 以下定形，不仅白攻黑上边三子的计划落空，角上还留有多种余味，将是黑方大成功的局面。

黑 41、43 隔开白 38 一子也属当然，若于 44 位连回，白 C 位补，黑 39 一子就失去意义了，不仅没有收获，还给对方留下 48 位的尖断，吃亏甚大。

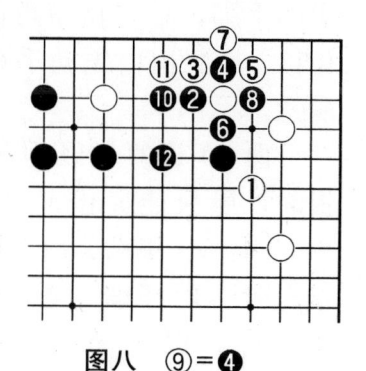

图八　⑨=❹

白 44 跳出分断黑棋，虽然明知以后黑有 51 位的挖断，也只能这么下了。如单纯逃 38 一子，再被黑 44 位连回，白只能忙于自身安危，就绝无可能去冲击黑棋。

黑45尖，吃住白38一子，局部收获不小，但被白46占到急所，黑上边三子顿显薄弱。当初，黑若按图七进行，形势将大为改观。

白48刺，使黑走重。黑49有些过分，应直接在51位挖，是黑简明的局面。如谱被白50飞，形势复杂化了。

黑51挖是脱困的唯一办法，显示了坂田先生的敏捷算路。

至黑57，虽吃掉了白二子，但留下了70位断打的余味，白有种种利用，黑不免要为上边孤棋担忧。白58借黑上边的缺陷牵制黑棋出头，是一种高级的作战方案。

白62可以考虑图九的下法，如能至白5变化，黑向中央出头备受限制，右边a位打的利用缚住了黑的手脚，唯一良策可能是单在a位接。中央由白先动手攻击，白可满意。

白70误算，以为图十中白3扳时，黑只能a位冲，以下白b、黑c、白4、黑粘、白5接，黑上边被全歼。再仔细一看，黑4、6简单一走，以下至黑14，白棋不成立。

发现误算后，我有些不冷静，又走出了白72的缓手。

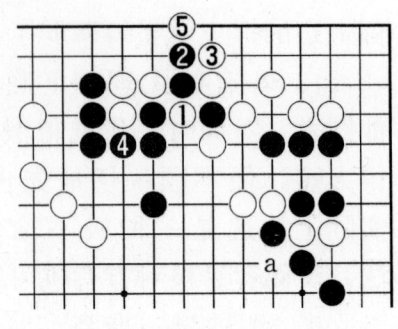

图九

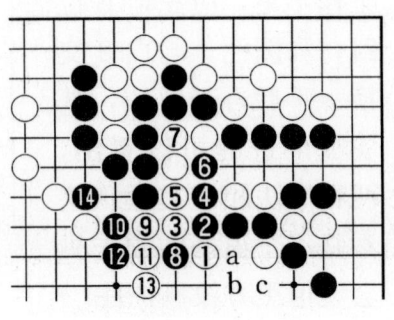

图十

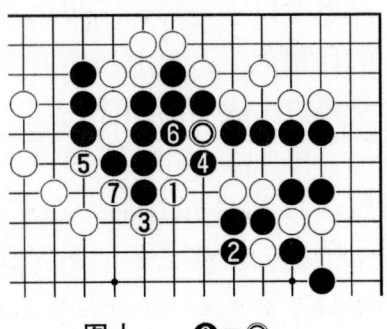

图十一　❽=○

白72的正确下法是74位单贴，黑逃回的唯一办法如图十一：舍此都有被全歼的危险。这样，白不仅先手吃掉黑三子，中央还很厚实，全局明显领先。实战白72先跳，再74接，与图十一相比，几乎差了一手棋。

不过，由于黑出现了几次失误，尽管白棋没有抓住战机，形势还是不明朗。

黑77太贪，出乎我的意料。对局时，我的预想是图十二。这一局部结果，黑优于图十一甚多，从全局上来看，大致两分，胜负将由此开始。如谱接回三子，显然是坂田先生出现了误算。

黑79似乎是俗手，但由此产生了81刺的利用，对大棋的做活有帮助。若单在83位尖，被白79位先团，如图十三，黑就简单被杀。

白84应立即动手杀黑上边

第三谱 75—100 黑行棋过分

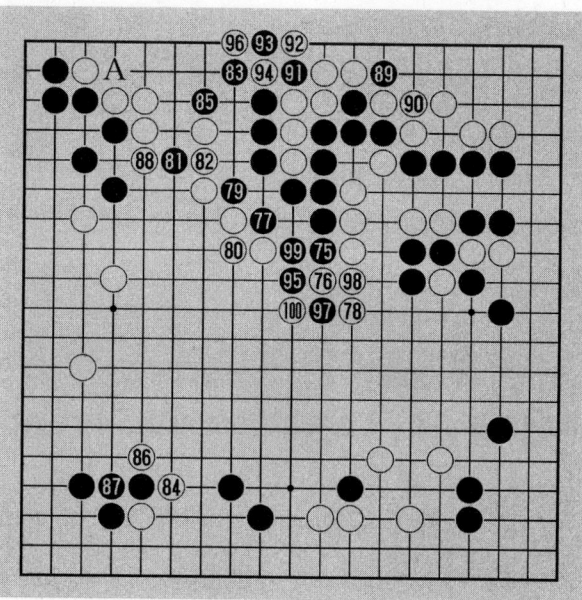

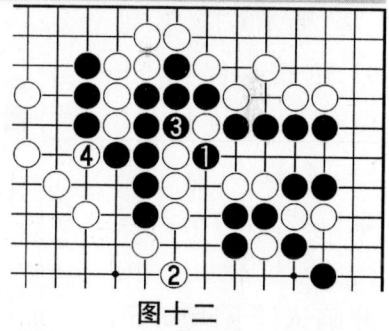

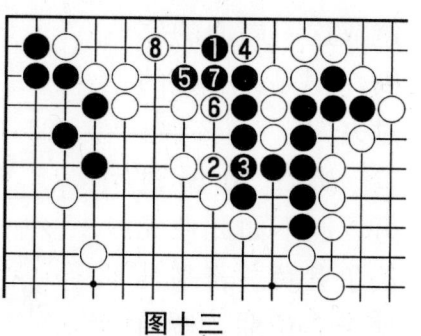

图十二

图十三

的大棋，黑无逃路。如图十四所示，则全局可就此结束。但由于时间急迫，担心会发生意外的误算，故先在左下打一"将"，以此争得30秒的时间，再核对一遍。但这一迟疑，即失去良机。

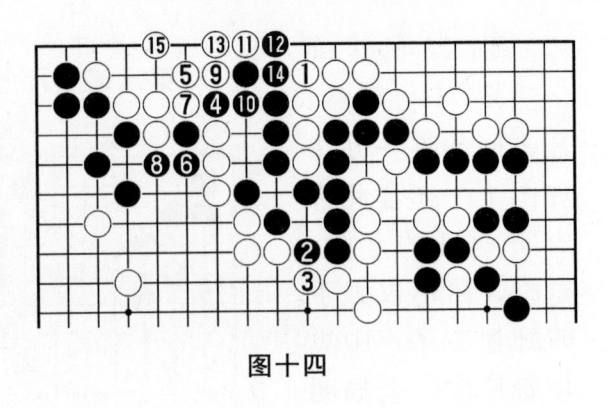

图十四

黑85立即补活，白方追悔莫及。白86苦中作乐，左下明显得利不少，但与杀掉黑大棋相比，则是微不足道的。不过，白86的一打，毕竟使白在全局上开始领先。

白88先手连回，黑必须补棋，不然白于A位接，黑左右两块必死一块。

第四谱 1—63（101—163） 黑大苦战

黑89应单在91位挤，保留89位打的一枚劫材。白94提劫后，黑难以找到劫材，只得95位扳出，由此陷入了困境，而造成这一局面的原因，正是黑77的过失。

黑1虽属过分，但不如此便无法争胜负。若平凡地于5位曲，被白

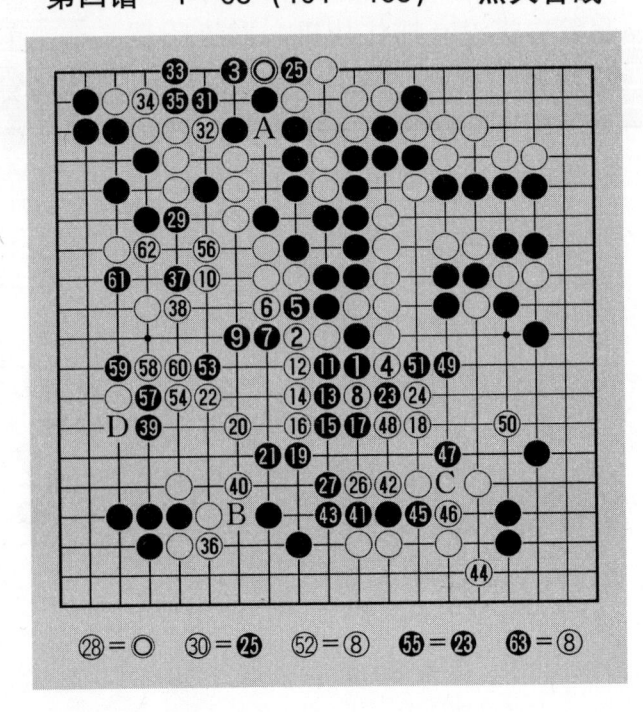

1位提，黑尚需补活，白可轻易取胜。

白2后，黑3打不得已，若于4位曲封住白棋，则白A位扑，对杀黑不够气。

黑5冲、7断，比单在8位长变化多一些，黑想在复杂局面中寻找机会。以下至白22的应接均属必然，黑中央二子虽逃回，但已付出了左方二子的代价，而上方大棋仍未活净，下边36位的打虽大，却也无暇顾及。综上所述，黑5引起的纠纷没有得到预期的效果。

黑29见无望胜劫，只得忍让。至黑35，白先手解消劫争，各处棋均已通连无恙，可以说确立了胜势。

白36太贪，应在B位补，中央厚实得多。如谱被黑37、39冲击，白40只得自补。

黑41、43救回一子，细。如此做得一眼，生死问题已不用担心。

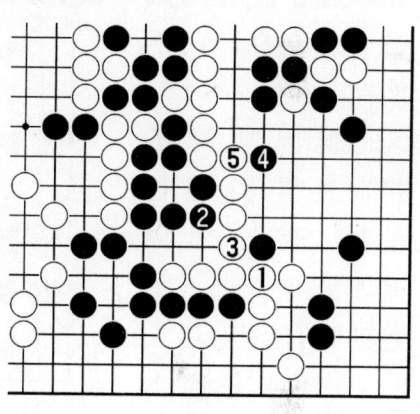

图十五

黑47再度挑起纠纷，期望在冲击白大棋时取得便宜。白48如于C位接则软弱。如图十五：白1接，则黑2先手活净，再黑4先手利，白颇感委屈。因此，白48打，先声夺人，是必要的反击。

黑49先刺，白如随手提劫，黑C位断就成立了。

白50飞，以大局为重，吃住黑47一子，倘若贪恋上边数子，一旦被黑C位切断，就全军覆没了。

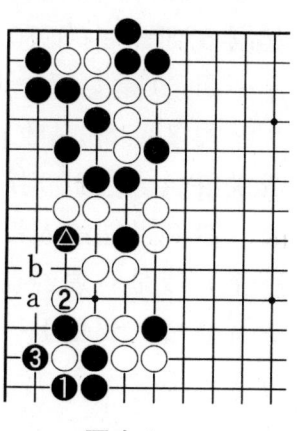

图十六

白 56 自重，因看到胜势已确立，无需再去顽强争劫，为确保安全，自补了一手。

黑 61 试白应手是巧手，将来黑走到 D 位后，有图十六的官子便宜，黑 3 后，白如脱先，黑 a 扳时因黑▲子的存在，白不能在 b 位挡。

黑因劫材不足，只得 63 自行消劫。至此，全局基本定型，进入平稳的收官阶段。

白 64 是盘上最大的官子。黑 65 好手，白 66 接后，黑再 67 退，白如 80 位爬，黑就能在 157 位顶住了。

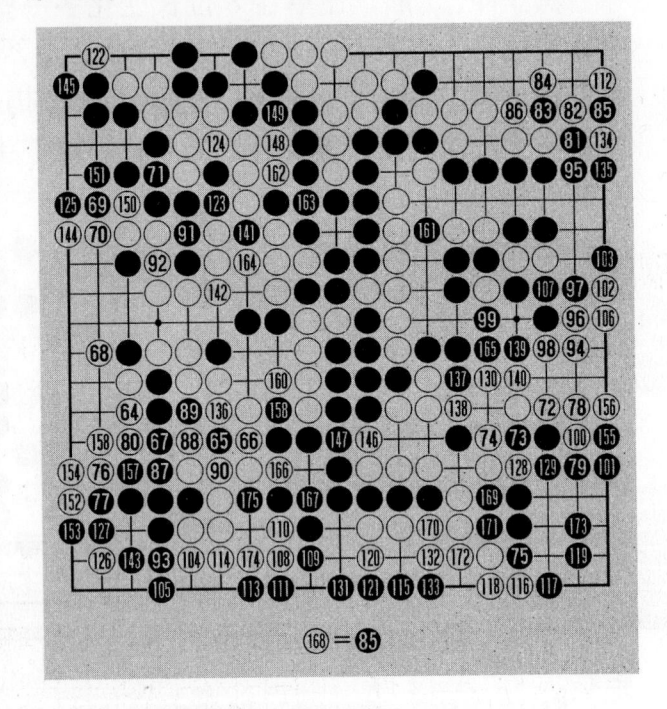

第五谱　64—175（164—275）　确定的收束

⑯⑧ = ⑧⑤

黑 69 是急所，再不走左上角就危险了。

黑 81、83 是收官的手筋，以下官子虽有一些小出入，但已无关胜负。白 100 挤后，盘面已经领先。

胜利虽能给人带来喜悦，但我清楚地意识到，无论在棋艺水平上，或是对局经验上，坂田先生都有许多值得我学习的地方。艺无止境，要更上一层楼，还有待于我加倍的努力。

第三十七局　大意失荆州

黑方　马晓春九段　出 $2\frac{3}{4}$ 子　白方　聂卫平九段

对局结果：黑中盘胜　共137手（以下略）

1984年11月29日弈于广州

这是1984年全国围棋个人赛决赛第五轮，对手是马晓春。由于前四轮我们都是四战四胜，所以赛程还未及半，行家便已判断出，胜者大致会位居榜首，事实也果真如此。

众所周知，马晓春的棋聪明机警，变化难测，已成为我头号强敌，所以我必须全力以赴。

黑11按定式下法是在A位拆三，因为考虑到和左下角小目一子的配合，选择了高拆四，这是黑的布局趣向。

黑13要点，稍一迟疑，白就有图一的手段。

图一：白1关起好手，黑2必

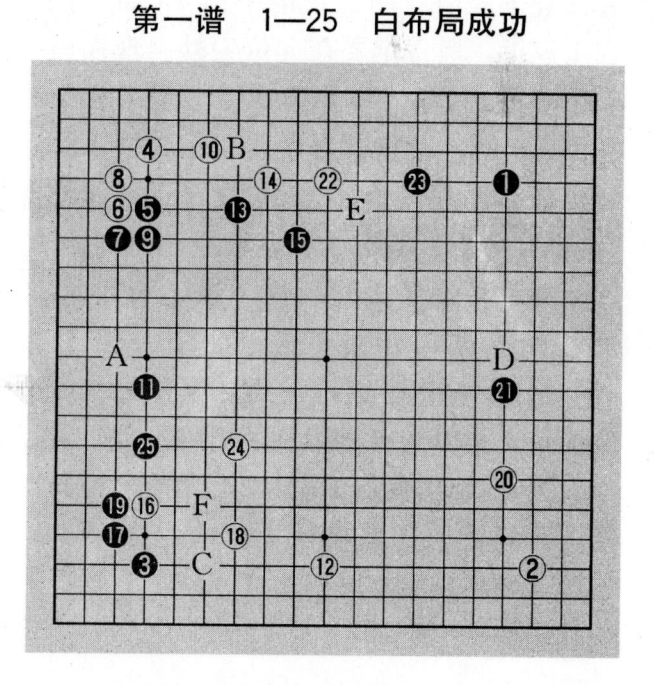

第一谱　1—25　白布局成功

应，否则被白再于 4 位跳，黑只得后手补左边。白 3 扳后，再 5 挂角，姿态生动，黑不满。

白 14 当然，不然黑于 B 位靠很严厉。

白 16 挂时，黑 17 是最强应手，如按图二行棋，被白简单安定，黑不行。

白 18 轻妙！如在 19 位挡则重，被黑 C 位拆一，白苦战。

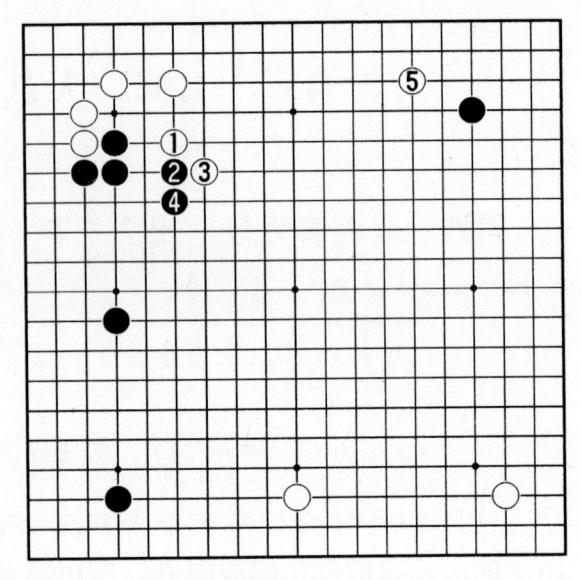

黑 19 只得爬。这几手的交换，白明显便宜了。请看图三：谱中白 16 如直接在 1 位拆，黑肯定要在 a 位尖补。现在白 1 拆时，黑 2 小飞守角显然吃亏了。接下去白 3 和黑 4 交换好坏不明，但白决不吃亏，最起码将来有 b 位跳的好点。如此"手割"分析，黑吃亏是显然的。

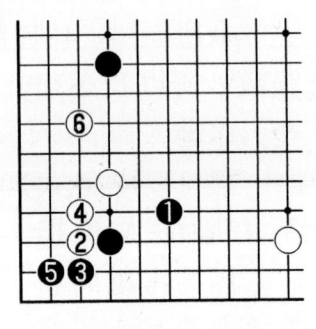

局后马晓春大为后悔，说早知如此，黑 13 还不如在 18 位扩张。

黑 21 本手是在 D 位拆，实战最大限度拆逼，是因为已意识到了形势不利。

黑 23 想诱使白 E 位尖出，再于 24 位扩张，但白识破黑棋计谋，抢先占白 24 好点，黑再镇头左上已小多了。

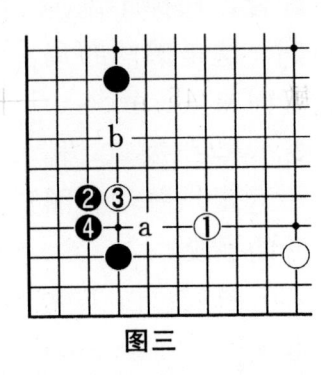

图一

图二

图三

第二部 难忘的四十局

黑 25 是双方要点，当初白 24 极想在 25 位跳，但怕黑在 F 位反击，故稳健地在 24 位跳了。

从黑 1 开始，双方皆尽全力，都不敢有丝毫松懈。

白 26 以下是侵角的常用手段，途中白 36 是最强烈的手段。黑 39 不得已，如硬在 40 位打吃，则如图四：白 2 以下至白 12 为双方必然变化，下一手白在 a 位征吃和 b 位断吃必得其一，黑崩溃。

第二谱 26—60 巧妙的反击

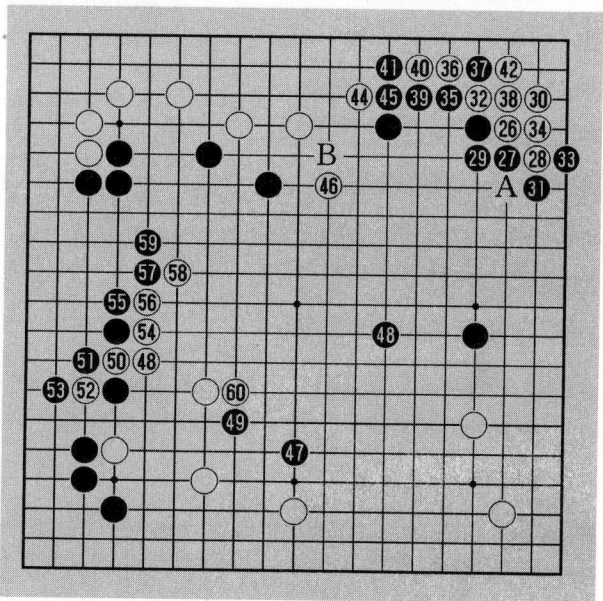

黑 43 不顾 A 位的断点而顽强扩张，是强硬的争胜态度，但也留下了隐患。

白 44 刺，机敏！黑 45 虽然委屈，但也没办法。

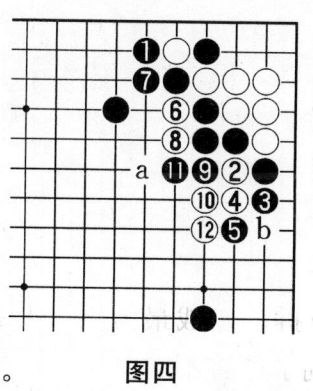

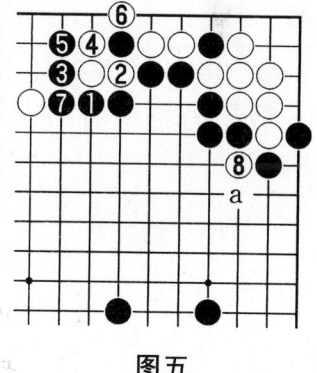

图四　　　　图五

图五：一般情况，黑 1 可以弃掉上边一子，白并不好，但此时却是成立的。黑 7 接后，白 8 切断严厉，由于黑自身气紧而无法在 a 位征吃，黑很难办。

有了白 44 一子后，白 46 飞出十分舒畅，黑无法在 B 位

375

跨断。

黑47侵消下边白模样是当务之急。白48试黑应手，机敏。此时如单纯守下边空，则如图六，白并不好。

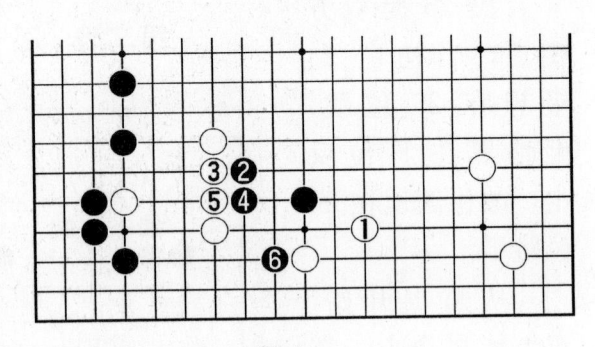

白50以下一气呵成地走强中腹，再60压，黑的作战意图受挫。此结果左边黑地看似不小，实际上因将来白有图七的收官手段，并没什么了不起。图中黑4如脱先，则白5、7严厉，黑无法兼顾a、b两处毛病。

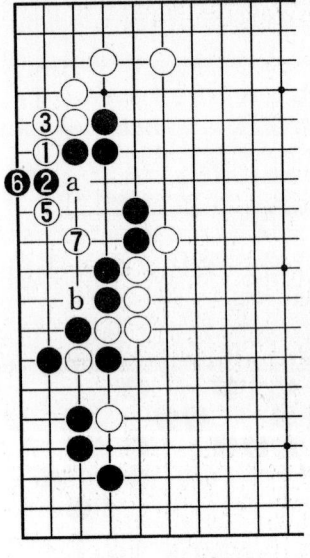

被白60压，黑47、49已变薄，右

图六

图七 ❹脱先

上边黑阵还有缺陷，形势是白棋优势。

黑61不得不补，此处被白飞起，黑实地将不足。

第三谱 61—100 败着白90

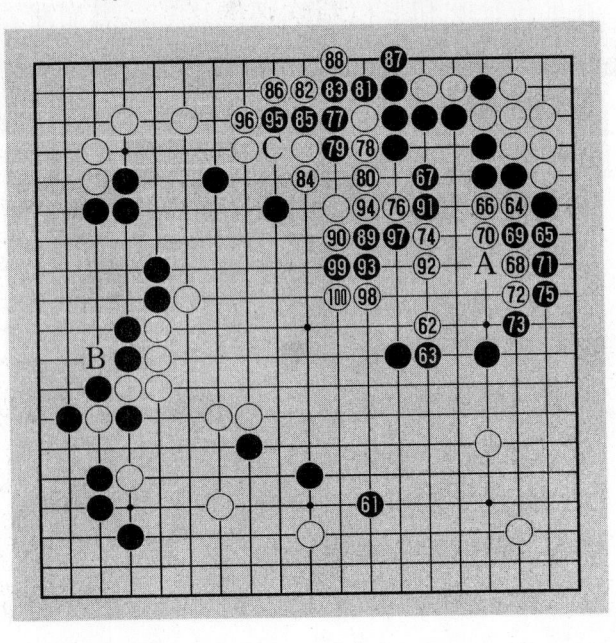

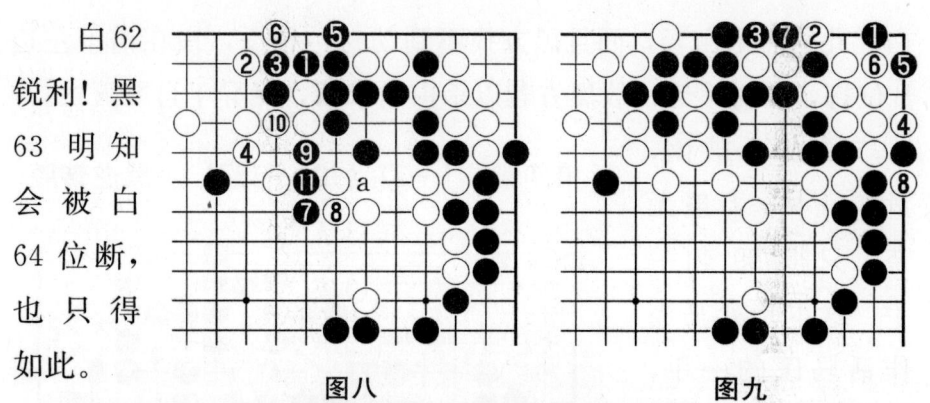

白62锐利！黑63明知会被白64位断，也只得如此。

图八　　　　　　　　图九

白64断，黑阵内风云突变。由于白62的接应，黑不能在69位征，只得65位退让。白66、68继而采取声东击西的战术，终于在76位尖封住黑棋大军。黑73是手筋，白如硬要在75位杀黑，被黑A位切断，自己反被吃。

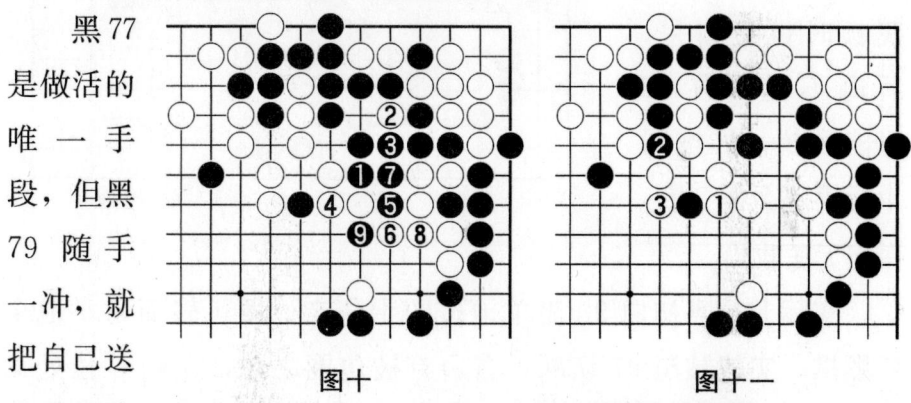

黑77是做活的唯一手段，但黑79随手一冲，就把自己送

图十　　　　　　　　图十一

上了绝路。此时黑如单在81位渡，白并不能硬杀黑棋。

图八：白2如硬杀黑棋，则黑有7位刺的妙手，白8只有如此，如11位接，黑a位挤便可脱险。至黑11，白不成功。

实战被白80退，82先手刺，黑已感到不妙，待白88破眼后，黑大块棋已无法做活了。黑与右上白棋对杀如何？

图九：黑1是杀白角的手段，至白8，白角成"盘角曲四"，"盘角曲四"本是"劫尽棋亡"，但黑外边不活，故只能打劫杀

我的围棋之路

白。此劫黑重白轻，而且黑方找不到劫材，相反，白在谱中左边 B 位打，劫材不乏，故黑方若以杀白角求活，无异于自取灭亡。

黑大军被困，危在旦夕，万般无奈，只得 89 刺一手。这本是死马当作活马医的一手，谁知成了黑棋的救星。

白顺手在 90 位挡，黑 91 挤，我顿时目瞪口呆，后悔不迭。白 92 只能顽抗，如按图十行棋，至黑 9 断，白将无法收拾。

第四谱　1—37（101—137）　　黑逆转胜

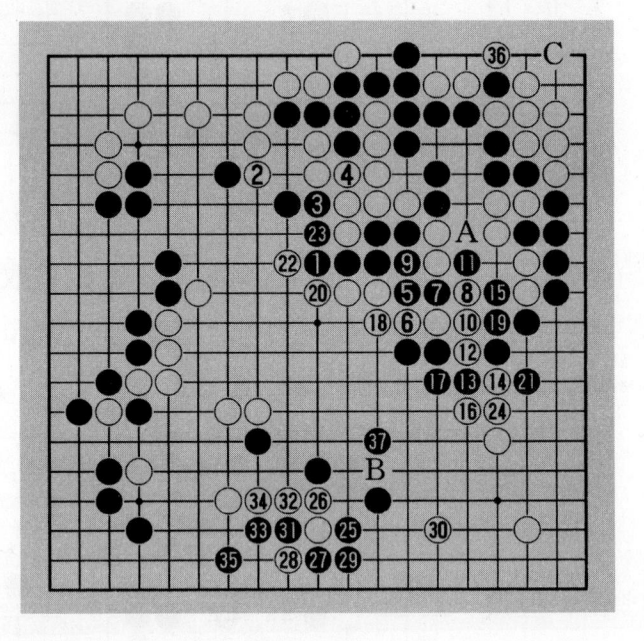

实际上，当初白 90 简单地按图十一走，便可轻而易举地全歼黑棋。实战被黑 97 切断，右边有被包围之虑，左侧 C 位处又有毛病，一时难以两全。

黑 11 好手，一点不给白棋生变的机会。白 12、14 没有别的办法，如在 A 位吃，被黑 18 位断，整块棋都死了。

黑 19 吃掉白七子突围不说，而且白右上角还需后手补活，此结果黑棋喜出望外。

白 24 补后，黑 25 以下很轻松地就做活了。

白 36 在 B 位靠虽可全歼中腹黑子，但被黑 C 位点杀右上角，

378

白空仍然不够。

黑 37 跳补后，白已无胜望。

本局白棋的布局和序盘构思很巧妙，左边的定形与右上的冲击也十分锐利，因此一举占优。然而就在胜局将定之际，一步随手棋便送掉了大好河山，心情是沉痛的。近来，这种情况时有发生，决不能再这么继续下去了。

七 我期望着新的飞跃（1985）

第三十八局 兵于死地而后生

黑方 聂卫平九段 出 $2\frac{3}{4}$ 子 白方 小林光一九段

对局结果：黑胜 $1\frac{3}{4}$ 子 共272手

1985年8月27日弈于日本热海暖海庄

激战近一年的中日擂台赛，自日方"超一流"棋手小林光一九段登台，形势急转直下。他前年访华七战全胜，这次又以锐不可挡之势将我方六员战将打下擂台。中方八员战将只剩下我一个人了，而日方除小林九段外，还有加藤九段和藤泽秀行九

第一谱 1—25 苦心的布局

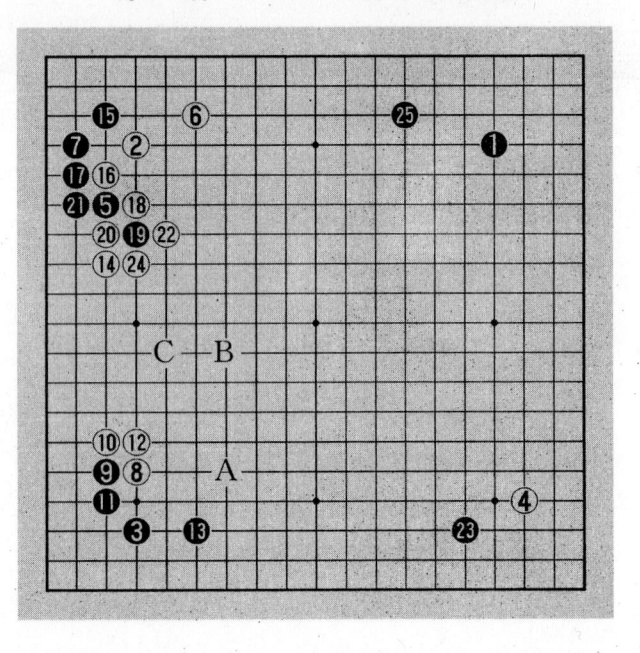

第二部　难忘的四十局

段。人数对比一比三，而且我要对付的是三名"超一流"棋手，客观地说，我方已处于绝境！

小林九段战胜邵震中之后，在北京体育馆与中国围棋迷见面时说："日本围棋有传统，这次比赛不能输，我要战至最后。"全场一千余人，鸦雀无声。目睹此情此景，作为中方主将的我，心里有一股说不出的滋味。雄关险恶，反激起我旺盛的斗志！

8月27日上午9时正，对局开始。

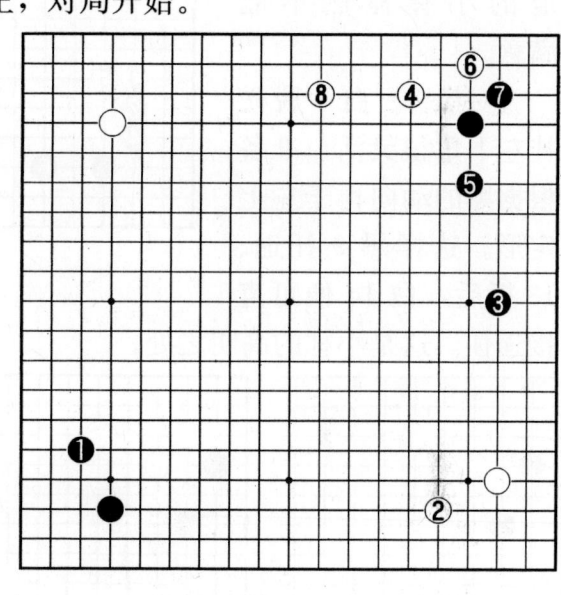

在现代对局中，黑1占星是最平凡不过的，但在北京准备期间，我却为黑1到底是走星位还是走小目而煞费苦心，最后才决定下在星位。因为我在研究小林九段的棋时，发现他走对角型布局的胜率不太高，所以我想引诱他走对角型的布局。如果黑1占小目，小林九段常常走在左下角，那么黑无论占哪个空角都走不成对角型了。

图一

白2占这个星位，可以说是小林的气质所决定的，正在我意料之中！至黑5，行棋的步调和我预想的完全一样，不禁长出了一口气。黑5这手棋我曾考虑过图一的下法，那么到白8是最普通的进行，这种从容的布局小林好像并不怕，故放弃了。

白6稳健。当初我预料白6要在8位挂角，准备以图二的变化对付。

图二：白1如挂，黑2至6是定式。白7是拆兼夹的好点，

381

于是黑 8 再次夺角，至黑 16 是定式。以下白如 a 位补，则黑 b 位挂角；白 b 位守角，则黑 c 位关出作战。此结果虽说是两分，但喜好实地的小林显然不能满意。

对黑 7，白 8 脱先挂左下角很灵活，准备根据黑的动向再于左上定形。这样黑 9 托退、13 拆后，白 14 便可直接逼住。这是小林的高明之处。

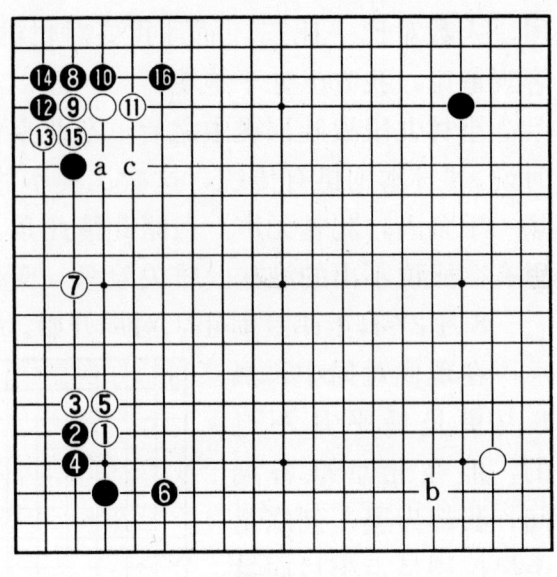

图二

图三

图四

图五

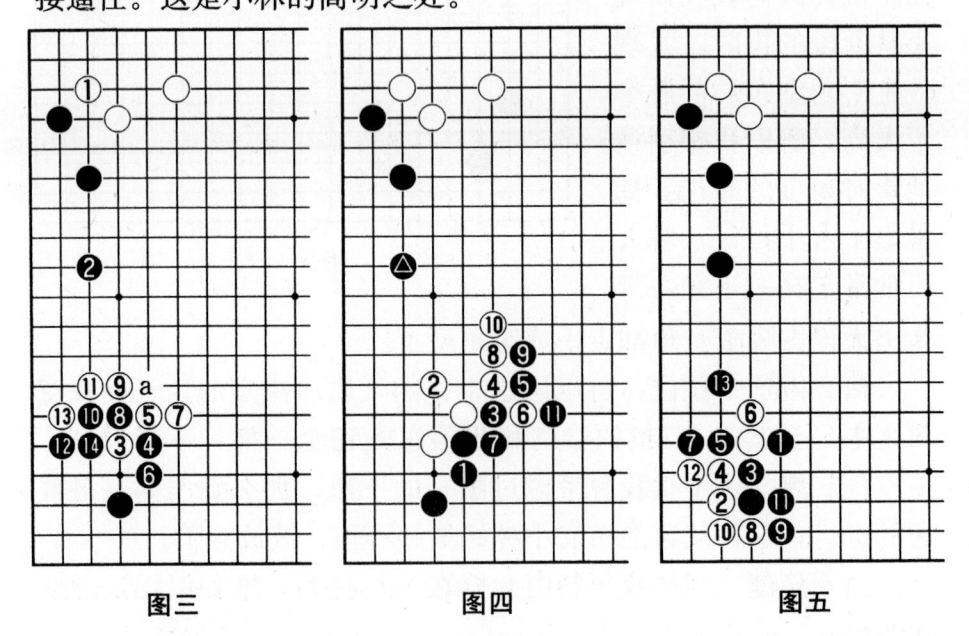

白 8 如改在 15 位应，则黑必拆二，白再挂角就要受牵制了。

第二部 难忘的四十局

比如——

图三：黑 2 拆后，白 3 再挂，黑 4 就可能飞靠。至黑 14 止，黑角上实地很大，白的外势因黑 2 的拆而失去作用，a 处还留有断点，白明显不利。

图四：白 2 虎也是定式一型，则黑 3、5 连扳，至黑 11，黑△子恰到好处，白也不行。

图五：前两图白都不利，那么白 2 托角顽抗。在白征子不利时，黑有 3 至 13 的严厉反击，结果白角上要后手补活，中间又出现浮子，白成苦战之形。

图六：黑 1 就算下托白也不利，在有黑△子时，白 2 不能 12 位扳，但走成小雪崩型，黑也十分满意。

黑 9 是值得注目的一手。这么一来，白棋在左边必然形成模样。但我赛前研究时注意到，小林对付高挂，从来都是下托，因此以其人之道还治其人之身。

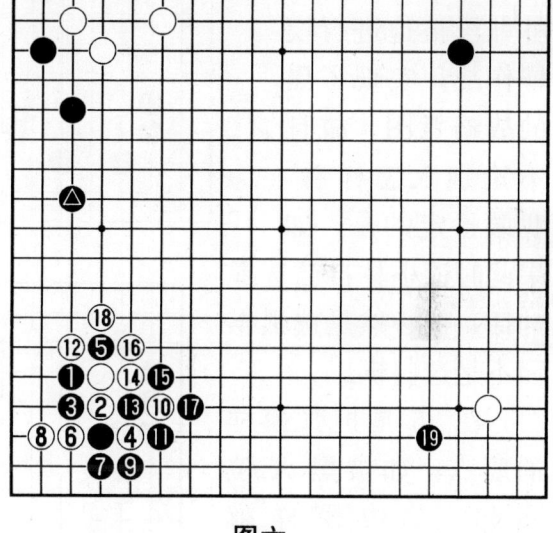

图六

黑 9 既然下托，以下到黑 15 就是必然的变化。白 16 以下是定式。

黑 19 扳出弃一子，使黑 23 挂角成为先手，然后抢占黑 25 的好点。

白 24 提后，当时在研究室观战的许多日本高段棋手都认为白棋不错，后来复盘时他们也这么认为。但是我觉得黑形势不坏，最起码保持了先着效率。理由如下：黑左上 8 目，左下约 15

383

我的围棋之路

目，右上有 10 目价值，实地已有 33 目强。白右下一子对一子不能算空，左边模样暂无法计算实空，假如白 A 位扩张，黑 B 位浅消，白 C 位应的话，实地肯定不到 25 目。从实空对比上看黑有利，但最重要的是善取实地作战的小林九段被迫进行模样作战，实现了黑的战略意图。故且不论别人怎样看，我敢肯定的是，如果此时让小林自己选择的话，他必然是选黑棋而不是选白棋。

白 26 是扩张模样的要点，如被黑 A 位飞起，左边模样就小了。

黑 27 拆时，我估计白将以图七应付。

图七：白 1 如尖，黑就不一定在 a 位拆，而在 2 位尖补，白 3 飞压，黑 4 脱先扩张右上

第二谱　25—29　保持均衡

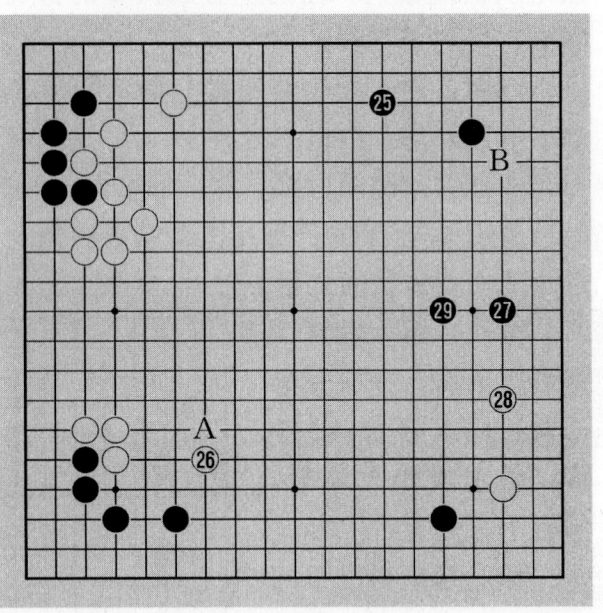

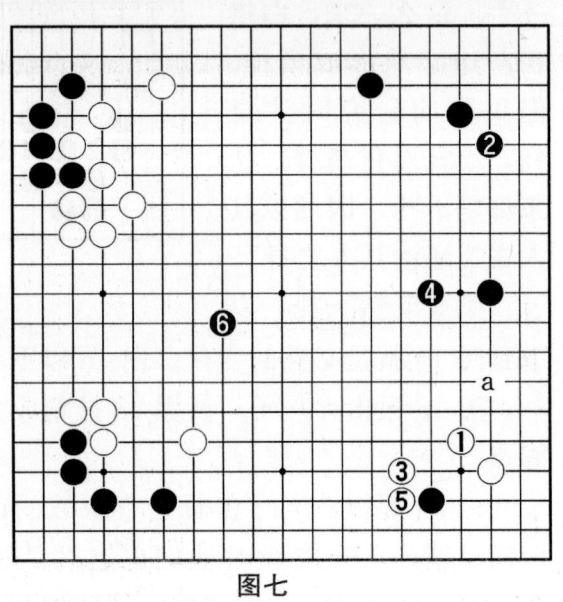

图七

模样。白 5 虽很大，但黑就在 6 位一带浅消，此结果黑不坏吧。

但是，白 28 平凡的一手便使黑的意图落空。这里体现出日本"超一流"棋手对局势的敏感。

局后，秀行先生对黑 27 表示疑问。他主张按图八行棋：黑 1 先夹，白 2 非尖不可，黑 3 再拆。由于下一手黑 6 位守角极大，大致白 4 要侵入。如果照最常见的走法弈至黑 13，黑方的矛头自然指向中腹，步调确实不错。

黑 29 我曾考虑过下在 B 位，这样黑右上结构很结实，但会把白棋逼上非彻底扩张左边模样不可的境地。将来黑再去侵消，很可能形成一场不是鱼死就是网破的大混战，这是黑白双方都觉得恐怖的。谱着黑 29 是强调全局均衡，对左边白模样防患于未然的下法。

图八

第三谱　30—47　右上的攻防战

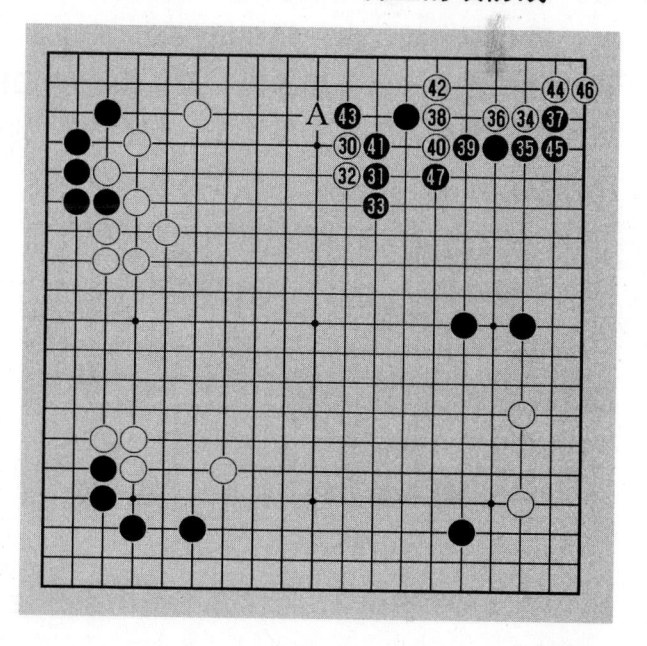

白 30 占高位拆是为了照顾左边模样，如在 43 位低拆，被黑 30 位靠压是不行的。黑 31 当然飞起张势。

白 30、32 与黑 31、33 交换后

再34侵角，是小林流的顽强战法。但秀行先生对此提出异议，

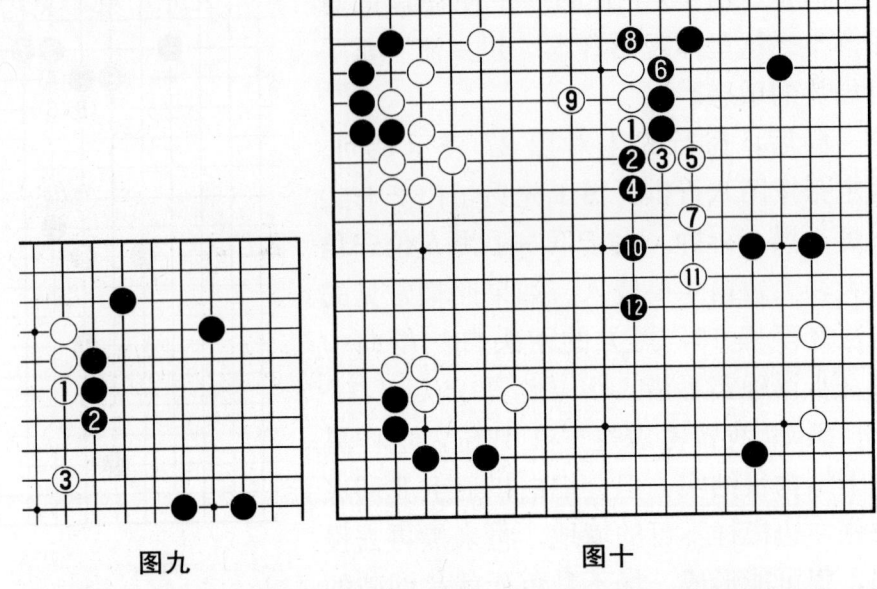

图九

图十

他认为图九是白棋最佳走法，黑如侵入左边大模样就会形成激战，白充分可战。这确实是一种宏大的战略构思，不过白1压时，黑有图十的反击：黑2扳强硬，白3断，黑4长，白5如长，黑6贴是好手。白7如逃出，黑8扳痛快之极。以下至黑12，双方对跑的结果，黑右上虽变小，但白左边的模样也大受损坏，白不便宜。

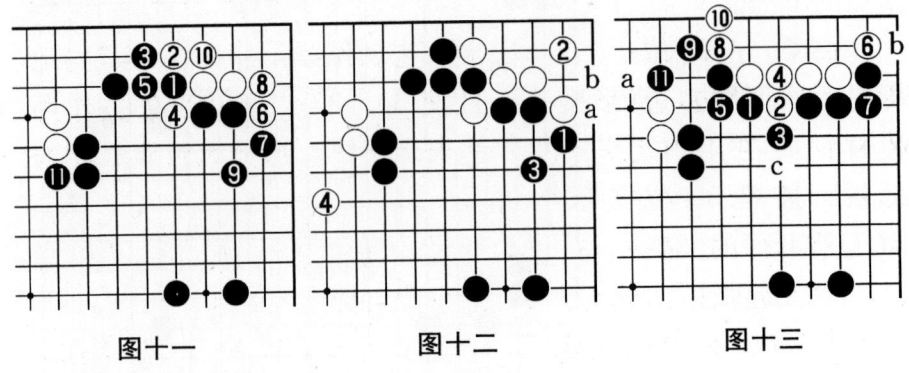

图十一

图十二

图十三

秀行先生对黑37为什么不按图十一走表示不解，当然，如

真能走成图十一的结果黑确实不错，但我担心白方采用图十二的下法：黑3如a位打，则白b做劫，由于白在左上有劫材，黑危险。被白4飞，黑显然不利。

黑39似乎应在40位扳住，变化如图十三：白2以下至黑11为双方必然，这样黑11的虎使白a位扳变得软弱了，由于b位是黑的先手权利，角上白棋仍是6目。实战时我认为此结果将来白c夹有些讨厌，故选择了谱中下法。

第四谱　47—71　白70疑问手

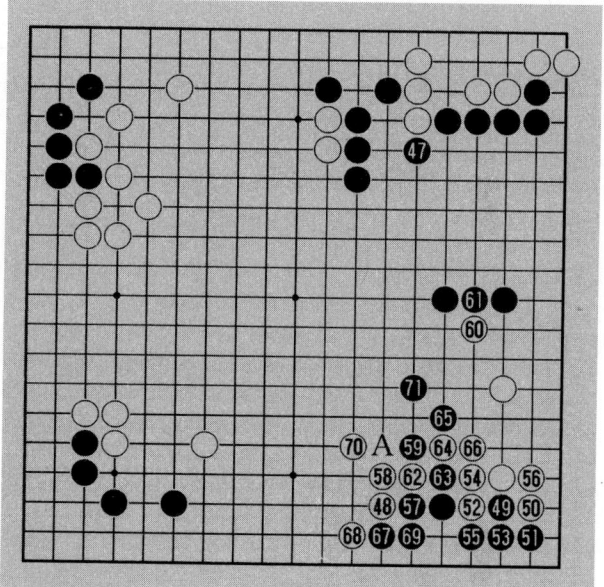

黑41以下大致也是双方必然，但白46有在47位长出的可能性。姑且不论白47位长出是否好，但从白拥有选择权这一点上说，黑不如按图十三下为好。此外黑43扳的形使白A位扳的价值变大了。

至黑47，右上战斗告一段落。白破掉黑角并获得6目实地，黑也走厚了外边，棋形整齐，且使30、32二子几乎失去作用，双方各有所得。由于黑白双方都未走坏棋，形势大致旗鼓相当。我认为黑棋仍保持着先着效力。

右上角定型之后，右下角显然是下一个战场。黑47扳时，小林不加思索地立即48紧夹，显得很自信。

对黑49、51的进角求活，秀行先生局后问我："图十四1、3、5、7的步调不是更常见吗？"我说："白8肯定贴住，下一手

我的围棋之路

黑不知怎么下才好。"于是他摆下黑9一子，使我大为佩服。黑9的感觉确实出色，白在下边似乎没有好点可走。由于黑⬛的存在，白a位补显然不是形，如b位靠，则黑有c位挖的反击，白也难办。那么白大概要10位冲击，于是黑11、13顺调冲出，白14如不补，被黑d位扳头不得了，至黑15扳，结果黑相当不坏。过程中，白6如改在7位打，必然形成图十五的变化，白更不利。

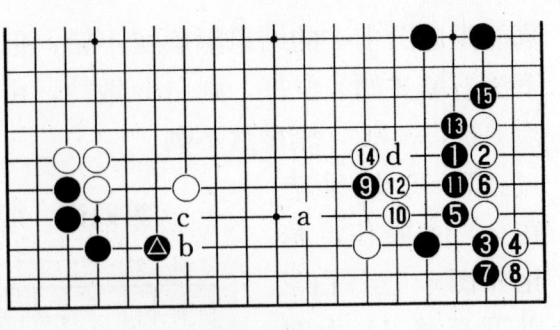

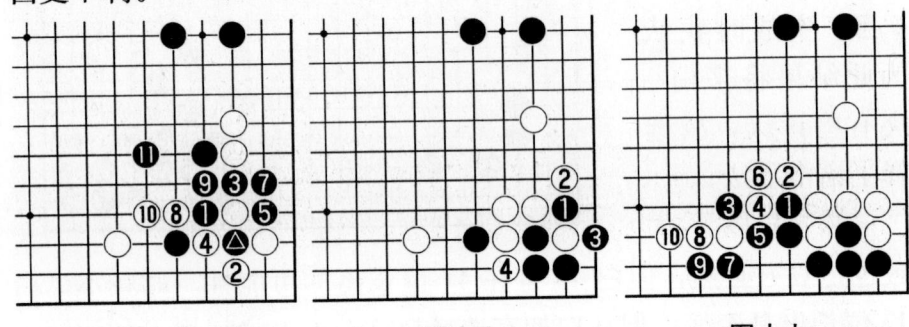

图十四

图十五 ⑥=⬛　　图十六　　图十七

事实上，在下49、51之前，我考虑过许多种下法，谱中下法是以尽快安定，不给白棋借攻击扩张左边模样的主旨为出发点

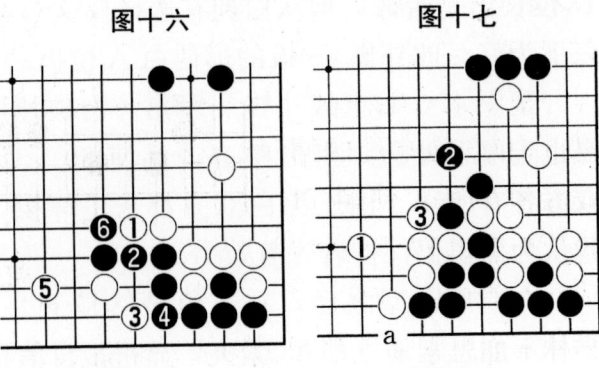

图十八　　图十九

的，另外，黑再次夺去白的角空，异常注重实利的小林必然心

痛。果然，白52、56都用了好几分钟。看来黑49、51在小林心理上有所震动。

黑55曾考虑过按图十六先手取角，再去侵消左边模样，不过白右下很厚，我也不大有把握。

第五谱　72—93　两度逆转

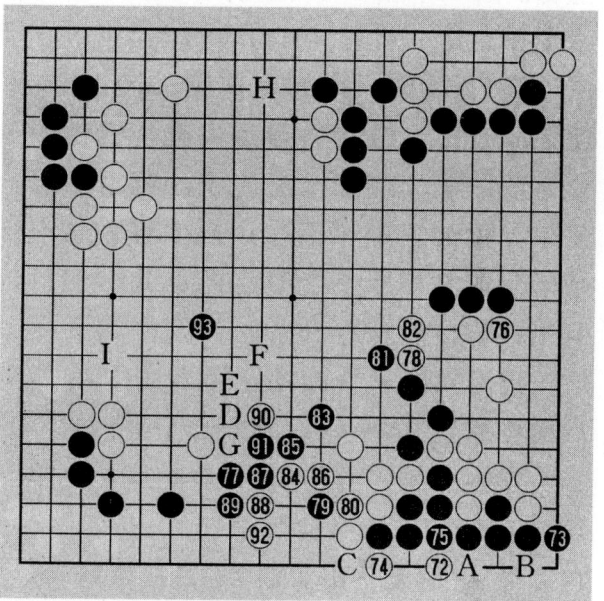

黑57、59是求活的步调，局后华以刚指出：黑57在63位压不是更简明吗？我才恍然大悟。

图十七：白2必扳，黑3当然，白4如挖断，黑5以下先手活，白实地大损。

图十八：白1如长，以下大致成至黑6的结果，白左右均不厚，黑不大可能被攻。

白70是本局的第一步疑问手，使黑71虎成好棋。白70当然应按图十九补棋，这样白a立是先手，白棋形整齐；而且黑2如虎，则白3打，黑非常难受。

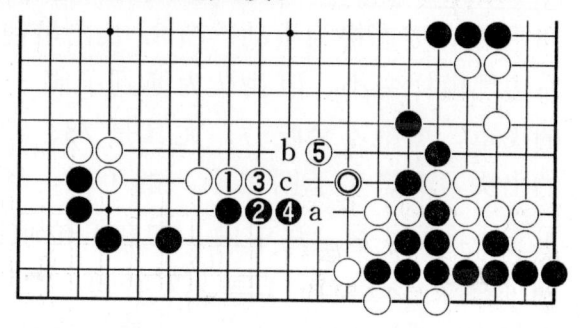

图二十

如谱白70一走，便不能在A位打了。黑71虎绝好点，成为

389

富有弹性的棋形。我开始觉得黑棋有望了。

被黑棋虎，小林或许开始后悔白70的轻率，懊悔之余，竟下出了白72的恶手！白显然以为黑将在A位应，白再73位扳，黑B、白74、黑75，这样白C位是绝对先手。没想到被黑73长在角里，这一差别对右边影响极大，白失算。

黑77飞时，白如上压则如图二十一：至黑4长出，白5只得小尖补，但棋形仍有些缺陷。如黑a是先手，将来黑可借用b位的跨断侵消左边白模样。这一缺陷是职业棋手不能容忍的。此时便可看出白◎显然应补在a位，这样黑4退时，白可c位一手压住，那么谱中黑77反而不成立了。

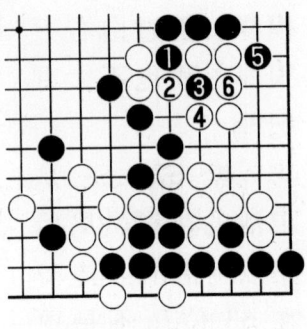

图二十一

白因对黑77暂时没有好的应手，故78靠出作战，观黑动向。

黑79机敏！由于白72、74与黑73、75的交换，白80只有粘。于是黑81扳、83飞罩，姿态极为生动，白82长出虽使右边黑模样变小，但我认为换到了黑83的飞罩，黑绝不会吃亏。尤其是78、82的出头，凑黑生了图二十一的手段，黑

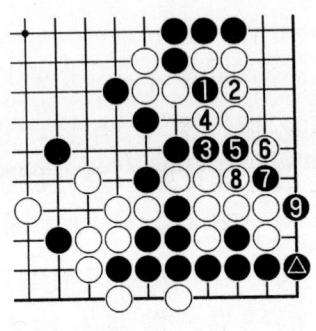

图二十二

可先手便宜4目。途中白4如在6位顽抗，则如图二十二：白2如打，黑3是次序，白4只好补断，于是黑5至9可杀白。这里，黑△子成了决定性的一着，这就是谱中白72的恶果。

黑87恶手！本想抢先手，但遭到白90的严厉反击，黑91虽委屈也不得不接，这里黑被点成了三角愚形，但白90一子却大有作用：第一，黑D扳时，白可E位扳住；第二，白如自补，产生了F位的好点。正因如此，黑93变得急迫了。结果黑87的先

手成为典型的"先中后",黑棋好容易才走出的一点优势,顷刻之间便化为乌有,局势再度不明。

黑87的正确下法是G位单长,可保持优势。

黑93应立即按图二十一定形,再于谱中H位跳,这是最简明确实的走法。当时考虑到白如对黑93脱先,黑就走I位,这恰巧是和小林对付马晓春的棋形一样,便想以其人之道,还治其人之身。结果黑93走后,只过了一分钟就到了午间暂停的时间。我不禁大为后悔,这等于给了小林九段一个小时思考对策。早知如此,黑93当然留在下午走。

果不其然,下午裁判员刚刚宣布对局重开,小林就走了白94扳。黑95必然。

第六谱　94—108　黑97的恶果

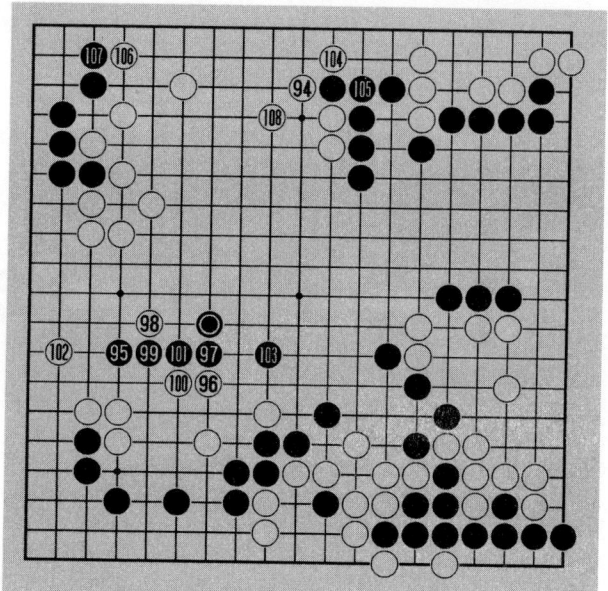

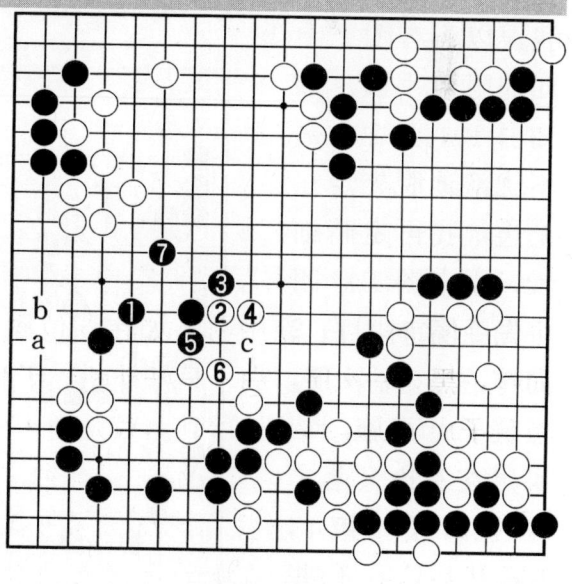

图二十三

391

我的围棋之路

黑97是恶手！当然应在98位尖补，变化如图二十三：黑1正确，因为白如a位飞渡，黑b可阻渡，故白2大致要向中腹出头，如果走成黑7的结果，黑可满意。白2如改在c位跳，黑就4位靠，结果也不会坏。

黑97是想让白100位应一手，再补98位，这样黑形较单补98位更佳。没想到被白98在急所上一击，黑的如意算盘完结了！黑99无奈，白100顺势先手长。黑101粘后，黑●一子显然走在了奇怪的地方。

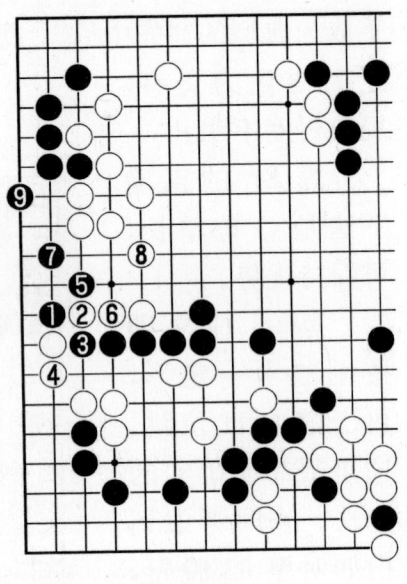

黑103补后，我误以为有图二十四的阻渡手段。谁知白104至108毫不犹豫地脱先走在上边，我再定睛细看，原来图二十四中黑1靠时，白2简单在3位一顶，黑就无计可施。结果黑在左边又落了一个后手。被白108补后，我有些慌乱了。

图二十四

第七谱 9—40（109—140） 痛悔的黑15

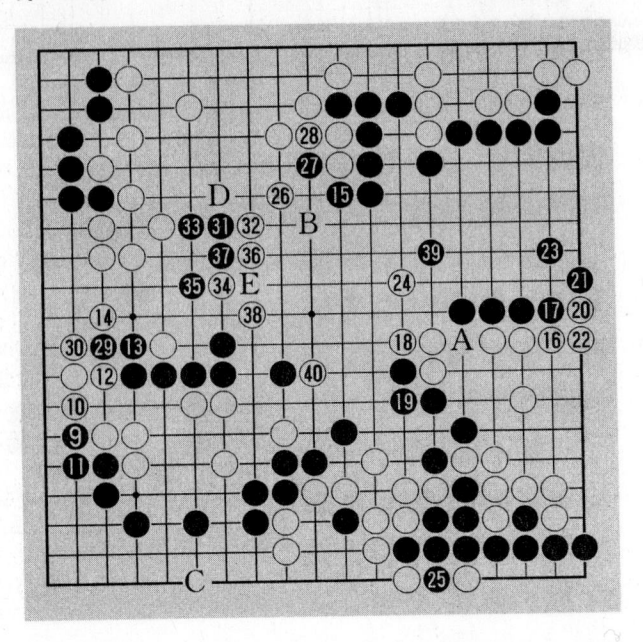

第二部 难忘的四十局

白14补后，黑应立即在A位冲，按前面图二十一定形，再于谱中24位飞，如此黑局势还未坏。黑15不仅错失机会，而且险些成为本局的败着。本来白自己补的话也只能补在26位，如B位顽强地飞，黑可32位侵消。如谱黑15完全走在了不成空的地方。白16机敏，至黑23，白先手逆收4目，黑局势已经不利了。

黑25极大，本身就有6目价值，而且防止了白C位的大伸腿。图二十五：白1如飞，黑2至10可全歼白棋。

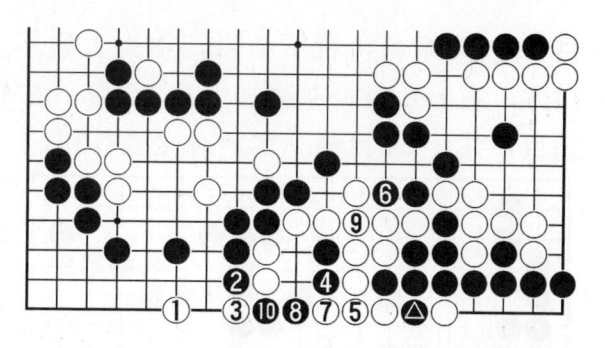

图二十五

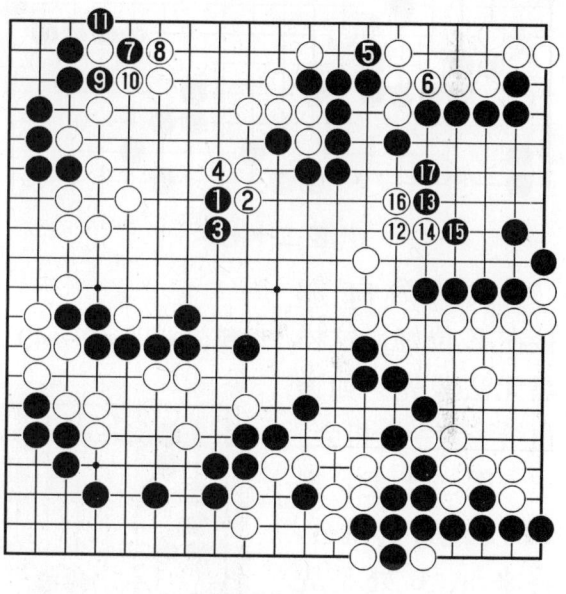

图二十六

白26跳补后，局势极细微。黑29大恶手！由于心情影响，莫明其妙地冲了一手，如此自撞一气，与后来大有关系。黑31浅消是当然的，白如D位应，黑32位长是先手，这样黑也许有望。白32是最强烈的抵抗，黑33只有反击。于是白34、36发动猛攻，黑苦战。

黑31的正确下法如图二十六：黑1侵消才是好点，白大致2、4应，以下正常收官至黑17。这样黑方右上近17目，左上12

393

目,左下 18 目,右下 7 目,中央大致不少于 2 目,共计 56 目;白方,右上 6 目,左边加上边 26 目,右下 10 目,下边 6 目,加贴目,共计 54 目弱。实地对比黑有利。

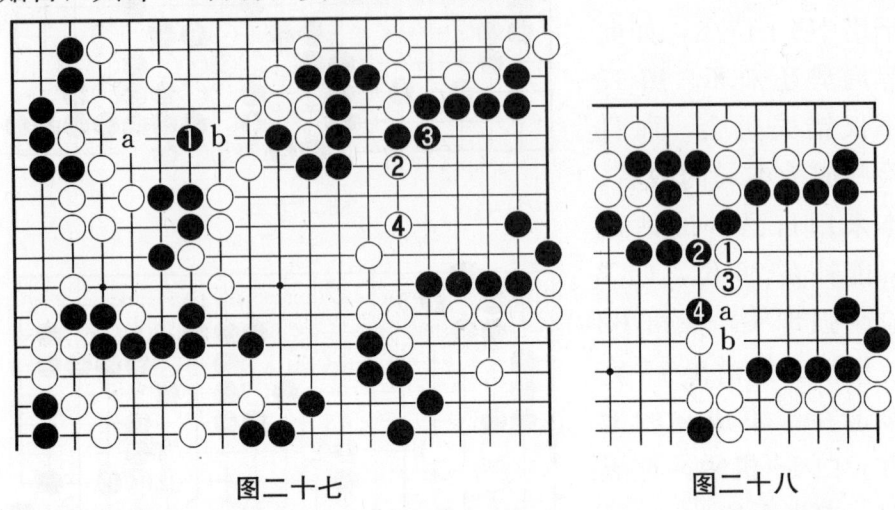

图二十七

图二十八

我认为白 38 接在 E 位好,这样黑无法脱先。如谱白给了黑一个机会。

图二十七:黑 1 跳是绝好的机会,将来 a、b 处是先手,大致能做一只眼,大大缓和了中央的薄味,可惜当时我很怕白 2 夹,黑 3 粘,白 4 小尖,黑有些头痛,因此放弃了这个下法。实际上白 2 夹时,

第八谱 40—49（140—149） 绝处逢生

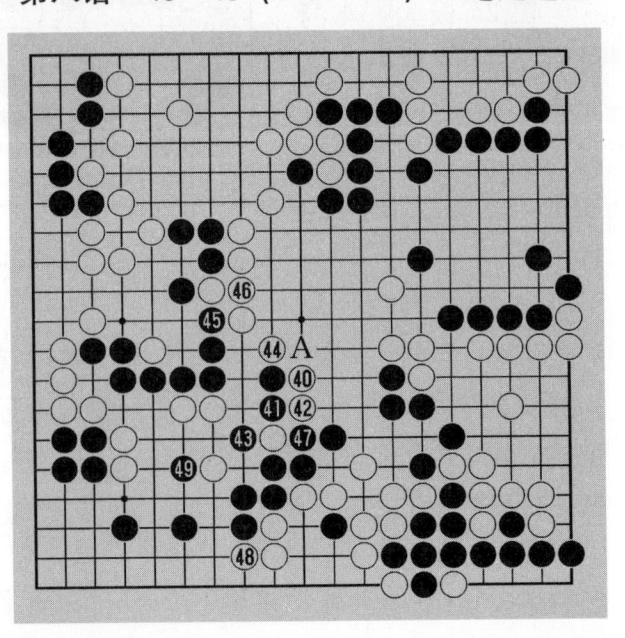

第二部　难忘的四十局

黑有反击手段——

图二十八：白1夹时，黑2是好手，白3退，则黑4强硬地靠断，白a则黑b，白b则黑a，黑空里看似味恶，但白也走不出什么棋来。

如谱黑39脱离战场，反使白38变成好棋。被白40严厉地靠出，黑已陷入绝境！

对白40，我绞尽了脑汁，也没有想出救急的良策，最后仍不得不41应。黑41这一手我整整想了一个钟头，但当时我却觉得只是一瞬间的事。

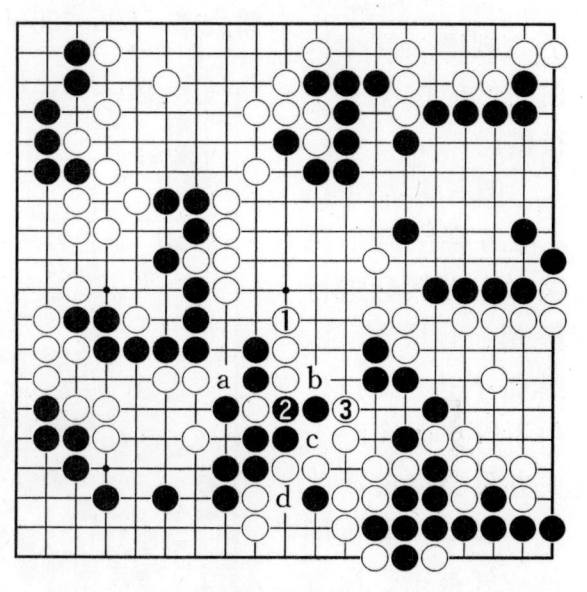

白44是使黑走向胜利的转折点。局后小林九段反复强调白44应在A位退，变化如图二十九：黑2只能提，不然被白a位一长，左边黑大棋将被全歼。于是白3简明地冲吃黑五子，即可胜定。黑2如改在b位贴，以下白2、黑c、白a、黑d形成转换，黑实地仍不够。

图二十九

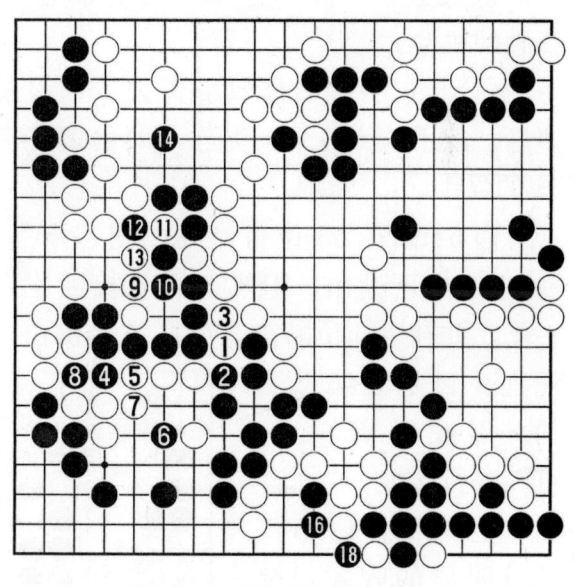

图三十　⑮＝⑪　⑰＝❷

我的围棋之路

白 44 既然扳了，则黑 47 时，白当然应按图三十行棋。

图三十：白 1、3 很厉害！但小林误以为必然会进行至黑 14 成劫杀，黑在下边有劫材，白不行。而实际上白方只要将白 5 改于 6 位双，黑棋即差一气被杀。白方又一次失去了一举获胜的机会。

白 50 恶手！小林似乎失去了往日的镇静。此手应单于 53 位连，即可避免黑 53 的强手。

白 54 如在 55 位打，则如图三十一：白 2、4 虽可逃出，但黑 5 可直接断吃白一子，并补上 a 位断点。如此被黑棋白白便宜 3 目是无法忍受的。因此谱着白 54 打，进行转换。

至黑 63，白不仅没有明显的收益，黑反倒吃进白三子，连角地得到 18 目以上实

第九谱 50—100（150—200） 温故而知新

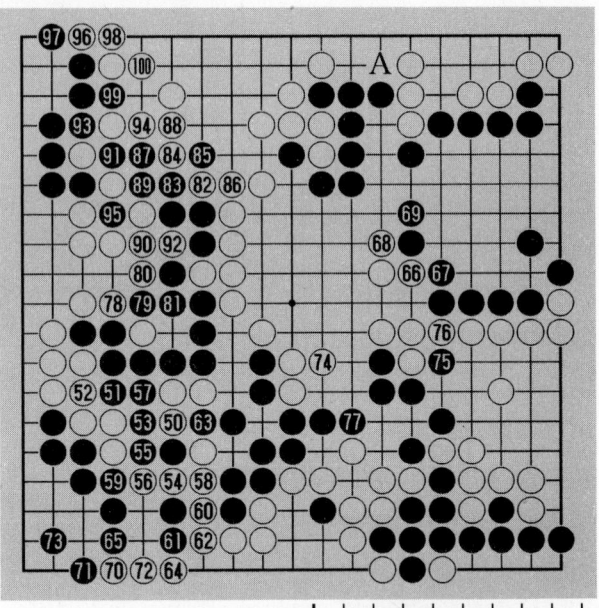

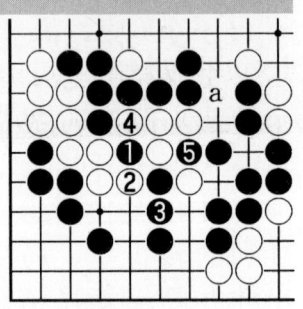

图三十一

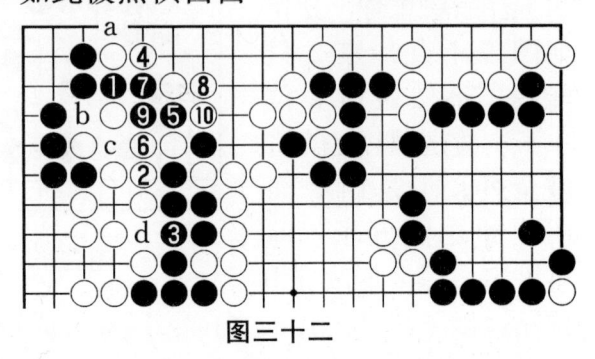

图三十二

第二部 难忘的四十局

地。至此，形势再度逆转，我认为黑棋必胜。不过日本高段棋手认为，即使这样小林还没有输。

黑 83 以下至 100 的收官，对局时我以为是无可指责的，小林、秀行等名家也没提出什么异议。事过半年之后，在为本书重新研究时，才发觉其中颇有问题，黑 87 打是恶手。正确的收官如图三十二：黑 1 先冲是好手，白大致要 2 位吃。白 4 如退，黑有 5 以下的官子手段，至白 10，黑先手突入，以后 a 位

第十谱　1—72（201—272）　　败着！白2

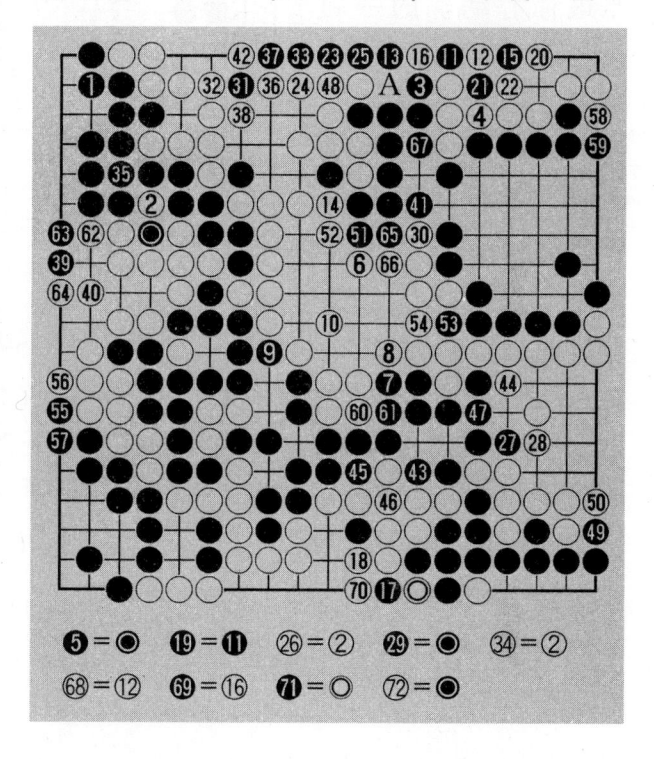

扳成了黑的先手权利。此外还有 b 位打，白 c、黑 d 的先手便宜，黑大占便宜。白 4 如改于 7 位挡住，则黑就于谱中 A 位挡促白补活，再于 4 位打拔白一子，则黑必胜。这真是"艺无止境"，古人云："温故而知新。"确是至理名言。

实战的官子收法较三十二图结果至少损失了 4 目半。白 100 退，形势非常细微。

黑 3 挡是先手，含有图三十三的劫杀手段。局后研究，白 2 在 A 位渡过是最好的下法，如此黑只好半目，胜负或可一争。

白 30 的正着是在 33 位挡，但即使这样白棋也要输半目。

397

我的围棋之路

黑31妙手！白如阻渡，黑于32位简单一挤就出棋了。由此，差距终于拉开。最后黑69应70位冲，可胜三目半。

本局是我有生以来最惊心动魄的一局棋，战斗极为紧张、激烈。小林九段过后说："结束之后的一个小时，我觉得自己的神经都错乱了。"而我的感觉，这局棋从头至尾简直像在万丈高崖上走钢丝似的，要说是心力交瘁也不为过。当时我从心底里感谢首长和同志们的关心与支持，感谢棋队战友的协力辅导，没有这些我或许就顶不下来了。

随着小林的失败，日本"超一流"棋手不可战胜的观念成了历史的过去，也标志着我国围棋的又一个飞跃。这荣誉是属于大家，是属于祖国人民的。

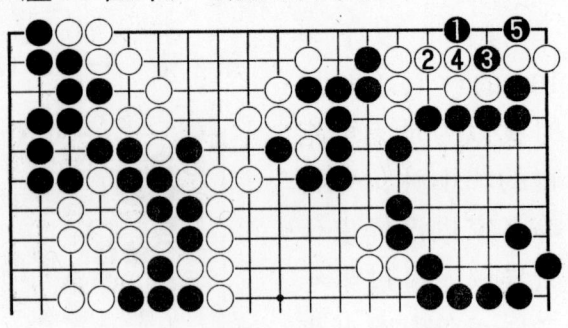

图三十三

第三十九局　勇闯雄关

黑方　加藤正夫九段　出 $2\frac{3}{4}$ 子　白方　聂卫平九段

对局结果：白胜 $2\frac{1}{4}$ 子　共250手

1985年8月29日弈于日本棋院

闯过小林九段这一关后，我迎来的下一个对手，是日本围棋界赫赫有名的加藤正夫九段。去年访日的三番棋中，我曾以0比2负于加藤九段，此番再战，难免抱有雪耻之心。不过，加藤九段的高超技艺令我佩服，我也期望能学到些加藤九段的长处。

黑1、3占星小目，下一步要构成中国流。一般来说加藤九段对中国流布局颇有研究，如让他形成中国流布局是很厉害的，而且，在国内准备时，我注意到加藤九段最近执黑棋时总是用中国流布局。因此，从破坏对方预定的布局构思出发，我以白4

第一谱　1—27　意外的黑27

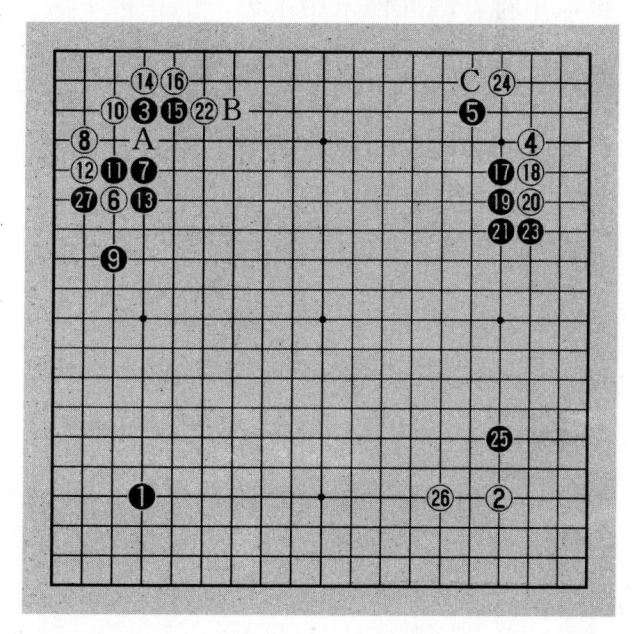

占面向黑棋的小目，诱黑来挂。

从来都是正面迎战的加藤九段果然不甘示弱，放弃中国流抢先以黑5挂角。

此时，白棋在7位或11位挂是常见的，那么黑必然夹击，由此展开战斗。这种斗力的局面加藤九段当然不惧。如谱白6大飞挂是希望能下成图一：黑1小尖很简明，白2拆二也获根据地。这一结果和小林光一与刘小光的布局完全一样，刘小光的下一手是走a位大斜飞罩。也许图一的下法与加藤九段的棋风不符，因此他采用了黑7的积极下法。

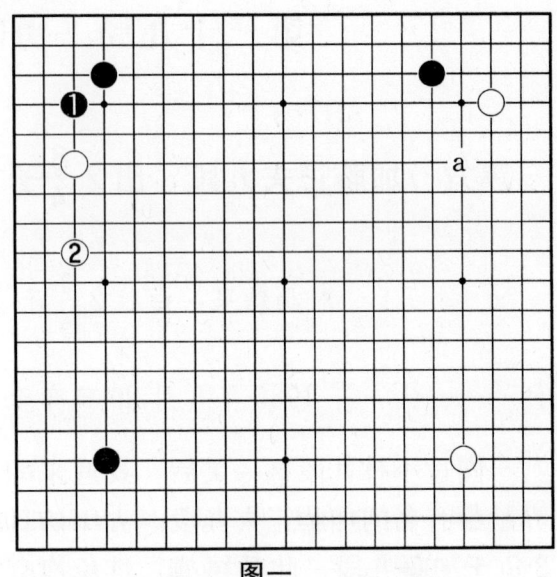

黑9如在13位压，我就准备按图二下，先捞实地。

白10可在13位压出，如形成图三的定式变化，黑外势虽厚，但我先手捞到实利也很满意。不过，黑有图四的变化，我觉得黑很有力，因此如谱尖顶。

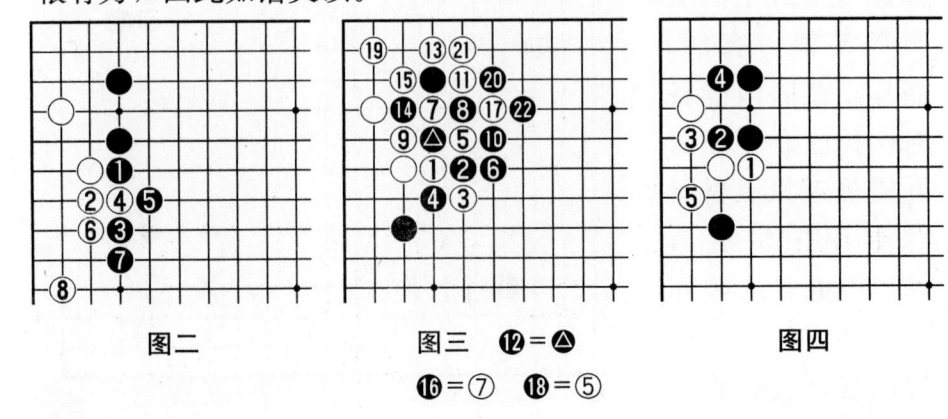

图二　　　图三　⑫=△　　图四
　　　　　⑯=⑦　⑱=⑤

第二部 难忘的四十局

黑11如在A位接，则大致如图五变化，双方可战。

黑17如B位跳，白于17位尖，绝好。黑上边全处低线，欠发展。因此，黑宁肯忍受二子头被扳的痛苦，抢先压迫右上白棋。

白20连爬争先手是绝对的。若拘泥定式于23位跳，被黑转回占B位形成理想阵营，是不能忍受的。

白22扳起很痛快。局后，秀行先生认为白22应再于23位爬一手，待黑退时，再占22位。由于白有图六的活棋手段，黑再拐头，白仍可脱先。这当然是一种可行的战法，但我认为实战中的下法白也不坏。第一，黑23拐头，白24固然要补，但以后在C位爬价值相当大。黑如应一手，则白已先手便宜很多；黑如不应，右上黑外势就变薄了。所以黑必须寻机在C位挡，白便可争到先手，可以说白24有后中先的味道。第二，白在23位爬

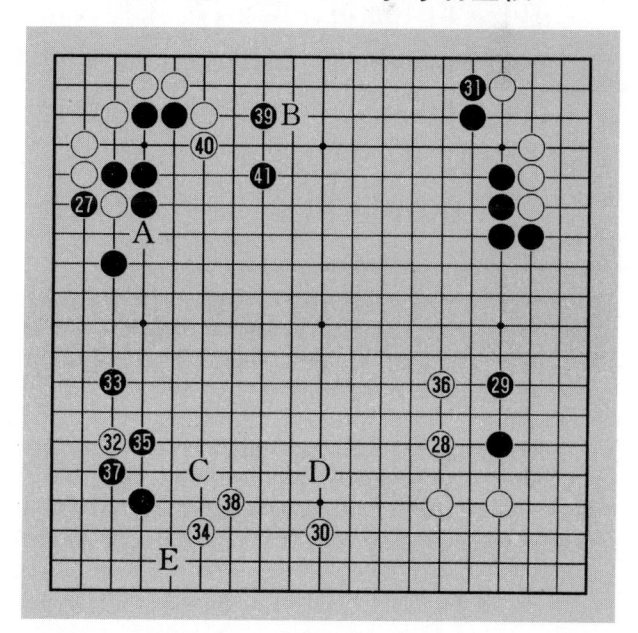

图五

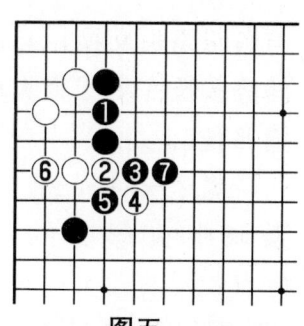

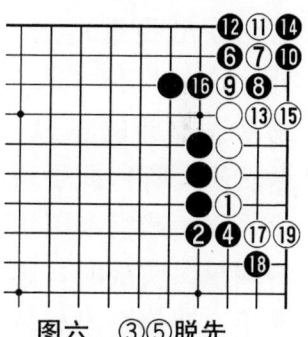

图六　③⑤脱先

第二谱　27—41　争夺制空权

401

与黑四路长交换，自己先损了。三路爬一手只有 2 目价值，而黑外势多长一手威力大增。此外，我更担心的是黑可能干脆脱先争抢 B 位。

黑 25 高挂，是强调中央形势的好点。

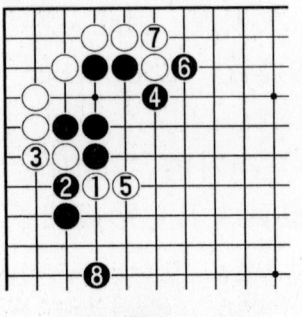

黑 27 如此沉着，颇出我意料之外，这与号称"天杀星"加藤的棋风全然不同呀！此手一出，我顿感机会来了。

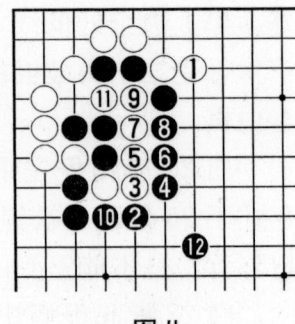

图七　　　　　图八

局后武宫本因坊坚持说，黑 27 在 28 位关是唯此一手，我也有同感。实战时，黑方担心白马上于 A 位扳断。在这种地方立即动手，我倒是没想过。也许因为加藤九段的棋风异常锐利，也以此去推断对方的战术，从而产生了多余的顾虑吧。

图七：白 1 如扳，黑 2 打、4 扳，白 5 如长，黑 6 很痛快，至黑 8，白未见便宜。白 5 如改 6 位长，则如图八，白仅得小利，外势尽失，更为不利。

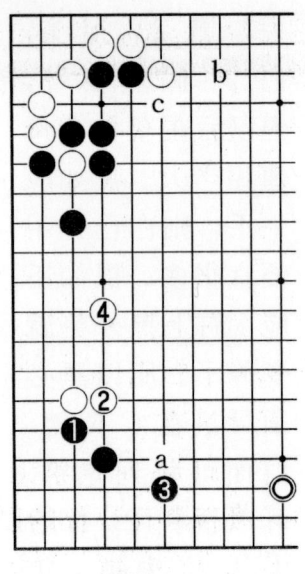

白 28 曲镇，占到了全局势力上的要点。白 30 拆大场后，我感到白布局开始领先。白 30 若直接于 34 位挂，有步子过大之嫌，而且还失去了 32 位挂的可能，弊多利少。

黑 31 很大，一方面对右上白角施加压力，另一方面产生了 39 位紧逼的好点。不过时机似嫌过早。

白 32 挂角时，黑方开始长考。据加

图九

藤九段说，黑33到底怎么下很费了一番脑筋。很显然，让白32一子从容建立根据地是不行的。如图九那样尖顶呢？

图九：在有白◎子时，黑3比a位高拆好一些。于是白4也拆。这样黑角显得薄弱不说，左上黑也变弱了，因为黑总是要在b位逼而不肯在c位扳的。

黑33紧夹时，白34反夹是好手，如点三三则误。黑35只有如此，若靠压白34一子，实地太损。从左下双方进程来看，黑显得有些为难。因此，当初黑31不如先在34位补，静观白棋动向为好。

白36关，当然是好点，但武宫本因坊认为应在B位拆二，这样较为实惠。这两种下法各有千秋，体现了棋风之间的差异。

白38从气氛上说很想在C位关起，但将来黑有D位的侵消好点，还有，黑E位飞也有些讨厌。因此白38坚实地小尖补强，并使黑E位飞成后手。

第三谱　42—63　绝妙的反击

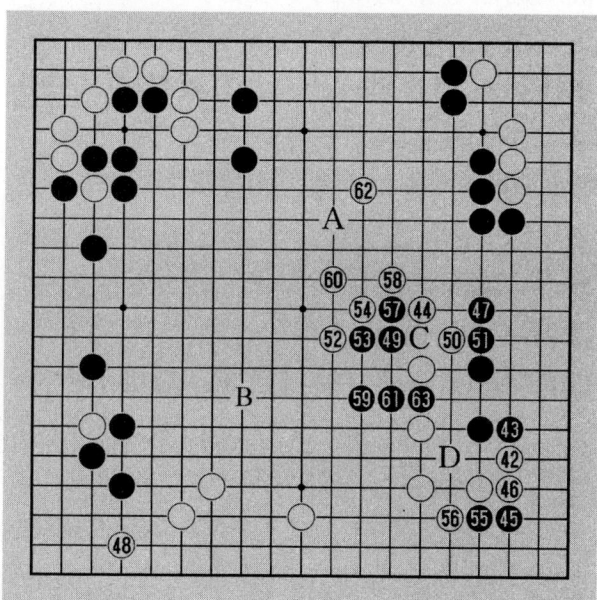

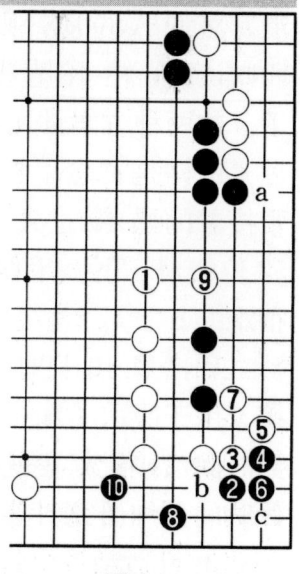

图十

我的围棋之路

黑39、41是全局最后的大场。有此两手，上方形成了大模样，从而使黑方的被动局面，稍稍得到了改善。

白42先与黑43交换，再44跳，是正确的行棋步调。白42若直接在44位跳，黑大概会毫不犹豫地点三三。

图十：白1单跳，则黑2点三三，以下至黑10形成转换。黑把白基本空全部破光，而右边黑二子因黑a是先手，还有活动余地，白显然不行。白5如改b位挡，则黑c位虎夺去白角地，白也不行。

黑45次序好。若先47位跳，以后再45位点角时，白可能就挡在55位了。

白48大缓手！此手太贪实地而忽视了全局形势。小林九段认为应在60位侵消，黑如A位应，则白B绝好。加藤九段则认为，白48直接在B位扩张就足够了。这两种方案都比白方的实战要强。

或许是"恶手招恶手"，白48之后，紧接着的黑49过失更大。当然应直接于52位侵消，下一手便可49位刺，如此白很难办。

如谱黑49刺时，我直感是不在C位接。由于吸取了和小林对局经验，我注意到时间已接近封盘就未急于落子，利用午休时间仔细研究对策。

白50若于C位接，黑再52位跳，正是黑方的预想。实战白50俗刺一手，逼黑51接，再52占黑方要点，黑49一子顿陷

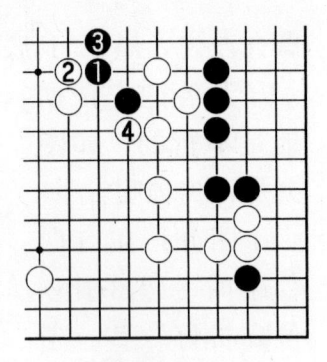

图十一

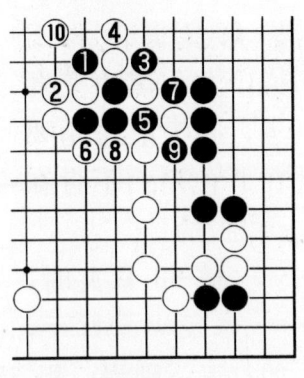

图十二

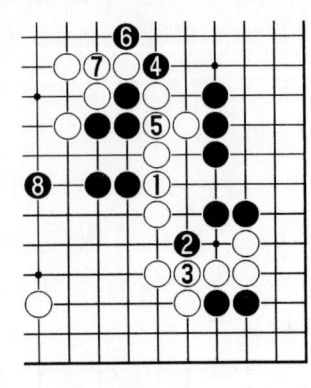

图十三

404

苦境。

黑53煞费苦心：图十一的尖出不能考虑；在57位压，被白58扳，黑也不行。实战的下法大概是唯一可行的方案。

黑55机敏，由此产生了D位的刺，这对中央黑棋的腾挪是很有帮助的。

黑59如按图十二那样通连，让

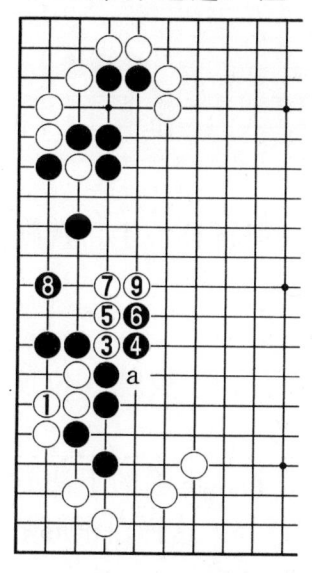

图十四　❷脱先

第四谱　63—82　贪心的白68

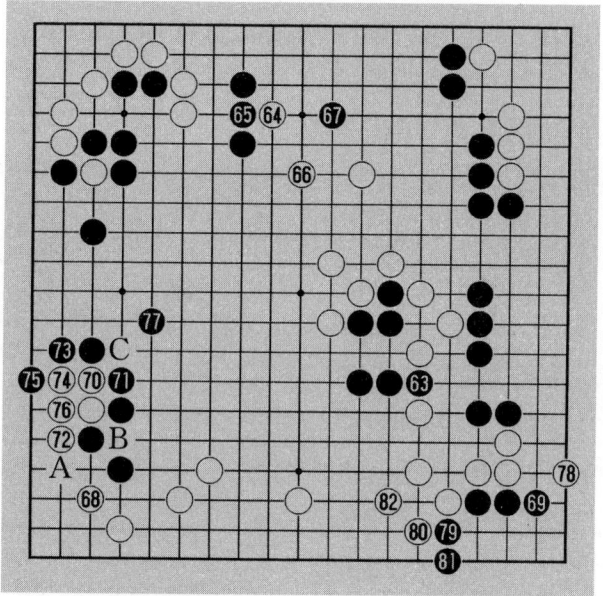

白方完整无缺地做成下边大空，则必输无疑。

白62先补强自身，同时侵消上边黑阵，是灵活的战法。如按图十三那样一味攻击黑棋，不但没有收获，反而暴露出自己的弱点。

白中央既然补强，黑63也只好连回，这样白便可在上边先动手。此时，我开始对胜利充满了信心。

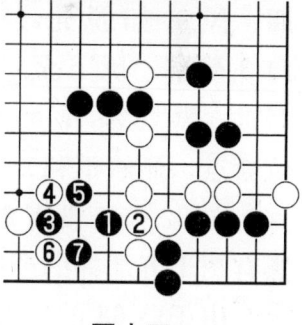

图十五

我的围棋之路

白66是本手。如贪心地在67位破上边黑空，被黑66位反击，白棋形顿显薄弱。

白68纯属一厢情愿，期待黑能在A位应一手。正确的下法是在80位尖，吃净黑角，这样白方的实空明显领先。

黑69不失时机地活角，实利极大。

白74不妥，应在76位接，以后黑于B位接就成了后手。实战中白74是担心黑77脱先，故贴紧气，其实黑不能不补C位断点，否则如图十四：黑2如脱先，白3严厉，以下至白9，黑还须补a位断点，显然不利。

第五谱　83—102　苦斗过难关

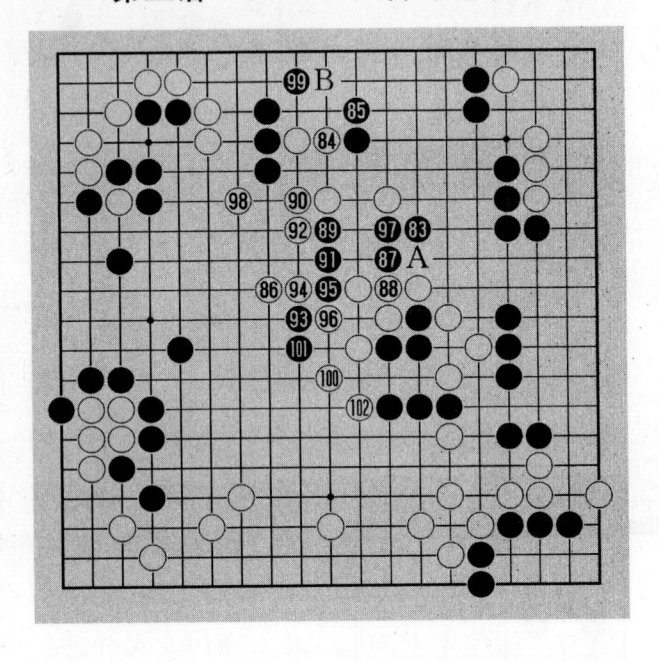

白82苦于没有劫材，无法劫杀黑角，只得自补一手。否则黑有图十五那样的严厉手段，白难以应付。

由于白68的失误，黑逐渐追了上来。

黑83是锐利的一手。此时白如随手于97位挡，被黑A位顶就坏了。

白86太轻率！如果棋输了，此手便是败着。正确的下法是先于90位并，迫使黑99位尖渡，然后再86位补，这样白棋形坚固，不惧黑棋冲击。

被黑87尖、89靠出，局势顿时复杂起来。紧接着黑93先分断，相当厉害。幸亏白98封是先手，否则不堪设想。黑99如改在101位长，白就B位跳下吃黑三子，如此转换，黑空不够。

至白102，白总算渡过了难关。不过，黑先手把白中腹的几目棋破掉，已有所收获。此外，白方在努力思考摆脱危机的时候，不得不消耗掉仅有的一点宝贵时间，很快就进入了读秒，这也是黑棋成功之处。

白102补后，局面虽然仍是白棋优势，但差距已不那么大了。

第六谱 3—57（103—157） 生死攸关的劫争

中腹激战刚告一段落，我才松了一口气，不料黑3、5竟冒着极大风险，毅然于右上角开劫，这真是一波未平一波又起。加藤九段这种不是鱼死就是网破的拼命着法，吓出了我一身冷汗！

白8以下开始了生死攸关的大劫争，白18的寻劫，是在读秒的情况下凭感觉走出来的。当时我的直感是，如被白棋冲下，上下两块黑棋很难两全。结果也证明我的直感基本正确，所以局后所有的高段棋士谁也没有异议。然而回到北京重新研究这局棋时，浙江小将俞斌却发现了一个绝妙走法——

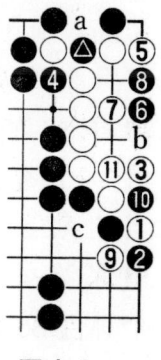

图十六

图十六：黑▲提劫时，白1扳是绝妙的一手。黑2只有打吃，如改走4位提，白先9位打吃，然后5位立则净活；如改走9位退，则白5位立，经黑11、白3，成连环劫。白3虎又是好手，黑4如在10位提，白a位提成连环劫。黑4只有消劫，于是白5立下。黑6、8如还想硬杀白角，则白9是妙手。黑10不得不提。白11接后，b位活角、c位打吃必得其一，白角即活净。

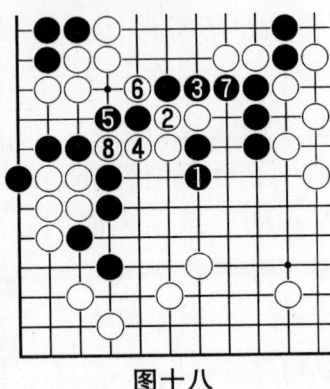

按图十六进行，白角一活，右下黑角的打劫活变得严重起来，这局棋恐怕也就到此结束

图十七　　　　图十八

了。加藤九段的胜负手竟被不满20岁的小将俞斌轻易化解，使我心中充满了"后生可畏"的感慨之情。

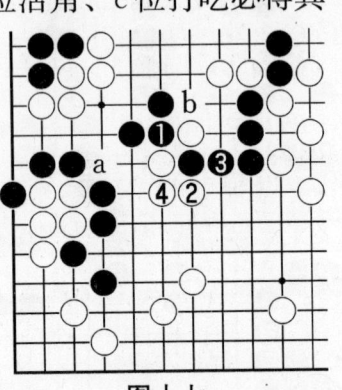

对白18寻劫，黑已无法再应了。在黑21解消劫争之前，黑19先靠相当机敏。这里保留了一个眼位，黑左上大棋大致不会死。

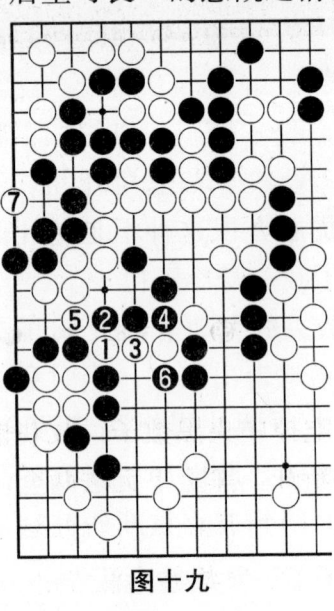

白22冲　　图十九 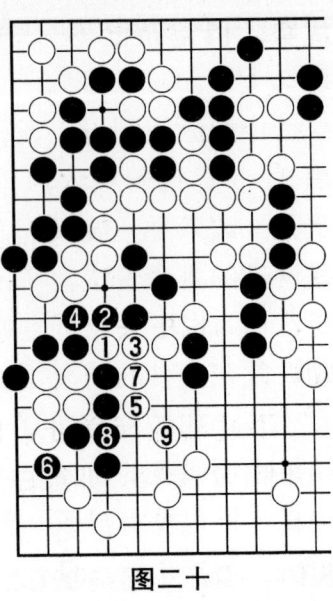　　　　图二十

下，又一次挑起激战。黑 23 至 29 挤，双方应接正确。白 30 开始冲击中央黑棋，黑陷入了苦战。

黑 33 好手，保证了 44 位的先手一眼，并可伺机在 45 位断白后路。

白 38 趁黑上下均未安定，继续冲击黑中央薄棋。黑 39 是此际唯一的办法。如在图十七中的 1 位断，至白 4，黑无法兼顾 a、b 两处，显然不行。此外，黑 39 如改在图十八中 1 位长，至白 8，黑也失败。

黑 41 在 42 位冲虽可形成转换，但黑方实空将大差。

白 48 凶狠一些可直接于 A 位断，以下无论成为图十九或图二十，这局棋都可以立刻结束了。对局时我也曾想过在 A 位断，但在读秒声的催促下，不敢把棋走复杂了，唯恐生变，从而失去了战机。

第七谱　58—100（158—200）　亡羊补牢

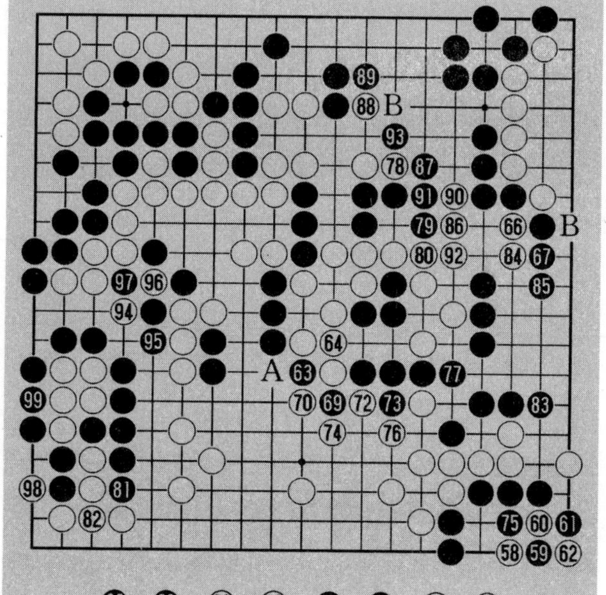

(65)＝(59)　(68)＝(62)　(71)＝(59)　(100)＝(96)

不过，至 56 为止，白吃掉中央黑数子，收获也甚大。

黑 57 要紧，如被白方断开，黑上下无法两全。

至此，围绕右上的劫争，双方激烈的攻防战终于告一段落。黑吃掉右上白角，白也围歼了中央黑棋，形势白仍然领先。

我的围棋之路

白 58 开劫，纯属画蛇添足。此时如在 72 位单补即可确立胜势。实战中白冒然开劫，反给黑可乘之机。

黑 71 随手提劫，失去了最后的争胜机会。此时黑如先在 72 位接与白 A 位提交换，然后再顽强打劫，也许黑棋还有一点希望。

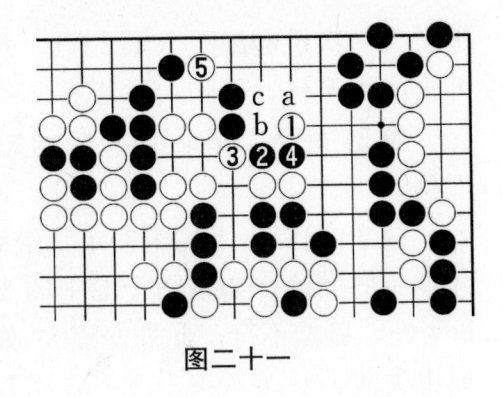

图二十一

白 72 终于及时省悟，判断清形势之后，放弃劫争。白 76 先手挡后，基本上已成必胜之局。不过，白 58 轻率开劫的结果，白白损失了三目棋。如果不是白优势较大，这三目棋的损失恐怕会使我悔恨终生。

以下进入官子阶段。黑 83 见小。白 84 很愉快，黑 85 只得退，如走别处，白 B 扳是先手，角上顿时出棋了。

白 86 坏棋！应按图二十一行棋：白 1 先跳是机会，黑 2 如反击，白有 3、5 的妙手，黑崩溃。因此黑 2 只能在 a 位挡，白 b、黑 c 后，白再按实

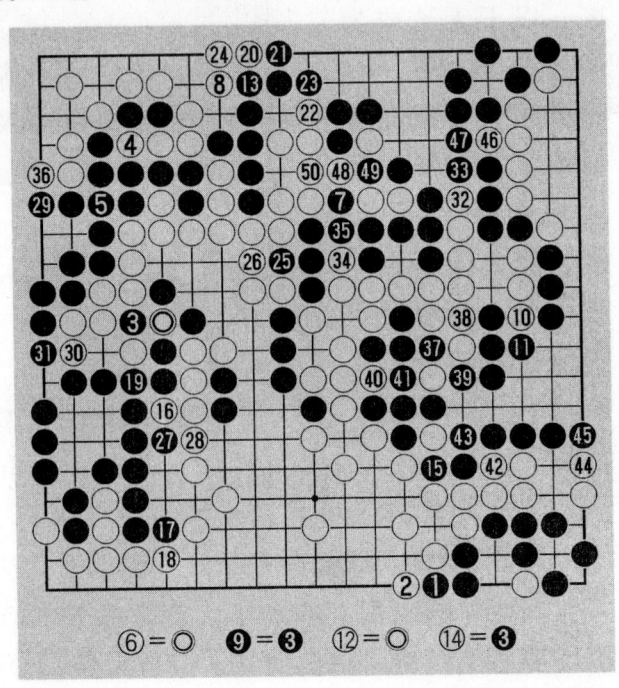

第八谱 1—50 (201—250) 胜势确立不动

⑥=○ ⑨=❸ ⑫=○ ⑭=❸

410

第二部　难忘的四十局

战收官。如此才是正确的收官次序。

实战中被黑87先虎，白已不能再于B位跳，否则图二十一中黑2、4的反击正好成立，故白88只得如此。黑89挡时，白90、92必须连回，于是黑产生了93一手封住的好点。白棋的失误幸亏还未影响到胜负。

算清劫材后，白94、96开始扑入，劫杀黑二子。

黑方因劫材不足，打不赢劫。白粘劫后成为不可动摇的胜势，最后以4目半获胜。

或许是因小林九段的败北使加藤九段的心理压力增大的缘故，本局加藤九段似乎没有发挥出"天杀星"的威力。但是，加藤九段临危不乱的态度，及读秒中准确机敏地处理难题的本领，都使我佩服不已。

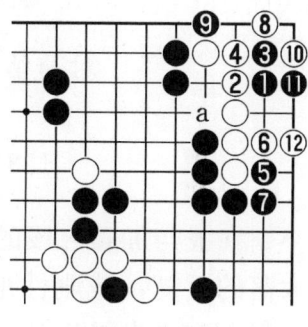

图二十二

经过7个多小时的艰苦拼搏，我感到浑身酸痛，就像要瘫了似的，但精神却仍很兴奋。武宫九段饶有兴致地参加了复盘研究，在研究室里坂田、秀行、小林、大竹、石田芳夫均热烈地发表了各自的见解，他们的见解之精辟，使我学到了不少东西。加藤九段也热情地参加了复盘，当即表示通过这局棋学到了不少东西。据说，在乘车前往"恳亲会"的途中，大竹英雄九段问加藤："黑在103开劫前，为什么不能考虑图二十二中黑1的下法呢？"加藤顿时一呆，连声说道："我向大竹先生学了一招。"我听后也颇有同感。

图二十二：黑1点时，白2已来不及在a位冲，只能挡，接着便有黑3以下的变化。这样黑两边官子都先手走到，以后白角还要补棋。途中白10如改11位托，被黑10位打先手双活，白空则不够。不管怎么说，黑1的下法都是一种巧妙的构思。

激烈拼杀之后，马上就能这样冷静地相互对话、切磋的，大概只有围棋，约定俗成，成了中日棋赛的传统。

我的围棋之路

第四十局　惊心动魄的擂主决战

黑方　聂卫平九段　出 $2\frac{3}{4}$ 子　白方　藤泽秀行九段

对局结果：黑胜 $1\frac{3}{4}$ 子　共245手

1985年11月20日弈于北京

在我与加藤九段的对局结束之后，中日擂台赛经过三次大起大落的反复，戏剧性地战成平局——7比7。日方主将藤泽先生不得不亲自出马迎战。日方也许是考虑到秀行先生的身体状况，建议把决战推至11月20日，也就是两个多月之后，我方表示尊重日方意见，同意把赛期推迟，经过两个多月紧张的准备，决战这一天终于来到了。

与我赴日和小林、加藤决战之前正相反，舆论界对中日擂台赛最后胜利的推测都较乐观。然而我深知秀行先生的实力和爆发力，所以人们就此事问我的看法

第一谱　1—24　秀行先生的新式武器

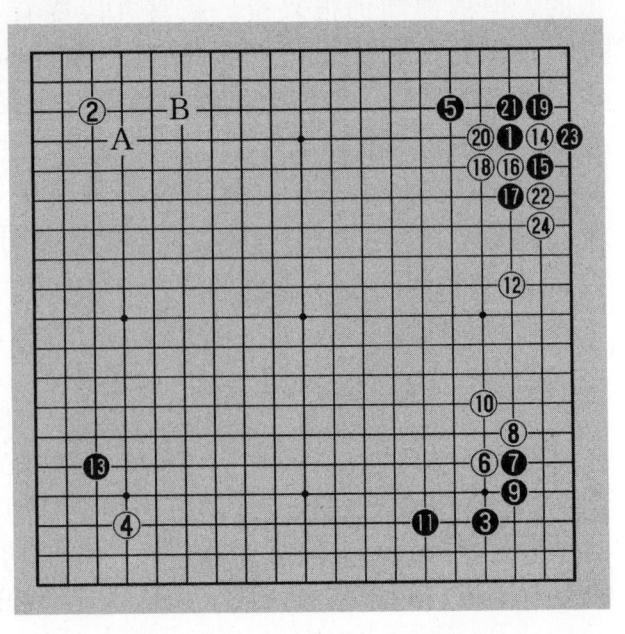

时，我总是回答："百分之五十，最多不过是百分之五十一。"确实，决战之前我并没有过多地考虑胜负，而是想如何把棋下好。

黑1、3、5是准备打持久战的态度。因为秀行先生前五十步相当厉害，有"天下第一"之称，所以我要避其锐气，而把重点放在后半盘。

白2占三三，大出我的意料。秀行先生在重大棋战中是从不下三三的，本来我估计他要走A位的星，准备立即就在B位挂角，想收出奇不意之功效。不料秀行先生反其道而行之。看来，经验丰富的秀行先生对我爱取实地的棋风研究颇深，一开局就采取夺人之长的战略。

白14的二路托是秀行先生追求效率的独特手段。普通是在17位拆二，但秀行先生认为这样下太平凡，缺乏魅力。

黑15的应法很多，但怎样才是最好的应手呢？在研究秀行先生的棋时，我注意到白14这种下法他在日本的大赛中用过两回，均取得满意的效果。

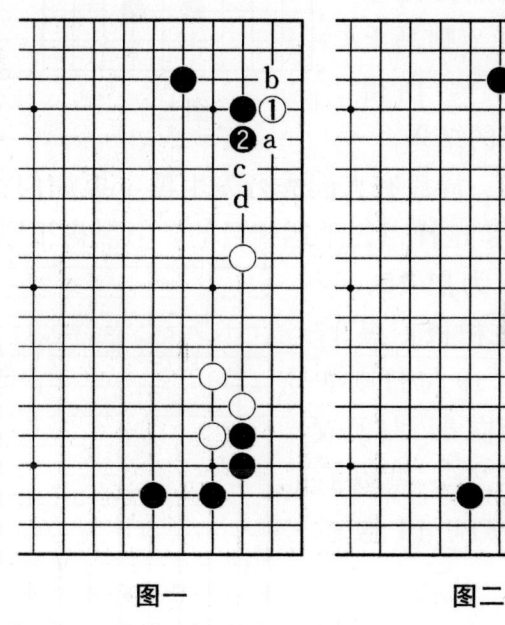

图一　　　　图二

图一：五年前，与林海峰的棋圣战决赛时，秀行先生首次施出了白1托的新式武器，当时林海峰思考了二十多分钟，最后稳健地在2位长。由于以后白a、黑b、白c的下法仍然十分有利，还先手限制了黑棋在d位拆的手段，局后一致评价是白棋有趣。

413

我的围棋之路

图二：工藤纪夫九段是采取黑2以下的下法。至黑12的结果，由于白棋先手巩固了右方阵地，而黑方角地略有不净，白有a位断的手段，所以白不坏。

那么黑按图三应呢？白2则马上扳，至白4，白得到最理想的结果。

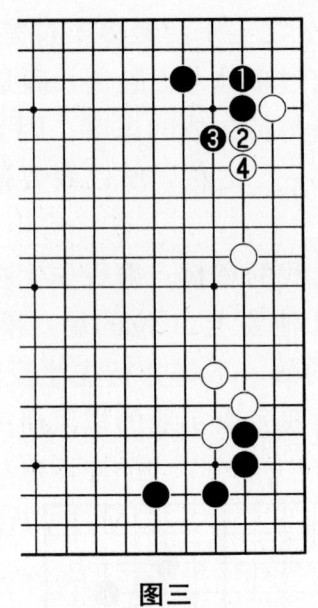

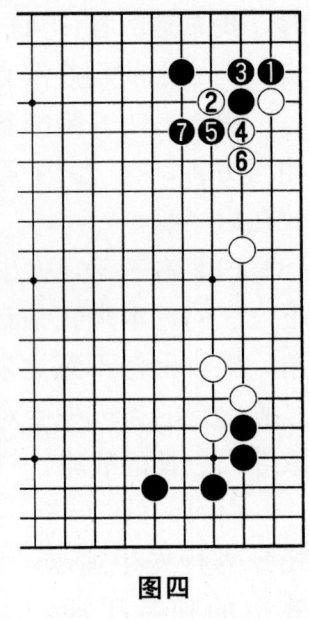

图三　　　　图四

图四：局后有人问秀行先生黑1扳如何？他就下白2夹，进行至黑7，这样白先手达到目的，但黑棋很厚，双方均无不满。

我认为黑15、17的下法最积极，黑17如直接在19位打则如图五：至白6，白子效果相当充分，黑以后再a位打，白就可脱先。

至白24，告一段落，结果如何呢？当时在研究室里的队友众说纷纭，认为难定优劣，大致两分。我认为黑能争到先手还

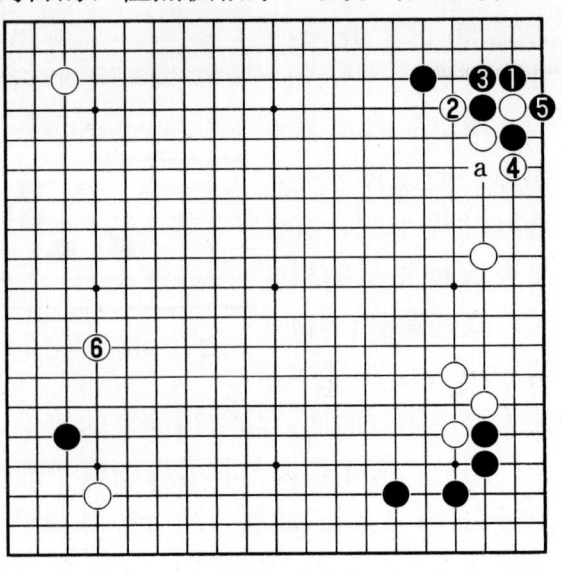

图五

可以。局后，秀行先生认为白棋可以满意。从最后无数次探讨来看，大致两分的结论是客观的。

白26是绝好点，显示了秀行先生敏锐的大局观，如平凡地于30位补角，则黑在A位拆二，形成黑简明易下的局面。

黑29当然很想在图六中1位扳下，白如a位断，则黑于2位立，这是我所欢迎的。但是，我担心的是白2下扳，至白8的变化，黑棋不充分。

白32一般情况下是当然的，但更积极一些可于图七中1位爬。但黑2可能要在左下拆二，白有落后手被黑抢先于a位退的顾虑。

左上角的变化白得实利，而黑争得33位的拆二，也得到补偿。白34

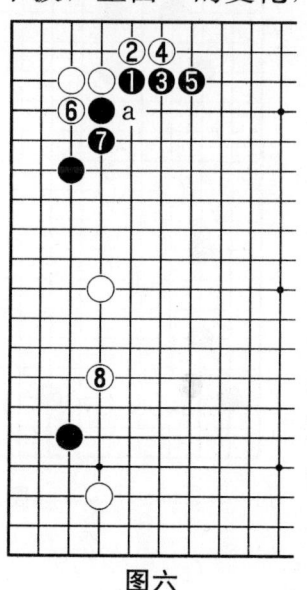

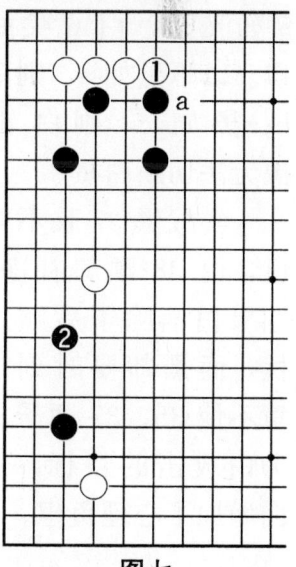

第二谱　25—49　疑问的黑35

图六　　　　图七

跳后，局面仍保持均势。

黑 35 是本局的第一疑问手，本以为白棋会在 B 位应一手，黑就在 38 下一路飞，白棋无应手，不料遭到白 36 的强硬反击。再仔细一看，白有图八的手段，黑大失败。

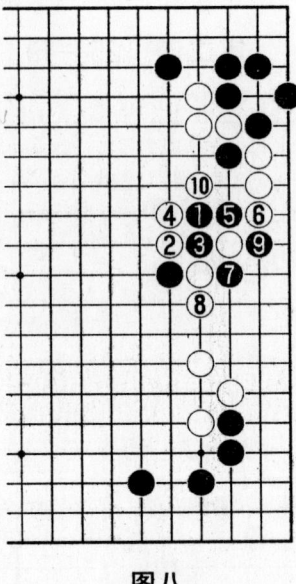

黑 37 如于图九中 1 位长，则白 2 扳，黑 3 扳，白 4 长，成好形。黑 5 如飞下，白 6 尖好棋。以下黑如 a，则白 b；黑如 c，则白 d，黑无法切断白棋。

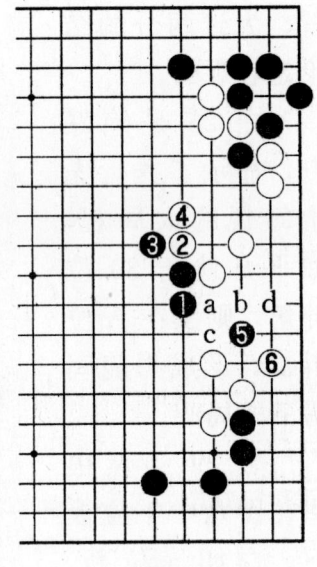

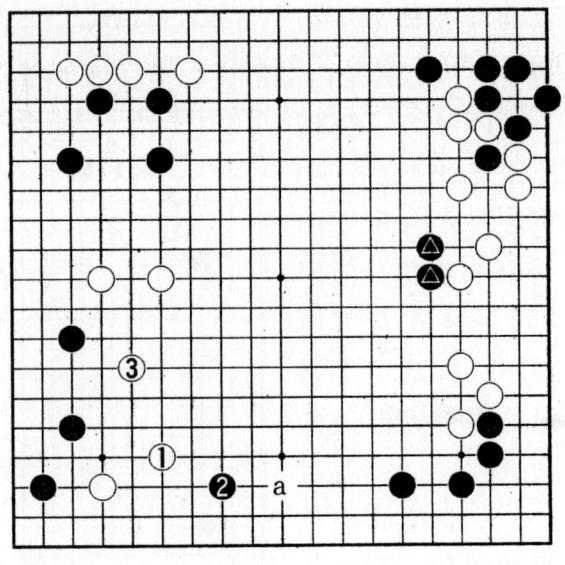

实战黑 37 长不得已，白 38 顺势补净。结果白消除了后顾之忧，而黑却要时刻注意不使 35、37 两子成为白攻击的目标，白白增加了心理负担。

图八　　　图九

图十

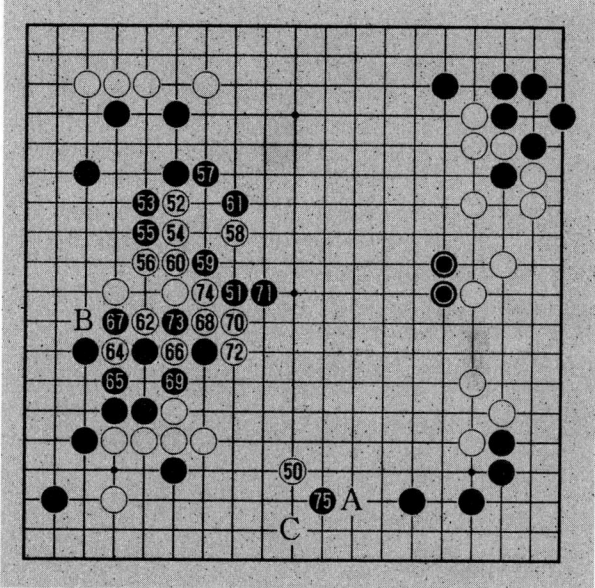

秀行先生认为白40的靠压是唯此一手。但我认为图十的下法要好一些。

图十：白1从容地飞，下一步产生了a位开拆的好点，黑2如紧逼，白棋就厚实地于3位联络。白一旦走厚了，左上黑棋就变薄了。此外，黑▲二子成为明显的坏棋，如此，局面虽很悠长，但是白比谱中下法好。

第三谱 50—75 满座皆惊的白50

白46如在C位补是一般分寸。黑47与48交换好坏难说，要看今后发展。

黑49跳出是上午封棋之前的最后一步棋。午间休息时几乎所有的人都以为白棋必定会在D位跳。我也是这么想的，准备白D跳黑就E位拆，黑47一子就有用了。如此黑局势领先。

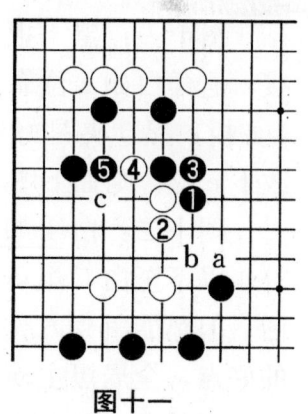

下午开赛，白棋置左边二子不顾，抢占下边50位大飞，研究室内满座哗然，我也吃了一惊。局后秀行先生说："我相信白50是唯此一手，这是全局的最后大场。以中央的治孤来决胜负，不这样就无法取胜。"

白50显示了秀行先生的气魄和强烈的胜负感。白50后，A

图十一

417

我的围棋之路

位成了绝好点。黑一旦攻击失败，白在实地对比上就领先了。在如此重大的比赛中，秀行先生仍毫不手软，拼劲十足，不能不令人敬佩。

虽说白棋将会受到黑棋的攻击，但黑51后，黑❶二子的浅消显得并无意义，这是黑棋难过的地方。

白52靠是早就预计的腾挪手段，这里的攻防得失将直接关系到本局的成败。

黑53是黑方的第一步失误，应按图十一下。

图十一：黑1扳，白2只能退，黑3接，这样白如a位靠，黑可b位扳断。白4如扳，黑5夹是好手，白危险。白4如改下c位，则如下图。

图十二：白1如跳补，以下至白5虽可做活，但黑能争到6位飞的好点，全局黑主动。

实战黑53、55逼白外逃，是想看得清楚一点，结果失去了一次

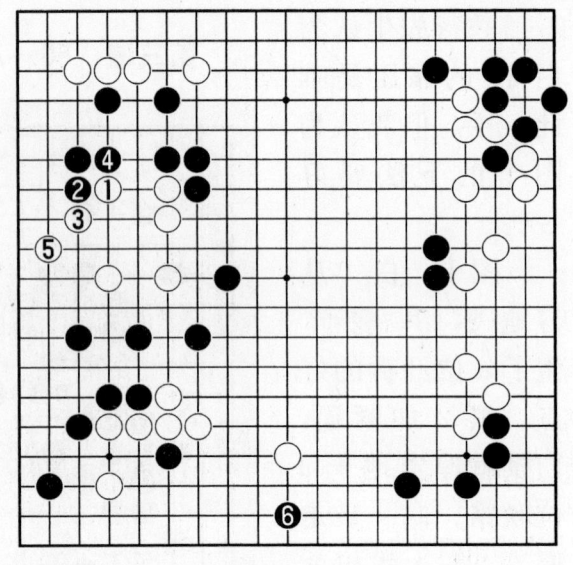

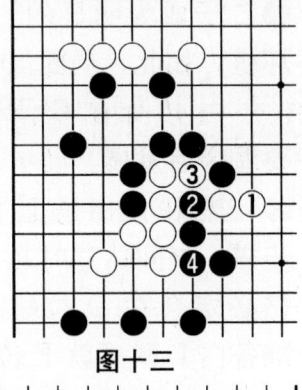

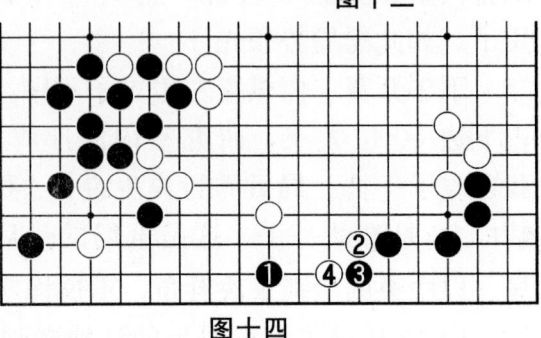

图十二

图十三

图十四

第二部 难忘的四十局

很好的机会。

黑61尖顶时，白如能在63位长出，黑就崩溃了。幸亏黑有图十三的应付办法，白棋太危险，故不敢硬来。

白62只能先谋活，黑63扳，阻止了白向中原挺出，总算控制住了局势。一场鱼死网破的决战，意外地和平解决了，我认为黑局势不坏。

黑65随手！应在69位应，白虽能在左边谋活，但黑与中央联络，形势领先。如谱被白66打，突围而出，黑攻击落空。

第四谱 76—111 黑两次失误

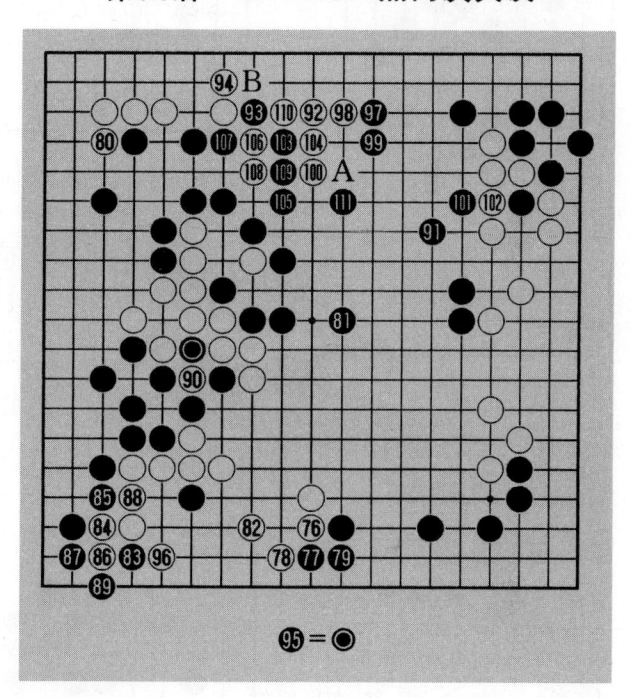

由于不甘心在69位平稳联络，白在68位虎出，这充分显示了秀行先生旺盛的斗志。

白72是秀行先生十分后悔的一着棋，此时白在B位先打是绝好的时机，黑除了在64位粘别无他法，白棋能占到这个便宜再于72位曲，形势就不明了。

由于白已经通连，黑75只有如此，如仍C位大飞，则白有图十四的严厉反击手段，黑苦战。

白80极大，本身就有10目以上价值，而且使左上黑棋变薄了。反过来，黑如80位挡，本身亦不小，而且厚实，还产生了

110位紧逼的绝好点。

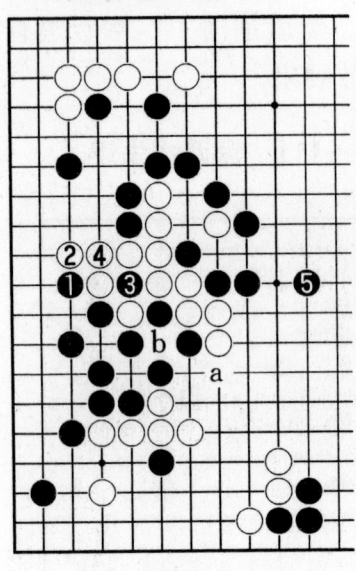

图十五

白将在b位提劫了。

黑83是早已预定的下法，准备只要白于82位虎，黑就83位托，故下得很快，被白84用强一顶，我才发觉黑83有误算，忽视了图十六的变化。

图十六：白2扳，黑3只能断。以下黑7时，白有8位尖渡的妙手，黑得不偿失。

黑85只得临时变招。以下到白96的收

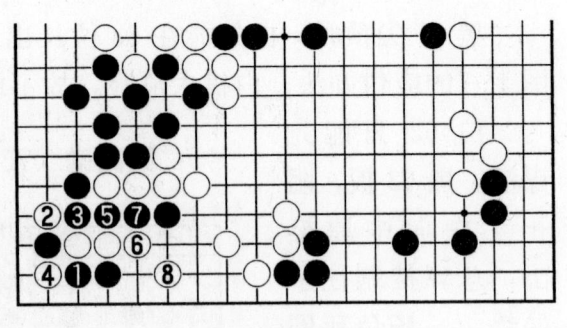

图十六

黑81随手。应如图十五：黑1扳，是绝好的时机，以下黑3先手提后，再于5位跳。由于以后黑在a位扳，白棋还有所不安，如此黑明显优势。错过这个机会，以后黑再于图十五中1位扳，

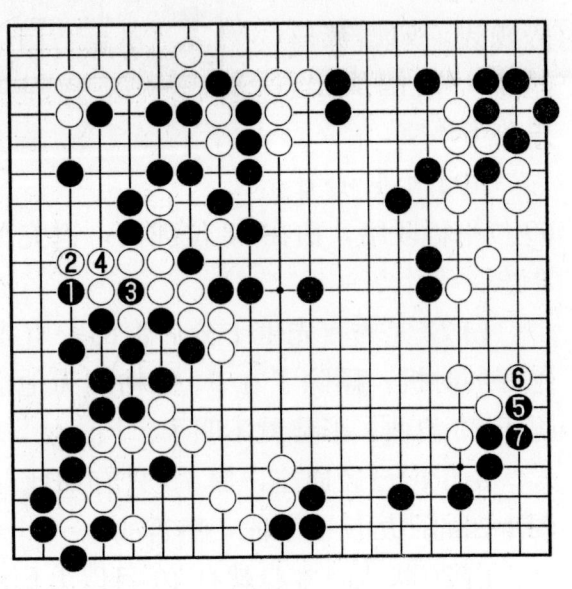

图十七

官，如果和黑棋先手在86位尖的收官相比，黑棋损失了2目棋。不过，总算稳住了局面。黑101应保留不走。

对黑103刺，白104只能接。若于A位双，则黑于B位拦断，白棋危险。黑机敏地先手争到105补强后，局势黑有望。黑107以下的下法暂可保留。

黑111大失着！此时围中空价值并不大，而且黑中空味道很恶，白有种种侵消利用。

图十七：如果马上在左边动手，然后再争到右边的5、7扳粘，这是黑棋最确实的取胜之道。

可惜过于乐观的形势判断，使我又一次失去胜机。

黑11后，白12提劫极大。

第五谱 11—49（111—149） 瞬间的反复

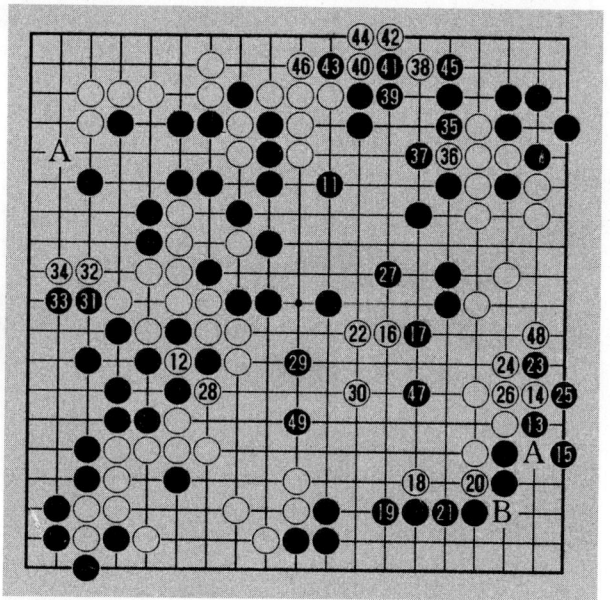

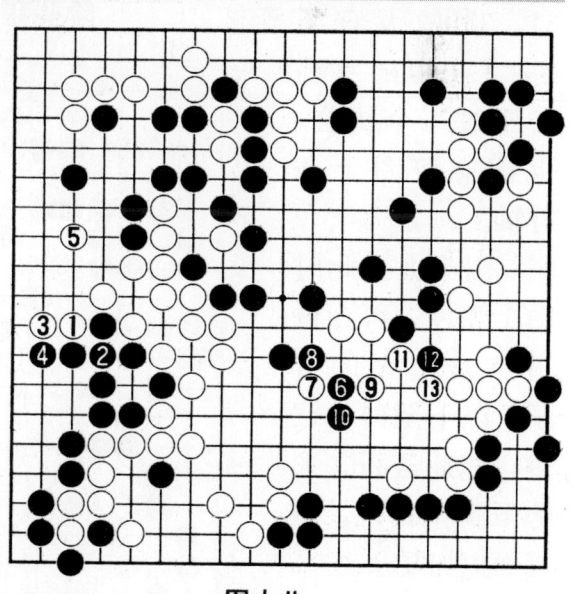

图十八

我的围棋之路

黑15坏棋，当然应于A位粘。如谱被白18、20巧妙地先手利，B位出现断点后，黑右边被收紧气，反倒有了接不归。

至白28提清，局势的天秤已在几着之间不知不觉地倾向白方了。局后秀行先生也谈到，白28提后，他已确信必胜了。

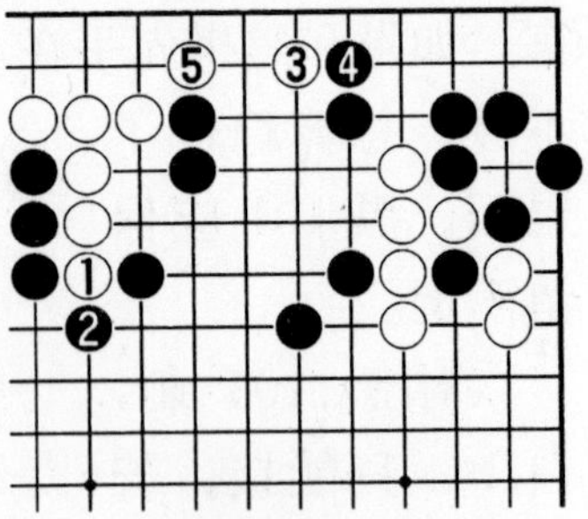

但紧接着，白棋也在不知不觉中错过了两次好机会。

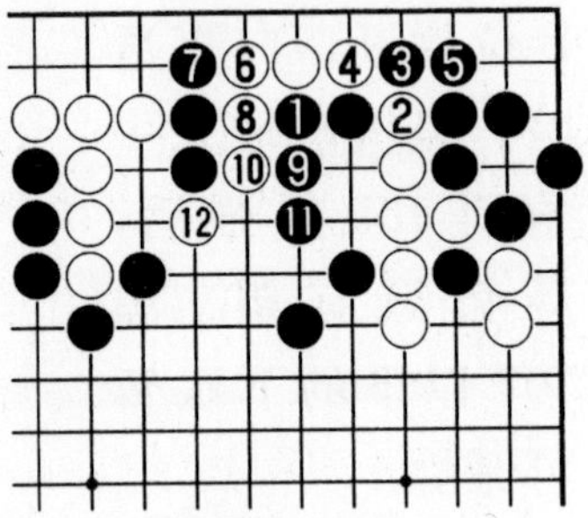

首先是白30可以不补。

图十八：白1打很大，黑2只得接，以下至白13补，黑先手收官，形势不明。白棋应该这么下。

其次是黑抢31、33的大官子时，白34随手挡又错过一个机会，也许应按图十九行棋。

图十九：此时白1先冲，再3位透点是最大的官子，以下至白5渡过，如此进行，形势虽黑棋稍优，但局面更加复杂。

图十九中白3

图十九

图二十

第六谱 50—75（150—175）
险些酿成的终盘悲剧

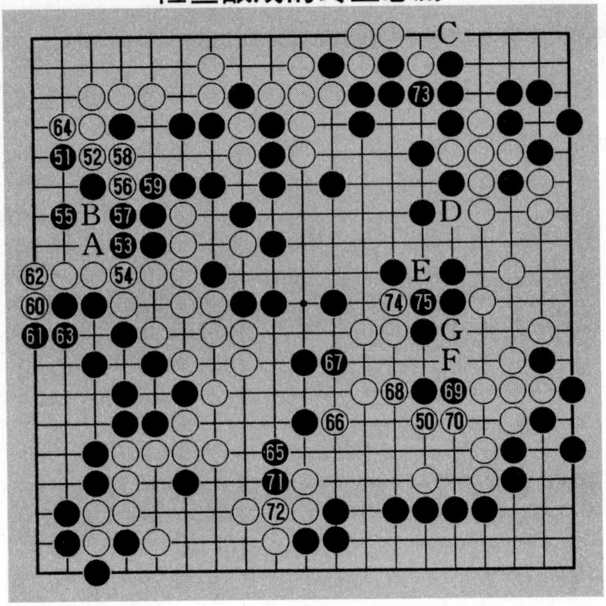

422

透点时，黑4如反击，则有图二十的变化，至白12扳，黑三子被歼。

黑争到35挡后，形势再度取得优势。白38再点时，黑有了39并的应付手段。

黑49后，秀行先生首先开始读秒。

白50强硬地靠住是好手。黑53多此一举，应直接在55位虎，以后白56、58扳，黑59补后，黑53这手棋当然下在A位，可做出1目棋。白如先在A位刺，黑B位粘后，这里仍可做出1目棋。在这种细棋局面，微不足道的1目棋很可能是胜负的关键。

白56、58明显失误，应先在60位扳粘。可黑59也跟着随手接，使白棋又争抢到白60的先手扳粘。

黑59应在62位扳，如此白棋白白损失2目棋。

白66好手，诱黑67刺，白顺势68双、70挡，在走厚的同时，可望再做出几目棋。

白72后，我再度判断形势，确认黑棋已占优势，于是为了防白C位扳再生波乱，就谨慎地于73位打吃。据说，电视公开讲解也摆到这里，担任解说的王汝南、华以刚两位八段都认为黑棋盘面领先6、7目，取胜只是时间问题。

谁料想，就是这步貌似稳健的"谨慎"之着，却种下了大祸根，险些使我遗恨终生。

此时的正确下法是在D位团，黑胜势不动。白棋如C位扳，则黑再73位打吃，此劫黑轻白重，黑棋决没有害怕的道理。

如谱被白74一顶，我已察觉到有些不妙，因为黑75必须顶住，中腹空中味道很坏！但是黑75如改下在E位退让，被白F打吃后又G位先手挤，则黑棋必败无疑。

黑75之后，秀行先生上身前倾，死死地盯住棋盘。我也开始紧张地思考对付白棋可能发起的最后冲击。此时比赛大厅中鸦

我的围棋之路

雀无声，仍是那么平静。也许除了我和秀行先生外，谁都没有感觉到平静的水面下暗藏着的激流，谁也没料到或许马上就会产生令人瞠目结舌的终盘大风波。

或许是秀行先生经过近七个小时的激战已心力交瘁，所以他虽敏锐地感到黑腹空中似乎有毛病，但在读秒的催促声中匆忙走了白76，这也许是最后的败着！被黑77立即补上，一场大风波顷刻便消失无形，胜负就再不会变了。

棋局刚一结束，担负裁判的陈祖德还未动手数子，秀行先生立即手指棋盘说："这里有棋！"显示出无限懊悔的神情。后来，日本的《围棋俱乐部》杂志和我国的《围棋天地》、《围棋春秋》等杂志，在讲解这局棋时都认为，白76痛失良机，因为白有极严厉的

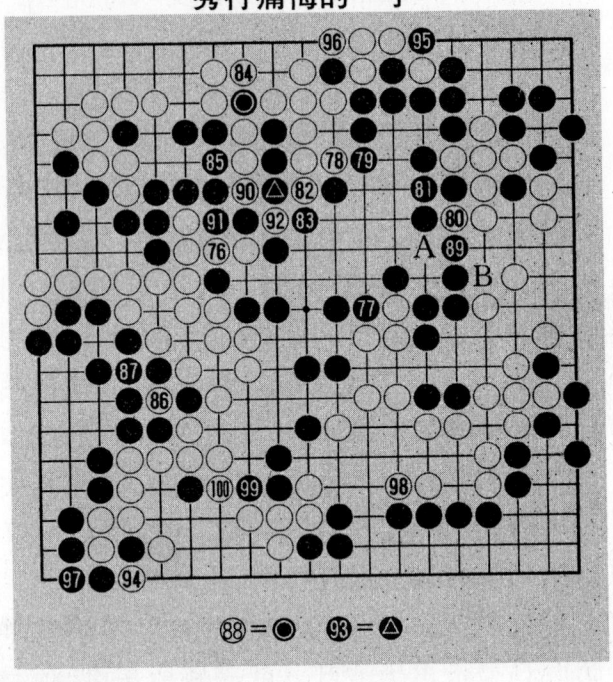

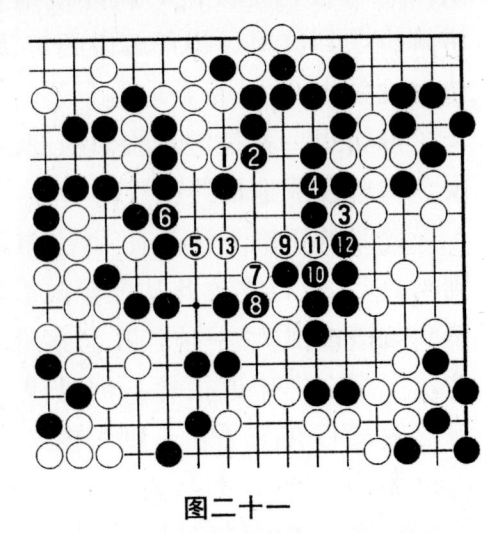

第七谱　76—100（176—200）
秀行痛悔的一手

88=◎　93=△

图二十一

冲击手段。

图二十一：白1冲，白3吃。在形势微细时，黑似乎是不能退让的。于是白棋有5夹的绝妙之着，黑6如接，则白7以下冲断，对杀的结果黑刚好差一气被吃。

图二十二：对白1夹，黑2如顽抗，则白3是好手。黑4不得已，如补他处，被白a一冲就坏了。白5、7提时，黑8只得应一手，于是白9打，11双吃，突入黑地。

图二十二　⑩=▲

当然，如果像上两图的进行，一场大悲剧就不可避免了。不过，白76粘后，黑77马上就补在仅有1目棋价值的地方，说明黑对白棋可能进行的冲击有了思想准备。那么白76改按图二十一下时，黑可能有别的应付方法。

图二十三：白1必须先冲一手，才有

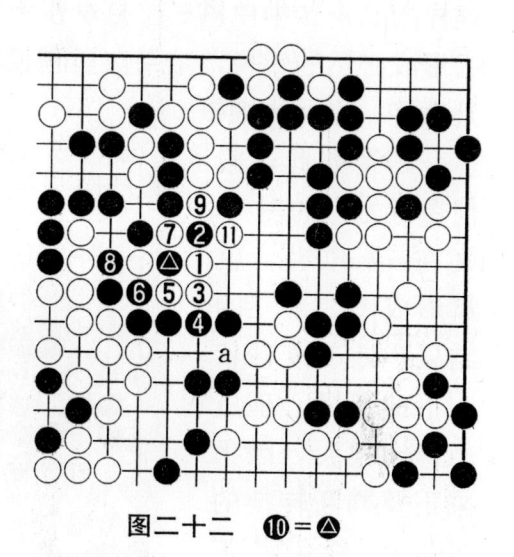

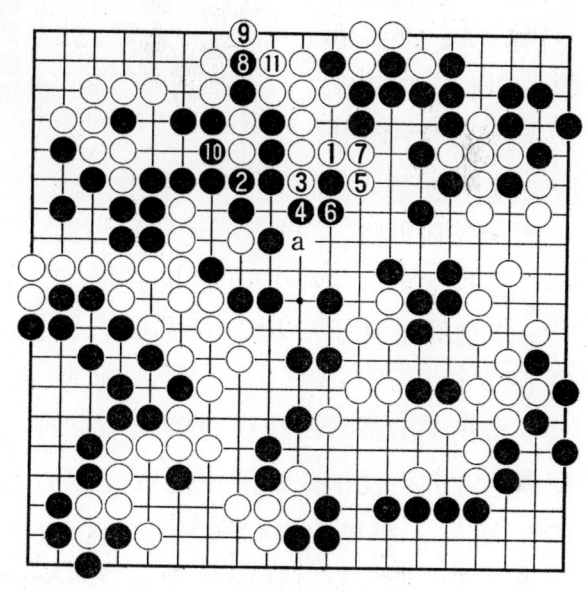

图二十三

a位的夹，但是黑2可能会这么补，白如8位提，则黑就7位挡，

我的围棋之路

这样图二十二中白棋 9 位打吃没有了，白的手段则不成立。接下去形成必然的转换，结果白虽稍便宜，但黑可先手收官，局面仍是黑好一点点的细棋。

尽管如此，假使秀行先生的白 76 真在 78 位冲，就算形成图二十三的结果，处于读秒状态下的黑棋心理压力肯定很大（因为来不及判断转换的得失），胜负就很难说了。从此意义上讲，秀行先生的懊悔是不无道理的。

白 88 粘见小，应在 86 位顶，黑 A 挡，白 B 再团。这样胜负差距只有半目。

第八谱　1—45（201—245）　最后的胜利

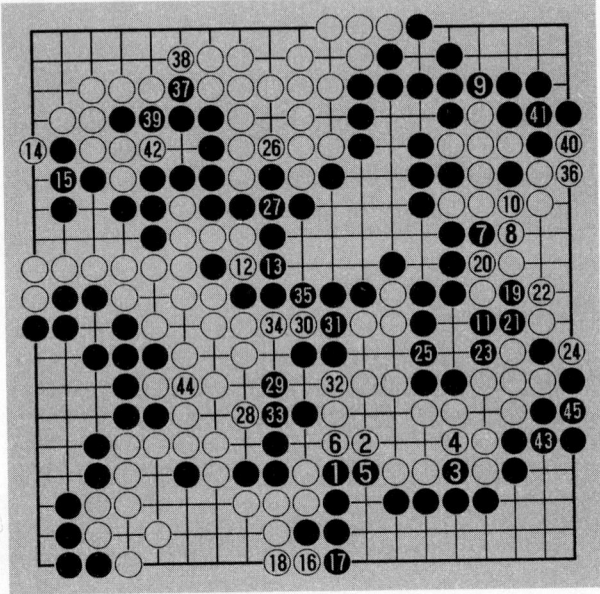

黑 89 顶时，我已知道胜利在握了。

本谱的小官子阶段，双方虽有些微小的失误，但已无关胜负了。

当我走出最后一步棋而棋局结束时，早就拥在赛场门外的队友和记者们一涌而入。陈祖德数完子后，激动地宣布"黑胜 $1\frac{3}{4}$ 子"。顿时，赛场里群情沸腾了。噼啪作声一片耀目的闪光，更增添了喜庆的气氛。然而我只是敬佩地注视着秀行先生，这位热情辅导中国围棋手及对中国围棋事业无比关心的围棋前辈。

这是一场势均力敌的决战，尽管在极度激烈紧张的角逐下，双方失误均不少，但就棋的内容来说，我感到非常满足，我相信秀行先生也是如此。应该说，这局棋形式上是我赢了，但秀行先生也不是失败者。对身体状况不佳而又年迈的秀行先生表现出的高超技艺和旺盛斗志，我充满了敬佩之情。

　　秀行先生不愧是一位天才棋手，通过和他的对局，我真正懂得了竞争之激烈和棋艺之深奥。